KB260364

내면으로

라깡 · 융 · 밀턴 에릭슨을 거쳐서

이종영 지음

울력

이 책은 2009년도 정부재원(교육과학기술부 학술연구사업비)으로 한국연구재단의
지원을 받아 행한 연구의 성과이다(KRF-812-2009-1-A00062).

내면으로 — 라깡 · 융 · 밀턴 에릭슨을 거쳐서

지은이 | 이종영

펴낸이 | 강동호

펴낸곳 | 도서출판 울력

1판 1쇄 | 2012년 9월 25일

1판 2쇄 | 2015년 1월 10일

등록번호 | 제10-1949호(2000. 4. 10)

주소 | 152-889 서울시 구로구 고척로4길 15-67(오류동)

전화 | (02) 2614-4054

FAX | (02) 2614-4055

E-mail | ulyuck@hanmail.net

값 | 23,000원

ISBN | 978-89-89485-93-3 93300

어머니께

차례

머리말 _ 7

나무 라깡 • 최종적 주체성을 찾아서 _ 23

열정의 궤적과 동요 _ 25 • 단계 1, '우리 존재의 핵심' 으로서의 욕망 _ 29 • 단계 2, 남근에의 욕망 _ 38 • 단계 3, 향유에 대한 방어로서의 욕망 _ 63 • 단계 4, 주체성으로서의 무의식적 사고 _ 84 • 단계 5, 주체성으로서 판타즘의 논리 _ 100 • 단계 6, 상블랑으로서 남근 _ 116 • 예외적 시점, 구원으로서의 영혼 _ 125

비 융 • 자기, 육체를 껴안는 영성 _ 135

영적 현실에 대한 확신 _ 137 • 기독교 비판 _ 140 • 인식론적 입장 (1): 경험과학과 형이상학 사이 _ 147 • 인식론적 입장 (2): 연금술의 심리학적 가치? _ 156 • 영혼의 용례들 _ 163 • 무의식에서부터 _ 176 • 원형을 거쳐 _ 206 • 자기로 _ 217

음악 밀턴 에릭슨 • 자아와 비(非)자아적 주체 _ 241

무의식에의 직접적 통로 _ 243 • 최면의 정세(情勢)와 에릭슨의 입장 _ 248 • 의식과 또 다른 의식 _ 254 • 트랜스의 단계들 _ 267 • 최면유도와 자아의 해제 _ 275 • 자아에 대한 최면과학적 인식 _ 286 • 자아의 해제와 탈(脫)인격화 _ 310 • 최면사란 누구인가? _ 316 • 무의식적 관념의 힘 _ 325 • 퇴행과 과거의 존재 _ 334 • 비자아적 주체에 대한 몇 가지 덧붙임 _ 342

새 한 가지 개념적 노동 • 영혼에 대하여 _ 349

실재의 새로운 지표 _ 351 • 영혼의 과학적 용법에 대하여 _ 355 • 육체와 영혼의 대립에서 자아와 영혼의 대립으로 _ 363 • 영혼의 수동성에 대하여 _ 371 • 동경에 대하여 _ 380 • 영혼의 소통에 대하여 _ 394 • 선(善)의 문제와 영혼의 질식 _ 403 • 영혼의 차별성과 동일성 _ 414 • 영혼의 순례에 대하여 _ 431 • 영혼의 개념 _ 442 • 결론을 대신해서 _ 453

후기 _ 459

머리말

이 연구는 다음 두 조건에 입각한다.

1) 융과 라깡에 의한 정신분석의 발전
2) 밀턴 에릭슨에 의한 현대 최면의 성립

1)은 프로이트가 발견한 무의식에 대해 융과 라깡이 새로운 개념적 노동을 행했음을 뜻한다. 2)는 최면 현상들의 규칙적 재생산이 가능해졌고, 그에 따라 우리가 무의식 속으로 직접 들어가 무의식과 함께 노동할 수 있게 되었음을 뜻한다. 최면 상태를 완전히 무의식 속에서 움직이는 상태로 간주할 수 있다면 말이다. 게다가 이 두 조건은 더 나아가, 무의식을 넘어서는 그 어떤 것에 대한 통로를 열어주기도 한다.

나는 이 두 조건을 '내면의 과학'을 확립할 수 있는 조건으로 여긴다. '내면의 과학'을 위해선, 내면적 총체성의 구조적 짜임새에 대한 최소한의 견고한 인식이 갖추어져야 하기 때문이다.

이 연구는 우선 이 두 조건 자체를 탐구한다. 그 다음에 이 연구는 이 두 조건으로부터 우리가 얻어낼 수 있는 것을 사고할 것이다. 이 두 조건 자체에 대한 탐구는 라깡, 융, 밀턴 에릭슨에 대한 일종의 비교 연구의 형태를 취한다.

라깡(1901~1981)과 융(1875~1961)과 밀턴 에릭슨(1901~1980)[1]은 명시적으로건 암묵적으로건 모두 인간의 내면적 짜임새에 대한 일종의 전체상(全體像)을 가설적으로 설정한다. 그 전체상들은 1) 의식과 무의식의 관계, 2) 의식과 무의식 사이에 놓인 인간적 주체성의 형태들, 3) 인간적 주체성과 외적 사회와의 관계, 4) 무의식을 넘어서는 어떤 초월적인 것에 대한 추측 등을 포괄한다.

하지만 나는 그들의 이러한 가설적 전체상들을 직접적으로 비교하지는 않을 것이다. 내가 추적하려는 것은 그들의 문제들이다. 오히려 문제들들을 통해야만, 그들의 가설적 전체상들의 이유(理由)가 보다 온전히 드러날 수 있기 때문이다. 따라서 내가 행하는 이 일종의 비교 연구에서 그들의 가설적 전체상은 다만 간접적으로, 그러나 보다 생동성을 갖고서 비교될 것이다.

그 다음에 나는 이 일종의 비교 연구에 입각해서, 내가 사고할 수

---

1. 밀턴 에릭슨(Milton H. Erickson)은 한국에선 많이 알려져 있지 않다. 하지만 그는 프로이트처럼 시대의 한 획을 그은 사람이다. 그의 가장 큰 기여는 현대 최면의 확립이다. 오늘날 최면은 크게 전통 최면과 에릭슨적 최면으로 나뉜다. 에릭슨적 최면이 바로 현대 최면이다. 에릭슨의 기여로 인해 최면은 오늘날 의학계와 심리학계에서 완전한 시민권을 갖게 되었다. 그의 또 다른 기여는 단기치료에 대한 것이다. 미국 Palo Alto에 위치한 정신치료 연구소(MRI)를 비롯한 여러 단기치료 학파들이 그의 영향 아래 형성되었다. 한국에서 베스트셀러였던 오쿠다 히데오의 『공중그네』의 주인공도 단기치료 학파의 의사인데, 그의 흥미로운 치료방법들은 기본적으로 밀턴 에릭슨에게서 유래한 것이다. 밀턴 에릭슨에 대한 입문서가 몇 권 한국에서 출간되었는데, 그중에서 내가 참조한 책은 이윤주와 양정국의 『은유와 최면, 밀턴 에릭슨 상담의 핵심』(학지사, 2007)과 설기문의 『에릭슨 최면과 심리치료』(학지사, 2009)이다. 앞의 책은 주로 상담의 관점에서 접근한 것이다. 뒤의 책은 '에릭슨 최면'을 다룬다고 했으면서도, 정작 『에릭슨 전집』은 참고하지 않아, 심층적 내용을 담고 있지는 않다. 하지만 이 두 책이 입문서로서 매우 유용함은 물론이다. 나도 에릭슨에 대한 공부를 시작하면서 앞의 책으로부터 많은 도움을 받았다. 또 오한론(O'Hanlon)이 쓴 『밀턴 에릭슨의 최면치료 입문』(정암서원, 2007)이 번역되어 있는데, 나는 최면유도 연습을 하면서 이 책으로부터 가장 큰 도움을 받았다.

있는 내면적 총체성의 기본 구조를 제시할 것이다. 비교 연구의 논리적 결론으로서 말이다. 그러한 기본 구조의 확립은, 적어도 내가 보기엔, '내면의 과학'을 확립하기 위한 첫걸음을 이루는 것이다.

이 연구가 라깡, 융, 밀턴 에릭슨의 순서로 진행되는 것은 시간적 순서가 아닌 논리적 순서에 따른 것이다. 나는 라깡과 융 자신의 주관적 판단과는 전혀 무관하게, 다음과 같은 결론에 이르렀다. 라깡의 이론적 노동이 봉착한 난관의 출구는 융에게 있고, 융이 맞부딪친 이론적 궁지의 출구는 밀턴 에릭슨에게 있다고.

물론 이러한 논리적 순서의 설정은 전적으로 나 자신의 입장에 따른 것이다. 그러한 논리적 순서에 따른 관점의 전개는 당연하게도 논리적 정합성의 형태 아래 행해질 것이다. 하지만 그 정합성이 단지 형식적인지 아니면 진정으로 실질적인지는, 문제들을 얼마나 내재적으로 파악하고 출구들의 필연성을 얼마나 절실하게 사고했는지에 달려 있을 것이다.

＊＊＊

이 연구를 행하는 나의 기본적 입장은 다음과 같다. 즉 모든 형태의 사회적 관계들에 대한 엄밀한 과학적 연구는 오직 '내면의 과학'을 통해서만 가능하다는 것이다. 다시 말해, 인간과 사회의 현상들에 대한 설명이 내면으로부터 출발하지 않는 경우, 그 설명은 반드시 불완전할 수밖에 없다는 것이다.

맑스의 예를 들어보자. 맑스의『자본』의 체계는 다음과 같은 도출 관계를 갖는다. 노동 → 추상노동 → 가치 → 교환가치 → 잉여가치 → 유기적 구성의 차이 → 이윤율 균등화 → 생산가격.『자본』의 이러한 체계에서 뿌리는 노동이다.

하지만 문제는 그 노동이 강제노동이라는 것이다. 그렇다면 강제노동을 강제한 그 어떤 것이 진정한 뿌리일 수밖에 없다. 강제노동을 강제한 것은 자본가다. 그리고 자본가로 하여금 강제노동을 강제하도록 한 것은 자본가의 욕망이다. 그렇다면 노동이 아니라 그 노동을 강제한 자본가의 욕망이 자본주의 체계의 진정한 뿌리를 이룰 수밖에 없다.

자본주의 생산양식에 대한 맑스의 설명은 결코 완전하지 못하다. 자본가의 욕망이라는 진정한 뿌리로부터 출발하지 못했기 때문이다.[2] 즉 자본주의의 운동은 자본가의 욕망과 향유로부터만 완전히 설명될 수 있다는 것이다. 또 그처럼 설명될 경우에만, 자본주의로부터의 출구가 진정으로 제시될 수 있다.

사회적 관계들에 대한 완전한 설명이 오직 내면으로부터만 가능하다는 것은, 인간의 생산물이 인간의 의지를 벗어나 인간을 지배하는 소외 현상에도 마찬가지로 적용된다. 즉 '자립화'한 어떤 사회체제가 체제 자체의 논리에 따라 자기법칙적인 운동을 하는 것처럼 보이더라도, 그 뿌리는 인간의 내면에 있다는 것이고, 그것의 운동을 완전하게 설명하려면 내면으로부터 출발해야 한다는 것이다.

헤겔의 『정신현상학』에서 소외 개념의 기본 구도는 다음과 같다.

외화(外化) ──▶ 자립화 ──▶ 소외

'외화'란 인간의 의식이 외적 현실 속에서 실현되어 객체화되는 것이다. 헤겔은 외화를 "사유된 실체가 현실성을 띠게 되는 수단 또

---

2. 나는 「공장의 개념」(『진보평론』 2010년 여름 제44호)에서 공장의 내적 짜임새를 자본가 계급의 욕망으로부터 설명하려 했다. 나 자신은 그 결과로 공장에 대한 보다 정확한 개념을 제시할 수 있었다고 생각한다. 하지만 그것은 독자들이 판단할 몫이다.

는 이행과정"이라고 한다.[3] '사유된 실체'란 곧 내면이다. 즉 내면이 이행(移行)해서 외적 현실이 되는 것이 외화라는 것이다.

'자립화'는 헤겔 자신의 용어가 아니다. 하지만 우리는 자립화라는 용어를 다음의 상황을 지칭하기 위해 사용할 수 있다. 즉 외화된 현실이 인간으로부터 독립성을 갖게 되는 상황, 다시 말해 자기 논리에 따라 움직이는 상황이 그것이다. 헤겔은 이를 다음과 같이 말한다. "세계의 존재는 자기의식의 활동의 결과인데도 눈앞의 현실은 의식에 소원(疎遠)한 독자적인 것이 되어 있으니, 의식은 거기에서 자기의 모습을 알아차리지 못한다."[4]

'소외'는 그처럼 자립화한 현실과 인간의 관계이다. 그 관계는 a) 자신이 만들어낸 것이 아닌 것 같은 낯설음, b) 대립, c) 오히려 지배받음에 의해 특징지어진다. 헤겔은 이를 법의 지배와 관련시켜 다음과 같이 말한다. "외적 현실이 현실로서 의미를 지니는 것은 자기의식이 스스로를 외화하여 자기 본체를 벗어나 있는 데 따른 것이다. 그의 본질 포기는 법의 세계를 지배하는 황폐화 속에서 고삐 풀린 요소들의 외적 폭력을 자신에게 부과하는 듯이 보인다."[5] 이때 '본질 포기'란 자립화한 현실이 인간의 내면(= 본질 = 자기 본체)에 의한 통제를 벗어났다는 것이다. 그리하여 '고삐 풀린' 현실이 인간에게 외적 폭력을 가하기에 이르렀다는 것이다.

하지만 소외 개념의 이러한 헤겔적 짜임새는 과연 타당한 것일까? 소외의 헤겔적 개념이 만들어낼 수 있는 오해 가운데 하나는 다음과 같다. 즉 소외의 과정을 그것을 만들어낸 내면을 문득 이탈하는 신비스런 과정으로 제시하는 것이다. 그러나 소외에서 신비스러운 것은

---

3. G. W. F. 헤겔, 『정신현상학』, 한길사, 2005, 2권 69쪽.
4. 같은 책, 2권 64쪽.
5. 같은 책, 2권 64쪽. 번역을 약간 수정했다.

하나도 없다. 다만 우리의 인식의 부족이 소외를 그처럼 신비한 것으로 여기게 할 뿐이다.

소외된 제도 또는 체제는 결코 내면을 이탈하지 않는다. 이른바 소외된 것들은 여전히 내면을 반영한다. 이는 자명하다. 그것들이 내면에 의해 만들어진 것인 한에서 말이다. 더욱이 소외된 것들은 집합적 이해관계에 의해 지탱되고 유지된다. 이때 집합적 이해관계란 집합적 욕망들이 결합한 것임은 두말할 것도 없다.

소외된 제도나 체제를 "소외되었다"고 비판하는 사람들에게서도 이는 마찬가지다. 즉 그들에게서도 그것들을 만들어낸 내면이 고스란히 존재한다. 심리의 근본적 동일성이 모든 사람에게 존재하기 때문이다. 그들이 소외된 제도나 체제를 격렬하게 비판한다면, 그 이유는 소외된 것들을 만들어낸 내면이 그들에게도 존재함을 감추려 하기 때문일 수 있다. 분노가 타자에게서 발견하는 자신의 악에 대해 성립하는 것일 수 있듯이 말이다. 자신의 악을 타자에게서 보지 않는다면, 그토록 분노할 이유가 없는 것이다.

소외를 비판하는 사람들에게서 소외를 만들어낸 내면이 고스란히 존재한다는 것을 입증해주는 것은 다음의 사실이다. 소외에 맞서는 행위가 소외의 형태를 변화시키더라도 소외 자체를 없애지는 못한다는 것. 이 사실은 소외가 우리의 내면을 적어도 그 한 측면에서 온전히 반영하고 있기 때문에 성립하는 것이다. 그러므로 우리에게 필요한 것은 '내면의 과학'이다. 오직 '내면의 과학'만이 소외의 완전한 지양을 가능하게 해줄 것이기 때문이다.

루카치는 『역사와 계급의식』에서 사물화(事物化, Verdinglichung) 개념을 다음처럼 제시한다. 즉 "인간 특유의 활동, 인간 특유의 노동이 객체적인 어떤 것, 인간으로부터 독립되어 인간에 낯선 자기법칙성을 통해 인간을 지배하는 어떤 것으로서 인간에게 대립되어 다가온

다는 사실"이 그것이다.[6]

'객체화 → 자기법칙성 → 지배와 대립'으로 이어지는 이러한 규정은 루카치의 사물화 개념이 '외화 → 자립화 → 소외'로 이어지는 헤겔의 소외 개념에 기본적으로 부합함을 말해준다. 하지만 루카치는 특히 '자기법칙성'을 다음과 같이 강조한다. "세계의 법칙들은 […] 인간들에게는 그들로서는 어찌할 도리가 없는, 자기근거를 갖고 자기 스스로 작동하는 힘들로써 대립한다."[7] 결국 자기법칙성이 자립화와 소외 사이에 위치하는 '자립화 → 자기법칙성 → 인간의 예속'이라는 구조가 성립한다는 것이다.

루카치가 자기법칙성을 말하는 것은 자본주의를 염두에 둔 것이다. 자본주의적 생산의 체제는 경쟁, 과잉자본의 축출, 생산력 발전에 따라 부단히 운동한다. 그러한 운동은 생산 주체들의 의지에 종속되지 않는 자기법칙적 운동이다. 즉 자본주의 생산체제는 체제 자체의 논리에 따라 운동하고, 생산의 주체들은 체제의 논리를 받아들여야만 한다는 것이다.

자본주의 체제가 그처럼 자기법칙적 운동을 한다면, 엄밀한 사회과학은 그러한 자기법칙적 운동을 인식대상으로 삼아야 하지 않을까? 그렇다면 모든 사회적 관계들에 대한 엄밀한 과학은 오직 '내면의 과학'으로서만 존재할 수 있다는 입장은 잘못된 것이 아닐까?

그렇지 않다. 자본주의 체제의 자기법칙적 운동은 생산의 주체들이 가진 동일한 욕망 때문에 형성되기 때문이다. 그 욕망은 상대를 앞지를 때만 달성될 수 있는 것이어서, 경주적(競走的) 관계가 성립한다. 그리고 관계의 참여자들은 누구도 그 관계에서 빠져나올 수 없게 된다. 빠져나오는 것은 곧 몰락을 뜻하기 때문이다. 그리하여 누

---

6. 게오르크 루카치, 『역사와 계급의식』, 거름, 1999, 184쪽.
7. 같은 책 같은 쪽.

구든지 경주적 관계의 논리를 존중해야 하고, 그에 따라 자기법칙적 운동이라는 겉모습이 만들어진다.

이와 유사한 것이 클라우제비츠가 『전쟁론』에서 말한 전쟁의 상호 상승작용이다. 그는 이를 세 형태로 제시한다. 1) 점점 더 많은 폭력을 사용하게 되는 폭력사용의 상호상승작용, 2) 패배할 수 없기 때문에 벌이는 발버둥의 상호상승작용, 3) 적을 능가하려는 노력으로 표현되는 적대감의 상호상승작용이 그것이다.[8]

이러한 상호상승작용들이 말해주는 것은 관계의 자립화다. 한번 성립한 타자와의 관계는 자립화해서 내 손을 벗어난다는 것, 그래서 내 뜻대로 통제할 수 없다는 것이다. 게다가 관계하는 사람들의 숫자가 많아진다면, 더욱 그럴 수밖에 없다. 하지만 그 관계가 유지되는 것은, 다시 말해 내가 그 관계로부터 빠져나오지 않는 것은, 나의 욕망이 연루되어 있기 때문이다.

나의 행동에 대한 사람들의 반응은 나의 내부에 전혀 예상치 못한 정념(情念, passion)을 불러일으킨다. 그 정념에 휩쓸려 들어가는 한에서, 나는 사람들과의 관계를 벗어나지 못한다. 아마도 누구나 그런 경험을 해보았을 것이다. 사람들과의 관계가 나에게 전혀 예기치 못한 정념, 예컨대 모욕감, 질투, 두려움, 불안, 이기고 싶은 마음, 복수심 등을 불러일으키고, 그로 인해 그 관계에 점점 더 빠져드는 경험 말이다.

결국 예기치 못한 방향으로 흘러가는 관계에서 빠져나오지 못하는 것은 그 관계가 촉발하는 정념 때문이다. 데카르트의 『정념론』이나 스피노자의 『윤리학』에서 '빠씨옹(passion)'으로서의 정념은 외적인 관계로부터 내가 수동적으로, 즉 '빠씨브(passive)'하게 받아들이는

---

8. 클라우제비츠, 『전쟁론』, 책세상, 1998, 35~38쪽.

감정적 효과이다. 하지만 이 정념은 어디까지나 욕망의 표현이다. 내가 사람들과의 관계에서 정념을 갖는 한에서, 나는 그 관계를 벗어나지 못한다. 정념으로 인해 관계에 집착하기 때문이다. 그리하여 우리는 다음과 같은 도식을 제시할 수 있다.

관계 ⟶ 정념 ⟶ 관계에의 종속

관계가 정념을 촉발할 수 있는 것은 그 정념이 이미 내면에 존재하기 때문이다. 즉 내면이 관계 속에서 정념으로 현상하는 것이다. 따라서 모든 인간적 현상들에 대한 완전한 설명은 '내면 → 관계 → 내면의 현상형태'의 순서를 취해야 한다. 앞서 말했지만, 이러한 설명만이 소외를 완전히 없앨 수 있는 통로를 제시할 수 있다. 이 연구의 목적은 그러한 순서의 출발점을 이루는 내면의 가장 기초적인 짜임새를 드러내는 것이다.

***

이제 우리가 내면의 짜임새에 가닿기 위해 거쳐갈 세 사람에 대해 예비적인 언급을 간략히 해두자. 물론 체계적 논거를 갖춘 모든 논의는 오직 본문 내에서만 행해질 것이다.

라깡과 융과 밀턴 에릭슨은 모두 내면으로 파고든다. 라깡과 융이 내면을 파고드는 것은 진정한 주체성을 포착하려는 것이다. 라깡은 '욕망'과 '무의식적 사고'와 '판타즘의 논리'를 옮겨 다닌다. 그것들을 진정한 주체성의 장소들로 생각했기 때문이다. 융은 1920년대부터, 진정한 주체성의 원천으로 설정한 '자기'의 개념을 부단히 새롭게 노동한다.

밀턴 에릭슨은 라깡이나 융처럼 이론적이지 않다. 물론 융도 라깡에 비하면 훨씬 경험주의적이다. 하지만 융을 그의 스승이었던 오이겐 블로일러(Eugen Bleuler)와 비교해보면, 융이 얼마나 강렬한 이론적 열정을 지녔는지를 알 수 있다.[9]

그런데 오히려 밀턴 에릭슨은 최면치료의 실천 속에서 무의식 속으로 성큼성큼 발을 들여놓는다. 어찌 보면 라깡과 융은 무의식의 징후들을 통해 무의식의 주변만을 맴돌았던 반면, 에릭슨은 무의식 자체 속으로 깊숙이 들어간다. 그래서 에릭슨 또한 자아와 대립하는 비(非)자아적 주체를 만난다. 중요한 것은 다음의 사실이다. 라깡과 융은 ‘또 다른 주체성’을 이론적으로 ‘설정’하는 데 비해, 밀턴 에릭슨은 ‘또 다른 주체성’을 직접 ‘만난다’는 것. 이것이 바로 현대 최면의 성립이 하나의 획기(劃期)를 이루는 이유이다.

어쩌면 이론의 타당성은 그것이 실천과 어떤 관계를 갖는가에 놓여 있지 않을까? 물론 수많은 실천 형태가 있고 또 수많은 이론 형태가 있으니, 도식적인 일반화를 경계해야 하겠지만 말이다.

라깡은 1957년에 쓴 「치료를 이끌기와 그 권력의 원리들」에서 “프락시스를 지탱하는 데 있어서 무능력은, 인간의 역사에서 언제나 그러했던 것처럼, 권력의 행사로 돌변”한다고 말한다.[10] 무능력한 정신분석가들이 권력의 등 뒤로 숨는다는 말이다. 물론 그 권력에는 이론적 권력도 포함될 것이다. 라깡은 분석가가 “자신의 존재보다는 자신의 존재의 결여로서 등장해야” 한다고 한다.[11] 분석가가 자신을 비워야만 피분석자 내부에서 ‘실재’의 목소리를 들을 수 있다는 것이다. 그래서 라깡은 1967년에 ‘피분석자(analysé)’ 대신 ‘분석자

---

9. 디어드리 베어, 『융』, 열린책들, 2008, 제4장을 참조할 것.
10. J. Lacan, *Ecrits*(『에크리』), Seuil, 1966, 586쪽.
11. 같은 책, 589쪽.

(analysant)'라는 용어를 제안한다.[12] 환자는 분석가에 의해 '분석되는' 자가 아니라 스스로를 분석하는 '분석자'라는 것이다.

하지만 라깡의 이러한 발언들 때문에 그가 환자들을 존중했다고 오해하면 곤란하다. 물론 라깡에게서 환자에 대한 존중은 전혀 다른 의미를 갖겠지만 말이다. 어쨌거나 그는 이론적 이유(理由)로 인해, 환자들이 그에게서 바라는 것을 철저히 외면한다. (환자가 말로써 행하는) 요구 속에는 (환자의 진정한) 욕망이 표현되지 않기 때문이라는 것이다. "언어의 존재는 대상[무의식적 욕망]의 비(非)존재"라는 것이다.[13] 그래서 그는 환자 스스로가 제시하는 자아상(自我像)과 대립하는 무의식적 욕망을 이론적으로 구성한다. 하지만 그러한 이론적 구성은 '자신의 존재의 결여'가 아니라 오히려 '자신의 강렬한 존재'를 표현해주는 것이 아닐까? 그의 이론이 그의 존재를 대변하는 것이라면 말이다.

융은 환자의 개별성을 존중한다. 모든 사례는 개별적이라는 것이다. 그는 1942년에 쓴 「정신치료와 세계관」에서 "중요한 것은 신경증이 아니라 누가 신경증을 앓고 있는가 하는 것"이라고 한다.[14] 환자에 따라 신경증의 내용이 다르고, 따라서 모든 개별적 경우들을 상이한 방식으로 치료해야 한다는 것이다. 다시 말해, 이론을 도식적으로 적용해서는 안 된다는 것이다. 그래서 그는 1951년에 쓴 「정신치료의 기본문제」에서 "환자는 치료받기 위해서 있는 것이지, 이론을 증명하기 위해서 있는 것은 아니다"라고 말한다.[15]

---

12. J. Lacan, "Proposition du 9 octobre 1967 sur le psychanalyste de l'Ecole(「(파리 프로이트) 학교의 분석가와 관련한 1967년 10월 9일 제안」)," *Scilicet*(『실리셋』), n° 1, Seuil, 1968, 18쪽.

13. J. Lacan, *Ecrits*, 627쪽.

14. C. G. 융, 「정신치료와 세계관」, 『정신요법의 기본문제』, 기본저작집 제1권, 솔, 2001, 67쪽.

15. C. G. 융, 「정신치료의 기본문제」, 같은 책, 94쪽.

따라서 융의 치료 방법은 훨씬 탄력적이다. 이것은 어쩌면 융 학파의 생명력의 한 가지 이유일 수도 있겠다. 하지만 그것은 융에게서 치료와 이론 사이의 밀접한 연관의 부재를 말해주는 것일 수도 있다. 즉 그의 중요한 이론들 가운데 많은 것은 직접적 치료와는 거의 무관하게 형성되어서, 치료의 구체적 수단이라기보다는 오히려 치료의 먼 맥락만을 구성한다는 것이다. 다시 말해, 그의 이론과 치료 사이에는 매개적 고리들이 누락되어 있다는 것이다. 이것은 특히 그의 후기 저술들에서 더욱 명백하다.

라깡은 1979년 6월에 다음과 같이 말한다. "치료가 되는 사람들이 있다는 것은 사실이다. 사람들은 신경증으로부터 치료가 되기도 하고 도착(倒錯)으로부터 치료가 되기도 한다. 이것이 어떻게 가능할까? 어쨌거나 전번에도 말했지만, 나는 그 이유를 모른다."[16] 이러한 고백은 곧이곧대로 받아들여져야 한다. 즉 라깡의 이론이 치료의 메커니즘 속으로 파고드는 데 무능력하다는 것이다. 어쨌거나 라깡은 어떤 방식으로로건 치료를 염두에 둔다. 그에 비해, 융의 이론들이 치료에 대해 갖는 관계는 보다 간접적이다.

에릭슨의 목적은 이론이 아닌 치료다. 그의 제자인 짜이크가 "환자를 위한 그의 도움에는 어떤 제한도 없었다"고 했듯이, 에릭슨은 치료를 위해 헌신한다.[17] 치료에 대한 열망은 에릭슨으로 하여금 오히려 환자들을 '총체적으로 존중' 하도록 한다. 라깡의 경우와는 반대로 말이다.

에릭슨은 말한다. "자신의 환자를 도우려는 치료자는, 교란적이고 부조리하고 비이성적이라는 이유로 환자의 행동을 혐오하거나 정죄

---

16. François Roustang, *Lacan, de l'équivoque à l'impasse*(『라깡, 모호성에서 궁지窮地로』), Minuit, 1986, 21쪽에서 재인용.

17. J. K. Zeig, *La technique d'Erickson*(『에릭슨의 기법』), Hommes et Groupes Editeurs, 2004, 35쪽과 43~44쪽.

하고 거부하면 절대로 안 된다. […] 치료는 이상하거나 황당하고 비합리적이거나 모순적인 행위들을 활용하는 것에 확고히 뿌리내려야 한다."[18] 그래서 에릭슨의 치료는 기본적으로 환자의 관점을 취한 뒤, 환자가 자발적으로 자신의 생각을 변화시킬 수 있는 상황을 만들어내는 방식을 택한다. 그 원칙들은 다음과 같다. 1) 환자에 대해 어떤 선입견도 갖지 않는다. 2) 점진적 변화를 시도한다. 3) 환자 자신의 영역 속에서 환자와 접촉한다. 4) 환자가 자신의 능력을 깨달을 수 있는 상황을 만든다.[19]

그리하여 에릭슨은 다만 실천 속에서 이론적 문제를 만난다. 하지만 그의 이론적 문제는 실천 속에서 자연스럽게 솟아나는 것이다. 이 사실이 중요하다. 왜냐하면 그것은 그의 이론적 문제가 상상적인 것이 아니라 실재에 관여하는 것임을 말해주기 때문이다.[20]

라깡과 융과 밀턴 에릭슨에게서 진정한 주체성에 대립하는 또 다른 축은 공히 '자아(moi, Ich, ego)'다. 즉 그들에게서 진정한 주체성의 탐색은 자아와의 대립관계 속에서 변주된다.

라깡에게서 자아(moi)는 나르시스적 주체에 의해 경영되는 대상적 존재, 다시 말해 자기가 자신에 대해 갖는 허구적 이미지들의 합체이다. 나르시스적 주체는 이상적 자아상인 그 이미지들을 향유하고 과시하며 보호·관리·경영한다. 결국 라깡에게서 자아는 여태껏 주체라고 오해된 거짓 주체이자 실제로는 자신에 대한 상상적 이미지들일 뿐이다.

---

18. J. K. Zeig, "Les vertus de nos défauts: un concept clé de la thérapie éricksonienne(「우리의 결점들의 미덕들: 에릭슨적 요법의 핵심 개념」)," Paul Watzlawick(외), *Stratégie de la théraphie brève*(『단기치료의 전략』), Seuil, 2000, 123~124쪽에서 재인용.
19. J. K. Zeig, *La technique d'Erickson*, 107쪽과 110쪽. 또 이윤주 양정국, 『밀턴 에릭슨 상담의 핵심, 최면과 은유』, 학지사, 2007, 25~38쪽도 참조할 것.
20. 내가 이처럼 말하는 것은, 실재와는 아무 관계도 없는 상상적인 이론적 문제들이 많이 있기 때문이다.

융에게서 자아(Ich)는 프로이트에게서처럼 초자아와 '그것(이드)' 사이에서 균형을 잡는 주체, 외적 현실과 내적 현실을 조절하는 주체이다. 하지만 융은 특히 의식이 자아에 상관적임을 강조한다. 의식이란 다름 아닌 자아의 의식 행위라는 것이다. 결국 융에게서 자아는 무의식에 대립하는 의식의 주체이다.

밀턴 에릭슨에게서도 자아(ego)는 의식의 주체이다. 하지만 그에게서 자아란 무엇보다도 최면유도를 방해하는 장치이다. 최면은 자아를 해제함으로써만 가능하고, 자아의 해제와 더불어 비자아적 주체가 등장한다. 결국 밀턴 에릭슨은 최면유도를 위해 자아와 직접 대결해야 했고, 그러한 대결 속에서 자아의 성격을 보다 명확히 포착한다. 무엇이든 몸소 맞부딪혀 보면 그것의 성격이 보다 명확히 드러나듯이 말이다.

어쨌거나 자아의 용법은 정신분석 이전과 이후로 나뉜다. 물론 정신분석 이후에도 정신분석의 개념적 성과를 수용하지 않는 사람들은 여전히 이전의 용법을 사용하지만 말이다. 일반적으로 정신분석 이전의 자아란 의심받지 않는 유일한 주체이다. 하지만 정신분석 이후의 자아는 거짓된 주체이거나 기껏해야 의식의 주체일 뿐이다. 이 연구에서 자아의 모든 용법은 전적으로 정신분석 이후의 용법이다.

나는 이 연구를 통해 우선 라깡, 융, 밀턴 에릭슨에게서 자아와의 대립에 따라 변주된 또 다른 주체성들을 뒤쫓을 것이다. 그리고 그에 입각해 내면적 총체성의 기초적 짜임새를 사고하려 한다.

중요한 것은 라깡, 융, 밀턴 에릭슨 모두가 진정한 주체성을 탐색하면서 무의식을 넘어서는 그 무엇, 다시 말해 영혼의 문제에 부딪힌다는 사실이다. 물론 세 사람이 그 문제를 만나는 방식은 모두 다르다.

라깡은 짧게나마 절실하게 만난 그 문제를 다시 억압하고 더 이상 말하지 않는다. 융은 스스로 너무나 자명하게 여긴 그 문제를 '자기'

의 개념 속에 포괄시킨다. 밀턴 에릭슨은 그 문제를 직접적으로 손에 거머쥐면서도 명명을 회피한다.

나는 이 문제를 매우 진지하게 숙고할 것이다. 이 숙고는 라깡과 융을 만나는 동안에는 관념적 이론에 대한 사변적 성찰의 성격을 띨 것이지만, 밀턴 에릭슨을 만나는 동안에는 실재의 새로운 지표들에 대한 엄밀한 과학적 검토의 성격을 가질 것이다. 그리고 그 다음에 나는 영혼의 이론사(史)를 재해석하고, 과학적으로 통용될 수 있는 영혼의 엄밀한 내재적 개념을 확립하기 위해 작업할 것이다.

정신분석 이후 자아의 엄밀한 개념이 확립되었다면, 이제 현대 최면의 성립에 따라 영혼의 엄밀한 개념을 확립할 때가 되지 않았을까? 하지만 중요한 것은 '무엇'을 말하는가가 아니라 '어떻게' 말하는가이다. 과학은 교과서에 쓰여 있는 것이 아니다. 과학은 언제나 인식의 공백지대를 마주한다. 따라서 과학은 오히려 비과학적이라고 여겨지던 것들과 반드시 대면할 수밖에 없다. 프로이트가 무의식을 대면했듯이 말이다.

그리하여 중요한 것은 오직 논증방식이다. 논증방식이 얼마나 과학적인가 하는 것만이 중요하다는 것이다. 나는 본문에서 실재의 새로운 지표들을 제시하고, 또 그것들에 따른 엄밀한 논리적 전개를 펼치기 위해 노력할 것이다. 독자들은 본문을 읽어가면서 그 필연성을 공감할 수도 있고 아닐 수도 있을 것이다.

도연명의 「도화원기(桃花源記)」에서 어부는 물질적 길을 쫓다가 영혼의 장소에 이른다. 하지만 어부는 다시 물질적 길로 돌아온 다음에 영혼의 장소를 되찾지 못한다. 영혼의 개념을 과학적으로 노동해야 하는 것은 영혼의 장소를 언제든 되찾기 위한 것이다.

각 장(章)들의 제목을 나무, 비, 음악, 새라고 한 것은, 역사적 시간과 무관한 그 순수한 과학적 순서를 은유적으로 표현한 것이다. 즉 라깡이라는 나무에 융이라는 비가 내렸고, 그 다음에 밀턴 에릭슨이라는 음악이 들렸다는 것이다. 그리고 그 음악으로부터 영혼의 개념이 새처럼 날아올랐다는 것이다.[21] 어쨌거나 이러한 은유들은 단지 이론적 노동의 지루함을 달래기 위한 일탈일 뿐이다. 이러한 은유가 못마땅한 분들에겐 용서를 구한다.

어떤 독자들에겐 라깡을 다룬 제1장이 너무 어려울 수도 있겠다. '재료' 자체가 복잡해서 지나치게 단순화시킬 수 없었기 때문이다. 하지만 단지 문제의 입구에 이르기만 할 뿐인 1장 때문에 독자들이 문제 자체 속으로 들어가지 못할까 봐 두렵다. 따라서 1장이 어려운 독자들에겐 1장을 건너뛰어 2장부터 읽기를 권한다.

이 연구가, 나의 잘못된 이해에 따라, 라깡, 융, 밀턴 에릭슨 세 분의 학자께 누가 되지는 않을까 두렵다. 특히 밀턴 에릭슨은 섬세하고 부드러운데, 나의 해석은 구조적이고 더 나아가 도식적이다. 결국 나의 해석은 한 가지의 해석일 뿐이다. 또 제4장에서 제시된 플라톤과 수흐라와르디에 대한 비판은 나의 단편적 이해에 따른 부적절한 것일 수도 있다. 독자들이 이 글을 읽어가면서 부단히 나를 의심하시길 바란다.

---

21. 하지만 본문 내에서 다른 장들을 언급할 필요가 있을 때는, 명확성을 위해, 나무, 비, 음악, 새 대신 1, 2, 3, 4장이라고 한다.

나무

라깡

최종적 주체성을 찾아서

열정의 궤적과 동요

라깡은 주체성의 문제를 제기한다. 즉 인간의 행동, 사고, 느낌 등이 모두 주체적인 것은 아니라는 것, 오히려 그 대부분은 비(非)주체적이라는 것이다. 그래서 그는 인간 내부에서 어떤 것이 진정으로 주체적인지 묻고 또 찾아다닌다.

물론 라깡은 주체의 분열(8)을 말한다. 하지만 그가 '분열된 주체'를 말할 때의 '주체'는 행동의 내적 동인(動因)으로서의 주체성이 아니라, 환자 또는 인간 존재 일반을 뜻할 뿐이다. 그래서 "주체가 분열되었다"는 것은 인간이 분열되어 있다는 것, 즉 한 인간 안에 여러 주체성이 있다는 것이다.

그러나 우리가 주체성이란 용어로 인간 행동의 내적인 최종적 동인을 뜻한다면, 그러한 주체성은 진정한 주체성이고, 아마도 단 하나일 것이다. 그렇다면 그러한 진정한 주체성은 분열될 수 없다. 라깡이 찾아다니는 '주체'는 또한 그러한 주체성이기도 하다. 여태껏 주체성이라고 잘못 여겨진 '허구적' 주체성들과 대립하는 진정한 주체성이 그것이다.

어쨌거나 주체에 대한 라깡의 용법은 제멋대로라고 할 정도로 다양하고 자유롭다. 그만큼 '주체(sujet)'라는 단어 자체에 라깡이 집착했던 것일까? 이를테면 그는 시니피앙의 주체, 시니피에의 주체, 언표행위의 주체, 언표의 주체, 반복의 주체, 욕망의 주체, 무의식의 주체, 판타즘의 주체 등등을 말한다.

이 가운데에는 1) 겉으로 드러난 어떤 현상에서 주체적인 것으로 여겨지는 것도 있고, 2) 특정한 행위나 감정적 흐름을 이끌고 촉발하는 내적 동인, 즉 그 행위나 감정 또는 정동(情動)[1]에 국한된 특정 층위의 내적 동인을 지칭하는 것도 있으며, 3) 라깡 자신에 의해 최종적인 주체성으로 간주되었던 것들도 있다.

이렇듯 라깡은 다양하게 주체라는 용어를 구사하고, 때때로 그것은 최종적 주체성과 겹쳐지기도 한다. 결국 우리는 그 용법이 자유로운 것인 한에서 그것에 그다지 신경을 쓸 필요가 없다. 하지만 다른 한편으론, 여러 용법들 가운데 일정한 구별들을 유지할 줄도 알아야 불필요한 혼란을 피할 수 있다.

주체성은 내적인 것이어야 주체성일 수 있다. 외적인 것이라면 타자성이다. 또 주체성은 진정한 주체성이기 위해 최종적이어야 한다. 최종적이지 않은 것들은 다만 주체성이라고 착각했던 것들이다. 물론 언제나 의심들이 가능하다. 인간 내부에 행동의 궁극적 동인으로서 주체성이 과연 존재할까? 인간 내부에서 진정으로 주체적인 것은 단 하나뿐일까?

아마도 라깡도 주체성의 진정한 장소를 찾아다니기 시작한 이후 이러한 의심들과 자주 부딪혔을 것이다. 하지만 이 장(章)에서 나의 목적은 진정한 주체성을 찾으러 나선 라깡의 열정적 궤적을 뒤쫓는 것이다. 따라서 적어도 이 장에서는 진정한 주체성이 '거짓된' 주체성들의 현혹을 물리치고 찾아내야 하는 단 하나의 것, 숨겨진 단 하나의 것으로 가정된다.

각각의 시기 속에서 라깡은 상이한 것들을 최종적인 주체성으로

---

1. 감정은 일반적으로 우리가 몸으로 느끼는 것들이다. 물론 자신의 감정을 잘 자각하지 못하는 사람들도 있지만 말이다. 하지만 감정적 흐름 가운데 우리가 일반적으로 감지하지 못하는 보다 객체적인 내적 흐름이 있다. 내적으로 감정적 에너지들의 움직임이 있지만 잘 느껴지지 않는 것들이 그러한 것들이다. 나는 그러한 것들을 '감정'과 구분해서 '정동'이라 칭한다.

설정한다. 나는, 그동안 내가 라깡의 텍스트들을 읽어온 바에 따라, 주체성을 사고하는 라깡의 단계들을 여섯 단계로 구분하려 한다. 물론 이 단계들은 주체성에 대한 사고에만 관련된 것들이다. 즉 다른 관점에선 다른 방식으로 단계들을 설정할 수 있다. 또 단계들을 이처럼 설정하면서, 나의 경솔한 독서로 인해 내가 놓친 것들이 당연히 있을 것이다. 결국 이러한 단계 설정은 다만 발견적 도구로서의 가치만을 지닌다. 즉 그것을 실재에 완전히 부합하는 것으로 받아들일 경우, 라깡에 대한 많은 오해를 초래할 것이란 뜻이다.

1) 라깡은 우선 욕망 속에서 주체성을 본다. 우리가 아는 '라깡'이 된 이후에, 다시 말해 자신의 이론적 체계를 세우기 시작한 이후에 말이다. 이것을 1957년까지의 시기라고 해보자.

2) 1958년에는 한 걸음 더 나아간다. 그는 남근으로 존재하려는 욕망을 존재론적 욕망으로 간주하고 그것을 최종적 주체성으로 여긴다.

3) 하지만 1959년 말부터는 입장이 달라진다. 이제 그는 욕망을 거세에 의해 제약받는 것으로 간주한다. 즉 욕망은 금지에 의해 각인되어 향유에 대립하는 것이 되고, 그래서 온전히 주체적 성격을 가질 수 없게 된다. 그러나 객체적인 것인 향유가 주체성의 원천일 수 없음은 물론이다.

4) 그리하여 라깡은 1964년부터 무의식적 사고를 말하기 시작한다. 무의식적 사고가 무의식적 코기토로서의 주체성이라는 것이다.

5) 또 그는 1966년 말부터는 판타즘의 논리를 무의식적 사고의 한 토대로 제시하려 한다. 하지만 그는 자신의 형식주의로 인해 판타즘의 논리 내부로 침투하지 못한다.

6) 라깡은 마침내 1971년부터는 남근에의 욕망을 하나의 '상블랑(semblant),' 즉 헛된 꾸밈에 불과한 것으로 간주한다. 이제 욕망은 향유의 금지에 의해 제약받기보다 오히려 향유를 적극적으로 제약하

는 것이 된다. 그러나 욕망이 주체적인 것의 지위를 되찾은 것은 아니다. 욕망은 오히려 존재론적인 성격을 상실하고 표층적인 것으로 전락한다.

7) 그래서 하나의 예외적 시점(時點)이 도래한다. 라깡은 유물론적 열정의 균열에 따라 동요를 드러내고, 또 동요를 드러낸 것으로 인해 다시 동요한다. 즉 라깡은 1973년 3월 13일부터 6월 26일 사이에 영혼에 대해 머뭇거리며 말하고, 또 영혼에 대해 말한 것을 매우 부끄럽게 여긴다. 어쨌거나 그는 영혼을 소심하게 만지작거린다. 욕망에 대립하는 것으로서. 욕망으로부터 우리를 구출할 수 있는 것으로서.

내가 이 장에서 다루려는 것은 이 예외적 시점까지이다. 나는, 개인적으로, 그 이후의 시기를 아무런 인식의 생산이 없는 퇴행적 시기로 여긴다. 예컨대 나는 보로메 매듭에 대한 라깡의 집착을 단지 판타즘적인 것일 뿐으로 여긴다. 슬라보예 지젝은 이후의 라깡이 '실재'에 대한 어떤 인식이라도 만들어낸 것 같은 환상을 불러일으키려 한다. 하지만 내가 판단하기에 라깡은 1973년 가을 이후 '실재'에 대해 과학적으로 가치 있는 그 어떤 얘기도 하지 못한다.

결국 나는 주체성을 사고하는 라깡의 궤적을 다음과 같이 여섯 단계와 하나의 예외적 시점으로 나눈다.

1) 욕망을 주체성의 핵심으로 간주하던 단계(1957년까지)
2) 특히 남근으로 존재하려는 욕망을 존재론적 욕망으로 보았던 단계(1958년)
3) 욕망을 향유에 대한 방어로 설정했던 단계(1959년 말부터)
4) 무의식적 사고를 주체성으로 간주했던 단계(1964~1965년)
5) 판타즘의 논리를 통해 무의식적 사고를 포착하려 했던 단계 (1966~1967년)

6) 남근이려는 욕망이 '상블랑'으로 추락하는 단계(1971년부터)

7) 영혼에 대해 머뭇거리면서 말하는 예외적 시점(1973년 봄)

이제 라깡의 열정의 궤적을 차분하게, 오직 그의 텍스트들을 통해서만 따라가 보자.

단계 1, '우리 존재의 핵심'으로서의 욕망

이 첫째 단계는 나의 관점에선 출발점이다. 이 첫째 단계의 마지막 시점(時點)에서 출발을 하자. 첫째 단계의 가장 완성된 상태에서 출발해야 가장 간결하고 명료할 수 있기 때문이다. 1957년 5월에 발표된 「무의식 속에서의 문자의 층위 또는 프로이트 이래의 이성」이 바로 그 시점을 구성한다. 이 논문을 통해 첫째 단계의 라깡의 입장을 확인해보자.

라깡은 이 논문에서 프로이트의 뒤를 쫓아 욕망에 대해 말한다. 그래서 그는 꿈에서부터 욕망을 찾아 나선다. 즉 꿈에서는 1) 무엇인가 감추어진 것을 지시하는 시니피앙(記表)들의 놀이가 행해지고, 2) 시니피앙들이 자신들의 놀이를 통해 지시하는 감춰진 그 무엇으로서의 시니피에(記意)가 존재한다. 그리고 3) 욕망은 시니피앙들의 놀이와 감춰진 상태에서 지시되는 어떤 것으로의 시니피에 사이에 존재한다.

꿈이 시니피앙들의 놀이이기 위해선, 꿈속에서 등장하는 이미지들이 "시니피앙으로서의 가치[지위]"를 지녀야 한다(E 510쪽).[2] 그래서 꿈속에서 시니피앙들의 놀이는 시니피앙 역할을 하는 이미지들이 서로를 대체하는 방식으로 이루어진다. 이를 프로이트는『꿈의 해석』
에서 '엔트슈텔룽(Entstellung, 왜곡-훼손-변형)'이라 칭한다. 그리고 라
깡은 그것을 다시 '트랑스뽀지숑(transposition)'이라 번역한다. 시니피
앙들이 위치(position)를 서로 옮겨 다닌다는(trans) 것, 보다 간단하게
는, 한 위치에 있던 시니피앙이 다른 시니피앙들에 의해 대체되고 밀
려난다는 것이다.

　결국 라깡에 따를 때, 시니피앙의 지위를 갖는 꿈속의 이미지들의
연속과 상호 대체의 놀이, 즉 '트랑스뽀지숑'의 놀이는 말하려는 무
엇인가(시니피에)를 감추고 있으면서 또 드러내는 것이다. 다시 말해,
꿈이 말하려는 그 무엇은 꿈속의 이미지들 사이의 관계에 따라 감춰
지고 또 드러난다는 것이다. 그래서 라깡은 그러한 '트랑스뽀지숑'
또는 전치(轉置)를 "시니피앙 아래에서 시니피에가 미끄러지는 것
(glissement)"[3]이라고 한다(E 511쪽).

　라깡은 '트랑스뽀지숑,' 즉 시니피앙들의 놀이 가운데 두 가지를
핵심적인 것으로 제시한다. 이동(Verschiebung, déplacement)과 응축
(Verdichtung, condensation)이 그것이다. 자리(place, 位)를 바꾸는 것(dé-,
轉)을 뜻하는 이동 또는 전위(轉位)[4]는 "의미작용의 전환(virement)"을
통해 환유의 효과를 갖는 것이다. 즉 이동은 부분적으로 겹쳐지는 시
니피앙들이 서로 연결고리를 이루면서 서로 대체하는 것이다. 반면,
응축은 동등한 가치의 시니피앙들이 서로 포개져서 은유의 효과를

---

2. 앞으로 라깡의 『에크리』로부터의 인용은 본문 내에서 E라고 표기하고 불어판(J. Lacan,
Ecrits, Seuil, 1966)의 쪽수를 적는다.
3. '미끄러지는' 것은 기본적으로 빠져나간다는 의미를 갖는다. 하지만 불어의 '글리스망
(glissement)'은 '슬쩍 끼어넣는 것' 또는 '스며드는 것'의 의미도 가지고 있다. 그렇다면 감
춰진 시니피에가 시니피앙들의 놀이에 슬쩍 끼어넣어진다는 의미도 된다.
4. '전위'는 원래의 독일어(Verschiebung)의 의미에 더 가까운 정확한 번역어일 수 있다.
하지만 불필요하게 어려워서 혼란을 초래할 수도 있기에, 나는 '이동'이란 용어를 더 선
호한다.

갖는 것이다. 시니피앙들이 동등한 가치를 갖는다는 것은 부분적으로 겹쳐지는 것이 아니라는 뜻이다(E 511쪽).

라깡은 시니피앙들의 이동을 통해 이루어지는 환유의 정식을 다음과 같이 제시한다.

$$f(S\ldots S')S \cong S(-)s$$

S는 시니피앙이고, S'는 또 다른 시니피앙이다. 소문자 s는 시니피에이고, $\cong$는 기하학적인 합동의 부호, 즉 완전히 합치한다는 부호이다. $S\ldots S'$는, 부분과 전체의 관계처럼 서로 일정하게 부분적으로 겹쳐지는 고리를 갖는, 환유적인 인접성에 따른 두 시니피앙 사이의 접속(connexion) 관계이다. $(S\ldots S')S$는 S와 접속된 S'가 S를 대신한다는 것이다. 그리고 (–)는 시니피에가 횡선(–)을 뛰어넘을 수 없어 전달될 수 없음을 뜻한다.[5]

라깡은 이 정식을 다음과 같이 설명한다. "시니피앙과 시니피앙의 접속이 생략을 가능하게 한다. 그 생략으로 인해 시니피앙은 대상과의 관계에서 존재의 결여를 수립한다. 서로에게 가치를 회송(回送)하는 의미과정을 통해서 의미작용을 욕망으로 채우도록 말이다. 욕망은 자신이 떠받치는 그 결여를 겨냥하는 것이다"(E 515쪽).

시니피앙과 시니피앙의 환유적 접속에서 생략이 행해지는 것은, "한 잔 하자"라고 환유적으로 말할 때, 그 '말' 속에는 술이 생략되는 것과 같은 이치에서이다. 즉 부분적인 겹쳐짐에 따라 시니피앙들

---

5. 『세미나』 5집(Seuil, 1998) 13쪽에서는 이 정식이 다음과 같이 변형되어 제시되어 있다. $f(S\ldots S')S'' \cong S(-)s$. 그리고 14쪽에서는 다음과 같이 설명한다. "S는 사슬의 조합 속에서 S'와 연결되어 있다. 그리고 그 전체는 S''와 관계를 맺는다. 그리고 이것은 S로 하여금 의미작용의 수준에서 s와 일정한 환유적 관계를 맺도록 한다." 13~14쪽에 실린 세미나는 1957년 11월 6일의 것이다.

이 이동하는 환유적 접속에서는 생략이 행해진다. 하지만 무의식과 관계하는 꿈속의 이미지들의 놀이, 즉 시니피앙들의 놀이에서 생략되는 것은 '존재적 수준에서 결여되어 있는 것'이다. 바로 이 '존재의 결여'로부터 욕망이 성립한다. 욕망은 다름 아닌 그 '존재의 결여'에 대한 욕망이다.

S가 '존재적 수준에서 결여된 것'을 지시하고 있었다고 하자. 그렇다면 S의 시니피에는 '존재적 수준에서 결여된 것'이다. 하지만 S와 부분적으로 겹쳐지는 환유적 관계를 갖는 S'가 S를 대신하면서, S가 지시하던 '존재의 결여'가 생략된다. 즉 S의 시니피에인 s, 다시 말해 '존재의 결여'가 횡선(-)에 가로막혀 드러나지 못하게 된다는 것이다. 다시 말해, S'가 S를 환유적 관계에 따라 대체함에 의해, 원래 S가 지시하던 s가 감춰진다는 것이다.

하지만 의미작용이 욕망으로 채워지는 것은 욕망이 '존재적 수준에서 결여된 것'을 계속 찾아다니기 때문이다. 즉 욕망은 S'에서 '존재의 결여'를 찾지 못하면, 다시 S''로 이동하고, S''에서도 찾지 못하면 다시 S'''로 이동한다. 이것이 바로 시니피앙 사슬이다. 결국 핵심적 구조는 다음 세 가지 항(項)으로 짜여진다.

1) 시니피앙들 사이의 환유적 대체
2) 존재의 결여
3) 욕망

1)로 인해 2)가 감춰진다. 그래서 3)은 2)를 쫓아다닌다. 이것이 핵심적 구조이다. 그런데 2)는 무엇일까? 2)는 아직 결여되기 이전의 어떤 '존재'를 그저 향유하는 것일까, 아니면 그 '존재'를 향유하면서도 또한 부단히 욕망하는 것일까? 달리 표현하자면, 2)는 오로

지 원천적 향유일까, 아니면 원천적 향유이면서 동시에 원천적 욕망일까? 향유와 욕망을 확고하게 대립시키기 이전의 라깡은 2)에게서 원천적 향유뿐만 아니라 원천적 욕망도 본다.

한편, 라깡은 은유의 정식을 다음과 같이 제시한다.

$$f(\frac{S'}{S})S \cong S(+)s$$

S'/S는 또 다른 시니피앙 S'가 시니피앙 S를 은유적으로 대체했다는 것이다. $(+)$는 횡선을 넘어간다는 것이다. 즉 $S(+)s$는 시니피에에 s가 횡선을 뛰어넘어 시니피앙 S를 통해 전달된다는 것이다(E 515쪽). 바로 이처럼 횡선을 뛰어넘어 등장하는 시니피에 s로 인해, 라깡은 은유를 징후로 간주한다(E 518쪽과 528쪽). 징후란 숨겨져 있는 무엇을 표면에 드러내주는 신호와 같은 것이므로 말이다.

라깡은 이 은유의 정식을 다음과 같이 설명한다. "시니피앙에 의한 시니피앙의 대체 속에서 의미작용의 효과가 생산된다. 그 효과는 시의 효과 또는 창조의 효과이다"(E 515쪽). 바로 이 시의 효과 또는 창조의 효과가 뜻하는 것은 무엇인가를 은밀히 말해주는 징후가 만들어진다는 것이다.

결국 라깡은 이 논문에서 은유를 징후와 관련짓고, 환유를 욕망과 관련짓는다. 그러므로 우리가 초점을 맞추고 있는 욕망의 주체적 성격과 직접적으로 관련되는 것은, 적어도 이 논문에서는, 은유가 아니라 환유다.

라깡은 환유와 은유의 정식을 제시한 뒤, 다음과 같이 묻는다. "시니피앙의 주체가 차지하는 위치는 시니피에의 주체가 차지하는 위치에 대해 동심원적인가 탈중심적인가?"(E 516~517쪽). 대답은 물론 탈중심적이라는 것이다.

시니피앙의 주체란 언표된 것 속의 주체이고, 시니피에의 주체란 무의식의 주체이다. 이 둘은 대립된다기보다는 서로 이질적인 장(場)에 속한다. 라깡은 다음과 같이 말한다. "산식(算式)의 S와 s는 같은 지평 속에 있지 않다. 인간은 그것들이 공통의 축 속에 위치한다고 믿으면서 속아 넘어간다"(E 518쪽). 시니피앙들이 계속 의미작용을 하더라도, 그 의미작용은 시니피에에 가닿지 못한다는 것이다. 시니피에는 또 다른 장에 위치하기 때문이다.

그래서 라깡은 말한다. "내가 있지 않은 곳에서 나는 사고하고, 내가 사고하지 않는 곳에서 나는 있다"(E 517쪽). 여기서 '사고'는 데카르트적 코기토가 아니다. 여기서 사고는 무의식적 사고이다. 즉 라깡은 데카르트적 코기토와 존재를 대립시키고 있는 것이 아니라, '의식적인 나'와 '무의식적인 사고'를 대립시키고 있는 것이다.

즉 무의식이 사고를 할 때, 의식적인 나는 존재하지 않는다는 것이다. 또 내가 의식 활동을 할 때, 무의식적 사고는 부재(不在)한다는 것이다. 이 말은 '의식적인 나'와 '무의식적 사고'가 서로 이질적인 장에 속한다는 것이다. '의식적인 나'와 '무의식적 사고'가 시니피앙의 주체와 시니피에의 주체에 일정하게 상응한다는 것은 물론이다.

아직 출간되지 않은 『세미나』 14집(1966~1967년)의 용어를 미리 사용해보자면, '의식적인 나'의 관점에서 볼 때, '무의식적으로 사고하는 나'는 '빠-즈(pas-je),' 즉 '비(非)나'일 수밖에 없다. 하지만 무의식적 사고가 진정한 주체성을 구성한다면, 이 '비(非)나'가 진정한 주체이다. '의식적인 나'는 다만 시니피앙의 주체일 뿐이다.

라깡은 환유와 은유 같은 시니피앙의 메커니즘들을 작동시키는 것이 무의식적 사고임을 강조한다(E 517쪽). 물론 무의식적 사고가 시니피앙들의 층위에서 직접 드러나지는 않는다. 그 사고는 의식되지 않는 '무의식적' 사고이기 때문이다. 하지만 무의식적인 사고는 시니

피앙들이 환유와 은유의 방식으로 서로 관계 맺도록 시니피앙들의
놀이를 지배한다.

라깡은 다음과 같이 말한다. "환유와 은유의 이 시니피앙 놀이의
활동적 첨단(pointe)은 나의 욕망을 시니피앙에 대한 거부 또는 존재
의 결여에 쐐기 박는다"(E 517쪽). 시니피앙 놀이가 막 진행되고 있는
활동적인 첨단을 설정해보자. 그 첨단적 지점에서 욕망은 눈앞에 놓
인 시니피앙을 거부한다. '존재적 수준에서 결여된 것'을 그 시니피
앙 속에서 찾을 수 없기 때문이다. 하지만 욕망은 다시 새로운 시니
피앙을 찾아 나선다. "존재의 결여에 쐐기 박혀" 있기 때문이다. 즉
'존재의 결여'를 표상해주는 시니피앙을 계속 찾아 나선다는 것이
다. 바로 그곳에서 무의식적 사고가 작동한다. 즉 새로운 시니피앙
을 계속 찾아다니는 것이 무의식적 사고다.

여기서 등장하는 것은 다음의 세 가지 항 사이의 관계다.

1) 존재의 결여
2) 욕망
3) 무의식적 사고

1957년의 라깡에게서는 2)가 1)을 찾기 위해 3)을 작동시킨다. 즉
3)은 진정한 주체성인 2)의 도구일 뿐이다. 하지만 1964년부터 무의
식적 사고가 진정한 주체성으로 간주되면서, 2)와 3)의 관계는 뒤바
뀐다.

라깡은 다시 다음과 같이 말한다. "환유와 은유의 이 놀이는, 게임
이 끝날 때까지, 그 냉혹한 섬세함 속에서, 내가 위치할 수 없기 때문
에 내가 있지 않은 그곳에서, 행해진다"(E 517쪽). 환유와 은유의 놀
이는 욕망의 놀이이다. 욕망은 그 놀이를 위해 무의식적 사고를 동원

한다. 그 놀이가 냉혹하도록 섬세한 것은 무의식적 사고의 섬세하면서도 냉혹한 법칙 때문이다.

"내가 위치할 수 없기 때문에 내가 있지 않은 그곳"은 '비(非)나'가 존재하는 장소이다. 하지만 그곳은 의식적인 내가 없기 때문에 진정한 존재론적 장소일 수 있다. 즉 의식이 존재를 방해하지 않는 장소가 그곳이다. 욕망이 그곳에 존재한다는 것은, 욕망이 존재론적 수준에 위치한다는 것을 뜻한다.

의식적인 내가 그곳에 위치할 수 없는 것은 거세 때문이다. 하지만 욕망은 거세 아래 존재한다. 다시 말해, 아직 1957년의 라깡에게 욕망은 거세에게 붙들려 꼼짝 못하는 것이 아니라, 거세 아래 숨어 있으면서 부단히 거세를 벗어나려는 것이다.

라깡은 말한다. "내가 나의 사고의 장난감인 그곳에 나는 있지 않다. 내가 사고한다고 생각하지 않는 그곳에서 나는 내가 무엇인지를 사고한다"(E 517쪽). 의식적인 나 자신을 장난감처럼 농락하는 나의 사고는 무의식적 사고다. "내가 사고한다고 생각하지 않는"다는 것은 나의 무의식이 사고한다는 것을 나의 의식이 짐작도 못한다는 것이다. "내가 사고한다고 생각하지 않는 그곳"은 욕망의 장소이다. 욕망은 무의식적 사고를 움직인다.

욕망은 "내가 무엇인" 그것이다. 즉 나의 진정한 존재는 욕망이다. 그래서 욕망은 존재론적 욕망, 존재구성적 욕망으로 등장한다. 욕망은 진정한 주체성이라는 것이다. 라깡이 환유를 말하는 한에서, 욕망은 사회적 거세 아래 감춰져 있는 존재론적인 것이고, 진정하게 주체적인 것이다.

라깡은 "욕망의 파괴불가능성"을 말한다(E 518쪽). 그것은 존재의 장소에 거주하는 존재론적 욕망이 환유의 사슬에 따라 운동하기를 멈추지 않기 때문이다. 즉 "욕망의 파괴불가능성"이 뜻하는 것은 욕망을 운반하는 환유적인 시니피앙 사슬을 끊을 수가 없다는 것이다.

라깡은 또 다음과 같이 말한다. "욕망이 […] 제안하는 수수께끼, 무한한 심연을 몸짓으로 표현하는 욕망의 열정, 향유와의 […] 내밀한 공모는 결코 본능의 어떤 일탈에 따른 것이 아니다. 그것들은 다른 것을 향한 욕망으로 영원히 펼쳐지는 환유의 궤도에 포획됨에 따른 것이다"(E 518쪽. 강조는 라깡에 의한 것).

여기서 라깡은 욕망과 향유의 "내밀한 공모"를 말한다. 욕망은 아직 향유에 대한 방어로 설정되지 않은 것이다. 욕망이 거세에 의해 붙잡히지 않았다고 보기 때문이다. 그런 의미에서 욕망은 완전한 주체성이다.

"무한한 심연을 몸짓으로 표현하는 욕망의 열정"은 "환유의 궤도에 포획"되었기 때문에 생겨나는 것이다. 시니피앙들은 환유적 방식으로 접속되기를 그치지 않고, 그래서 욕망은 "다른 것을 향한 욕망"으로 부단히 전화(轉化)되어 반복된다는 것이다. 다시 말해, 욕망이 환유적 방식으로 연결되는 새로운 시니피앙들을 계속 쫓아다닌다는 것이다. 그래서 욕망은 차이 나는 반복을 행한다.

물론 그 반복은 원천에 의해 규정된 반복, '존재의 결여'에 의해 규정된 반복이다. 욕망은 결여된 존재를 표상하는 것처럼 여겨지는 시니피앙들을 반복적으로 뒤쫓는다. 그래서 라깡은 "욕망이 자신의 역사 속에 있었다는 진리"를 말하고(E 518쪽), 또 "유일하게 정신분석만이 기억 속에서 재기억의 기능을 차별화시킨다"고 한다(E 519쪽). 욕망은 역사적으로 규정된 것이고, 역사적 원천을 부단히 재기억함에 따라 반복된다는 것이다.

결국 라깡은 "그것이 있었던 곳에 내가 가닿아야 한다"는 프로이트의 금언, 즉 "보 에스 바, 졸 이히 베르덴(Wo es war, soll Ich werden)"을 재통합이자 화해로 제시한다(E 524쪽). '그것'을 내가 재통합하고

'그것'과 내가 화해한다는 것이다. 하지만 라깡이 여기서 '에스(es)'를 단지 영어에서 '이드'로 번역된 '그것'으로 해석하는 것은 아니다. 라깡은 여기서 '그것'을 욕망의 역사적 원천으로 본다. 즉 반복을 떠받치고 있는 원천적 욕망과 화해를 해야 한다는 것이다.

그 역사적 원천 속에서의 욕망은 욕망의 개인사(史)적 반복을 규정한다. 그래서 원천적 욕망은 반복적 욕망들을 부단히 생성시키면서 우리의 삶을 이끌어간다. 최종적 주체성으로서. 그렇다면 그 원천 속의 욕망은 '우리 존재의 핵심,' 즉 '케른 운저러스 베젠(Kern unseres Wesen)'일 수밖에 없지 않을까(E 526쪽)!

때는 1957년 5월이다. 라깡은 욕망을 '우리 존재의 핵심'이라고 한다. 그 '핵심'으로부터 우리의 삶이 이끌어지므로, 욕망은 최종적 주체성일 수밖에 없다. '우리 존재의 핵심'인 욕망은 거세에게 붙잡힌 욕망이 아니다.

그렇지만 라깡은 머지않아, 즉 1959년 말부터, 욕망이 존재의 핵심이 아님을 알아차린다. 그래서 그는 구조적인 어려움들을 만난다. 주체성을 명쾌하게 말하는 것이 불가능해졌음에도, 주체성을 말하고 싶어 했기 때문은 아닐까?

하지만 그는 1958년에는 한 걸음 더 앞으로 나아간다. 욕망 속으로 더 깊이 들어가 남근으로 존재하려는 욕망 속에서 욕망의 주체성을 보면서 말이다.

단계 2, 남근에의 욕망

라깡이 1958년에 쓴 글 가운데 세 가지가 직접적으로 남근(男根,

phallus)에의 욕망을 다룬다. 그것들을 쓰여진 순서에 따라 제시하면 다음과 같다.

1) 「정신병의 모든 가능한 치료에 전제가 되는 한 가지 문제에 대해」(1957년 12월~1958년 1월에 작성)
2) 「남근의 의미작용」(1958년 5월 9일 독일 뮌헨에서의 강연 원고)
3) 「치료를 이끌기와 그 권력의 원리들」(1958년 7월 11일부터 13일 사이에 열린 루아요몽 학회에서 발표)

모두 『에크리』에 실려 있는 이 세 논문은 라깡의 개인적 이론사(史)에서 핵심적 중요성을 갖는다. 남근에의 욕망이 어떻게 주체성으로 제시되어 있는지에 초점을 두고서, 이 세 논문을 살펴보자.

「정신병의 모든 가능한 치료에 전제가 되는 한 가지 문제에 대해」에서는 슈레버의 편집증 사례를 다루면서, 상징적 질서의 중요성을 부각시키기 위한 전제적인 이론적 노동이 행해지고, 특히 폐제[6] 개념이 제시된다. 하지만 이 논문이 우리에게 특히 중요한 것은 은유의 새로운 정식과 그것을 아버지의-이름[7]에 적용한 아버지의-이름의

---

6. 廢除, Verwerfung, forclusion. 어떤 시니피앙이 상징적 질서에서 완전히 말소되는 것을 뜻한다. 라깡은 이 논문에서 상징적 아버지의 폐제가 정신병의 원인이 된다고 한다. 그렇다면 상징적 아버지가 존재하면 정신병에 걸리지 않는 것일까? 라깡은 이러한 질문에 대해 정밀한 대답을 제공하지 않는다. 나는 개인적으로, 정신병의 원인에 대한 라깡의 설명이 지나치게 단순하고 거대해서 거의 유효성이 없다고 생각한다. 또 나로서는 라깡의 그러한 설명을 받아들이는 사람들이 많이 있다는 것도 당혹스럽다. 물론 임상적 경험이 없는 나는 정확한 판단능력이 없다. 하지만 라깡의 설명에 대한 그들의 수용이 권위 있는 이론가에 대한 맹목적 추종이 아니라면, 그들은 상징적 아버지의 폐제로부터 정신병에 이르는 과정을 세밀하게 제시할 수 있어야 하고, 또 치료를 통해 그것을 검증해야 한다.

7. 라깡은 '아버지의-이름'을 Nom-du-Père(농-뒤-뻬흐)라고 이음줄로 붙여서 대문자로 표기한다. 이음줄로 붙인 것은 아마도 그것을 한 단어처럼 표기하고 싶어서였을 것이다. 나도 라깡의 그러한 의도를 존중해서 이음줄을 붙여 '아버지의-이름'이라고 한다.

은유의 정식이 제시되어 있기 때문이다(E 557쪽).

라깡은 앞서 살펴본 「무의식 속에서의 문자의 층위」에서 환유를 욕망과 연결시키고 은유를 징후와 연결시켰다. 하지만 아버지의-이름의 은유의 정식에 따르면, 남근에의 욕망이 원천적인 욕망으로 드러나는 것은 은유의 과정을 통해서이다. 즉 이론적 입장에 일정한 변화가 생긴 것이다. 그러나 아버지의-이름의 은유의 정식과 대조해볼 때, 환유는 욕망의 원천보다는 욕망의 반복과 관계한다는 것이 명확해진다.

자, 은유의 새로운 정식은 다음과 같다.

$$\frac{S}{S'} \cdot \frac{S'}{x} \rightarrow S\left(\frac{1}{s}\right)$$

여기서 S는 대체하는 시니피앙, S'는 대체되는 시니피앙이다. S는 은유적으로 S'를 지시하기 때문에, S의 시니피에는 S'이다. 반면 시니피앙으로서 S'의 시니피에는 x, 즉 아직 알려지지 않은 어떤 것이다.

은유의 과정을 S'를 지시하는 S가 x를 지시하는 S'를 대체하는 과정이라고 해보자. 그 산식은 $S/S' \times S'/x$이다. 이 산식에서 S'와 S'는 서로 지워져서($S'\,S'$) 오른쪽 항에서처럼 1이 된다. 오른쪽 항에서 아래의 s는 "은유에 의해 도출된 시니피에"이다(E 557쪽). 은유의 과정을 통해 x가 s로 드러나게 된다는 것, 다시 말해, 은유를 통해서 x가 무엇(s)인지를 일정하게 알게 된다는 것이다.

은유의 새로운 정식을 아버지의-이름의 은유에 적용하면 다음과 같다.

$$\frac{\text{아버지의-이름}}{\text{어머니의 욕망}} \cdot \frac{\text{어머니의 욕망}}{\text{주체에게 의미된 것}} \longrightarrow \text{아버지의-이름}\left(\frac{A}{\text{남근}}\right)$$

이 은유는 아버지의-이름(S)이 어머니의 욕망(S′)을 대체한 것이다. 그래서 어머니의 욕망은 지워져서($\mathscr{S}′$) 오른쪽 항에서 막연한 큰 타자(A)[8]로 등장한다. 주체[9]는 이 큰 타자로부터 사랑을 받고 싶어 하고 이 큰 타자에게 말을 건넨다.

이 정식의 왼쪽 항에서 어머니의 욕망의 시니피에는 다만 '주체에게 의미된 것'이라고 표기되어 있다. 즉 어머니의 욕망이 주체에게 무엇을 뜻하는지 아직 알지 못한다(x)는 것이다. 그렇지만 아버지의 은유의 성공으로 인해 '주체에게 의미된 것'(x)이 '남근'(s)임이 드러난다.

하지만 이 정식의 왼쪽 항에서 어머니의 욕망이 주체에게 뜻한 것과 오른쪽 항에서 남근은 과연 같은 것일까? 그럴 수 없다. 아버지의-이름의 은유가 그 사이에 개입했기 때문이다.

오른쪽 항에서 A/남근이 뜻하는 것은 아버지처럼 남근[10]을 소유하여 큰 타자(A)의 사랑을 받겠다는 것이다. 반면, 왼쪽 항에서 어머니의 욕망/주체에게 의미된 것은 주체가 어머니의 욕망의 대상인 남근으로 존재하는 것이다. 그 사이의 차이는 엄청나게 크다. 그 차이를 논리적 시간 속에서 펼쳐보면 다음과 같다.

---

8. 큰 타자(Autre)란 우리가 그로부터 사랑을 받고 싶어 하는 존재, 그리하여 우리가 말 건네는 존재이다. 큰 타자는 원천적 사랑과 연결되기도 하지만(어머니), 반드시 그렇지는 않다. 아버지, 신, 정신분석가 등도 큰 타자의 역할을 맡을 수 있기 때문이다.

9. 이때 '주체'는 주체성과는 무관하게 환자를 지칭한다. 특히 여기서는 어린 시절의 슈레버를 뜻하는 것이고, 그러므로 오이디푸스 콤플렉스로의 진입과정에 있는 '어린아이'로 읽어도 된다.

10. 여기서 '남근'은 어머니의 사랑 그리고 더 나아가서는 어머니와 닮은 여성의 사랑을 끌어들일 수 있는 수단이다. 즉 남성의 성적 권력의 원천이 그것이다. 나중에 라깡은 남근을 '남성의 성기 + 언어'라고 하는데, 이때 '언어'는 상징적 질서에서의 지위를 뜻하는 것이다. 나는 『주체성의 이행』(백의, 1997) 160쪽 이하와 그 이후의 저서들에서 남근을 '사회적 권력 + 성적 권력'으로 개념화했다.

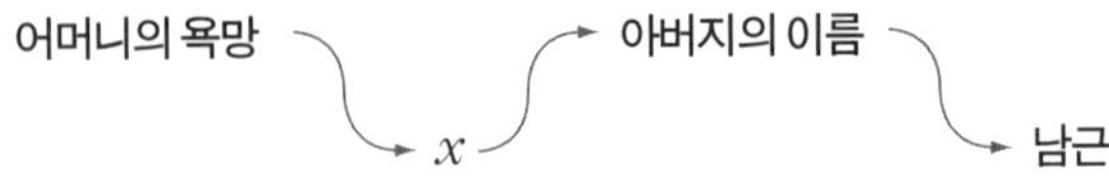

아버지의-이름의 은유에 따른 이행은 다음과 같은 내용을 갖는다. 1) 어머니의 욕망의 대상인 남근으로 존재하는 것으로부터 2) 아버지가 소유한 남근을 자신도 소유하여 큰 타자의 사랑을 받는 것으로 옮겨가는 것. 라깡은 1)에서 2)로의 이행을 '존재'에서 '소유'로의 전락으로 표현한다. 남근으로 스스럼없이 존재하던 주체가 이제는 오히려 아버지처럼 남근을 소유하길 열망하는 주체로 전락한다는 것이다. 어떻게 이런 일이 벌어졌을까?

라깡은 남근적 존재를 다음과 같이 설명한다. "어머니의 욕망에 대한 욕망에 의해 […] 구성되는 관계인 어머니와의 관계 속에서, 아이가 어머니에게서 남근으로 상징화되는 욕망의 상상적 대상에 스스로를 동일화하는 것"(E 554쪽).

어머니와의 관계는 어머니의 욕망을 욕망하는 관계, 즉 어머니가 욕망하는 것이 되려는 관계이다. 아이에게서 어머니의 욕망은 남근으로 상징화된다. 물론 이때 남근은 남성의 성기가 아니라 어머니가 욕망하는 그 어떤 것이다. "욕망의 상상적 대상"은 아이가 어머니의 욕망의 대상이라고 상상하는 것, 즉 남근이다. 결국 어머니의 욕망을 욕망하는 것은 어머니가 욕망한다고 상상되는 대상, 즉 남근이 되겠다는 것이다. 그 구조는 다음과 같다.

하지만 남근으로 존재하는 것은 아이에겐 단지 욕망에 그치는 것이 아니라 상상적인 '실재'이다. 스스로가 어머니의 욕망의 대상이라고 상상하는 한에서, 아이는 남근으로 '존재'한다는 것이다. 또 남근으로 존재하려는 욕망은 존재론적으로 가장 기본적인 욕망이기 때문에, 그것이 교란될 경우 온갖 도착증이 파생된다(E 554쪽).

라깡은 확고한 남근중심주의자다. 상징적 질서에 통합되기 이전의 아이들이, 여아를 포함하여, 모두 남근으로 존재하는 상상적 실재를 산다고 여기기 때문이다. 그 상상적 실재는 "유아적 사랑의 낙원"이다. "신의 보들레르여! 그 푸르름이 사라져버린 낙원 말이다"(E 548쪽). 그래서 라깡은 "boys에게는 phalle을, girls에게는 c......를"이라고 말한 어니스트 존스를 비판한다(E 555쪽).[11]

하지만 그 '낙원'의 푸르름은 사라진다. 아버지의-이름이라는 타자성에 종속되기 때문이다. 라깡은 다음과 같이 말한다. "시니피앙 사슬은 주체에 대한 타자성 속에서 존속한다. 그 타자성은 사막의 고독 속에서 아직 해독할 수 없는 상형문자들의 타자성과도 같이 근본적이다"(E 549~550쪽). 아버지의-이름은 상징적 질서를 대표한다. 상징적 질서는 시니피앙 사슬로 이루어진다. 그리고 아버지의 이름으로부터 시작되는 시니피앙 사슬은 근본적으로 타자적이다. "사막의 고독 속에서 아직 해독할 수 없는 상형문자들"처럼 낯설고 두려운.

그러한 타자성 속에 종속되는 것은 어떤 것일까? 그것은 바로 거세이다. 거세는 죽음과도 같은 것이다. 낙원의 '푸르름'에서 축출된 주체는 '사막에서와 같은 고독' 속에서 죽음과 같은 거세에 맞선다. "주체는 [⋯] 죽음의 양식 하에서만 시니피앙들 속으로 들어간다. 하지만 주체는 시니피앙들의 놀이가 지시를 해주는 한에서만 진정한 주체가 될 수 있다"(E 551쪽).

주체는 죽음과도 같은 거세를 거쳐 시니피앙 속으로 들어가야만

---

11. c......는 클리토리스이다. 라깡의 입장은 boys건 girls건 간에 모두 phalle(남근)이려 한다는 것이다.

'진정한 주체'가 된다. 이때 '진정한 주체'란 진정한 주체성을 뜻하는 것이 아니고, 상징적 질서에 통합됨으로써 말하지 못하는 동물이 아니라 '말하는 주체'가 되었다는 것이다. 하지만 이 말하는 주체는 분열된 주체다. 상징적 질서와 실재 사이에서 분열된 주체가 그것이다. "주체는 시니피앙 놀이 속에 죽은 자의 자격으로 참여한다. 그러나 주체가 죽은 자로서 놀이를 노는 것은 살아있는 생명체로서이다"(E 552쪽).

즉 주체는 시니피앙의 놀이를 노는 죽은 자와 '살아있는 생명체(실재)' 사이에서 분열되어 있다. 그리고 그 둘 사이를 이어주는 것이 남근이다. 이 남근은 죽음의 세계 속에서 '살아있는 생명체'가 아직 가질 수 있는 희망이다. 아버지처럼 남근을 소유해서 큰 타자의 사랑을 받겠다는 희망이 그것이다. 이 희망은 그러나 남근으로 존재했던 기억에 입각한 것이다. 그러므로 그 희망은 전락한 자의 희망이다.

존재에서 소유로의 이러한 전락을 상상적 남근(ϕ)에서 상징적 남근(Φ)으로의 이행이라고도 표현할 수 있겠다. 물론 라깡에게서 두 남근 형태의 용법이 국면에 따라 변화하기 때문에, 이러한 표현은 다소 조심스럽지만 말이다.[12]

중요한 것은 다음의 사실들이다.

1) 라깡이 「정신병의 모든 가능한 치료에 전제가 되는 한 가지 문제에 대해」에서 거세에 대해 명확히 얘기하고 있다는 것.

2) 그래서 남근에의 욕망은 아버지의-이름에 종속된 것으로 제시된다는 것.

3) 하지만 남근에의 욕망이 거세에게 붙들려 제약된 것으로 제시

---

12. 『세미나』 8집(Seuil, 1991)의 278쪽과 296쪽을 참조할 것.

되지 않고, x에 대한 원천적 욕망을 실현시켜주는 매개로 제시
된다는 것.

이 가운데 3)은 1958년에 쓰여진 다른 두 논문에서 보다 명확히 표
명된다.

이제 우리가 살펴볼 두 번째 논문인 「남근의 의미작용」은 「정신병
의 모든 가능한 치료에 전제가 되는 한 가지 문제에 대해」를 작성한
뒤 4개월이 지난 시점에서 발표된 것이다. 「남근의 의미작용」에서는
남근이 시니피에가 아니라 최초의 시니피앙으로 제시된다.

앞서 본 '아버지의-이름의 은유'의 정식에서 남근이 큰 타자(A)의
시니피에로 제시된다는 것은 다음의 것을 의미한다. 즉 주체가 큰 타
자와 관계 맺을 때, 언제나 큰 타자가 욕망하는 대상을 염두에 둔다
는 것이다. 이것이 바로 "주체에게 의미된 것"이란 표현이 뜻하는 것
이다. 다시 말해, 주체에게 그 큰 타자(시니피앙)가 의미하는 것은 큰
타자가 무엇을 욕망하고 있다는 것(시니피에)이고, 그 무엇이 바로 남
근이라는 것이다.

하지만 「남근의 의미작용」에서는 '큰 타자의 시니피에로서의 남
근'은 논리적 순서 속에서 사라진다. 결국 '큰 타자의 시니피에로서
의 남근'은 단지 한 가지 논리적 항(項)이었을 뿐이므로, 논리적 순
서 속에서 사라져도 무방하다. 하지만 그러한 사라짐은 라깡의 논리
적 사고가 실재와 부합하지 않는 순수 사고의 산물임을 드러내는 것
은 아닐까?

어쨌거나 「남근의 의미작용」에서 남근은 곧바로 시니피앙으로 등
장한다. 1) 큰 타자가 남근을 욕망했고, 2) 큰 타자가 욕망한 이 남근
은 하나의 시니피앙으로 주체에게 등장했고, 3) 주체는 스스로를 그
시니피앙에 동일시한다는 것이다. 결국 주체가 동일시하려는 것으

로서의 이 남근은 시니피앙일 수밖에 없다. 동일시하려는 그 무엇은 다른 것과 구별되는 어떤 특별한 위치일 수밖에 없기 때문이다. '다른 것과 구별되는 어떤 특별한 위치'란 바로 레비-스트로스적이고 라깡적인 의미에서의 시니피앙이므로 말이다.

라깡은 말한다. "주체는 시니피에의 모든 깨어남보다 논리적으로 앞서서 자신의 시니피앙적 위치를 큰 타자 속에서 찾습니다"(E 689쪽). 이때 큰 타자 속에서 찾아지는 주체 자신의 시니피앙적 위치란 바로 남근의 위치이다. 이제 시니피앙으로서의 남근은 "시니피에의 모든 깨어남보다 논리적으로 앞선" 것으로 등장한다.

즉 큰 타자의 욕망이 "주체에게 의미했던 것"으로서의 시니피에는 이제 사라진다. 남근은 최초의 시니피앙이고, 그것은 "시니피에의 모든 깨어남보다 논리적으로 앞선" 것이다. 하지만 남근 이전의 또 다른 시니피앙들은 없을까? 남근이 속한 것과는 또 다른 장(場)에서 전혀 다른 의미 활동들이 벌어지지는 않을까? 어쨌거나 라깡은 또 다시 '논리적으로' 남근을 최초의 시니피앙으로 설정한다. 즉 큰 타자의 욕망을 욕망하여 남근이려고 하는 주체의 욕망이 그 이후에 벌어지는 모든 의미작용의 원천이라는 것이다.

라깡은 말한다. "만약 어머니가 욕망하는 것이 남근이라면, 아이는 어머니의 욕망을 충족시키기 위해 남근이고자 합니다"(E 693쪽). 최초의 큰 타자인 어머니로부터 남근이라는 시니피앙이 제시되고, 그래서 아이가 "남근이고자" 욕망함으로써 주체의 시니피앙적 위치가 성립한다는 것이다.

하지만 라깡은 이제 주체의 그러한 욕망의 성립을 좀 더 세밀하게 제시한다. 즉 "사랑의 요구로부터 필요의 충족이 이탈하는 것에서 비롯되는 차이"로부터 욕망이 생겨난다는 것이다. 1) 사랑의 요구와 2) 필요의 충족이 있다. 그 사랑은 아이가 엄마한테 요구하는 것이다. 그 필요는 엄마가 아이한테 충족시켜주는 것이다. 사태의 핵심은, 아이가 사랑을 요구했는데 엄마는 필요만을 충족시켜준다는 것이다. 그 이유는 아이가 사랑을 요구했는데, 엄마는 그것을 필요를 충족시켜달라는 것으로 들었기 때문이다. 그러니 잘못은 표현을 잘못한 아이한테 있다.

사랑은 "자신이 가지고 있지 않은 것을 주는 것"이다(E 690쪽). 이러한 정의는 가지고 있는 것을 주는 것의 한계를 함축한다. 가지고 있는 것을 주는 것 그 자체는 결코 사랑일 수 없다는 것이다. 가지고 있는 것을 주는 것은 기껏해야 우리의 필요를 충족시켜줄 뿐이라는 것이다. 그러나 사랑은 가지고 있지 않은 것, 결코 가질 수 없는 것을 주는 것이어야만 한다.

어머니에 대한 아이의 요구는 무조건적으로 사랑만을 요구하는 것이다. 하지만 어머니가 아이의 '표현'에 부응하여 '가진 것'을 줄 때, 그리하여 그 가진 것이 단지 필요만을 충족시켜줄 때, 1) 사랑의 요구와 2) 필요의 충족 사이에 차이가 생겨난다. 그렇다면 어떻게 그 차이로부터 욕망이 생겨나는 것일까? 요구된 사랑이 a이고 충족된 필요가 b라면, '$a-b = $ 욕망'이 되는 것일까?

라깡의 말을 들어보자. 이 인용문은 라깡의 다른 모든 텍스트들과 마찬가지로 매우 어렵다. 왜 그토록 어려운 것일까? 첫째로는, 개념적 표현을 해야만 정확한 전달이 가능한데, 각각의 개념들의 성립사(史)를 모두 설명한다면 도저히 글을 쓸 수 없기 때문이다. 둘째로는, 쉽게 말해서는 전달될 수 없다고 느껴지는 그 무엇이 있기 때문일 것이다. 하지만 이 두 이유로 이해하기엔, 라깡의 텍스트에는 지나치게 어려운 면이 있다. 그렇다면 또 다른 개인적 이유들이 있을 수밖에 없다. 그 개인적 이유들은 명백히 라깡의 욕망에 따른 것이다. 라깡의 욕망은, 그의 이론이 자신의 욕망에 대한 자기이해에 준거할 수밖에 없듯이, 남근에의 욕망이다. 따라서 라깡의 글들이 어려운 것은, 셋째로는 스스로를 남근으로, 즉 '아는 자'로 드러내려 하기 때문이고, 넷째로는 남근이 아닌 자신의 실재를 숨기려 하기 때문이다. 즉 자신이 모르는 것들을 숨기고, 그래서 글들이 압축적이고 비약적이게 된다는 것이다.[13] 이것을 이해하고서, 너그러운 마음으로 라깡의 말을 들어보자.

"요구는 제공될 수 있는 모든 것의 특수성을 폐기(aufhebt)하면서, 그것을 사랑의 증거로 변환시킵니다. 그리고 요구가 필요를 위해 획득해주는 만족들조차도 사랑의 요구를 붕괴시키는 것으로 전락(sich erniedrigt)합니다. […] 따라서 그처럼 폐기된 특수성은 요구를 넘어선 곳에서 다시 나타날 필연성이 있습니다. 이 특수성은 실제로 요구를 넘어서서 다시 등장하는데, 그러나 사랑의 요구의 무조건성이 내장하고 있는 구조를 보존하고서입니다. 단순한 부정의 부정이 아닌 전복을 통해, 완전히 상실된 것의 역능이 말소의 잔여 속에서 솟아오릅니다. 욕망의 '절대적' 조건이 요구의 무조건성을 대체합니다"(E 691쪽. 강조는 라깡에 의한 것).

제공되는 모든 것, 즉 가지고 있는 것을 주는 것인 모든 것은 특수한 것들이다. 사랑을 요구하는 아이는 제공되는 모든 특수한 것들을 다만 사랑의 증거로 여길 뿐이다. 그러므로 제공되는 것들 그 자체는 모든 의미를 상실한다. 다만 그러한 제공의 행위가 사랑의 행위인지 아닌지 만이 중요하다는 것이다.

그래서 제공된 모든 것의 특수성은 폐기된다. 하지만 제공된 특수

---

13. 나 자신의 경험에 입각한 이러한 해석이 라깡에게 누를 끼치지 않기를 바란다. 인간의 욕망에 대한 라깡의 이론적 기여는 매우 중요한 것이고, 그의 글쓰기에 대한 나의 자의적일 수 있는 해석이 손상을 끼칠 수 있는 것이 아니다. 하지만 제4장에서 볼 것이듯이, 모든 진리의 노동엔 자아(=에고)의 욕망이 편승한다.

한 것들 가운데 어떤 것은 필연성을 가지고 다시 등장한다. 라깡이 강조한 것처럼, 말로 표현된 요구를 넘어선 곳에서 말이다. 왜냐하면 그것은 욕망의 대상이기 때문이다. 욕망은 절대적인 것이고, 그리하여 파괴 불가능한 것이기 때문이다. 절대적이고 파괴 불가능한 욕망은 자신의 대상을 결코 놓치지 않는다. 따라서 그 대상은 말로 표현되는 영역을 넘어서서 다시 등장한다.

제공된 그 특수한 것들 가운데 욕망의 대상이 되는 것은 어떤 것일까? 어머니의 애무일까? 눈빛일까? 목소리일까? 라깡에 따를 때, 그것은 어머니가 아이를 욕망하는 대상으로 다루었던 특수한 경험이다. 라깡은 그것을 한마디로 남근이라고 한다. 남근은 결코 어떤 사물이 아니고, 또한 "그것이 상징화하는 기관, 즉 남성의 성기나 클리토리스는 더더욱 아니다." 결국 "남근은 단지 시니피앙이다"(E 690쪽). 즉 남근은 어머니가 욕망하는 그 무엇, 그리하여 아이가 그것이 되어야 하는 그 무엇인 것이다. 다른 것과 구별되는 특별한 위치가 그것이다.

어쨌거나 중요한 것은 그처럼 성립한 욕망의 대상인 남근이 "시니피에의 효과들을 전체적으로 지시하도록 운명 지워진 시니피앙"이라는 것이다(E 690쪽). "시니피에의 효과들을 전체적으로 지시"한다는 것은 시니피앙으로서의 남근이 시니피에의 효과들의 출발점을 이루는 원천적 시니피앙이라는 것이다. 즉 남근의 시니피앙은 그것이 시니피앙으로 성립한 이후의 모든 의미행위들을 지배한다는 것이다. 이것은 남근의 시니피앙이 은폐되어 있음으로만 가능하다. 은폐되어 있지 않다면, 원천의 역할을 하지 못하고 금방 제거될 것이므로 말이다. 즉 남근은 모든 의미행위의 '부재하는 중심'이다.

라깡은 다음과 같이 말한다. "남근의 시니피앙은 자신의 역할을 은폐되어 있는 상태에서만 수행합니다. 즉 스스로가 시니피앙의 기능으로 상승(aufgehoben)하자마자 의미될 수 있는 것 전체를 각인 짓는 잠복적인 기호 자체의 역할을 행한다는 것입니다"(E 692쪽). 남근은 이처럼 우리 내부에 잠복하면서 의미행위 전체를 각인 짓는다. 우리가 의미를 두는 것 모두가 잠복하고 있는 남근에 의해 원격조종된다는 것이다. 그렇다면 남근은 그야말로 '우리 존재의 핵심'일 수밖에 없다.

하지만 남근이 큰 타자의 욕망의 대상이라는 점에서 남근에의 욕망은 타자에 의해 외적으로 규정된 것이다. 그렇다면 남근에의 욕망은 오히려 '우리 존재의 핵심'과 대립될 수도 있지 않을까? 즉 남근은 1) 내재적이라기보다 2) 관계적이라는 것이다. 우리는 어차피 관계에 의해 형성되는 것이므로, '우리 존재의 핵심'도 관계적일 수밖에 없는 것일까? 아니면 그럼에도 불구하고, '우리 존재의 핵심'은 내재적이어야만 하는 것일까?

라깡은 남근에의 욕망이 타자에 의해 외적으로 규정되었다는 것의 문제성을 자각하고, 다음과 같이 말한다. "그래서 욕망에 내재하는 분열은 큰 타자의 욕망 속에 입증되어 이미 느껴집니다"(E 693쪽). 하지만 그는 "욕망에 내재하는 분열"의 중심을 존재와 소유 사이의 분열로 곧바로 옮겨놓는다.

이제 「남근의 의미작용」에서 존재와 소유 사이의 분열은 아버지가 아닌 어머니로부터 시작되는 것으로 제시된다. 프로이트는 어머니에게서 남성 성기의 부재를 목격하는 것을 거세 관념의 원천으로 강조했다. 이에 따라 라깡은 존재와 소유의 분열을 "어머니가 남근을 가지고 있지 않음을 배우면서" 비롯되는 것으로 설정한다(E 693쪽). 그러한 배움은 욕망을 거세 콤플렉스로 각인 짓는다는 것이다. 그래서 라깡은 말한다. "여기서 남근적 시니피앙을 지표(指標)로 갖는 욕망은, 소유하지 못할 수 있다는(manque à avoir) 위협 또는 소유하지 못한 것에 대한 그리움과 접속됩니다"(E 694쪽).

거세 콤플렉스에 의한 각인에 따라 남녀관계는 이제 "존재와 소유를 중심으로 회전"한다. 그리고 소유에의 욕망은 겉모습(un paraître)으로까지 발전한다. "겉모습은 소유를 대체합니다. 한편으로는 소유를 보호하기 위해서이고, 다른 한편으로는 소유의 결여를 은폐하기 위해서입니다. 또한 겉모습은 양성 각각의 행동의 이상적 또는 전형적 표현들을 성교행위라는 경계에 이르기까지 완전히 코미디 속에 내던져 버리는 것입니다"(E 694쪽). 즉 1971년에 본격적으로 발전되는 '상블랑(허구적 흉내)'의 문제틀이 벌써 1958년에 모습을 드러낸 것이다.

결국 욕망의 분열은 '존재 → 소유 → 겉모습'으로 전개된다. 겉모습의 시점에 이르러선, 욕망은 코미디로 변한다. 사랑을 획득하기 위해 지켜야 하는 연애의 의례들을 시대가 흐른 뒤에 바라보면 우스꽝스럽듯이 말이다. 하지만 '우리 존재의 핵심'으로서의 남근에의 욕망은 남근으로 '존재'하려는 욕망이다. 라깡은 다음과 같이 말한다.

"욕망의 분열은 그 남근에 상응하여 가질 수 있는 실재적인 것을 주체가 큰 타자에게 제시하면서 만족하는 것에 반대합니다. 왜냐하면 자신이 남근일 것을 원하는 사랑의 요구에 있어서는, 가지고 있는 것은 가지고 있지 않은 것보다 더 가치가 있는 것은 아니기 때문입니다"(E 693쪽).

즉 거세 위협에 따라 남근을 소유하려고 하지만, 남근을 소유해도 결코 만족하지 못한다는 것이다. 결국 우리는 욕망의 분열구조를 다음과 같이 제시할 수 있다.

1) 내재적

2) 관계적 — a) 존재

        b) 소유

        c) 소유의 의례

「남근의 의미작용」에서 라깡은 1)을 단지 암시한다. 그가 본격적으로 다루는 것은 2)의 a), b)이고, c)에 대해선 한마디를 덧붙인 정도이다. 그는 a)와 b)의 분열을 여전히 거세로부터 설정한다. 하지만 그가 거세에 의해 욕망 자체가 굴절된다고 말하는 것은 결코 아니다. 「남근의 의미작용」에서도 욕망은 여전히 "우리 존재의 핵심"이고, 그리하여 기본적으로는 거세와 대립하고, 또 거세에 맞서 자신을 관철시킨다. 이는 「치료를 이끌기와 그 권력의 원리들」에서 보다 명확해진다.

「치료를 이끌기와 그 권력의 원리들」은 「정신병의 모든 가능한 치료에 전제가 되는 한 가지 문제에 대해」가 쓰여진 다음 6개월 후에 그리고 「남근의 의미작용」이 발표된 다음 2개월 후에 루아요몽 학회에서 발표된 것이다. 「치료를 이끌기와 그 권력의 원리들」은 욕망에 대한 라깡의 사고가 가장 잘 정리되어 있는 무척 중요한 논문이다.

라깡은 이 논문 서두에서 정신분석을 '우리 존재의 핵심'에 가닿는 행동이라고 한다(E 587쪽). '우리 존재의 핵심'은 물론 욕망이다. 또 라깡은 이 논문을 끝맺으면서 "우리를 존재에 결합시키는 반지가 미끄러져 들어간 밧줄"을 말한다(E 642쪽). "우리를 존재에 결합시키는 반지"는 곧 욕망이다. "미끄러져 들어간 밧줄"은 시니피앙의 환유적 연쇄이다.[14] 이어서 라깡은 "삶에는 단 하나의 의미만이 있다"

---

14. 라깡은 이 논문에서 다시 욕망의 원천, 즉 '존재의 결여'와 욕망 자체 사이의 관계를 환유를 통해 사고한다.

고 단호하게 말한다(E 642쪽). 그 단 하나의 의미는 물론 욕망이다.

그리고 그 사이에서 라깡은 욕망을 존재와 연결시키기 위해, 다시 말해 욕망을 존재론적인 것으로 제시하기 위해 노동한다. 그것은 기본적으로 다음 세 사례를 통해서이다.

1) 표절 충동자의 사례
2) 정육점 여주인의 사례
3) 아내에게 다른 남자와 성교할 것을 권하는 강박증 환자의 사례

1)은 라깡의 선배이자 라깡이 악감정을 가지고 있는[15] 에른스트 크리스(Ernst Kris)가 분석한 사례이다. 라깡은 다만 크리스의 분석을 비판적으로 주해할 따름이다. 2)는 프로이트가 『꿈의 해석』에서 제시한 꿈 분석의 사례이다. 라깡은 프로이트의 분석에 대해 또 다른 해석을 제시한다. 3)은 라깡 자신이 분석한 것인지 아니면 그의 동료가 분석한 것인지 명확히 표명되어 있지 않다.

우리는 1)과 2)의 사례가 라깡 자신이 직접 분석한 것이 아니라는 점에서, 라깡의 해석에 대해 충분히 정당한 의구심을 가질 수 있다. 사실 라깡은 프로이트나 멜라니 클라인 등과는 달리, 자신의 사례가 거의 없는 '분석가'다. 물론 그 자신은 피분석자의 비밀을 지키기 위해 "관련된 자 말고는 누구도 눈치 챌 수 없게 나의 사례를 얘기했다"고 말하고 있지만 말이다(E 598쪽). 어쨌거나 자신의 사례에 대해 노동하지 않는다는 점에서, 라깡의 해석은 일정하게 외재적이다. 하지만 바로 그 이유 때문에 라깡이 일반성을 갖는 이론을 제시할 수 있었다는 것도 인정해주어야 한다.[16]

---

15. 라깡은 이 논문의 600쪽에서 크리스에 대한 악감정을 숨김없이 드러낸다.
16. 물론 일반성은 항상 사례 속에 존재해야 하기 때문에 라깡의 일반성은 거짓 일반성일

1)의 사례를 통해서는 사랑과 욕망의 관계, 다시 말해 큰 타자의 사랑을 받으려는 욕망이 제시된다. 2)의 사례를 통해서는 욕망을 전달하는 시니피앙 사슬의 두 축으로 은유와 환유가 분석된다. 3)의 사례를 통해서는 남근으로 존재하려는 욕망의 근본적 성격이 제시된다.

표절 충동자의 사례에서 환자는 실제로는 표절을 하지 않으면서 표절을 했다고 주장한다. 크리스는 그의 논문들을 찾아보고 그가 표절을 하지 않았음을 확인하고서, 다음과 같이 진단한다. 즉 "그가 표절자이려고 하는 것은 실제로 표절자가 되는 것을 막기 위해서"라고 말이다(E 599쪽). 다시 말해, 충동에 대한 방어로서 증상이 생겨난다는 것이다.

하지만 라깡은 이 해석에 반대한다. 세세한 과정을 생략하고 라깡의 결론만 소개하자면, 그 환자는 '정신적 식욕부진'이다. 라깡은 말한다. "이 경우 식욕부진은 정신적인 것에 대한 식욕부진, 관념을 지탱하는 욕망에 대한 식욕부진이다. 이것은 내가 바짝 마른 처녀들과 함께 뗏목에 태운 괴혈병으로, 즉 뗏목을 지배하는 괴혈병으로 우리를 이끈다"(E 601쪽).

정신적인 식욕부진이란 물론 정신적인 것을 거부하는 것이다. 괴혈병이란 비타민 C가 부족해서 식욕부진을 비롯한 여러 증상들이 나타나는 것이다. 이 사례의 환자에게 부족했던 비타민 C는 어떤 것이었을까? 그것은 사랑이다. 환자는 정신적인 것들의 부질없음, 관념에 대한 열정들의 부질없음을 인식하고 있다. 그것들이 사랑을 내포하지 않기 때문이다.

그래서 라깡은 그 환자가 표절 충동 속에서 "무(無)를 훔친다"고

수 있다. 즉 일반성이 사례 이전에 미리 존재했다는 것이다. 하지만 그것은 오히려 라깡의 이론의 '일반성'이 사례를 꿰뚫는 확고한 인식에서 비롯된 것임을 말해주는 것일 수도 있다. 물론 그러한 '인식'에 대한 지나친 확신은 과잉일반화의 단조로움으로 이르는 것이지만 말이다.

규정한다(E 600쪽).[17] '무'란 바로 사랑이다. 사랑은 '가지지 않은 것을 주는 것'이기 때문이다. 소유한 어떤 것을 주는 것은 결코 사랑일 수 없기 때문이다. "무를 훔친다"는 이러한 해석은 욕망에 대한 라깡의 입장에서부터 비롯된다. 즉 인간의 근본적 욕망은 사랑에 대한 욕망, 더 나아가 완전한 사랑을 받으려는 욕망이라는 것이다.

"무를 훔친다"는 해석은「치료를 이끌기와 그 권력의 원리들」의 여러 곳에서 반복된다. 예컨대 라깡은 에펠탑에서 자살하려는 자들이 "필요가 가장 적절한 정도로 충족된 자들"이라고 하고(E 624쪽), "음식을 거부하고 그 거부를 마치 하나의 욕망처럼 가지고 노는(정신적 식욕부진) 아이는 사람들이 가장 많은 사랑으로 양육하는 아이"라고도 한다(E 628쪽). 물론 이때의 '사랑'은 가지지 않은 것을 주는 진정한 사랑이 아니라, 필요만을 채워주는 차가운 사랑이다. 즉 "무를 훔치는" 것은 사랑의 이름으로 필요만이 충족된 사람들의 절망적 행위이다.

라깡은 또 다음과도 같이 말한다. "또한 욕망은 요구의 안쪽을 뚫기도 한다. […] 무조건적인 요구가 존재에의 결여를 환기시키기 때문이다"(E 629쪽). 무에 대한 요구, 즉 가지지 않은 것만을 줄 것을 청하는 무조건적인 사랑의 요구가 완전한 사랑을 받는 상태의 결여를 암시하고, 그래서 욕망을 촉발한다는 것이다.

결국 "무를 훔친다"는 라깡의 해석은 '사랑의 요구 → 존재에의 결여 → 욕망의 촉발'이라는 논리적 진행을 펼쳐내기 위한 전제일 뿐이다. 즉 1) 완전한 사랑을 받는 존재인 남근으로 존재하지 못한다는

---

17. 이처럼 "무(無)를 훔친다"는 식으로 말하는 것은, 고의적으로 어렵게 글을 쓰는 라깡의 나쁜 습성의 한 사례다. 이 경우 "필요를 충족시키는 것을 넘어서는 어떤 것을 욕망한다"라고 쓰는 것이 '정상적인' 글쓰기이다. '정상적인' 글쓰기란 독자들을 욕망의 대상으로 삼지 않는 글쓰기다. 대부분은 그렇지 않지만, 라깡을 추종하는 몇몇 소수의 사람들은 라깡의 나쁜 글쓰기를 오히려 흉내 내기도 한다.

것, 2) 남근으로 존재하는 것의 결여가 욕망을 촉발한다는 것, 3) 그리하여 욕망이 존재에의 결여를 뒤쫓는 존재론적 성격을 갖는다는 것이다.

라깡은 말한다. "사람들을 휘젓는 의미들의 윤무 속으로 들어가는 이 무(無)에는 미치지 못하지만, 욕망은 항정(航程)의 기록된 발자취이다"(E 629쪽). 그 '무'에는 미치지 못한다는 것은 완전한 사랑을 받지 못한다는 것이다. 왜냐하면 그것이야말로 그처럼 존재하려는 이상적인 목표, 그러나 실제로는 도달할 수 없는 목표이기 때문이다. 욕망은 그러므로 사랑받는 존재가 되려는 항정, 남근이 되려는 항정이다.[18]

정육점 여주인의 사례나 아내에게 다른 남자와의 성교를 권하는 강박증 환자의 사례에서도 관건은 남근으로 존재하려는 욕망들이다. 그리고 그 욕망들은 가지지 않은 것을 주는 것으로서의 무(無)에 대한 욕망들이다.

이제 정육점 여주인의 사례를 살펴보자. 정육점 여주인이 꾼 꿈의 등장인물은 셋이다. 정육점 여주인 자신과 그녀의 남편 그리고 그녀의 삐쩍 마른 여자 친구. 우선 이 꿈에서 가장 먼저 등장하는 욕망은 캐비어(caviar, 철갑상어알젓)에 대한 것이다. 정육점 여주인은 매우 귀하고 비싼 음식인 캐비어를 먹고 싶어 한다. 그녀는 그것을 단순한 생물학적 필요에 따라 원하는 것이 아니므로, 캐비어는 그녀의 욕망이다.

하지만 캐비어에 대한 이 최초의 욕망은 다른 두 욕망과 연결된다. 그 하나는 그녀의 삐쩍 마른 여자 친구가 욕망하는 훈제 연어에 대한 욕망이다.

---

18. 싸르트르에게서 사랑은 상대가 초월할 수 없는 절대적 존재가 되는 것이다. 라깡의 남근 개념은 사랑의 싸르트르적 개념과 긴밀히 연결된다.

정육점 여주인의 남편은 아주 멋진 남자다. 정육점 여주인은 남편의 사랑을 받고 싶어 한다. 그리고 남편은 그녀를 사랑한다. 하지만 남편은 동시에 또 다른 여자를 욕망하고 있다. 그녀의 삐쩍 마른 여자 친구가 바로 그 여자다.

정육점 여주인에게 남편은 큰 타자이다. 그녀가 그의 완전한 사랑을 받고 싶어 하기 때문이다. 정육점 여주인은 히스테리 환자이고, 히스테리 환자의 욕망의 속성은 큰 타자의 욕망의 대상과 스스로를 동일시하는 것이다. 그녀의 큰 타자인 남편이 욕망하는 대상은 그녀의 삐쩍 마른 여자 친구다. 그래서 정육점 여주인은 그녀가 동일시한 여자 친구가 욕망하는 것을 그녀 자신도 욕망한다. 즉 큰 타자가 욕망하는 상대가 욕망하는 것을 자신도 욕망한다는 것이다. 그래서 그녀는 그녀의 여자 친구가 욕망하는 훈제 연어를 욕망한다.

캐비어에 대한 욕망이 연결되는 또 다른 욕망은 캐비어에 대한 욕망이 실현되지 않기를 바라는 욕망이다. 즉 욕망과 그 욕망이 실현되지 않기를 바라는 욕망이 연결된다는 것이다. 욕망이 실현되지 않기를 바라는 욕망이 존재하는 것은 다음 두 이유 때문일 것이다. 첫째로, 그 욕망이 충족되어봤자 존재에의 결여를 메우지는 못한다는 것. 둘째로, 충족시키지 않고 욕망을 유지하면 존재에의 결여를 메울 수 있다는 환상을 누릴 수 있다는 것.

자, 정육점 여주인의 꿈에서 캐비어에 대한 욕망은 두 가지 연결 관계를 갖는다.

1) 훈제 연어에 대한 욕망과의 연결
2) 욕망이 실현되지 않기를 바라는 욕망과의 연결

라깡은 1)을 "타자의 욕망에의 암시"라고 하고, "한 욕망을 대체하는 다른 욕망"으로 간주한다. 또 2)에 대해서는 "욕망에 대한 욕망"이라고 하고, "또 다른 질서에 속하는 어떤 욕망에 의해 지탱되는 것"으로 여긴다(E 620~621쪽).

그래서 라깡은 이 두 관계를 "욕망들의 연결의 두 차원"으로 간주하고 1)을 은유로, 2)를 환유로 규정한다. 그것을 도해(圖解)해보면 다음과 같다.

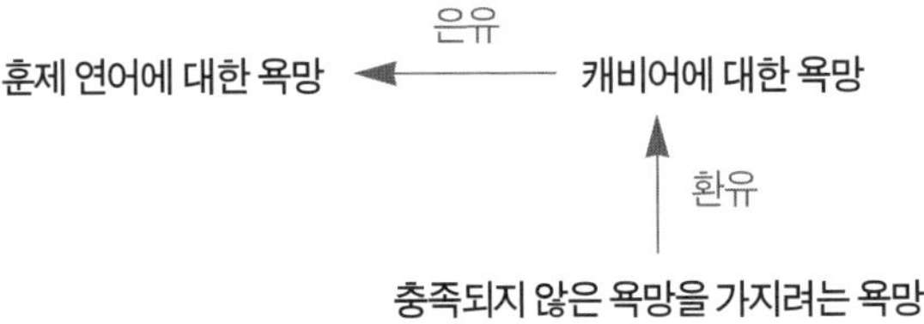

이제 은유와 환유의 위치는 또다시 바뀐다. 즉 「정신병의 모든 가능한 치료에 전제가 되는 한 가지 문제에 대해」에서 은유가 차지하고 있는 위치를 다시 한 번 환유가 차지한다. 이처럼 잦은 뒤바뀜의 원인은 은유와 환유가 욕망의 실재로부터 내재적으로 형성된 심리학적 개념들이 아니라, 문학에서 형성된 외래적 개념들이기 때문이다. 즉 형식적 유사성에 따라 다른 영역에서 활용되는 외래적 개념들은 관점에 따라 이렇게도 저렇게도 적용될 수 있는 조작적 도구들로 전락하는 것이다.

어쨌거나 위의 도해에서 은유는 타자의 욕망을 자신의 욕망으로 삼는 것이고, 그리하여 같은 수준의 욕망이 서로를 대체하는 방식이다. 따라서 '아버지의-이름의 은유'에서와는 성격이 완전히 다르다.

반면, 여기서 환유는 보다 심층의 욕망이 표면적인 욕망으로 드러나는 방식이다.[19] 라깡은 이에 대해 "그 욕망이 매달려 있는 존재에의 결여로 인해 필요해진 환유"라고 말한다(E 622쪽). 존재적 수준에서 결여되어 있는 어떤 것을 욕망하는데, 그것이 실현불가능하거나 또는 그것을 직접 드러낼 수가 없어서, "매우 작은 의미의 공분모"를 갖는 환유적인 어떤 것을 대신 욕망한다는 것이다(E 622쪽).

정육점 여주인의 경우 '존재에의 결여'는 남편의 완전한 사랑을 받는 것이다. 남편의 완전한 사랑을 받으려는 욕망을 환유적으로 대신하는 욕망은 무엇일까? 물론 캐비어에 대한 욕망이다. 그 비싼 캐비어를 사주는 것은 사랑의 증거일 수 있기 때문이다.

라깡은 이 논문에서 욕망을 '존재에의 결여의 환유'로 정식화한다(E 623쪽). 그리고 이러한 정식화는 이제 욕망에 대한 라깡의 규정의 완결된 형태로 자리 잡는다. 존재에의 결여를 메울 수 없어서, 존재에의 결여의 메움을 대리로 표상하는 다른 것을 욕망하게 된다는 것이다.

'충족되지 않는 욕망을 가지려는 욕망'은 존재에의 결여와 그것을 대리로 메우는 환유적 욕망 사이에 자리 잡는다. 그 둘 사이의 중간항(項)의 자격으로 그것은 캐비어에 대한 욕망에 대해 환유적 관계를 갖는다.

라깡은 정육점 여주인의 욕망을 다음처럼 정리한다. "이 정신적인 정육점 여주인이 욕망하는 것은 무엇인가, 라는 질문에 대해 우리는 캐비어라고 대답할 수 있다. 하지만 이 대답은 희망이 없다. 그녀는 또한 그것을 원치 않기 때문이다"(E 625쪽). 정육점 여주인에게서 욕망의 놀이는 다음과 같다. 1) 존재에의 결여를 메울 수 없음을 잘 알기 때문에, 2) 그 대리물을 욕망한다. 3) 하지만 그 대리물에 대한 욕망이 채워지길 바라지 않는다. 4) 환상이 깨어질 것이고, 욕망의 환유적 사슬을 계속 시켜야 하기 때문이다.

----

19. 그러므로 「무의식 속에서의 문자의 층위」에서 제시된 환유의 정식, $f(S...S')S \cong S(-)s$에서의 환유의 의미와도 또한 다르다.

정육점 여주인에게서 남편의 완전한 사랑의 대상이 된다는 것은 남근으로 존재한다는 것이다. 그러나 남근으로 존재하지 못하는 '존재의 결여'가 그녀의 욕망의 궤적을 이끈다. 이처럼 한 인간의 삶을 근본적으로 이끌어나가는 한에서, 남근에의 욕망은 존재론적이다. 라깡은 말한다. "비록 약간 가느다란 남근이라 할지라도 남근으로 존재하는 것이 바로 욕망의 시니피앙에 대한 최종적인 동일시가 아닐까?"(E 627쪽).

남근으로 존재하려는 이 욕망은 거세에 의해 붙들린 욕망이 결코 아니다. 물론 거세 때문에 자신을 부단히 환유를 통해 드러내야 하겠지만 말이다. 그럼에도 이 욕망은 거세에 맞서 부단히 자신을 드러낸다. 이는 세 번째 사례에서 좀 더 명확해진다.

이제 우리의 셋째 사례인 강박증 환자의 사례를 살펴보자. 환자는 자신의 아내에 대해 성적으로 무능력하다. 그는 아내에게 다른 남자와 성행위를 할 것을 제안한다. 관음증적 쾌감을 위해서 말이다. 제안을 받은 바로 그날 밤, 아내는 꿈을 꾸고 그 내용을 남편에게 말해준다. 즉 그녀는 꿈에서 남근을 가지고 있었고 자기 옷 밑에서 그 형태를 느꼈다는 것, 하지만 그녀는 동시에 질(窒)을 가지고 있었고 그 남근이 질 속으로 들어오길 욕망했다는 것이다. 남편은 이 꿈 얘기를 듣고 곧바로 성적 능력을 되찾아 아내와 만족스런 성행위를 한다(E 631쪽).

라깡은 이 사례에 대한 몇 가지 가능한 해석들을 제거한다. 첫째로, 억압된 동성애적 욕망이 촉발되었다는 해석, 둘째로, 아내가 남근을 가지고 있어서 판타즘의 대상이 되었다는 해석, 셋째로, 아내가 남근을 가지고 있어서 남근을 빼앗길 염려가 없었다는 해석이 그것들이다(E 631~633쪽).

그리고 그는 다음과 같이 자신의 해석을 내놓는다. "우리의 환자에게 이 남근을 소유한다는 것은 아무 소용이 없다. 왜냐하면 그의 욕망은 남근으로 존재하는 것이기 때문이다. 그녀의 욕망은 남편의 욕망에 굴복한다. 그녀가 가지고 있지 않은 것을 그에게 드러내면서"(E 632쪽).

"그녀의 욕망은 남편의 욕망에 굴복한다"는 것은 그녀가 남편을 남근으로 만들어준다는 뜻이다. 남자가 남근으로 존재할 수 있는 것은 여자에 의해서이다. 여자가 완전한 사랑을 보이면서 남자를 남근적 존재로 여겨야만, 남자는 남근으로 존재할 수 있다. "가지고 있지 않은 것을 드러낸다"는 것은 가지고 있지 않은 것을 주는 것인 사랑을 행한다는 뜻이다. 아내의 이러한 사랑은 부단히 "도망놀이"를 하는 남편의 욕망을 세심하게 "복원"시키는 그녀의 정성을 통해 드러나는 것이다(E 632쪽).

라깡은 다시 다음처럼 덧붙인다. "그녀의 꿈속에서 그녀는 남근을 가졌으면서도 여전히 남근을 욕망한다고 말한다. 바로 그 점에서 그에게 고유한 존재에의 결여가 건드려진다"(E 633쪽). "남근을 가졌으면서도 남근을 욕망한다"는 것은 남근을 소유하는 것의 무용성을 첨예하게 표현한다. 남근으로 존재하는 것만이 의미가 있다는 것이다. 그래서 환자에게 깊숙이 내재해 있던 '존재에의 결여'가 환기되고, 환자는 일종의 이행 또는 도약을 경험하는 것이다.

라깡은 이 모든 사태의 원천을 다음처럼 지적한다. "엑소더스로부터 비롯되는 결여. 그의 존재는 항상 다른 곳에 있다. 그는 존재를 '왼쪽에 두었다'고 우리는 말할 수 있을 것이다"(E 633쪽). 엑소더스는 거세에 따른 것이다. 하지만 거세에도 불구하고 존재는 파괴되지 않는다. 1959년 말 이후의 라깡은 입장을 바꾸지만 말이다. 현재로서는, 존재는 단지 '엑소더스'를 행했을 뿐이다. 이제 존재는 다른 곳, 즉 왼쪽에 있을 뿐이다.

1958년까지의 라깡은 욕망을 "우리를 존재에 결합시키는 반지"라
고 표현하면서, 존재와 연결시킨다. 욕망은 가장 근본적으로 존재론
적인 것이어서 "삶의 단 하나의 의미"라는 것이다. 그리하여 욕망은
가장 진정으로 주체적인 것이 된다.

그러나 라깡에게서 존재론적 욕망이 되찾으려는 그 무엇은 플라톤
에게서처럼 레테의 강을 건너기 이전에 대한 기억도 아니고, 하이데
거에게서처럼 시적인 거주(居住)도 아니며, 베르크손에게서처럼 진
정한 자아도 아니다. 라깡에게서 존재론적 욕망은 "비록 약간 가느
다란 남근이라 할지라도 남근으로 존재하는 것," 그래서 큰 타자의
완전한 사랑을 받는 것이다. 즉 라깡의 존재론은 전혀 초월적이지 않
고, 오로지 유물론적이다.

라깡은 "시니피앙의 순수한 행동은 기호가 된 생명체가 그 행동을
무의미하게 만드는 순간 멈춰 선다"고 한다. 이 "단절의 순간"은 존
재론적 욕망이 드러나는 순간이다. "단절의 순간은 피투성이의 찢겨
진 부위의 형태에 의해 사로잡혀 있다. 상상적 몸체로 재구성하기에
불가능할, 시니피앙들의 시니피앙으로 삼으려고 삶이 대가를 치르
는 살조각 500그램이 그것이다. 방부처리된 오시리스의 잃어버린 남
근이 그것이다"(E 629~630쪽).

하지만 우리들의 존재를 떠받치는 존재론적 열망이 그저 남근으로
존재하려는 그것뿐인 것일까? 다시 말해 우리들의 존재를 이끄는 것
은 권력에의 욕망과 결합한 성적 욕망에 지나지 않는 것일까? 그것
을 뛰어넘는 다른 것은 없는 것일까?

단계 3, 향유에 대한 방어로서의 욕망

남근으로 존재하려는 욕망을 진정한 주체성으로 간주하는 입장은 1959년 말부터 철회되기 시작한다. 이것이 셋째 단계의 시작이다. 이 셋째 단계에서는 욕망이 거세에 종속되어 향유에 대립하는 것으로 제시되고, 남근이 아니라 대상 a를 향하는 것으로 설정된다.

욕망이 거세에 종속된다면, 진정한 주체성일 수 있을까? 게다가 욕망은, '존재에의 결여'를 이루는 남근을 뒤쫓지 않는다면, 더 이상 존재론적 성격을 가질 수 없게 된다. 물론 욕망은 여전히 '존재에의 결여의 환유'일 수 있지만, 이제 그 환유는 '존재에의 결여'와 단절된, 오로지 환유일 뿐인 것이다.

이 셋째 단계는 『세미나』 7집, 8집, 10집에서 구현된다. 1959년 11월부터 1960년 7월까지의 세미나를 담고 있는 『세미나』 7집은 이 단계의 출발점을 이룬다. 1960년 11월부터 1961년 6월까지의 세미나를 담고 있는 『세미나』 8집에서는 남근의 문제틀이 대상 a의 문제틀로 전환된다. 1962년 11월부터 1963년 7월까지의 세미나를 담고 있는 『세미나』 10집은 이 단계를 마무리 짓는다.

『에크리』에 실린 논문 가운데 1960년 9월 말에 발표된 「프로이트적 무의식에서 주체의 전복과 욕망의 변증법」은 『세미나』 7집과 이어지고, 1964년 1월에 발표된 「프로이트의 '트리브(Trieb)'와 정신분석가의 욕망에 대하여」는 『세미나』 10집과 이어진다.

출발점은 쾌락원리다. 라깡은 『세미나』 7집 앞부분에서 "쾌락원리는 대상에 대한 추구를 지배하고, 목표와의 거리를 유지하도록 하는 우회들을 부과한다"고 한다(S 7집, 72쪽).[20] "대상에 대한 추구를 지배"한다는 것은 대상에 대한 욕망이 쾌락원리에 의해 규제된다는 것이다. '목표'란 원천적 욕망의 목표다. 그 목표가 너무 많은 흥분을 초래할 경우 쾌락원리가 그 목표를 피해가도록 규제한다는 것이다. 목표가 너무 많은 흥분을 초래하는 것은 그것이 거세에 의해 금지되었기 때문이다.

라깡은 이를 설명한다. "한계 너머에서는 무슨 일이 벌어지는가? 심리적 추진력은 자신의 목표물을 향해 더 멀리 나아갈 수 없다. 차라리 그 추진력은 심리적 유기체 내에서 분산되고 흩어진다. 양(量)은 복합성으로 변형된다"(S7집, 73쪽).

여기서 '한계'란 쾌락원리가 감당할 수 있는 흥분량의 한계이다. 그 한계는 거세에 따른 금지가 부과한 한계이다. 즉 욕망이 넘어설 수 없는 한계이다. '심리적 추진력'이란 흥분량에 의해 떠받쳐지는 욕망이다. 즉 욕망은 흥분량이 너무 높아지면 한계에 부딪치기 때문에 목표물을 향해 나아갈 수 없다는 것이다. 그 결과 욕망이 목표를 우회하면, 흥분량은 "분산되고 흩어진다." "양은 복합성으로 변형된다"는 것은 뾰쪽한 것이 벽에 부딪혀 뭉뚱그려지는 것이다. 즉 한계에 부딪친 양(量)의 높이가 다른 차원으로 이동해서 '복합성'이 된다는 것이다. 승화에서처럼 말이다.

결국 쾌락원리는 욕망을 특정한 흥분량의 한계 내로 가둔다. 그 한계 내부에서만 욕망할 수 있다는 것이고, 그 한계를 넘어서는 것은 욕망할 수 없다는 것이다. 물론 개인마다 그 한계가 다르겠지만 말이다. 그리하여 그 한계를 넘어서는 것을 추구하는 것은 욕망일 수 없다. 왜냐하면 쾌락원리는 욕망이 그 한계 내부에서만 성립하도록 하

---

20. 앞으로 라깡의 『세미나』로부터의 인용은 본문 내에서 S라고 표기하고, 불어판(모두 Seuil에서 출간)의 권수와 쪽수를 적는다. 다만 『세미나』 11집의 경우 문고판을 참고했기 때문에 초판본과 쪽수가 다르다. 또 미출간된 세미나의 경우, 쪽수 대신 세미나 날짜를 적는다.

기 때문이다.

그 '한계 내부'란 무엇일까? 그것은 곧 쾌락이다. 우리는 흥분량이 '한계 내부'에 머물러야만 쾌락을 느낀다. 쾌락원리는 흥분량을 특정한 한계 내로 가두면서, 우리의 심리적 현실이 항상 쾌락 상태에 머물게 한다. 그 증거는 다음과 같다. 즉 그 한계의 바깥은 야릇한 생경함으로 우리를 뿌리째 뒤흔든다는 사실이 그것이다. 그래서 라깡은 "우리는 현실을 쾌락으로 구성한다"고 말한다(S 7집, 265쪽). 욕망이 펼쳐지는 것은 그 '쾌락적 현실' 내부에서만이다. 당연하다. 욕망은 불쾌한 것은 욕망하지 않으므로.

라깡은 다음과 같이 말한다. "사실상 쾌락원리의 기능은 주체를 시니피앙에서 시니피앙으로 이끌고 가는 것이다. 심리적 장치의 모든 작동을 규제하는 흥분의 수준을 가장 낮게 유지하면서"(S 7집, 143쪽). 이 말은 쾌락원리가 욕망의 환유적 이동[21]을 지배한다는 것이다. 불쾌를 초래하지 않는 수준에서 환유적 이동을 유지하면서 말이다. 즉 쾌락원리는 욕망의 환유적 이동이 '쾌락적 현실' 내부에서만 펼쳐지도록 한다는 것이다.

그렇다면 '쾌락적 현실' 바깥은 어떤 곳일까? 그곳은 거세되어 금지된 곳이다. 그렇다면 그곳은 단순히 금지되었기 때문에 '바깥'인 것일까? 그렇지는 않다. 정확히 말해서 그곳은 금지되어서 흥분량을 고조시키기 때문에 '바깥'이다. 즉 쾌락적 현실의 척도는 단지 흥분량의 높고 낮음일 뿐이라는 것이다.

그리하여 거세는 욕망을 관통한다. 다음과 같은 두 가지 방식으로 말이다.

---

21. 이때의 '환유적 이동'은 첫째 단계의 「무의식 속에서의 문자의 층위 또는 프로이트 이래의 이성」에서 말해진 의미에서이다.

1) 거세된 것을 뒤쫓게 또는 단지 바라보게 하면서.

2) 거세된 것에 접근할 때 흥분량을 높여서, 거세된 것을 욕망하지 못하도록 하면서.

즉 거세는 욕망의 이중성을 규정한다. x를 향하면서도 x를 욕망하지 못하는 이중성이 그것이다. 욕망은 거세된 것 주위를 맴돌 뿐이며, 거세된 것 자체를 욕망하지는 못한다. 그것에 가까이 가면 불쾌해지기 때문이다.[22]

라깡에 따를 때, 거세되어 흥분량을 고조시키는 그 '바깥'의 이름은 향유이다.[23] 라깡은 말한다. "향유는 그 접근불가능한 성격, 모호한 성격, 불투명한 성격과 더불어, 중심적 장(場) 속에 은닉되어 제시된다. 그 장은 주체의 접근을 어려운 것 이상으로 만드는, 어쩌면 불가능하게 만드는 장애물에 의해 둘러싸여 있다"(S 7집, 247쪽).

흥미로운 것은, 쾌락적 현실의 이 '바깥'이 공간적인 외부에 있지

---

22. 라깡은 이전의 『세미나』들에서도 거세의 문제를 다룬다. 하지만 욕망을 거세에 의해 관통된 것으로 제시하지는 않는다. 예컨대 『세미나』 4집(1956~1957)에서는 거세가 단지 대상관계의 맥락에서만 다루어진다. 즉 거세는 실재의 아버지에 의한 상상적 남근의 상징적 거세라는 것이다. 다만 266쪽에서 상징적 남근(Φ)으로의 이행이 암시될 뿐이다. 『세미나』 5집(1957~1958)에서는 거세를 말하면서 오이디푸스의 세 논리적 시간을 도식적으로 제시한다. 즉 그 첫째 시간은 어머니의 욕망의 대상이냐 아니냐가 문제되는 시간이고, 둘째 시간은 아버지의 개입의 시간이며, 셋째 시간은 어머니가 욕망하는 것을 아버지가 준다는 것을 확인하는 시간이다. 그래서 아버지에의 동일시가 행해진다는 것이다. 그에 따라 상상적 남근(φ)에서 상징적 남근(Φ)으로의 이행이 도식적으로 제시된다. 어쨌거나 1958년까지의 라깡에게서 욕망은 거세에 맞서 자신을 관철시키는 힘을 갖는다. 『세미나』 7집에서부터 욕망이 거세에 의해 근본적으로 규정되어서 결코 거세에 맞서지 못하는 것과는 달리 말이다.

23. 향유는 지금의 상태 자체 또는 행위 자체를 누리는 것이다. 따라서 향유는 결코 도구적인 것, 다른 목적에 종속되는 것이 아니다. 미래로 향해지는 목적 또는 도구성은 현재의 향유를 저해한다. 따라서 목적을 갖는 욕망은 미래를 향하고 있다는 점에서, 현재를 누리는 향유와 혼동될 수 없다. 또 욕망의 목적이 이루어졌다고 해서 반드시 향유에 이르는 것은 결코 아니다.

않고 오히려 안쪽의 "중심적 장" 속에 은닉되어 있다는 것이다. 그 '바깥'이 쾌락적 현실이 형성되기 이전의 원천적 현실로 이루어져 있기 때문이다. 그 장에의 접근을 가로막는 장애물은 불쾌를 촉발하여 쾌락원리의 반작용을 불러오는 것이다.

하지만 라깡이 향유의 장에의 접근을 완전히 불가능한 것으로 설정하는 것은 아니다. "어려운 것 이상으로 만드는, 어쩌면 불가능……"이라는 표현에도 불구하고 말이다. 즉 한편으론, 거세에 따라 금지된 향유가 있고, 다른 한편으론, 금지된 향유의 언저리에서 주어지는 향유들이 있는 것이다.

그는 말한다. "누구든지 어떤 형태로든 도덕법칙을 거부하고 제동 없는 향유의 길로 나아가는 자는 장애들을 만나게 되어 있다. 우리의 매일의 경험들은 그 장애들의 생생함을 수많은 형태로 증언한다"(S 7집, 208쪽). 중요한 것은 여기서 라깡이 "제동 없는 향유"를 말하고 있다는 것이다. 즉 제동이 걸리기 전에는 일정한 향유를 한다는 것이다.

향유에 제동을 거는 것은 금지를 구현하는 법이다. 하지만 라깡은 이 법 자체가 또한 향유를 유인(誘因)한다는 것을 강조한다. 향유를 금지하기 위해 법이 성립하지만, 그 법은 법을 위반하는 향유를 촉발한다는 것이다. 한국의 청소년들의 많은 향유가 바로 그러한 '위반의 향유'가 아닐까?

결국 "욕망과 법 사이에 밀접한 매듭"이 존재한다(S 7집, 208쪽). 1) 금지의 법이 욕망을 제한하지만, 2) 그러나 또한 금지를 벗어나려는 욕망이 생겨난다는 것이다. 그런 점에서 욕망과 법은 공액적(共軛的)이다. 3) 그래서 성립하는 것이 위반의 향유이다.

라깡은 다음과 같이 말한다. "향유에 이르기 위해 위반은 필수적이다. 사도 바울의 입을 다시 빌리자면, 법은 바로 그것에 기여한다.

향유의 의미를 갖는 위반은 반대의 원리에 입각해서, 즉 법의 형태들에 입각해서, 완수된다"(S 7집, 208쪽). '법이 위반에 기여' 한다는 것은 법의 존재 자체가 위반의 욕망을 도발한다는 것이다. 그리하여 욕망과 법은 서로를 생산한다. 욕망이 법을 만들어내고, 법이 욕망을 만들어낸다는 것이다.

욕망이 법을 위반한다는 것은, 욕망의 놀이가 언제나 경계선 주위에서 벌어짐을 함축한다. 욕망이 경계선 주위에서 논다는 것은, 욕망이 거세에 따라 금지된 것을 향한다는 것이다. 즉 욕망은 금지된 것을 향하지만, 쾌락원리는 금지된 것에 접근하는 욕망을 차단한다. 그래서 우리는 욕망의 이중성의 약간 변형된 형태를 만난다.

1) 욕망은 쾌락원리에 의해 지배된다. 그래서 쾌락적 현실 내부에서만 환유적 이동을 행한다.
2) 욕망은 금지된 것의 경계를 향한다. 즉 욕망은 금지된 것의 위반을 욕망한다. 하지만 욕망은 멀리 나아가지는 못한다. 쾌락원리가 제동을 걸기 때문이다.

1)이 함의하는 것은 향유에 대한 방어로서의 욕망이다.

2)는 무엇을 함의할까? 2)에서 욕망은 향유를 향해 나아가고 또 일정한 향유를 누린다. 그것이 위반의 향유건 금지된 향유의 자취들이건 간에 말이다. 하지만 그 향유는 완전하지 못하다. 그 향유는 제한된 향유일 뿐인데, 이처럼 제한된 향유가 제공되는 것은 완전한 향유에 대한 방어로서가 아닐까? 즉 완전한 향유에 가닿지 못하게 하기 위해, 단지 제한된 향유만을 욕망에 제공한다는 것이다. 그렇다면 효과의 관점에서는, 2)도 향유에 대한 방어로서의 욕망을 함의할 수 있다.

어쨌거나 1)과 2) 모두에서 쾌락원리가 욕망을 지배한다는 것은 다음 사실을 전제한다. 쾌락을 쫓는 욕망은 불쾌를 가져오는 향유에 대립한다는 것.

물론 프로이트가 지적했듯이, 인간에겐 고통 자체가 쾌감으로 느껴지기도 한다. 그러니 쾌락과 불쾌를 구분하는 것도 자명한 것이 아니다. 또 향유는 대부분 무의식적이고, 사람들이 주관적으로 생각하는 것과는 매우 다른 근본적인 쾌락을 구성하는 것이다.[24] 하지만 라깡이 향유가 불쾌를 가져온다고 할 때, 그 향유는 금지된 성적인 향유, 즉 원초적인 대상(어머니)과의 성적 향유에만 국한되는 것이다. 문제는 라깡이 금지된 성적 향유를 유일하게 진정한 향유인 것처럼 간주한다는 것이다. 결국 우리가 염두에 두어야 하는 것은, '향유에 대한 방어로서의 욕망'이라고 할 때의 향유는 금지된 성적 향유로 국한된다는 것이다.

『세미나』 7집은 셋째 단계의 출발점이다. 하지만 그런 만큼『세미나』 7집에는 욕망을 진정한 주체성으로 간주하는 둘째 단계의 입장이 강력히 지속되기도 한다. 즉『세미나』 7집에서 라깡은 정신분석에서 도출되는 윤리적 원칙을 "자신의 욕망을 양보하지 말라"는 것으로 제시한다(S 7집, 368쪽). 자신의 존재를 걸고서라도 양보하면 안 되는 그러한 욕망이 있고, 그러한 욕망은 자신의 진정한 주체성을 구성하는 것이다.

라깡은 "자신의 욕망을 양보하지 말라"는 윤리적 원칙에 가닿기 위해 선(善)과 미(美)를 대립시킨다. 라깡에게서 선은 나에게 좋은 것, 즉 나의 선을 타자에게 부과하는 것이다. 그래서 그 선은 지배자의 선일 수밖에 없고, "선의 문제는 우선 법과의 관계 속에서 짜여진

----

24. 이러한 향유는 자아의 층위 바깥에 존재하는 것으로, 잠시 자아가 해제(解除)되어 있는 동안 예기치 않게 찾아온다. 이러한 향유가 금지된 향유일 수 없음은 물론이다.

다"(S 7집, 260쪽). 즉 선은 법과 한편이고, 향유와 대립한다. 그래서 "선의 차원은 우리들의 욕망의 길 위에 강력한 성벽을 세운다"(S 7집, 270쪽).

그렇다면 욕망은 다음과 같이 셋으로 나뉠 것이다.

1) 선에 종속된 욕망
2) 선을 위반하는 욕망
3) 미를 향하는 욕망

즉 앞서 살펴본 욕망의 이중성은 이제 이처럼 세 형태로 나뉘어져 드러난다. 1) 선에 종속된 욕망은 여태껏 라깡이 말해온 쾌락원리의 지배를 받는 욕망, 향유에 대한 방어로서의 욕망이다. 하지만 이제 2) 선을 위반하는 욕망은 3) 미를 향한 욕망으로 이어진다. 3) 미를 향한 욕망은 금지된 향유와 은밀하고 긴밀하게 연결된 것이다.

라깡은 미와 선의 대립을 다음과 같이 제시한다. "욕망과 관련된 그 고유한 기능 속에서 미는, 선의 기능과는 달리, 우리를 속이지 않는다. 미는 우리를 깨우고 어쩌면 우리를 욕망과 부합하도록 한다. 그 자신이 미끼의 구조와 연결된 한에서"(S 7집, 280쪽). 미는 플라톤이 『향연』에서 디오티마의 입을 빌려 말했듯이 우리를 성교에 이르게 하는 미끼이다. 물론 그 미끼가 우리를 금지된 대상에게로 직접 데려다주는 것은 아니지만, 금지된 대상의 자취를 갖는 어떤 절절한 것이기도 하다. 바로 그 때문에, 미끼로서의 미는 우리로 하여금 법의 경계를 뛰어넘게 한다.

그래서 라깡은 미를 "주인공을 한계점에 서게 하는 것"이라고도 하고(S 7집, 332쪽), "자신의 죽음에 대한 인간의 관계를 지시하는 것"이라고도 한다(S 7집, 342쪽). 미는 우리를 눈멀게 한다(S 7집, 327쪽).

그래서 우리는 미에 홀려 경계를 넘어선다. 그 미가 강렬한 것인 경우, 우리는 생명을 내걸고 죽음과도 맞설 수 있다.

자, 라깡은 급격히 선회한다.『세미나』7집 앞부분에서 욕망을 쾌락원리의 한계 내에 가두었던 라깡이 이제『세미나』7집 뒷부분에서 미를 매개로 욕망을 향유와 직접적으로 연결시킨다. 즉 라깡은 욕망의 이중성 사이에서 크게 동요한다. 물론 이것을 '동요'가 아닌 것으로 볼 수도 있다. 1) 쾌락원리의 한계 내부의 욕망과 2) 그 한계 바깥의 욕망이 같이 존재할 수 있다고 여긴다면 말이다. 하지만 내가 그것을 '동요'로 보는 것은, 라깡이 2)에서 1)로 나아가다가, 다시 주춤거리면서 2)를 바라보았기 때문이다. 즉 이론사(史)적 맥락에서 볼 때 동요라는 것이다.

게다가 그는 한 걸음 더 나아간다. 즉 그는 욕망을 쾌락원리의 한계로부터 끄집어내어 미에 종속시킨 뒤, 다시 안티고네의 욕망을 말한다. 우리가 아름다운 것 앞에서 생명을 내걸듯이, 안티고네가 생명을 내걸고 자기 오빠를 매장했다는 것이다. 그리고 라깡은 생명을 내걸고서 오빠를 매장한 안티고네의 행위를 욕망의 행위로 간주한다.

하지만 안티고네를 이끈 것은 아름다운 것을 향한 욕망도 아니고, 또 1958년의 라깡이 강조했던 남근으로 존재하려는 욕망도 아니다. 과연 안티고네의 생명을 건 행위를 이끈 것은 욕망이었을까? 만약 그것이 욕망이었다면, 적어도 성적 욕망은 아니었음은 명백하다. 나는 선행 연구인『사랑에서 악으로』에서 안티고네의 행위가 오히려 라깡이 비판했던 칸트적 의지에 따른 것임을 논증하려 한 적이 있지만.[25] 그것을 여기서 다시 반복할 수는 없다. 어쨌거나 라깡은 안티고

---

25. 이종영,『사랑에서 악으로』, 새물결, 2004, 142쪽 이하.

네를 내세우면서 정신분석학적 윤리학으로 넘어간다. "자신의 욕망을 양보하지 말라"고. 그래서 욕망은 다시 한 번 진정한 주체성으로 등장한다.

『세미나』7집에서의 동요가 『세미나』8집에서 완전히 사라지는 것은 아니다. 하지만 『세미나』8집에서는 문제틀의 근본적 전환이 일어난다. 즉 대상 a의 문제틀이 남근의 문제틀을 대체한다. 물론 그렇다고 해서 남근의 문제틀이 완전히 축출되는 것은 결코 아니다. 다만 남근의 문제틀은 대상 a의 문제틀에 종속될 뿐이다.

물론 『세미나』8집에서 라깡은 아직 '대상 a' 라는 용어를 사용하지 않는다. 그는 다만 '욕망의 대상,' 'a,' '작은 a' 라는 용어들을 사용하고.[26] 마침내 1961년 4월 19일 세미나에서는 '대상 작은 a' 라는 용어를 사용할 뿐이다(S 8집, 288쪽). 그가 '대상 a' 라는 용어를 확립하는 것은 『세미나』10집에서부터이다(S 10집, 102쪽). 하지만 『세미나』8집에서 사용된 '욕망의 대상,' 'a,' '작은 a' 등의 용어들이 대상 a 개념의 원천을 이룰 뿐 아니라 대상 a와 같은 의미로 사용되었음은 물론이다.

『세미나』8집에서 욕망의 대상, a, 작은 a 등의 용어들은 희랍어로 귀중한 공납물이나 보물 등을 뜻하는 '아갈마(agalma)' 라는 단어와 한편으로 연관지어진다. 『세미나』8집의 전반부는 플라톤의 『향연』에 대한 주해로 이루어진다. 『향연』에서 알키비아데스는 소크라테스에게 사랑에 빠진다. 그에게서 일종의 '아갈마,' 즉 내면의 보석을 보았기 때문이다. 라깡에 따르면 아갈마는 욕망하는 자 자신에게는 결여되어 있는 욕망의 대상이다. 알키비아데스는 자신에게 결여되

---

26. 이때 a는 타자를 뜻하는 '오트르(autre)' 의 약자이다. '대상 a' 의 a도 마찬가지이다. 즉 욕망의 대상으로서의 타자를 도식들에서 약자로 a로 표시하다가 그것이 대상 a의 개념으로까지 발전했다는 것이다.

어 있는 어떤 것, "무엇인가 다른 것, 또 다른 성격의 아름다움, 다른 모든 것들과 구별되는 아름다움"을 소크라테스가 지녔다고 생각하고 소크라테스를 사랑한다는 것이다(S 8집, 184쪽).

하지만 소크라테스는 알키비아데스의 사랑을 거절한다. 왜냐하면 소크라테스는 알키비아데스가 그에게서 본 것, 즉 아갈마를 가지고 있지 않기 때문이다. 이것이 함축하는 것은 소크라테스에게서 아갈마를 본 것이 알키비아데스 자신의 판타즘에 따른 것이라는 것이다. 그래서 작은 a는 판타즘과 연결된다.[27]

라깡은 『향연』의 주해를 마친 뒤, 곧바로 '욕망의 대상'의 문제로 진입한다. 그는 시니피에의 단절된 상태에서 무한히 미끄러지기만 하는 시니피앙 사슬에 균열을 내는 특권적 대상에 대해 말한다. 이 대상은 "주체에게 근본적 판타즘을 구성하는 핵심적 가치"를 갖는 것이다. 즉 주체의 판타즘을 건드려 욕망을 촉발하고, 그래서 주체를 그 앞에 멈춰 세우는 것이다. 라깡은 그 대상을 'a' 라고 부른다(S 8집, 202쪽).

a는 판타즘을 건드리면서 주체를 욕망으로 이끈다. 그렇다면 a는 이미 주체 속에 있는 것이기도 하다. 그것이 주체의 판타즘을 호출하기 때문이다. 그렇다면 a는 판타즘과 대상의 접점이기도 하다.

---

27. 라쁠랑쉬(Laplanche)와 뽕딸리스(Pontalis)의 『정신분석 용어사전』(PUF, 1992)에 따르면, 프로이트적 의미의 판타즘은 "주체가 출현해서 자신의 무의식적 욕망을 실현하는 상상적 시나리오"다. 이 정의에서 중요한 것은 주체가 출현한다는 것이다. 이 정의는 프로이트의 판타즘 개념과 부합한다. 프로이트의 판타즘 개념에서는 주체의 나르시스적 욕망이 강조되고, 또 그것이 성적 욕망과 은밀하게 연결된다. 예컨대 프로이트가 「작가와 판타즘」(열린책들에서 나온 전집에선 「창조적인 작가와 몽상」이라는 제목으로 실려있다)에서 "대부분의 야망적 판타즘의 어느 후미진 구석에 자리잡고 있는 한 귀부인"에 대해 말하듯이 말이다(열린책들, 1996, 87쪽). 하지만 라깡의 판타즘 개념은 프로이트의 판타즘 개념과 다르다. 라깡에게서 판타즘은 나르시스적 욕망에 따른 것도 아니고, 주체가 반드시 출현하는 것도 아니며, 시나리오도 아니다. 라깡에게서 판타즘은 존재의 결여로부터 비롯되는 일종의 객체적인 성적 과정처럼 제시된다.

그러나 라깡은 "욕망에서 관건은 주체가 아니라 대상"이라고 한다
(S 8집, 203쪽). a는 기본적으로 대상 속에 내재하면서 주체의 욕망을
촉발하는 것이다. a가 판타즘과 접점을 이룰 수 있는 것도 그것이 주
체 앞에 등장하는 대상 속에 존재하기 때문이다. 라깡은 말한다. "주
체가 알지 못하더라도, […] 타자(autre) 속에서 작은 a, 아갈마는 작동
하고 있다"(S 8집, 229쪽). "주체가 알지 못하더라도"라는 표현이 뜻하
는 것은, 욕망의 관계가 무의식 속에서 진행된다는 것이다. 타자가
갖고 있는 작은 a는 우리의 무의식 속에 있는 판타즘에게 말을 건다.

하지만 욕망의 관건은 주체가 아니라 대상이라는 명제가 시사하는
보다 근본적 사실은 다음과 같은 것이다. 즉 이제 라깡이 욕망을 존
재의 결여에 의해 추동되는 내재적 주체성이 아니라 대상을 원인으
로 갖는 것으로 간주하기에 이르렀다는 것. 그래서 라깡은, 욕망의
절대적 조건은 "욕망이 관계하는 대상의 고유성 속에, 작은 a, 부분
대상 속에 있다"고 말한다(S 8집, 235쪽). 이제 욕망의 절대성은 a라는
대상의 고유성에 의해 규정된다. 즉 내적 규정성보다 외적 규정성에
무게가 실리게 되었다는 것이다.

물론 라깡은 욕망의 대상으로서 이 작은 a가 "주체로서의 우리의
존엄성을 구제해준다, 다시 말해, 우리가 시니피앙의 무한한 미끄러
짐에 종속된 주체가 아닐 수 있도록 해준다"고 한다(S 8집, 203쪽). 즉
우리는 이 작은 a를 욕망함으로써, 상징적 질서에 통합된 주체가 아
닌 분열된 주체($)일 수 있는 것이다. 분열된 주체 $에게서 상징적 질
서에 통합된 축과 대립하는 반대 축은 작은 a를 욕망하는 것이다. 바
로 그 축으로 인해 $는 주체적 존엄성, 곧 주체적 고유성을 가질 수
있는 것이다.

자, 작은 a는 주체의 존엄성을 구제한다. 하지만 그것은 사태의 한
측면일 뿐이다. 사태의 다른 측면은 다음과 같다. 즉 욕망의 절대성

이 작은 a에 의해 규정됨에 따라 욕망이 더 이상 '진정한' 주체성을 대변할 수 없게 되었다는 것이다. 이것은 작은 a가 대상적인 것이기 때문이기도 하지만, 무엇보다 작은 a가 향유의 자취를 간직한 것이기 때문이다.

욕망의 대상인 작은 a가 향유의 자취라는 사실은 우리를 다시 욕망의 이중성으로 돌려보낸다. 즉 1) 욕망은 향유를 뒤쫓지만, 2) 향유의 불쾌로부터 등을 돌린다는 것이다. 그래서 욕망은 향유의 불쾌로부터 등을 돌리면서 향유의 자취인 a만을 간직한다. 그에 따라 남근의 문제틀이 대상 a의 문제틀로 전환하면서, 욕망은 향유에 대한 방어가 되어버리는 것이다.

라깡은 다음과 같이 말한다. "각자의 목표이자 목적인 이 대상은 확실히 제한된 것이다. 전체는 그 너머에 있기 때문에. 그래서 그 대상은 각자의 목적 너머에 있는 것으로 포착될 수밖에 없다"(S 8집, 247쪽). 욕망의 대상은 제한된 것(향유의 자취로서의 a)이자 또한 그 제한된 것 너머(향유)에 있다는 것이다. 하지만 제한된 것으로서의 a는 향유에 가닿는 것을 가로막는 방어의 장치로 존재한다. 그래서 이제 a를 대상으로 하는 욕망은 더 이상 진정한 주체성이 아니다. 완전한 향유로부터 이탈하고, 그 이탈의 동기가 외적인 것이기 때문이다.

a를 대상으로 하는 욕망이 향유에 대한 방어임은 욕망을 지탱하는 판타즘이 쾌락원리의 지배를 받는다는 것으로부터도 명백해진다. 라깡은 말한다. "판타즘의 대상은, 쾌락원리와 더불어 향유의 수준에 의해 규제되는 경제학이라고 불러야 할 것 속에서 특권적 지점을 고정해줄 수 있는 유일한 것으로 제시된다"(S 8집, 284쪽).

"특권적 지점"이란 어떤 것일까? 그것은 향유의 높은 수준을 피해가는 쾌락원리적 경제학이 보장해주는 제한된 향유이다. "향유의 수준에 의해 규제되는 경제학"은 향유의 높은 수준을 피해가는 경제학일 수밖에 없다. 따라서 라깡의 중복적 표현에도 불구하고, 쾌락원리와 기본적으로 동일한 것이다.

라깡은 다시 "그는 무엇을 원해?"[28]라는 질문에 대한 대답으로 "환각적 기호들의 세계"를 만난다고 하고, 그 세계는 "무의식에 대한 쾌락원리의 지배"를 표현한다고 한다(S 8집, 285쪽). 결국 욕망의 틀을 제공하는 판타즘("환각적 기호들의 세계")은 쾌락원리의 지배를 받는다는 것, 그러므로 욕망이 쾌락원리의 지배를 받는다는 것은 두말할 것도 없다는 것이다. 우리는 다음과 같은 도식을 그려볼 수 있다.

$$\text{요구} \xrightarrow{\text{소멸}} \text{욕망} \xleftarrow{\text{지탱}} \text{판타즘} \xleftarrow{\text{규제}} \text{쾌락원리} \xleftrightarrow{\text{대립}} \text{향유}$$

라깡에 따를 때, 언어적 요구 속에서 표현되지 못한 욕망을 사라지지 않게 지탱해주는 것이 판타즘이다. 이 판타즘을 규제하는 것이 쾌락원리인데, 쾌락원리는 향유에 대립한다. 그러므로 욕망은 향유에 대한 방어이다.

대상 a의 문제들에 의한 남근의 문제들의 대체를 가장 분명하게 드러내주는 것은 라깡에게서 남근 자체가 대상 a의 하나로 전락했다는 사실이다.

물론 라깡은 다음처럼 말하기도 한다. "주체는 남근을 일정하게 포기하는 것에 비례해서 인간 세계를 특징짓는 대상들의 다양성을 소유하는 것으로 진입한다"(S 8집, 274쪽). 하지만 이때 "남근을 포기"한다는 것은 남근으로 존재하기를 포기한다는 것이다. 다시 말해 주

---

28. 라깡이 『세미나』 5집과 「프로이트의 무의식에서 주체의 전복과 욕망의 변증법」의 그래프에서 Che vuoi?라고 표현한 것이다. 큰 타자가 무엇을 욕망하는지에 대한 질문으로, 그것에 상상적으로 대답하는 것이 판타즘을 이룬다. 물론 라깡은 판타즘이 상상적인 것이 아니라고 하겠지만 말이다.

체는 상상 속에서 남근(ϕ)으로 존재하기를 포기하고, 대상 a와 남근적 특질들[29]의 소유를 추구한다는 것이다. 이처럼 소유의 대상이 되는 남근적 특질들은 바로 상징적 질서에 의해 주어지는 상징적 남근들(Φ)이다. 이제 그러한 상징적 남근들은 대상 a의 한 형태로 간주된다.

상징적 남근이 대상 a로 전락했다는 것은 각각의 대상 a의 단계적 발생 속에서 잘 드러난다. 즉 젖꼭지는 구순적 단계의 대상 a, 똥[30]은 항문적 단계의 대상 a, 남근은 생식기적 단계의 대상 a인 것이다. 구순적 단계의 젖꼭지는 주체가 '요구'하는 것이고, 항문적 단계에서의 똥은 큰 타자가 '요구'하는 것이다.[31] 생식기적 단계의 남근은 큰 타자의 욕망에 대응하는 것이다(S 8집, 269~270쪽). 이 남근은 아버지가 '소유'하고 있는 상징적 남근이고, 아이는 그것을 하나의 대상 a로서 욕망하는 것이다. 어머니와 같은 존재를 유혹하기 위해서 말이다.

이제 주체가 욕망하는 모든 것은 대상 a가 되어야 한다. 왜냐하면 욕망이란 대상 a를 욕망하는 것이므로 말이다. 욕망은 욕망할 수 있는 것만을 욕망하고, 그 욕망할 수 있는 것은 대상 a의 성격을 갖는 것이다. 그래서 큰 타자도, 만약 그것이 욕망의 대상이 된다면, 대상 a로 추락해야 한다. 라깡이 "욕망의 최종적 심급은, [⋯] 그 과녁은, 큰 타자가, A가, 타자로, a로 추락하는 것"이라고 하듯이 말이다(S 8집, 209쪽).

물론 상징적 남근이 대상 a의 하나로 전락했다고 해서, 그 특권적

---

29. 즉 자신을 '남근적 존재'로 드러내줄 수 있는 특질들. 예컨대 권력이나 카리스마적 외양 같은 것들.

30. 라깡은 똥을 대상 a의 하나로 간주한다. 이때 똥은 배변의 훈련을 완전히 거치지 않은 아이의 관점에서의 똥이다. 즉 자신으로부터 분리된 자신의 귀중한 일부가 그것이다. 아이에게서 똥이 갖는 의미와 관련해선, 라깡의 『세미나』 1집 107쪽 이하에 실린, 르포르(Lefort) 부인이 발표한 로베르(Robert)의 사례를 참조할 수 있다.

31. 이 요구들에서 채워지지 않는 것들이 욕망으로 발전한다.

기능을 완전히 상실하는 것은 아니다. 라깡은 "모든 시니피앙들 가운데 Φ의 특권"을 말한다. "Φ는 언제나 감춰져 있고 베일에 싸여 있다," Φ는 "욕망의 현존 자체"를 뜻한다는 식으로 말이다(S 8집, 286쪽). 하지만 "기호들의 사슬 속에서 행해지는 회송을 멈추는 것"이나 "기호들을 어떤 욕망의 그림자 속으로 돌려보내는 것"과 같은 기능은 대상 a 일반의 기능이기도 하다. 그리하여 상징적 남근의 특권적 기능이 존재하더라도, 그 기능 자체를 대상 a로서의 남근의 한 특수성으로까지 간주할 수 있게 된 것이다.

우리는 이것을 다음과 같이 표현할 수 있다. 즉 대상 a의 문제틀과 남근의 문제틀의 이중성 가운데, 대상 a의 문제틀에 대한 남근의 문제틀의 종속.

라깡은 『세미나』 9집에서 동일시의 문제를 다룬 다음에, 『세미나』 10집에서 불안의 문제를 다루면서 다시 욕망으로 돌아온다. 첫째로, 대상 a에 대한 개념적 노동을 행하면서. 둘째로, 욕망과 법의 근본적인 동일성을 주장하면서.

대상 a는 어떤 지위를 갖는 대상일까? 주체의 욕망을 불러일으키는 것이 순수하게 객체적 대상일 수 있을까? 『세미나』 10집에서 대상 a 자체를 사고하기 시작하면서, 라깡은 우선 "작은 a를 대상이라고 칭하는 것은 은유적 용법"이라고 말한다(S 10집, 102쪽). 대상 a는 다른 대상들과 같은 대상이 아니라는 것, 일반적 의미의 대상성을 갖지 않는다는 것이다. "대상 a는 객체성의 모든 가능한 정의에 외재적인 대상"이라는 것이다(S 10집, 103쪽).

"객체성의 모든 가능한 정의"를 벗어난다는 것은 어떤 것일까? 하지만 그렇다고 대상 a가 주체적인 것도 아니다(S 10집, 103쪽). 대상 a는 저기 우리 눈앞에 있지만, 그렇다고 하나의 객체적 사물처럼 거기 있는 것이 아니고, 거기서 무엇인가가 우리에게 다가오는 것, 그래서 우리 내면의 무엇인가를 불러오는 것이다. 대상 a로서 눈빛과 목소리[32]가 객체성을 벗어나 우리에게 스며든다는 것은 물론이다. 하지만 대상 a가 똥이나 젖꼭지로서 존재하더라도, 그것들은 결코 객체적으로 거기 존재하는 것이 아니라, 우리의 일부분처럼 우리 내부로 스며들어와 우리를 휘젓는 것이다.

라깡은 다음과 같이 말한다. "대상 a는 사적이고, 말해질 수 없고, 그렇지만 지배하는 것이다. 그것은 판타즘 속에서의 우리의 상관물이다"(S 10집, 104쪽). "사적이고, 말해질 수 없"다는 것은 대상 a가 우리들 각자 개인에게 내밀한 것임을 말해준다. 하지만 그것은 우리를 압도하는 것이기도 하다. 아마도 그것이 우리의 근본적 판타즘의 상관물이기 때문일 것이다. 또 "사적이고, 말해질 수 없는" 것이어서 그럴 수도 있을 것이다.

대상 a가 말해질 수 없고 사적인 것은 상징적 질서 바깥에 있는 것이기 때문이다. 라깡은 『세미나』 7집에서 표상과 '다스 딩(das Ding)'[33]을 나눈다. 표상은 언어로 정리되는 것이고, '딩(Ding)'은 언어 바깥에 있는 것이다(S 7집, 65쪽 이하). 대상 a는 '딩'에서 비롯되는 것이다. 라깡은 그래서 "내면화가 일어나기 이전의 외부가 a에 위치한다"고 하고, "이 외부는 모든 내면화가 일어나기 이전의 대상의 장소로서, 원인의 개념이 거기에 속한다"고 한다(S 10집, 121쪽). 즉 언어를 통한 내면화가 일어나기 이전의 외부의 장소에 욕망의 원인으로서 대상 a가 속한다는 것이다. 물론 그 '외부'는 '내적인 외부'이다.

라깡은 대상 a를 "상실의 다섯 형태"로 제시한다(S 10집, 108쪽). 똥,

---

32. 눈빛이나 목소리도 금지된 대상의 자취로서의 대상 a이다. 『세미나』 20집 58쪽에서 라깡은 이를 설명하기 위해, 보기, 듣기, 냄새 맡기를 쾌락의 원천이라고 한 아리스토텔레스의 『니코마코스 윤리학』을 언급한다.
33. 독일어 Ding의 의미가 잘 안 잡힌다면, 영어의 thing을 떠올릴 수도 있겠다.

젖꼭지, 남근, 시선, 목소리가 그 다섯 형태이다. 그는 다음과 같이 얘기한다. "우선 남근이 있다. 그것은 거세의 사실로 인해 가장 유명한 것이다. 그러나 또한 이 남근과 동등한 것들이 있는데, 그 가운데 남근에 앞서는 것들은 똥과 젖꼭지이다"(S 10집, 107쪽). 이제 남근은 다른 형태의 대상 a들과 완전히 동등한 것으로 제시된다.

어쨌거나 그것들이 상실의 형태인 것은 "공통되고 소통가능하고 사회화된 대상의 지위가 구성되기 이전의 것들"이기 때문이다(S 10집, 108쪽). 즉 대상 a들은 상징적 질서 속에 존재하는 대상들이 아니다. 그것들은 상징적 질서로 인해 상실된 것들이다. 그래서 라깡은 다음과 같이 말한다. "a가 스스로를 고립시키는 것은 큰 타자로부터이다. 큰 타자에 대한 주체의 관계 속에서 a는 잔여로 구성된다"(S 10집, 135쪽).

이제 『세미나』 10집에서 큰 타자는 '말의 장소'이다. 우리가 말을 건네려 하는 그 장소가 이제 말로서 우리를 규정하는 장소로 여겨지게 된 것이다. 우리는 우리가 말을 건네려 하는 자의 말에 의해 규정될 수밖에 없기 때문이다. 즉 큰 타자는 이제 상징적 질서를 부과하는 장소로 간주된다. 말의 장소로서 큰 타자(A)는 아이를 시니피앙 사슬에 종속된 주체(Ⱥ)로 성립시킨다. 이때 남는 것이 바로 대상 a이다. 아래의 도식처럼.

$$A \xrightarrow{\text{주체의 구성}} \text{Ⱥ} \xrightarrow{\text{잔여}} a$$

즉 "a는 큰 타자의 장소가 주체를 도래시키는 전체적 과정에서 통합 불가능한 것으로 남는 것"이다(S 10집, 189쪽). 큰 타자의 연산(演算, opération) 법칙은 a를 포괄할 수 없기 때문이다. 큰 타자와 a는 동일한 척도를 갖지 않는다는 것이다. 그리하여 a는 "상징이 보족(補

足)할 수 없는 결여,”“상징이 메울 수 없는 부재”로 남는다(S 10집, 161쪽).

A(큰 타자, Autre)의 장소와 대립하는 a의 장소는 어디일까? a의 장소는 오이디푸스 콤플렉스를 통해 주체(⑧)가 구성되기 이전의, 주체의 실재이다.[34] 즉 젖꼭지, 똥, 남근, 시선, 목소리는 모두 주체의 전(前)오이디푸스적 실재를 호출하고, 그래서 욕망을 촉발한다. 라깡은 “a가 S[최초의 주체]를 그 통합 불가능한 실재 속에서 표상한다”고 말한다(S 10집, 189쪽). 그로 인해 a는 “리비도의 통합 불가능한 최종적 저장소”가 된다(S 10집, 127쪽). 즉 대상 a는 욕망의 원인으로 작용한다. “대상은 욕망 뒤에 있다”(S 10집, 120쪽).

이제 대상 a의 문제틀과 더불어 욕망의 원인은 대상 a가 된다. 즉 대상 a가 욕망의 원인을 이루는 ‘결여’로 새롭게 설정된다는 것이다. 1958년의 남근의 문제틀에서 ‘존재에의 결여’는 남근으로 존재하지 못하는 것이었다. 하지만 이제 ‘결여’는 대상 a이다.

정리를 해보자. ‘욕망의 원인＝결여’이다. 1958년의 결여는 ‘존재에의 결여’였다. 하지만 지금의 결여는 대상 a이다. 물론 라깡은 ‘존재에의 결여의 환유’라는 과거의 규정을 앞으로도 간직할 것이다. 대상 a가 ‘다스 딩’의 자취인 한에서 말이다. 하지만 중요한 것은 시각(視覺)의 변화이다. ‘결여’가 ‘존재에의 결여’에서 ‘대상 a’로 바뀐 것은 시각의 변화로 인해 가능했다는 것이다.

즉 라깡에게서 욕망의 문제틀은 계보학적인 것에서 구조적인 것으로 이행한다. 1958년의 둘째 단계에서는 ‘존재에의 결여’가 상징적 남근에 대한 욕망으로 이어졌다. 하지만 지금의 셋째 단계에서는 말

---

34. 오이디푸스 콤플렉스에 의해 구성된 주체는 상징적 질서 내의 가치를 추구하는 존재이다. 주체가 받아들이는 상징적 질서 내의 그러한 가치들이 주체의 실재를 부정한다는 것은 물론이다. 이것은 누구든지 자신을 돌아보면 곧바로 알아차릴 수 있는 일상적 사실이다.

의 장소인 큰 타자에의 종속, 즉 상징적 질서에의 종속이 대상 a의 결여를 생산한다. 그러므로 결여의 수준이 다르다. 둘째 단계에서 결여는 원천적-존재론적인 것이었는데, 이제 결여는 '구조의 효과'이다.

욕망의 대상인 대상 a가 구조의 효과라는 사실은 욕망이 구조에 공액적(共軛的)이 되었음을 뜻한다. 즉 구조가 성립하면서 그 효과로서의 결여가 동시에 성립했다는 것이다. 결여 자체가 구조에 의해 생산되었다는 것이다.

구조의 효과로서의 대상 a를 원인으로 하는 욕망이 최종적 주체성일 수 없음은 물론이다. 향유에 대한 방어로서의 욕망의 개념은, 향유라는 근원적인 것과 그것에 대립하는 이차적인 것으로서의 욕망을 설정한다. 즉 욕망은 최종적인 어떤 것이기 어렵다는 것이다. 하지만 향유에 대한 방어로서의 욕망은 이제 구조의 효과로서의 대상 a를 뒤쫓는 욕망으로 등장한다. 그리하여 욕망이 결코 최종적인 주체성일 수 없음은 명확해진다.

라깡은 『세미나』 10집에서 향유에 대한 방어로서의 욕망을 법과 욕망의 '근본적인' 동일성으로부터 설명한다. 즉 구조로서의 법이 결여를 생산하면서 결여에 대한 욕망을 동시에 생산한다는 것, 그래서 욕망이 법에 귀속될 수밖에 없다는 것이다. 하지만 이때 '향유의 금지'는 '구조'로 바뀐다. 또 '방어와 위반'은 '구조의 효과로서의 결여'에 대한 욕망으로 바뀐다.

라깡은 말한다. "욕망과 법은 같은 것"이라고(S 10집, 125쪽). 욕망과 법이 진정으로 똑같은 것일까? 그럴 순 없다. 라깡은 다만 이처럼 도발하는 것을 즐거할 뿐이다. "성관계는 없다," "여자는 없다"와 같은 유명한 표현에서처럼 말이다. 라깡은 많은 도발적 표현들을 통해 명성을 누린다. 하지만 그러한 도발적 표현들은 치명적 대가를 치른다. 1) 설명의 정밀성과 2) 개념의 엄밀성을 상실하는 것이 그것이다. 그러나 어떤 것들은 종종 오직 도발적 표현을 통해서만 효과적으로 전달될 수 있는 것이 아닐까?[35]

어쨌거나 "욕망과 법은 같은 것"이라고 말하는 것이 도발적 효과를 갖는 것은 욕망과 법이 다르다는 것이 자명하기 때문이다. 다만 관건은 그 차이에도 불구하고, 기능에 있어서 어떤 '근본적인' 동일성이 있다는 것이다. 즉 현상적 차이에도 불구하고 동일한 방식으로 작동하는 어떤 '근본적' 측면이 있다는 것이다.

라깡은 "욕망과 법이 같은 것은 그들의 대상이 같기 때문"이라고 한다(S 10집, 126쪽). 즉 법이 금지하는 것을 욕망이 욕망한다는 것이다.

하지만 중요한 것은 외적 동일성이 아니라 그 과정이다. 즉 법이 금지하기 때문에 욕망이 생긴다는 것이다. 다시 말해, 법이 금지하지 않으면, 욕망이 생겨나지 않는다는 것이다. 라깡은 다음과 같이 말한다. "욕망에 대한 법의 관계는 매우 긴밀해서 오직 법의 기능만이 욕망의 길을 긋는다. 어머니에 대한 욕망을 예를 들자면, 욕망은 법과 동일하게 기능한다. 법은 어머니를 금지하면서 욕망하도록 한다. 왜냐하면 결국 어머니는 그처럼 욕망될 만한 존재가 아니기 때문이다"(S 10집, 126쪽).

어머니가 "그처럼 욕망될 존재가 아니"라는 것은, 어머니는 오직 법에 의해 금지되었기 때문에 욕망된다는 것이다. 즉 어머니는 '존

---

35. 라깡의 글쓰기는 처음부터 문제가 있었지만, 도발적 표현을 즐긴 것은 특정 시점부터인 것으로 생각된다. 내가 그 시점을 정확히 언제부터라고 말할 수는 없지만 말이다. 우리의 내면을 그토록 생생하게 해부했던 라깡은 어쩌면 그때부터 과학적 인식을 뒤쫓기보다는 대상 a를 구현한 자신의 청중들의 추앙을 받고 싶어 한 것이 아니었을까? 그의 대상 a 개념이나 남근 개념이 일정하게 그 자신의 경험으로부터 비롯된 것일 수밖에 없음을 감안한다면 말이다. 아니면 그는 단지 자신이 포착한 진리를 좀 더 효과적으로 청중들에게 전달하고 싶어 했던 것뿐이었을까? 이러한 질문들에 정확히 답하기 위해선, 그의 도발적 표현들의 1) 효과와 2) 허구성을 엄밀히 분석해보아야 할 것이다.

재에의 결여'에서 '구조의 효과'로 전락한 것이다. 라깡은 "욕망은 그러므로 법이다"라고 말한다(S 10집, 176쪽). 욕망은 이제 '존재에의 결여'에 의해 추동되는 진정한 주체성에서 법의 부속물로 전락한 것이다. 그래서 라깡은 다시 진정한 주체성을 찾아 떠난다. 이번에는 무의식적 사고 속으로.

단계 4, 주체성으로서의 무의식적 사고

넷째 단계는 『세미나』 11집과 12집에 걸친다. 『세미나』 11집은 1964년 1월부터 같은 해 6월까지의 세미나를 담고 있고, 『세미나』 12집은 1964년 12월부터 1965년 6월까지의 세미나를 담고 있다.

『세미나』 11집에서는 주체성의 장소가 욕망에서 무의식적 사고로 명확히 이동한다. 물론 이 이동은 새로운 탐구를 동반한다기보다는 선언의 수준에 그친다. 하지만 그럼에도 라깡은 새로운 관점을 연다.

우선 라깡은 욕망을 주체성의 장소에서 추락시킨다. 이것은 그의 이론사(史)에서 매우 큰 반전(反轉)이다. 물론 셋째 단계에서 이미 그러한 반전이 실질적으로 이루어졌지만, 이제 그것은 명확히 선언된다. 그는 다음과 같이 말한다. "분석적 경험이 우리에게 말할 수 있게 해주는 것은 오히려 욕망의 제한된 기능이다. 욕망은, 인간 활동의 다른 모든 지점에 비해서 더욱 많이, 어딘가에서 자신의 한계를 만난다"(S 11집, 39쪽, 한글판 54쪽).[36] 인간의 다른 모든 활동보다 더 큰

---

36. 앞서도 말했지만 내가 참조한 『세미나』 11집은 문고판이어서 쪽수가 초판본과 다르다. 또 『세미나』 11집은 유일하게 한글판(새물결, 2008)이 출간되어 있어서, 한글판 쪽수도 불어판 쪽수 옆에 병기한다. 인용문은, 한글판을 참조했지만, 기본적으로 불어판에서 내가 직접 번역했다.

한계를 갖는 욕망이 주체성일 수 없음은 확실하다. 즉 라깡은 오히려 인간의 다른 모든 활동이 욕망보다 더 주체적일 수 있음을 시사한다.

라깡은 또 쾌락원리와 욕망의 관계를 다음과 같이 말한다. "쾌락은 인간의 활동 범위를 제한하는 것이다. 쾌락원리는 항상성의 원리이다. 반면, 욕망은 자신의 테두리, 자신의 고정된 관계, 자신의 한계를 만난다. 욕망이 쾌락원리가 부여한 문턱을 넘어서면서도 스스로를 유지하는 것은 이 한계와의 관계 속에서이다"(S 11집, 39쪽, 한글판 54쪽).

쾌락원리가 욕망을 규제한다고 해서, 그 둘을 동일한 방식으로 움직이는 것으로 생각해서는 곤란하다. 쾌락원리는 항상성의 원리인 반면, 욕망은 쾌락원리를 부단히 넘어서려는 운동이다. 하지만 욕망은 쾌락원리가 부여한 한계에 부딪혀 언제나 쾌락원리 안쪽으로 회귀한다. 그러므로 욕망이 쾌락원리를 일탈하려 한다고 해서 욕망의 성격을 오해해서는 안 된다. 욕망은 언제나 쾌락원리 안쪽으로 회귀하므로 향유에 대한 방어이다.

자, 욕망은 이처럼 주체성의 자리를 떠났다. 이제 주체성의 자리를 차지하는 것은 무의식, 그리고 더 구체적으로는 무의식적 사고이다. 물론 정신분석에서 무의식을 진정한 주체성으로 여기는 것은 당연한 것이지만, 라깡은 무의식적 사고의 개념을 통해, 무의식의 주체성적 성격을 다듬는다.

라깡은 말한다. "무의식의 장(場) 속에서 주체는 자기 집에 있다"(S 11집, 44쪽, 한글판 62쪽). 이때 '주체'는 진정으로 주체적인 주체, 즉 주체성 자체로 읽힐 수 있다. 하지만 주체의 집이 무의식이라는 것은, '주체성 = 무의식'이라기보다는 무의식 속의 어딘가에 주체성이 있다는 것이다.

라깡은 "우리가 무의식의 자기 집 속으로 돌아오라고 부르는 것은 주체다. 그러므로 선택될 수 있는 것은 주체밖에 없다"고 말한다(S 11 집, 57쪽, 한글판 79쪽). 즉 라깡은 한편으로 주체라는 단어를 부각시킨다. 이것은 '주체 ― 코기토 ― 무의식적 사고'를 새롭게 연결시키기 위한 전제적 노동이다. 어쨌거나 라깡이 말하려는 것은, 정신분석의 핵심적 관건은 오직 주체라는 것이다. 그래서 이제는 주체성 자체가 정신분석의 대상으로 등장한다. 즉 진정으로 주체적인 그 주체가 '우리 존재의 핵심(Kern unserer Wesen)'이다. 욕망은 더 이상 '우리 존재의 핵심'이 아닌 것이다.

라깡은 말한다. "무의식의 기능 속에서 존재적인 것은 갈라진 틈이다. 그곳을 통해 우리의 장에서 아주 짧게 모험을 하는 무엇인가가 순간적으로 등장한다"(S 11집, 39쪽, 한글판 54쪽). 다소 불명확한 이 문장을 보다 명확히 표현하자면, 무의식의 갈라진 틈을 통해 순간적으로 등장하는 어떤 것이 바로 존재적인 것이라는 것이다. 그것이 존재적인 것은 다음의 이유 때문이다. 즉 존재적 요청들이 체계적으로 억압당하는 세계에서 존재적인 것은 그처럼 순간적으로만 등장하고 사라질 수밖에 없는 운명에 처해 있다는 것이다.

이제 우리에게 주어지는 것은 다음과 같은 세 가지 항(項)이다. 1) 무의식, 2) 존재적인 것, 3) 주체(최종적 주체성). 그렇다면 우리는 1) 무의식 속에서 2) 존재적인 것이 3) 진정한 주체성이라고 생각할 수 있다. 하지만 라깡은 1)과 2)를 명확히 구분하지 않고 사용한다. 따라서 라깡을 읽으면서 1)과 2)를 지나치게 구분하려 할 필요는 없다.

결국 라깡은 "사라짐의 필연성은 무의식에 내재적인 것처럼 보인다"고 말한다(S 11집, 52쪽, 한글판 73쪽). 무의식 속의 존재적인 것은 드러났다가 사라지는 것이다. 그 사라짐이 필연적인 것은 그것이 비(非)존재적 세계의 존재적인 것이기 때문이다.

하지만 "무의식은 사라지는 것"이라고 말하는 것은 과학적으로 아무런 의미가 없다. 중요한 것은 "그것이 사라진다"고 말하는 것이 아니라 '사라지는 그것'의 속성 속으로 침투하는 것이다. 라깡은 이를 잘 해낼까? 하지만 사라짐을 지나치게 강조하는 것은 사라지는 것의 내부로 들어가지 않겠다는 의도를 드러내는 것이다.

어쨌거나 1958년에 욕망과 존재를 연결시켰던 라깡은 1964년에는 무의식과 존재를 연결시킨다. 이미 프로이트가 말한 것이지만, 라깡이 "무의식 속에서 벌어지는 것은 시간의 기능과 전혀 무관한 것"이라고 다시 강조하는 것도 그러한 맥락에서이다(S 11집, 40쪽, 한글판 55쪽). 시간의 기능과 전혀 무관한 것은 시간의 흐름에 따라 변하지 않는 것이고, 따라서 시간 속에서 파괴되지 않는 존재적인 어떤 것이다. 즉 시간의 기능과 무관하게, 파괴 불가능하게, 우리를 저 밑에서부터 밀어붙이는 것이 존재적인 것으로서의 무의식이라는 것이다.

라깡은 이제 욕망을 무의식의 존재적 성격과 대조시키면서, "자신이 과거의 이미지로부터 견지하는 것을 항상 짧고 제한된 미래를 향해 운반할 뿐"인 것으로 규정한다(S 11집, 40쪽, 한글판 55쪽). 욕망이 견지하는 것은 단지 '이미지'일 뿐이라는 것이고, 게다가 욕망은 그 이미지를 지속적으로 관철시키지도 못하고 그저 "짧고 제한된 미래로밖에 운반할 수 없다"는 것이다.

이 존재적 무의식은 어떻게 주체성일 수 있을까? 우리는 다음과 같이 대답할 수 있다. 그것은 우리 내부의 존재적인 것이고, 그래서 우리를 내부의 심층으로부터 밀어붙이는 진정한 주체성이라고. 하지만 이처럼 말하는 것은 충분하지 못하다. 추상적 수준에서 줄곧 머무르기 때문이다.

그래서 라깡은 데카르트적 코기토와 프로이트적 무의식을 연결시킨다. 무의식과 주체성을 결합시키기 위해서 말이다. 그리하여 무의식은 무의식적 사고로 등장하고, '주체성＝코기토＝무의식적 사고'의 등식이 성립한다. 이때 무의식적 사고는 물론 무의식 속의 존재적인 것이 행하는 사고이다.

라깡은 이미 여러 곳에서 무의식이 일종의 생각, 즉 사고임을 제기했다. 예컨대 『세미나』 7집에서는 "모든 사고는 그 본질에 있어서 무의식적인 통로를 통해 행해진다"고 하고(41쪽), 또 "사고의 과정은 무의식의 장 속에 자리 잡는다"고 한다(61쪽).

『세미나』 11집에서 라깡은 『꿈의 해석』에서 제시된 불타는 아들의 꿈을 언급한 뒤, 관건은 확실성이라고 한다. 즉 꿈속에서 사고가 확실하게 펼쳐졌다는 것이다. 그 사고는 무의식적 사고다. 자신이 전혀 의식하지 못한 꿈속에서 펼쳐진 사고이기 때문이다. 그리고 그 꿈을 확실하게 꾸었다는 것은, 그 꿈속에서 펼쳐진 무의식적 사고의 확실성을 입증한다. 그러한 무의식적 사고의 확실성은 우리 내부에 어떤 주체성이 존재함을 말해주는 것이다. 즉 '무의식적 코기토 → 주체성의 존재'인 것이다.

라깡은 말한다. "프로이트의 접근은 데카르트적이다. 왜냐하면 확실성의 주체라는 토대로부터 출발하기 때문이다"(S 11집, 43쪽, 한글판 60쪽). "확실성의 주체(sujet de la certitude)"라는 표현은 모호하다. 오히려 '확실한 주체' 또는 '주체의 확실성'이라고 하는 편이 나을 것이다. 프로이트적 접근에 따를 때 확실한 주체가 존재한다는 것이다. 프로이트적 접근이 데카르트적인 것은 그 확실한 주체가 바로 코기토이기 때문이다. 차이가 있다면, 프로이트적 접근에서 그 코기토는 무의식적 코기토라는 것뿐이다.

라깡은 덧붙인다. "어찌됐건 간에 내가 강조하려는 것은, 데카르트적 접근과 프로이트적 접근은 서로 수렴하는 지점이 있다는 것이다. [⋯] 데카르트와 완전히 똑같이 프로이트는 자신이 의심했던 곳에서 — 왜냐하면 그것은 그의 꿈들이었고 처음에 의심했던 자는 바로 그 자신이다 — 사고가 행해짐을 확신했다. 그 사고는 무의식적 사고다"(S 11집, 44쪽, 한글판 61쪽).

프로이트는 우선 의심한다. 자신이 꿈을 꾸었는지. 꿈속에서 펼쳐진 것은 무엇인지. 그러한 의심의 끝에 그는 확신한다. 꿈속에 펼쳐진 것은 자신의 사고임을. 꿈속에 자신의 사고가 확실히 작용했음을. 그리고 그 사고가 무의식적 사고임을. 그것을 결코 부인할 수 없음을.

즉 프로이트는 무의식적 코기토가 존재함을 확신하기에 이른다. 그리고 결론을 도출한다. 무의식적 코기토를 이끄는 어떤 주체성이 있을 수밖에 없다고. 그래서 데카르트적 명제와 동일한 형식을 갖는 다음의 명제가 성립한다는 것이다. "주체성은 무의식적 사고를 이끈다. 그러므로 주체성은 존재한다."

물론 이것은 라깡의 주장이다. 프로이트가 그러한 식으로 생각했음은 확실하다. 하지만 프로이트가 데카르트적 코기토와 무의식적 사고와 주체성을 그처럼 연결시키지 않았음은 물론이다. 즉 프로이트는 그처럼 생각은 했지만, 사고의 항(項)들을 그처럼 연결시키지는 않았다. 그러므로 위와 같은 정식화를 발전시킨 것은 라깡이다. 라깡에게서 관건은 진정한 주체성이기 때문이다. 욕망에서 주체성을 확인하지 못한 라깡은 이제 무의식적 사고 속에서 주체성을 확인해야 한다.

무의식적 사고는 우리가 그것의 존재를 확인하건 말건 간에 언제나 그곳에 이미 존재하는 것이다. "확실성을 얻기 전부터 그것은 사고한다"(S 11집, 45쪽, 한글판 63쪽). 물론이다. 확실성은 우리가 그것을 발견한 다음에 얻어지는 것일 뿐이다.

무의식적 사고가 항상 존재한다는 것은 무의식적 주체성이 이미 항상 존재한다는 것이다. 라깡은 "무의식은 본질적으로 거부된 것"

이라고 하고, 그 거부된 것은 바로 사고, '게단켄(Gedanken)'이라고 한다(S 11집, 53쪽, 한글판 73쪽). 그 사고가 바로 진정한 주체성이다.

라깡은 말한다. "의식을 넘어선 이 장 속에 사고가 있다"(S 11집, 53쪽, 한글판 73쪽). 이 사고는 진정한 나 자신의 사고이다. 그래서 내가 나의 집에 있는 것은 내가 꿈을 꿀 때이다. "여기 이 꿈의 장 속에 너는 너의 집에 있다. 그곳에 너는 가닿아야 한다"(S 11집, 53쪽, 한글판 74쪽). 그곳(Wo es war)에 내가 가닿아야 하는 것(soll Ich werden)은 그곳이 바로 진정한 나 자신이 존재하는 곳이기 때문이다. 그곳에 존재하는 진정한 나 자신이란 다름 아닌 나의 진정한 주체성이다.

라깡은 "그것이 있던 곳(Wo es war)"이 바로 실재라고 한다(S 11집, 54쪽, 한글판 75쪽). 그 실재는 바로 내면의 실재, 주체성의 실재이다. 그러므로 단지 주체성이 있다고 말하는 것을 넘어서서, 주체성은 '어떤 것'이라고 말하기 위해서는, 그 '실재' 속으로 침투해야 한다. 하지만 라깡은 종종 '실재'를 앞에 두고서 형식주의로 도망한다. 이것은 역시 라깡이 자신의 사례들을 갖지 못해서가 아닐까?[37]

라깡은 『세미나』 12집에서 주체성으로서의 무의식적 사고를 다시 한 번 다룬다. 하지만 그는 무의식적 사고 속으로 직접 들어가 그것이 어떻게 형성되었고 어떤 짜임새를 가졌으며 어떻게 작동하는지를 드러내려고 하지 않는다. 즉 그는 무의식적 사고의 원천, 구조, 작동 방식을 드러내려고 하지 않는다. 그렇다면 그는 도대체 무엇을 하는 것일까? 그는 안으로 들어가서 그 '안'의 짜임새를 들여다보려고 하는 대신, 바깥으로부터 접근한다. 형식주의적 방법을 통해서 말이다.

라깡의 이른바 '수학적' 방법은 두 형태를 취한다.[38] 1) 수학소(數

---

[37] 즉 실재 속으로 침투할 수 있는 계기를 마련해주는 것이 바로 사례들이라는 것이다. 사례들이 없을 경우, 우리는 실재 속으로 파고들어야 하는 시점에서 무력감을 느낄 수밖에 없다. 그래서 실재 속으로 파고드는 흉내를 낼 수 있게 해주는 형식주의로 도피하는 것이다.

學素, mathème)와 2) 형식주의가 그것이다.

수학소란 나르시시즘에 의해 규정된 의미들을 제거하기 위한 도구이다. 우리는 우리 자신의 삶을 지탱하기 위해 항상 이 세계와 세계 속의 사물들에 대해 주관적-나르시스적 의미들을 부여한다. 라깡에 따르면, 우리는 수학소를 통해 주관적 의미들을 벗어나서 대상을 그 내적 필연성에 따라 포착할 수 있다. 라깡이 이상적(理想的)인 수학소로 여기는 것은 뉴턴의 '$f = ma$'와 같은 작은 정식들이다(S 22집, 1975년 1월 14일).[39]

하지만 라깡 자신의 대표적인 수학소라고 할 수 있는 $S \lozenge a$(판타즘)나 $S \lozenge D$(충동) 등은 뉴턴의 정식의 설명능력과 명료성에 전혀 미치지 못하는, 일종의 약호에 불과하다. 게다가 그것들은 중의적(重意的)이기까지 해서, 라깡은 자기 마음대로 그 규정을 바꾸기 일쑤이다. 즉 라깡의 이른바 '수학소'들은 수학적이긴커녕 약호로도 부적합하다. 물론 라깡적 수학소들의 실패는 수학소 자체의 문제라기보다는 그의 이론의 한계에 따른 것이다.

라깡의 형식주의는 나로서는 수학소보다 훨씬 더 당혹스런 것이다. 수학소는 나름대로 과학의 이상(理想)을 지닌 것이라면, 형식주의는 오히려 과학의 이상으로부터 도망치는 것이기 때문이다. 예컨대 『세미나』 4집의 형식주의는 전형적으로 그런 것이다. 하지만 다른 한편으로, 형식주의는 외적 유사성에 대한 천착을 통해 나름의 발견적 가치를 지닐 수도 있다. 『세미나』 12집의 형식주의도 그런 면이

---

38. 나는 그 방법들이 진정으로 수학적인 것인지 잘 모르겠고, 그래서 '수학적'에 따옴표를 붙였다.

39. 『세미나』 22집과 곧이어 인용할 『세미나』 12집은 미발표 세미나이므로 쪽수 대신 세미나 날짜를 적는다. 미발표 세미나는 여러 판본마다 쪽수가 달라 쪽수를 표시하는 것이 의미가 없기 때문이다. 또 인용하는 미발표 세미나가 몇 집인지 확실한 경우는, 날짜만을 적는다. 앞으로 인용할 다른 미발표 세미나들에 대해서도 마찬가지다.

전혀 없는 것은 아니다.

『세미나』12집에서 라깡은 "우리가 여기서 행하는 것"은 "주체의 존재론"이라고 말한다(S 12집, 1965년 3월 24일). 1958년의 욕망의 존재론이 이제 주체의 존재론으로 이동한 것이다. 라깡은『세미나』12집에서 '주체'라는 용어를 1) 분열된 주체와 2) 진정한 주체성이란 두 가지 의미로 동시에 사용한다. 하지만 그가 행하려는 '주체의 존재론'이 '주체성의 존재론'임은 물론이다.

그러나 라깡은『세미나』12집에서 주체의 존재 자체와 직접 맞서지 않는다. 그는 '수학적' 존재론으로부터 출발하고, 그로부터 주체의 자리 또는 위치를 확인하려 할 뿐이기 때문이다. 형식주의적인 '수학적' 존재론은 존재 자체와 맞설 수 없기 때문이다.

라깡은 0과 1의 문제로부터 시작한다. 그는 말한다. "0은 자기 자신과 일치하지 않는 개념에 귀속된 숫자다"(1965년 2월 24일). 이를 좀 더 간단히 말해보자. 숫자로서의 0이 있고, 0 자체가 있다. 이 둘은 다르다. 숫자로서의 0은 개념이다. 0 자체는 0의 실재이다. 그 둘이 다르기 때문에, 숫자 0은 자신(0 자체)으로부터 이탈한다. 우리는 이를 명확히 하기 위해 다음과 같은 도식을 그려볼 수 있다.

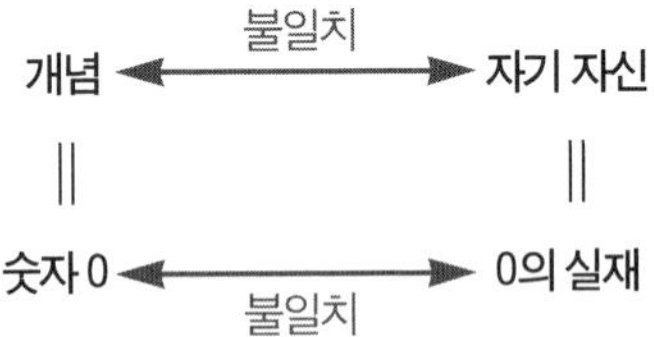

숫자 0은 0의 실재를 축출하고 들어선다. 이때 0의 실재는 축출된 진리를 상징한다. 라깡은 말한다. "숫자의 자리에 기입된 0은 그 대상을 배제의 표식처럼 다룬다." 이때 '대상'이란 물론 0의 실재이다.

그는 또 말한다. "지양된 대상[0의 실재] 자체의 자리에는, 체계 내부의 이 자리에는, 글쓰기가 불가능하다. 거기에 기입되고 또 기입될 수 있는 0은 빈 장소의 형상화에 불과하다"(1965년 2월 24일). 숫자 0이 축출한 진리는 쓰여질 수 없다. '체계의 개념들'은 진리와 불일치하기 때문이다. 따라서 진리가 축출된 자리에 0을 기입하더라도, 그것은 단지 진리의 빈자리의 형상화에 불과하다는 것이다.

주목할 것은 숫자 0의 매개적 역할이다. 숫자로서의 0은 진리의 사라짐을 지시하는 것이지만, 그럼에도 하나의 숫자이다. 숫자 0은 숫자 1로 이어진다. "이제 1이 생겨날 수 있는데, 숫자로서의 0이 개념과 대상이 될 수 있기 때문이다. 즉 1이 생겨나게 하려면 0을 거쳐야 한다"(1965년 2월 24일). 숫자로서의 0이 하나의 대상으로 성립하면,[40] 그것을 이어서 1이 생겨난다는 것이다.

0으로부터 1이 성립하면, 1로부터 또다시 숫자들이 이어진다. 이 연속된 숫자들은, 라깡에 따를 때, 지식을 이룬다(1965년 2월 24일). 그래서 숫자 0은 지식과 진리 사이에 위치한다. 라깡은 지식과 진리 사이의 숫자 0의 위치를 다음 도식처럼 제시한다.

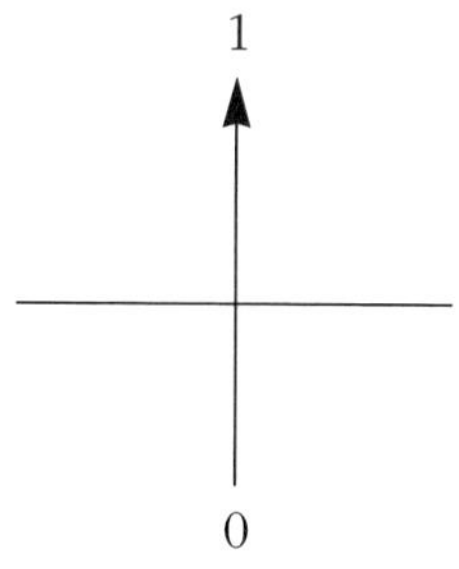

---

40. 여기서 '대상'이란 용어로 인해 혼동하지 말기를 바란다. 숫자 0이 축출하는 대상은 0의 실재이다. 반면, 숫자 0이 하나의 대상으로 성립할 수도 있다. 즉 '숫자 0이라는 대상'이 그것이다.

즉 "0은 수평의 축을 따라 진리의 장을 넘어서서, 1의 형태로 대변된다"는 것이다(1965년 2월 24일). 수평의 축은 진리와 지식을 가르는 축이다. 수평축 아래의 0이 수평축 위의 1로 넘어간다는 것은 진리에서 지식으로 넘어간다는 것이고, 그 결과 지식이 진리를 축출한다는 것이다.

라깡은 말한다. "진리를 그 전체성 속에서 말하는 것은 불가능하다. 그래서 지식에는 언제나 유예, 취약성, 비정합성이 있다"(1965년 5월 19일). 그러나 라깡은 단지 지식에 의한 진리의 유예를 말하는 데 그치지 않는다. 그는 지식과 진리를 대립시킨다. 위의 도식에서처럼 진리와 지식은 수평축에 의해 갈라져 있다는 것이다.

지식과 진리 사이에서 주체는 어디에 위치할까? 라깡은 우선 1과 0에 각각 큰 타자와 주체를 상응시킨다. 물론 그렇다고 '주체 = 진리'라는 등식이 성립하는 것은 아니다.

큰 타자와 주체의 관계는 서로 간에 외재적이다. 라깡은 한편으로 "주체를 큰 타자의 장 바깥에서 작동하게 하는 시니피앙의 빗금," 즉 $\$$에 대해 말하고, 다른 한편으로는 "주체의 입장에서 보면 큰 타자가 빗금 쳐진다"고 말한다. 그는 큰 타자의 빗금, 즉 $\cancel{A}$는 "큰 타자에 대한 주체의 외재적 관계"를 의미한다고 덧붙인다(1965년 2월 24일).

이때 라깡이 말하는 주체는 물론 진정한 주체성이다. 분열된 주체의 한쪽 편은 큰 타자에 의해 잠식된다. 욕망이 큰 타자의 사랑을 받으려고 큰 타자에게 말 걸기 때문이다. 그래서 큰 타자는 자신이 대변하는 상징적 질서, 즉 지식을 주체에게 부과할 수 있게 된다. 하지만 분열된 주체의 다른 편을 구성하는 진정한 주체는 무의식 자체 내부에서 큰 타자에게 대립한다.

라깡은 말한다. "큰 타자에게 주체를 단일한 특질[동일시의 대상이 되는 특질]의 1로 표상하는 것은 주체의 축출에 상관적이다"(1965년 2월

24일). 이처럼 1에의 동일시에 따라 축출된 주체는 0의 자리를 차지한다. 그래서 라깡은 다음처럼 말한다. "주체가 0처럼, 채워지지 않는 0처럼 자리 잡고 지탱되기 때문에, 가질 수 있는 대상과 존재할 수 있는 대상 사이의 대칭이 존재한다"(1965년 3월 3일).

주체가 "채워지지 않는 0"처럼 자리 잡는 것은, 그 0이 큰 타자의 공간에서 이어지는 숫자들, 즉 지식들과는 척도를 달리하기 때문이다. 가질 수 있는 대상은 물론 큰 타자의 공간에 속하는 것이고, 존재할 수 있는 대상은 주체의 공간에 속하는 것이다. 여기서 라깡은 "큰 타자의 공간의 좌표가 비롯되는 0의 지점은 진정한 0의 지점이 아님"을 명확히 한다. 숫자로서의 0은 0의 실재가 아니라는 것이다. 이제 0의 실재는 주체와 진리에 모두 걸쳐있는 것이 된다.

라깡은 말한다. "관건이 되는 연산 속에는 항상 어떤 잔여가 있다. 소유를 요구하는 수준이건 전이(轉移, transfert)적 사랑이 존재하는 수준이건, 1에 대한 어떠한 채워 넣기도 0과 1 사이의 주체의 분열을 완전히 제거할 수 없다. 연산의 결과는 결코 순수하고 단순한 0일 수 없다"(1965년 3월 3일). '1에 대한 채워 넣기,' 즉 큰 타자에 의한 지식의 공급은, 비록 그것이 전이적 사랑을 받는 분석가에 의한 것일지라도, 주체의 0에 가닿을 수 없다는 것이다.

말의 장소로서 큰 타자는 말의 진리성을 보장하는 장소이다. 하지만 이때 말의 진리성은 진리 자체와 무관하다. 말의 장소인 큰 타자는 오히려 진정한 진리와 대립하는 지식을 공급하는 장소다. 물론 큰 타자는 무의식의 한 지점을 이루고, 그래서 큰 타자로부터 도래하는 지식은 무의식적 지식을 이룬다. 하지만 무의식적 지식마저도 진리와 대립한다.[41] 즉 무의식 속에서 지식과 진리가 대립하는 두 층위를

---

41. 무의식적 지식을 이처럼 진리에 대립하는 것으로 간주하는 『세미나』 12집의 입장은 『세미나』 21집 이후의 입장과 다르다. 『세미나』 21집부터 무의식적 지식 개념은 실재에

이룬다는 것이다.

　라깡은『세미나』12집에서 무의식적 지식과 진리가 대립하는 구체적인 장소를 성(sexe)으로 제시한다. 그는 무의식적 지식과 관련해 다음과 같이 말한다. "지식은 무의식적일지라도 근본적 금지의 준거 속에 존재한다. […] 이 지식이 결코 알아서는 안 될 어떤 것이 존재한다"(1965년 5월 19일). 무의식적 지식이 알아서 안 될 것은 성이다. 그래서 라깡은 "지식은 성 앞에서 멈춘다"고 하고, 또 "모든 지식은 성의 비밀이 자리 잡은 이 장소에 대한 극복할 수 없는 공포 속에 성립한다"고 한다(1965년 5월 19일).

　무의식적 지식은, 그것이 무의식적인데도, 어떻게 성에 대해 모를 수 있을까? 그것은 성이 지식과 본질을 달리하기 때문이다. "성은 근본적으로 다른 본질 속에서 전혀 건드려지지 않은 채 남아있고 지식을 거부한다"(1965년 5월 19일). 성이 지식과 본질을 달리한다는 것은 성이 전혀 다른 등재에 속해서 지식의 언어로는 기입될 수 없다는 것이다.

　반면, 라깡에게서 진리는 그 자체가 근본적으로 성에 대한 진리다. 이것은 라깡이 성을 인간 존재의 진리로 여기는 프로이트주의자이기 때문이다. 그에 따를 때, 진리는 "성에 대해 말하는 것"이고, "성이라 불리는 존재에 대한 […] 질문에 보다 완전한 의미를 제공하는 것"이다(1965년 5월 19일). 따라서 아래와 같은 도식이 가능하다.

무의식적 지식 ⟵⟶ 진리 ＝ 성의진리

　그렇다면 성을 둘러싼 지식과 진리의 대립 속에서 주체는 어디에 위치할까?

대한 인식을 내포한다.

첫째로, 라깡에 따를 때, 지식은 주체를 '비(非)규정' 한다(1965년 5월 19일). 이 말은 지식을 통해서는 주체의 위치를 포착할 수 없다는 것이다. 지식에 내재된 시니피앙들을 통해서는 주체에 가닿을 수 없기 때문이다. 그러므로 라깡은 주체를 "지식에서 빠져있는 것"이라고 한다(1965년 6월 9일).

둘째로, 라깡에 따를 때, 주체의 확실성이 존재한다. 그는 『세미나』 11집에서는 무의식적 사고 속에서 주체의 확실성을 포착했다. 『세미나』 12집에서도 무의식적 사고는 여전히 주체성의 토대가 된다. 무의식적 사고는 무의식적 지식과는 다르다. 우리는 심지어 지식 없이도, 또는 적어도 지식과 무관하게, 사고할 수 있다. 지식이 수동적이라면, 사고는 능동적이다.

그러나 『세미나』 12집에서 라깡은 무의식적 사고가 행해지는 장소를 찾는다. 그 장소는 바로 성이다. 그는 말한다. "성은 주체에게 새로운 종류의 확실성을 제공한다. 그 확실성을 통해 주체의 자리가 규정된다. 주체의 자리가 그처럼 규정되는 것은 코기토의 경험을 통할 수밖에 없다"(1965년 5월 19일). 성이 주체의 확실성을 제공하는 것은 주체성의 근거로서 무의식적 사고가 성에 입각해서 발생하기 때문이다. 성이 무의식적 사고를 촉발해서 주체성을 발생시킨다는 것이다. 그러므로 다음과 같은 도식이 가능하다.

무의식적 사고 = 성적 사고 = 주체성

관건은 셋이다. 1) 지식과 2) 주체와 3) 성. 라깡은 다음과 같이 정리한다. 1) "무의식적 지식은 자신을 동기화하는 것을 빼놓고서는 모든 것을 안다." 즉 성에 대해서만 모른다는 것이다. 성은 근본적으로 다른 것이므로. 하지만 성은 지식의 원인이다. 2) "주체는 지식에 결여되어 있다는 그 확실성 속에서 성립한다." 즉 주체는 지식에 결여되어 있지만, 성과 관계할 때 확실하게 존재하는 것이다. 그 코기토 속에서 말이다. 3) 성은 "우리가 아무런 지식을 갖고 싶어 하지 않는 것"이다(1965년 5월 19일). 그렇다면 또 다음과 같은 도식이 가능하다.

$$\text{무의식적 지식} \xleftrightarrow{\text{대립}} \text{주체} = \text{무의식적 코기토} \xleftarrow{\text{생산}} \text{성}$$

라깡은 이 셋의 관계를 다음과 같은 삼각형으로 표현한다(1965년 6월 9일).

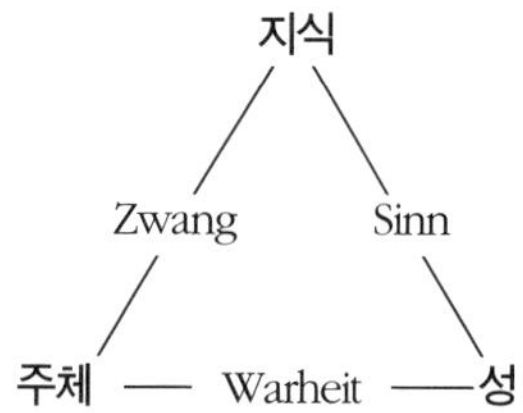

지식과 주체의 관계는 '쯔방(Zwang),' 즉 강압에 의해 특징지어진다. 라깡은 '쯔방'은 '쯔바이(zwei, 둘)'라고 하면서, 지식의 강압에 의해 주체가 분열된다고 한다. 즉 큰 타자가 지식을 강압해서 주체를 분열시킨다는 것이다.

지식과 성의 관계는 '진(Sinn),' 즉 의미인데, 라깡에게서 의미는 나르시스적인 것이고, 그리하여 성의 실재로부터 등을 돌리는 것이다. 그래서 지식의 관점에서 성은 난센스(Unsinn)일 뿐이다. 즉 의미로서의 지식은 비(非)의미로서의 성을 축출한다.

반면, 주체와 성의 관계는 진리(Warheit)이다. 무의식적 사고로서의 주체는 성을 대변한다. 그리고 진리는 다름 아닌 성의 진리라는 것이다(1965년 6월 9일과 16일). 주체가 성을 향해 나아가는 한에서, 성의 진리는 곧 주체의 진리이기도 할 것이다.

정리를 해보자. 『세미나』 12집에서 라깡은 주체성으로서의 무의식적 사고를 성적 사고로 규정한다. 그리고 성의 진리와 일상적 지식(＝무의식적 지식)[42]을 첨예하게 대립시킨다. 이는, 성의 진리로부터 비롯되는 최종적 주체성은 표면적인 주체성과는 근본적으로 다른 성격의 것임을 내포한다.

1, 2, 3으로 이어지는 숫자 0과 0의 실재 사이의 대립은, 비록 비유적인 것이지만, 표면적 주체성과 최종적 주체성 사이의 근본적 차이를 명쾌하게 드러내준다. 그러므로 이번만은 라깡의 형식주의가 어느 정도 유효했던 것이 아닐까? 나는 그렇게 생각한다.

그렇지만, 지식과 진리 사이라는 주체의 위치 — 물론 주체는 진리 쪽에 있는 것이지만 — 는 너무 막연한 것이 아닐까? 지식과 진리라는 용어가 너무 커서 어떤 명확한 개념도 제공하지 못한다면 말이다. 하지만 라깡이 설정한, 지식과 진리 사이의 격렬한 대립은 우리의 진정한 주체성이 격리되어 있는 상태를 드러내주기 위해 무척 유효한 것이다. 매우 좋다.

하지만 단지 그것뿐이다. 라깡은 『세미나』 12집에서 '무의식적 사고＝성적 사고'라는 가설적 명제 하나를 덧붙였을 뿐이다. 그는 무의식적 사고의 짜임새 내부로는 전혀 파고들지 못했다.[43] 그리고 이러한 한계는 그의 형식주의 때문이다.

---

42. 진리와 대립하는 무의식적 지식은 일상적 지식의 원천이다.

43. 어떤 독자들은 무의식적 사고가 성적 사고임을 주장한 것 자체를 한 가지 기여로 여길지도 모르겠다. 하지만 실제로는 라깡은 어떠한 내재적 논증도 행하지 못한다. 라깡이 행한 것은 단지 프로이트의 이론에 다른 옷을 입힌 것뿐이다. 과학적 인식은 오직 내부로부터의 체계적 논증만을 그 출발점으로 하는 것이다.

단계 5, 주체성으로서 판타즘의 논리

1년이 지난 뒤, 라깡은 아직 미출간인 『세미나』 14집에서 판타즘의 논리를 다룬다. 『세미나』 14집은 1966년 11월부터 1967년 6월까지의 세미나를 담은 것이다. 이제 그는 판타즘의 논리를 무의식적 사고의 핵심으로 간주한다. 즉 그가 판타즘의 논리를 다루는 것은 다시 한 번 주체성의 문제와 마주치기 위해서이다. 그는 『세미나』 12집에서 무의식적 사고가 성적 사고임을 주장했고, 이제 『세미나』 14집에서는 판타즘의 논리를 성적 사고의 핵심으로 여기는 것이다. 그렇다면 그는 판타즘의 논리를 통해 무의식적 사고 내부로 파고들 준비가 된 것일까?

라깡은 "주체의 사고인 무의식적 사고가 논리의 법칙을 따르지 않는다고 말하는 것은 단지 겉보기의 것일 뿐"이라고 한다(S 14집, 1967년 1월 18일). 무의식적 사고는 논리적 법칙의 지배를 받고, 그 논리적 법칙은 바로 판타즘의 논리의 법칙이라는 것이다. 라깡에 따를 때, "판타즘의 논리의 정당성"은 그것이 "프로이트가 그 길을 그린 무의식적 사고들의 논리"라는 데 있다(1967년 1월 18일). 하지만 그것은 "논리가 아닌 논리, 완전히 새로운 논리"일 수밖에 없다(1967년 2월 1일).

그러나 프로이트의 판타즘 개념은 라깡의 판타즘 개념과 다르다. 라쁠랑쉬와 뽕딸리스는 그들의 『정신분석 용어사전』에서 프로이트의 판타즘 개념을 정의하여 "주체가 출현하고, 방어적 과정에 의해 다소간 변형된 방식으로, 욕망 그리고 종국적으로는 무의식적 욕망의 실현을 형상화하는 시나리오"라고 한다.[44] 이 정의는 「가족소설」,

---

44. J. Laplanche et J-B. Pontalis, *Vocabulaire de la psychanalyse*, PUF, 1992, 152쪽.

「작가와 판타즘」, 「히스테리적 판타즘과 양성성」, 「"어떤 아이가 매 맞는다"」 등과 같은 텍스트에서 제시된 프로이트적 판타즘 개념과 완전히 부합한다. 무엇보다 프로이트적 판타즘 개념에서는 1) 주체 자신이 직접 출현한다는 것, 2) 그리하여 나르시스적 성격을 갖는다는 것, 3) 욕망을 실현하는 시나리오로서 상상적 과정의 성격을 갖는다는 것, 4) 전(前)의식과 무의식에 걸쳐 있다는 것 등이 중요하다.

반면, 라깡의 판타즘 개념은 주체가 출현하는 상상적 과정의 성격을 갖지 않는다. 1) 라깡의 판타즘 개념은 나르시스적 주체인 '나(je)' 또는 그 대상인 '자아(moi)'와 무관하고, 그래서 나르시스적 성격을 갖지 않는다. 라깡적 판타즘은 '나'의 층위보다 심층에 있는 '비(非)나(pas-je)'로부터 비롯되는 것이다. 2) 라깡적 판타즘은 상상적 층위에 속하지 않는다. 오히려 상상적 층위의 근원에 존재하기 때문이다. 라깡은 「치료를 이끌기와 그 권력의 원리들」에서 다음과 같이 말한다. "판타즘을 상상에 환원시키려는 모든 시도는 자신의 실패를 자인하지 않고, 영구적인 오해를 이룬다. 클라인 학파는 이러한 오해를 너무 멀리 밀고나가 그로부터 빠져나오지 못한다"(E 637쪽).

라깡에게서 판타즘은 그의 산식(算式) $ \$ \lozenge a $에서처럼 분열된 주체가 대상 a와 관계 맺는 것이다. 이때 대상 a와 관계 맺는 주체는 상징적 질서에 통합된 의식적 '나(je)'가 아니라 상징적 질서에서 축출된 내 안의 '비(非)나'이다. 이러한 '비-나'가 욕망의 대상인 a를 환기한다는 점에서, 판타즘은 요구 — 결국은 필요 — 의 충족에 따라 사라지는 욕망을 재생산한다. 라깡은 「치료를 이끌기와 그 권력의 원리들」에서 말한다. "그 근본적 용법에서 판타즘은, 요구의 충족 자체가 대상을 감추어 버리기 때문에 증발해 버리는 욕망의 층위에서 주체를 지탱하는 것이라고 할 수 있다"(E 637쪽). 내 안의 심층에서 끊임없이 a를 환기하는 한에서, 욕망은 부단한 좌초에도 불구하고 계속 생겨난다는 것이다.

판타즘은 $ 가 a에 관계하는 것이다. 최초의 A의 자취인 a만을 추구하는 한에서, 판타즘은 향유에 대한 방어로 간주될 수 있다. 이것이 『세미나』 8집의 입장이다. 하지만 판타즘은 또한 내 안의 '비-나' 가 '나' 의 의지와는 무관하게 a를 뒤쫓는 것으로 보다 근원적 의미를 갖는 것이기도 하다. 이것이 『세미나』 14집의 입장이다.

어쨌거나 라깡에게서 판타즘은 나르시스적 욕망에 따른 것도 아니고, 단순히 상상적인 것도 아니다. 내 안의 어떤 것이 나의 의지와 상관없이 부단히 a를 뒤쫓는다고 해보자. 그리고 그것은 그 결과 나의 욕망을 지탱한다. 게다가 나의 의지와 상관없이 내 안에서 부단히 작동하는 그것은 어떤 논리의 지배를 받는다. 그 논리가 바로 판타즘의 논리이다. 라깡은 『세미나』 5집에서 판타즘의 산식을 제시한 이래 부단히 판타즘에 대해 말해왔다. 하지만 그가 판타즘의 논리 속으로 뛰어드는 것은 『세미나』 14집에서이다. 그리고 그것은 진정한 주체성의 논리를 포착하기 위해서다.

라깡은 『세미나』 14집에서 우선 "나는 생각한다, 그러므로 나는 존재한다"는 데카르트적 명제를 부정한다. 하지만 이 부정은 코기토 자체를 부정하는 것이 아니라 주체성으로서의 무의식적 코기토를 확립하기 위한 것이다.

드 모르강(De Morgan)에 따를 때, A와 B의 교집합의 부정은 A의 부정과 B의 부정의 합집합을 이룬다. 라깡은 드 모르강의 이 법칙을 데카르트의 명제에 적용한다. 즉 A(나는 생각한다)와 B(나는 존재한다)의 교집합의 부정은 A의 부정(나는 생각하지 않는다)과 B의 부정(나는 존재하지 않는다)의 합집합이라는 것이다.

그래서 라깡은 다음 명제를 얻는다. "나는 생각하지 않거나 또는 나는 존재하지 않는다." 라깡은 이 명제를 "데카르트적 코기토에 대한 우리의 용법의 가장 좋은 표현"이라고 한다. 즉 라깡은 데카르트적 코기토를 단순히 부정하는 것이 아니라, 그것을 무의식적 코기토로 전환하려 한다. 다시 말해, 라깡은 "나는 생각하지 않거나 또는 나는 존재하지 않는다"를 "무의식적 주체가 결정(結晶)을 맺는 지점으로 사용"한다는 것이다(S 14집, 1966년 12월 14일).[45]

우선 라깡은 다음과 같이 논리를 전개한다. 즉 "나는 생각하지 않거나 또는 나는 존재하지 않는다" 중에서 무엇을 하나 선택해야 한다면 그것은 '나는 생각하지 않는다' 일 수밖에 없다는 것, 왜냐하면 '존재하지 않는다' 는 것은 모든 것을 잃어버리는 것이기 때문이라는 것이다.

이처럼 선택된 '나는 생각하지 않는다' 는 "나는 생각하지 않을 때 존재한다"로 이어진다. 이때 존재하는 것은 무엇일까? 라깡은 그것을 '비(非)나(pas-je)' 라고 하고, 이 '비-나' 는 곧 '그것(le Ça, 이드)' 이라고 한다.[46] 즉 내가 생각하지 않을 때, 나로서 생각하지 않는 '그것' 이 존재한다는 것이다.

그렇지만 '그것' 은 생각하지 않고 단지 존재하기만 하는 것일까? 그렇지 않다. '그것' 은 생각한다. 하지만 '나' 로서 생각하지 않을 뿐이다. 그래서 '그것' 은 '비-나' 로서 생각한다. 다른 식으로 말하자면, '그것' 은 '내' 가 생각하지 않을 때 생각한다. 라깡은 '그것' 의 사고를 '그것의 문법성' 이라고 한다. 즉 '그것' 은 '그것' 자체에 새

---

45. 나는 A의 부정과 B의 부정의 합집합이 '그리고' 가 아니라 '또는' 으로 연결되는 것을 이해하지 못해서 어떤 친구에게 전화로 도움을 청했다가 중학교 수학 수준의 내용도 모른다는 놀림을 받았다. 나의 수학 실력이 이 정도이니, 독자들은 앞으로 나올 약간의 수학적 내용을 전혀 어려워하지 마시길 바란다.

46. 앞으로 '르 싸(le Ça)' 는 따옴표를 한 '그것' 으로 번역한다. '르 싸' 는 독일어의 '다스 에스(das Es)' 에 해당하는 것이다. 이것을 영어식으로 '이드(Id)' 라고 칭해 주면 오히려 독자들에게 더 명확해질 수도 있겠다. 하지만 그처럼 하는 것은 프로이트와 라깡의 의도했던 것을 충분히 전달하지 못할 수 있다.

겨진 문법이 펼쳐지는 것처럼 사고한다는 것이다.

라깡은 말한다. "'그것'은 논리적 구조로서, '내'가 아닌 모든 것이다. 즉 [상징적] 구조의 잔여이다. 그리고 내가 논리적 구조라고 한 것은 문법적인 것을 뜻하는 것이다"(1967년 1월 11일). '그것'의 논리란 바로 판타즘의 논리다. 그리고 판타즘의 논리는 문법과 같은 성격을 갖는다. 그래서 라깡은 판타즘을 "문법적인 몽타주"라고 하고, "도치, 전환, 복잡화가 다양한 뒤집힘과 부분적이고 선별적인 부정들의 여러 가지 적용에 따라 정돈되는 것"이라고 한다(1967년 1월 11일).

자, '그것'의 논리로서 판타즘의 논리는 문법의 성격을 갖는다. 하지만 그 문법에는 '나'가 빠져 있다. 그 문법은 '비-나'가 사고하는 문법이기 때문이다. 그래서 라깡은 판타즘의 문법에 전형적으로 부합하는 문장을 "아이가 매 맞는다"로 제시한다. 즉 '나' 대신에 '어떤 아이'가 등장한다는 것이다. 라깡은 프로이트를 인용하면서 말한다. "주체, 이히(Ich), '나'가 고백되지 않는 것은, 판타즘에서는 '나' 자체가 배제되었기 때문"이라고 말이다(1967년 1월 11일).[47]

하지만 이것이 라깡이 '그것'의 문법성에 대해 말하는 거의 전부다. 그는 도치, 전환, 복잡화, 다양한 뒤집힘, 부정에 대해 언급만을 했지, 그것들을 열거하거나 예시(例示)하지도 않고 분석하지도 않는다. 이제 그는 '그것'의 문법에서 무의식적 사고로 옮겨온다. 판타즘의 논리를 '그것'을 통해 드러내는 것은 한계가 있음을 깨달았기 때문일까? 아니면 '그것'의 문법은 무의식적 사고를 통해서만 드러날

---

47. 라깡은 프로이트를 인용하면서 자신을 정당화한다. 하지만 그것은 잘못된 것이다. 왜냐하면 프로이트는 "어떤 아이가 맞고 있습니다"라는 언표를 의식적인 것으로 간주하고, "나는 아버지에게 맞고 있어요"나 "아버지는 나를 사랑하지 않아요, 나를 때리니까"와 같은 언표를 무의식적인 것으로 간주하기 때문이다. 즉 프로이트에겐 주체가 등장하는 언표가 보다 근원적인 판타즘에 속한다. 「"어떤 아이가 매 맞는다"」, 『억압, 증후 그리고 불안』, 열린책들, 1997을 참조할 것.

수 있음을 알아차렸기 때문일까?

그는 스스로를 다음과 같이 정당화한다. "소외의 진리는 선택되지 않은 부분, 즉 '나는 존재하지 않는다'에서만 드러난다"(1967년 1월 11일).[48] 여기서 라깡이 말하는 '소외'란 강요된 선택이다. 즉 존재의 소멸을 피하기 위해 "나는 생각하지 않는다"를 어쩔 수 없이 선택했지만, 그처럼 강제로 선택하지 않은 다른 쪽에 진리가 있다는 것이다. 다시 말해, 데카르트적 코기토를 부정하면서 획득하려 한 무의식적 코기토는 "나는 존재하지 않는다" 쪽에서 찾아진다는 것이다. 이는 '그것'의 문법성의 진리가 "나는 존재하지 않는다"의 쪽에서 찾아지는 무의식적 코기토임을 뜻한다.

우리는 "나는 존재하지 않는다"를 선택하면, 우리의 존재 자체를 잃게 될 것으로 생각했다. 하지만 우리가 잃는 것은 단지 '나'의 존재일 뿐이다. 즉 '비(非)-나'는 여전히 존재한다. 그리하여 이제 "나는 존재하지 않는다"를 선택하면, 우리는 "내가 존재하지 않을 때 생각한다"는 명제에 가닿는다. 하지만 이때 생각하는 것은 '비-나'이다. 즉 우리에게 남는 것은 '비-나'의 사고, 무의식적 사고다.

그렇다면 우리는 다시 앞의 넷째 단계로 되돌아온 것이 아닐까? 실제로 그렇다. 라깡은 『세미나』 12집에서 설정한 "무의식적 사고＝성적 사고＝주체성"의 명제로 되돌아왔다. 하지만 그는 이를 다시 새롭게 생각해보려 한다. 첫째로는 1과 a의 관계로부터. 둘째로는 남자와 여자의 차이를 통해. 1과 a의 관계를 통한 접근이 형식주

---

48. 나는 개인적으로는, 라깡이 논리적 궁지에 부딪쳤기 때문에 '그것'의 문법에 대한 논의에서 무의식적 사고에 대한 논의로 급작스럽게 옮겨갔다고 생각한다. 하지만 그렇다고 우리가 라깡을 비판할 수 있는 것은 전혀 아니다. 『세미나』는 라깡의 실험적 사고들의 자연스런 흐름이 고스란히 담겨 있는 텍스트이고, 우리는 그것에 대해 감사해야 한다. 물론 우리는 라깡이 자신의 오류를 인정하기보다 스스로를 정당화하는 것을 비난할 수도 있다. 하지만 인간이란 원래 그처럼 스스로를 정당화하는 존재임을 인정하지 않는 우리 자신이 부당한 것이 아닐까?

의적임은 물론이다.

우선 라깡은 성과 무의식적 사고의 관계를 설정하는 것을 두고 동요한다. 그 동요의 결과는 성과 무의식적 사고의 관계를 직접적인 것으로 설정했던 『세미나』 12집으로부터 한 걸음 물러서는 것이다. 그러한 동요에 따른 반전은 1967년 4월 12일과 4월 19일 사이에 뚜렷이 펼쳐진다.

라깡은 1967년 4월 12일 세미나에서 무의식이 '성적 열망' 자체임을 다음과 같이 말한다. "무의식은 성에 대하여 말하는 것이 아니라, 성을 말한다. 무의식은 울부짖고 헐떡이고 속삭이고 고양이처럼 운다. 무의식은 말의 모든 발성적 잡음의 수준이다. 그것은 '성적 열망'이다."

하지만 라깡은 다음 주에 감쪽같이 말을 바꾼다. "나는 말했었다. '대하여'를 강조하면서. 무의식은 성에 대하여 말한다고. 성을 말하는 것이 아니라 성에 대하여 말한다고"(1967년 4월 19일). 그리곤 설명을 덧붙인다. 무의식이 성을 말한다면 그것은 진리를 말하는 것이라고. 하지만 무의식은 진리를 말할 수 없으므로, 성을 말할 수 없고 단지 성에 대하여 말할 뿐이라고 말이다.

그리하여 『세미나』 12집에서 설정했던, 진리의 표현으로서의 무의식적 사고는 취소된다. 이제 한편에 진리로서의 성이 있고, 다른 한편에는 진리로서의 성과 거리를 두고 있는 무의식적 사고가 있다. 무의식적 사고가 성에 직접 가닿을 수 없다면, 그것은 둘 사이에 장애물이 존재하기 때문일 것이다. 그렇다면, 진리로서의 성은 대상 a를 생산하는 것이고, 무의식적 사고의 핵심인 판타즘의 논리는 상징적 질서(A = 1)에 결여된 a를 뒤쫓는 것일 것이다.

라깡은 말한다. "성적 행위가 보장하도록 요청받는 어떤 것, 성적 행위가 기초하는 어떤 것이 있다. 그것은 우리가 '나는 생각하지 않는다'로부터 어떤 신호라고 부를 수 있는 것이다. […] 그것은 '나는 존재하지 않는다'에 이르기 위한 것이다"(1967년 6월 7일). "나는 생각하지 않는다"로부터의 어떤 신호는 비(非)-나의 존재일 수밖에 없다. 나는 생각하지 않고, 그러므로 비-나가 존재한다. 성적 행위 속에 존재하는 이 '비-나'가 성적 행위에 대해 무의식적 사고를 행하고 성적 행위를 추동(推動)한다면, 그것이 바로 무의식적 주체이다.

성적 행위는 반복되면서 무의식적 주체를 만들어낸다(1967년 4월 26일). 주체란 반복을 통해 표현되는 일관된 입장의 원천인 것이다. 성적 행위는 왜 반복되는 것일까? 그것은 성적 행위를 통해 찾으려는 것과 성적 행위 속에서 실제로 만나는 것 사이에 차이가 있기 때문이다. 이것은 우리가 시니피에를 만나지 못하는 '시니피앙의 무한한 미끄러짐' 속에서 이미 본 것이다. 어쨌거나 그러한 차이로 인해 결여가 다시 생겨나고, 그래서 그 결여를 다시 메우려는 반복이 행해진다.

결국 관건은 1) 대상 a가 '결여'이면서도, 2) 대상 a가 '결여'를 메우지 못한다는 이중성에 있다. 대상 a가 '결여'라는 것은 상징적 질서의 관점에서 그렇다는 것이다. 즉 대상 a는 상징적 질서를 빠져나간다는 것이다. 하지만 대상 a가 결여를 메우지 못하는 것은 대상 a를 벗어나는 원천적 결여가 있기 때문이다.

이제 라깡은 성적 행위의 반복을 1 – a의 관계로부터 설명한다. a는 물론 대상 a의 약자(略字)지만, 라깡은 동시에 a를 수학적 독립성을 갖는 하나의 숫자로도 설정한다. 1은 상징적 질서의 이상적(理想的) 관계를 대변하는 숫자이다.

중요한 것은 1과 a가 척도를 달리한다는 것, 즉 1과 a의 비(非)동일 척도성이다. 즉 어머니와 아이의 합일이나 커플의 통일성으로 설정되는 1이 성의 상징적 단위라면, a는 결코 1을 통해 측정될 수 없다는 것이다. 그래서 주체는 성관계 속에서 계속 1을 반복하지만, a가 계속

남고, 그래서 a를 되찾기 위해 반복을 한다는 것이다(1967년 3월 1일). a
가 "주체 자체를 제시하고 지탱하는" 것은, 또는 a가 "주체의 실체"
인 것은, a를 되찾기 위해 반복하면서 주체가 성립하기 때문이다.

무의식적 사고의 핵심으로서 판타즘이란 분열된 주체가 대상 a와
맺는 관계이다($ 8 ◊ a $). 문제는 판타즘의 논리에 가닿기 위해서는 기
존의 논리적 질서와 척도를 달리하는 a의 논리학을 찾아내야 한다는
것이다. 그래서 라깡은 "관건은 논리학을 작은 a로부터 다시 생각하
는 것"이라고 한다(1967년 4월 26일). a의 성격과 관련하여 라깡은 아
래와 같은 도식을 제시한다(1967년 3월 8일).

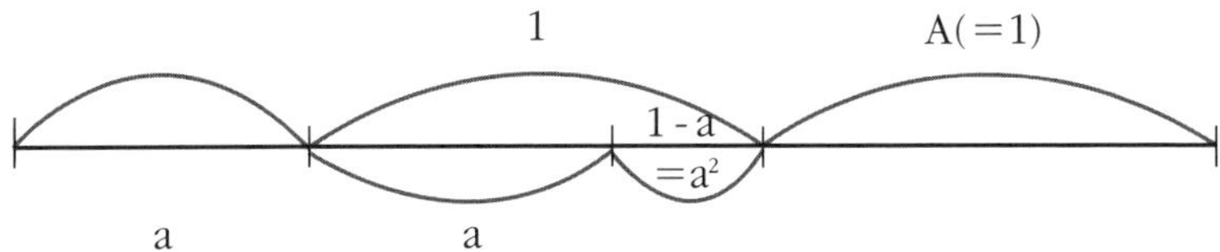

이 도식에서 1은 성적 합일을 뜻한다. 하지만 완전한 성적 합일이
란 없으므로 1은 이데올로기적인 허구다. A는 큰 타자다. A가 상징
적 질서로부터 부과하는 척도는 1이다(1967년 5월 10일). 라깡은 a가
두 가지 1에 대면한다고 한다. 즉 성적 통일성이라는 이데올로기적
허구로서의 1과 논리적 척도를 부과하는 큰 타자(A)의 1이 그것이
다. 그리하여 "큰 타자의 장소는 1의 장을 이중화"한다. 이데올로기
와 그 척도가 그것이다.

A가 1을 이중화한다면, 관건은 1과 a의 관계이다. 1은 허구적 통
일성이고, a는 성적 행위가 찾는 것이다. 그러나 성적 행위가 a를 찾
더라도, a는 1을 메우지 못한다. 결여를 메우지 못하는 a의 무능력
때문이다. 그래서 항상 1−a가 남는다.

이 도식에서 보듯이 $1 - a$는 a^2이다. 라깡은 그것을 다음과 같이 설명한다. 즉 a는 황금수이다. 황금수로서 a의 속성은 $1 + a = 1/a$, $a = 1/(1+a)$, $1 - a = 1/a^2$, $(1+a)/(2+a) = 1/(1+a)$이다(1967년 3월 1일).[49] 이것은 바로 위의 도식이 구현하고 있는 것이다. 황금수로서 a의 가치는 $(1/2)\sqrt{(5-1)} = 0.618$이다(1967년 5월 10일).[50]

$1 + a = 1/a$이므로, $a + a^2 = 1$이고, $1 - a = a^2$이다. 중요한 것은 성적 행위의 반복이 다시 a^2으로서 a를 메우려고 한다는 것이다. 그래서 다시 $a - a^2$, 즉 a^3가 남는다. $a - a^2 = a^3$이라는 것이다. 그 다음에 또 a^3으로 a^2을 메우려 하지만, 다시 $a^2 - a^3$, 즉 a^4이 남는다. $a^2 - a^3 = a^4$이므로 말이다.

이처럼 결여를 메우려는 시도는 끝없이 계속된다. 계속 작은 차이들이 생기기 때문이다. $1 - a = a^2$, $a - a^2 = a^3$, $a^2 - a^3 = a^4$ …라는 식으로 무한히 이어지는 것이다. 그리고 $a^2 + a^3 + a^4 + \cdots + 무한 = 1$이므로, 끝없이 메워나가도 결국엔 결여가 남을 수밖에 없다(1967년 4월 26일). 라깡은 이를 다시 아래와 같은 도식으로 제시한다(1967년 3월 8일).

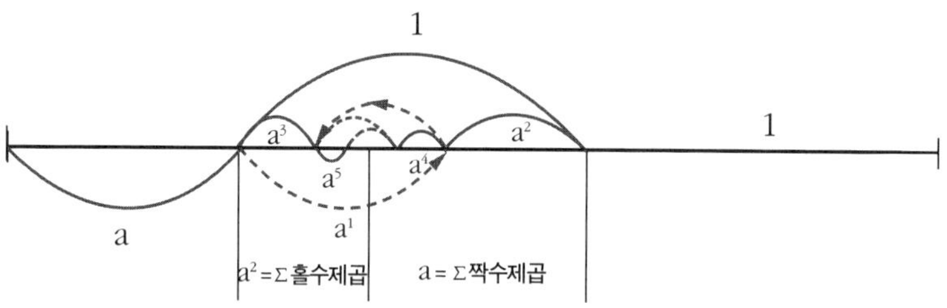

49. 여기서 빗금(/)은 분자와 분모의 관계, 즉 분수 관계를 표시하는 것이다. 앞으로 라깡의 모든 계산은 $1 + a = 1/a$에서 비롯되는 것이므로, 전혀 어렵게 생각할 필요가 없다.
50. 이 계산은 미출간 『세미나』14집의 편집자가 편집자 주에서 제시한 것이다.

이 도식은 우리에게 새로운 인식을 제공하는 것일까? 그렇다고 말하기는 힘들지 않을까? 라깡은 단지 끝없이 이어지는 시니피앙의 환유적 사슬을 다른 방식으로 말하고 있을 뿐이기 때문이다. 즉 접근방식만이 달라졌을 뿐, 새로운 인식의 생산은 없다. 그렇다면 라깡은 칸트가 『실천이성비판』의 서두에서 비판했듯이 인식의 생산은 없이 용어만 새롭게 바꾸는 것과 기본적으로 똑같은 우(愚)를 범하고 있는 것일까?

더욱 우려스러운 것은, 이 도식이 중층적 구조를 갖는 복합적 문제를 1과 a라는 단순한 두 약자를 통해 설명함으로써 오히려 사태를 혼란에 빠트릴 수 있다는 것이다. 이것은 라깡이 1과 a를 명확히 정의하지 않기 때문에, 필연적으로 벌어질 수밖에 없는 사태이다. 하지만 1과 a를 세밀하게 정의한다면, 그 정의가 너무 무거워져서 도식화의 효과를 완전히 상실하게 된다.

하지만 그럼에도 위의 도식은 예시(例示)의 훌륭한 효과를 갖는다. 즉 1이라는 숫자를 통해 큰 타자가 제시하는 이상성(理想性)을 명확히 표현해준 것이 그것이고, 결여를 메우려는 시도들의 실패를 규정짓는 작은 차이들의 반복을 a, a^2, a^3, a^4, …의 이어짐으로 명료하게 제시한 것이 그것이다.

그러나 이 도식이 우리로 하여금 판타즘의 논리 속으로 한 걸음 더 걸어 들어가게 해주었을까? 그렇지 않다는 것이 문제이다. 라깡의 형식주의는 사물에 대한 새로운 관점은 제공할 수 있지만, 그 사물 자체 속으로 들어가게 해주지는 못한다는 것이다.

어쨌거나 라깡은 이 도식을 승화의 도식으로도 간주한다. 승화가 이처럼 계속된다는 것이다. $a^2 \rightarrow a^3 \rightarrow a^4 \rightarrow a^5$ …로 이어지면서. 그리고 승화가 무한에까지 이르러 성공하면 1에 이를 것이지만, 그것은 불가능하다는 것이다(1967년 4월 19일). 라깡은 승화와 성적 행위의 차이를 다음과 같이 제시한다. 승화에서는 결여를 알아차리는데, 성적 행위에서는 그렇지 않다는 것. 하지만 결여는 주체가 알아차리건 말건 확실히 존재하고, 그리하여 반복을 추동한다.

결국 위의 도식들에서 제시된 것은 1과 척도를 달리하는 a의 속성이다. a는 1과 척도를 달리함으로써 반복을 초래한다. 하지만 a의 논리가 판타즘의 논리로 곧바로 이어지는 것은 아니다. a의 속성에 따른 반복의 논리는 단지 판타즘의 논리의 형식적 조건일 뿐이다.

그래서 라깡은 이제 성적 행위 속으로 진입하는 남녀 간의 방식의 차이를 주목한다. 판타즘의 사실들이 성적 행위에 대한 남녀 간의 입장 차이에 의해 규정된다고 생각하기 때문이다. 이번에는 그는 성적 행위를 보다 안쪽으로부터 바라보기 위해, 성적 행위에 대한 일상적 관념을 먼저 파괴한다. 그래서 그는 무의식의 관점에서는 "성적 행위는 없다"고 말한다(1967년 4월 12일과 19일, 6월 14일).

이때 "성적 행위는 없다"는 것은 두 성별화(性別化)된 주체가 관계 맺는다는 문자적으로 정확한 의미에서의 '성적 행위'가 없다는 것이다. 왜냐하면 무의식의 수준에서 주체는 엄격히 성별화되지 않기 때문이다. 그리하여 성적 행위가 진정으로 '성적'이기 위해선, 성적 주체를 발생시켜야 하는데, 그렇지가 못하다는 것이다. 라깡은 단지 "당신들은 물론 성의 주체화를 꿈꿀 수 있다"고 말할 뿐이다(1967년 4월 19일).

결국 라깡에 따를 때, 두 명의 성적 주체가 관계를 맺는 것은 하나의 이상적인 상황이다. 남자건 여자건 모두 엄격한 의미의 성적 주체가 아니기 때문이다. 우리가 이상적인 상황을 단지 "꿈꿀 수만 있을 뿐"인 것은 거세가 성적 주체의 성립을 가로막기 때문이다. 그래서 도출되는 행동은 엄밀하게 말해서 성적일 수 없는 행동이라는 것이다.

라깡은 말한다. "분석적 경험이 말해주는 것은 성별화된 주체의 성립과 반대"라고 말이다. 분석적 경험에서 발견되는 것은 성적 주체들이 아니라, "남근이나 부분대상들의 현존"일 뿐이라는 것이다(1967년 4월 12일). 즉 주체들은 반대되는 성의 주체들과 대등하게 관계 맺는 또 다른 성적 주체들이 아니라, 단지 남근이나 부분대상들.[51] 한마디로 대상 a들과 관계 맺는 그냥 일반적인 주체들일 뿐이라는 것이다.

이제 문제는 다시 남근을 중심으로 회전한다. 즉 남성들은 남근을 소유하려 하고, 여성들은 남성들을 평가해서 남근으로 만들어주거나 아니거나 한다는 것이다.

남성들은 남근적 특질을 소유하길 욕망한다. 그것의 소유 여부에 따라 그들의 '향유가치'가 평가되기 때문이다. 향유가치란 상품들의 교환가치와 같은 것이다. 즉 성적 교환의 시장에 제출된 남성 상품의 성적 교환가치가 향유가치다(1967년 4월 12일).

그러므로 "여자는 향유 대상으로서의 가치를 취한다." 그 결과 여성들은 있는 그대로의 향유를 누리는 것이 아니라 "무엇인가를 향유(il jouit de……)"하게 된다. 즉 향유가 향유가치를 향유하는 것으로 '전락'한다. 이것이 전락인 것은 어떤 가치를 뒤쫓는 것이 진정한 향유이기는 어렵기 때문이다. 그 결과, 남성은 향유가치에 따라 평가되는 대상일 뿐인 남근적 대상으로 추락한다(1967년 4월 19일).

그러나 남자를 남근적 존재로 만들어주는 것은 여자다. 남자가 남근적 존재로 등장하는 것은 여자의 평가에 따른 것이기 때문이다. 라깡은 말한다. "여자는 남근을 갖고 있지 않지만, 여자의 증여는 남근의 존재와 관련해 특권적 가치를 갖는다"(1967년 3월 1일). 즉 여자는 자기가 갖고 있지 않은 것을 남자에게 증여해서, 남자를 남근적 존재

---

51. 욕망의 독립적 대상이 되는 몸의 특정한 부분들이나 그에 상응하는 것들. 즉 부분대상이란 용어는 욕망이 성적 주체로서의 타자 전체를 향하지 않는 경우를 전제한다.

로 만들어준다. 이것이 라깡이 말하는 사랑이다. 여자는 갖지 않은 것을 주기 때문에 아무것도 잃을 것이 없다. 이것이 바로 여자가 행하는 창조행위다(1967년 3월 1일).

하지만 라깡이 강조하는 것은 여자들의 이 증여 행위가 성적 주체로서의 행위가 아니라는 것이다. 여자의 행위는 반대 성의 주체인 남성적 주체와 관계하는 것이 아니라, 향유가치의 소유자를 남근적 존재로 만들어주는 행위일 뿐이다. 그래서 라깡은 성적 행위 속에서의 여자를 '그녀인 남자(homme-elle)'라고 칭하고, 또 남자는 '그인 남자(homme-il)'라고 칭한다(1967년 4월 12일). 남근을 둘러싸고 여자와 남자가 맺는 관계가 기본적으로 남성적이라는 것이다.

그러나 라깡은 '그인 남자'는 사용가치를 사상(捨象)당하기 때문에 사라진다고 한다. 즉 교환가치인 향유가치만이 보인다는 것이다. 하지만 "그인 남자는 성적 행위에서는 그 지위를 인정받지 못해도, 사회에서는 보호받는다." 사회가 남성지배적이기 때문이다(1967년 4월 12일). 또 '그녀인 남자'는 남근을 갖지 않는 존재로서 가치를 갖는다고 한다(1967년 4월 19일).

자, 이러한 것들이 성적 행위 속으로 진입하는 남녀 간의 방식의 차이다. 남자와 여자는 성적 주체로서가 아니라 거세에 의해 각인된 존재들로서 성적 행위에 진입한다. 그래서 그들은 남근을 포함한 대상 a를 둘러싸고서 관계를 맺는다. 그 관계는 특히 결여된 남근을 둘러싼 것이라는 점에서 기본적으로 남성적 관계이다. 라깡이 "여자는 향유의 장에 큰 타자의 욕망, 즉 남자의 욕망을 통해 들어간다"고 말하듯이 말이다(1967년 6월 7일).

판타즘은 이러한 관계들에 의해 규정된다. 라깡은 무의식이 "성적 행위의 어려움으로 만들어졌다"고 한다(1967년 6월 7일). 이 말은 판타즘의 논리를 염두에 두고서 한 것이다. 거세로 인해 두 명의 자립적인 성적 주체가 완전한 성적 행위를 하는 것이 저해된다는 것이고, 그래서 남근과 대상 a를 둘러싼 판타즘이 발전한다는 것이다. 결국 성적 행위의 어려움은 성적 통일체로서의 1을 달성할 수 없다는 것이다. 그래서 1로부터 축출된 주체는 1을 벗어나는 a를 뒤쫓는다. 그리고 그러한 뒤쫓음은 판타즘 속에서 펼쳐지는 것이다.

하지만 라깡이 설정한 이상성(理想性)은 그 자신이 상상적으로 설정한 것일 뿐인 허구적인 것이 아닐까? 그 이상성은 현실 속에 존재하지 않는다. 그렇다면 그 이상성은 누군가가 설정한 것일 수밖에 없다. 그처럼 설정한 이상성의 비현실적 지표를 통해 현실을 재단(裁斷)하는 것 자체가 우스꽝스러운 일 아닐까?

그 이상성은 성적 행위에 대한 일상적 관념 속에 존재하는 것일까? 라깡은 그렇다는 식으로 출발한다. 그리하여 그는 마치 일상적 관념의 이데올로기적 성격을 비판하는 듯한 입장을 취한다. 하지만 그는 슬쩍 다른 곳으로 미끄러진다. 그 자신의 도발적 취향에 따라서 말이다. 그래서 그는 '성적 주체'가 없다고 하고, '성적 행위'가 없다고 한다.

하지만 '성적 행위'가 진짜로 없을까? 우리는 항상 성적 행위를 하고 있지 않은가? '성적 주체'가 진짜로 없을까? 우리는 성적 행위 속에서 남성적이건 여성적이건 언제나 성적 주체로서 행위하고 있지 않은가? 과연 '성적 행위'와 '성적 주체'가 이데올로기일까?

라깡은 여성들이 남성들을 남근적 존재로 만들어준다고 하면서 그것 자체가 남성적인 것이라고 한다. 그래서 여성들은 실제로는 남성들(homme-elle)이라고 한다. 그렇다면 여성들을 미적 존재로, 대상 a 적 존재로 만들어주는 남성들은 여성적일까? 라깡은 왜 이것은 말하지 않을까?

오늘날 스스로를 성적 존재로 내보이려는 자기-물신화(物神化)가 라깡이 말하듯이 남성들에게서만 발전되어 있는 것이 아님은 확실하다. 라깡은 오직 남근중심주의적 입장에서만 남녀관계를 본다. 하지만 내가 보기엔 여성들의 미적 자기-물신화라는 정반대의 입장에서 보는 것이 더 설득력 있다.

'성적 상품들의 시장'에서 남성적 미와 여성적 미가 교환된다. 라깡은 이것을 한쪽 면에서만 바라보고, 게다가 "그것들은 성적 상품들이므로 성적 주체가 아니다"라고 주장한다. 하지만 인간들은 육체만인 존재들이 아니다. 사람들은 관념 속에서 온갖 판타즘을 통해 성적 대상을 상상하고 평가한다. 성적 주체가 성적 상상을 하면 비(非)성적인 주체로 전락하는 것일까? 게다가 성적 주체들이 서로를 '성적 상품'으로만 보는 것이 아님은 두말할 것도 없다.

한마디로, 라깡은 1) 성적 주체와 성적 행위에 대한 자신만의 이상성을 설정하고, 그것을 통해 2) 자신이 남근중심주의적으로 바라본 현실을 비판한다. 하지만 1)도 허구고 2)도 허구다. 즉 라깡은 허구적 현실을 설정한 뒤, 허구적 기준을 통해 비판한다. 하지만 성적 주체, 성적 행위, 남성성, 여성성은 현실 속에 있는 그대로 존재할 뿐이다.

정리를 하자. 라깡은 성적 사고의 핵심으로서의 판타즘을 1 – a의 관계로 바라보는 것의 한계에 봉착한다. 이어서 그는 성적 행위에 진입하는 남녀 간의 차이를 통해 판타즘을 보다 안쪽에서 들여다보려 한다. 하지만 그는 여태껏 자신이 남근에 대해 말해온 것을 반복한다. 다만 남근 소유에서의 여성의 역할을 좀 더 천착한 것이 기여이겠지만 말이다.

하지만 이 기여는 라깡으로 하여금 허구적으로 설정한 현실을 다시 허구적 잣대로 비판하는 함정에 빠지게 한다. 물론 이 함정은 현실 속에서 실재보다는 자신의 욕망을 보는 많은 성급한 학자들이 종종 빠져드는 함정이고, 나 자신도 예외가 아니다.

라깡은 1966~1967학기 세미나(『세미나』 14집)의 막바지에 이르러, "이 판타즘의 논리에 대해 올해는 밭고랑을 갈았을 뿐이다"라고도 하고(1967년 6월 14일), "이 주제를 열기만 했을 뿐인데 닫아야 한다"라고도 한다(1967년 6월 21일). 하지만 그가 과연 "밭고랑을 가는 것" 이상의 것을 할 수 있었을까? 내가 이처럼 질문하는 것은, 라깡의 형식주의 때문이다. 즉 그의 접근은 판타즘의 논리에 내재적이라기보다는 오히려 외재적이라는 것이다.[52]

단계 6, 상블랑으로서 남근

『세미나』 14집 이후 라깡은 정신분석 행위, 잉여향유, 네 가지 형태의 담화에 대한 세미나들을 행하고, 마침내『세미나』 18집과 20집에서 향유 문제를 다룬다. 그는『세미나』 14집에서는 주체가 향유의 내용을 규정하는 것으로 설정했었지만(1967년 5월 31일과 6월 7일), 『세미나』 18집과 20집에서는 진정한 향유를 객체적인 것으로 규정하고, 향유에 대한 주체적 개입을 향유의 제한과 왜곡으로 여긴다.

그리하여 이제 객체적 향유에 대비된 주체성은 오히려 일종의 허구적인 흉내 또는 단지 겉모습뿐인 것으로서의 '상블랑(semblant)'[53] 으로 드러난다. 즉 1958년에 존재적인 것으로 여겨졌던 남근에의 욕

---

52. 그 이후 라깡은 판타즘의 논리에 대해 관심을 잃는다. 그리하여 판타즘의 논리는 더 이상 주체성을 이끄는 원천으로 간주되지 않고, 오히려『세미나』 8집에서처럼, 향유에 대한 방어로 제시된다. 이것은 예컨대『세미나』 20집에서 명백히 입증된다.

53. '상블랑(semblant)'은 '……처럼 보인다'는 뜻을 갖는 동사 '상블레(sembler)'에서 파생된 명사형으로, '……인 척하는 것,' '거짓된 꾸밈,' '흉내' 등의 뜻을 지닌다.

망이 이제 상블랑에 불과한 것으로 전락한다. 그렇다면 라깡은 주체성을 어디서 찾을까? 진정한 향유는 다만 객체적인 것이고, 향유에 대한 주체적 개입은 허구적 흉내에 불과하다면 말이다. 아니면 그는 이제 최종적 주체성을 찾아다니기를 포기한 것일까?

『세미나』 18집은 1971년 1월부터 1971년 6월까지의 세미나를 담고 있고,『세미나』 20집은 1972년 12월부터 1973년 6월까지의 세미나를 담고 있다. 라깡은『세미나』 18집을 상블랑에 대한 고찰로부터 시작한다.

그는 우선 "담화인 모든 것은 스스로를 상블랑으로 제시할 수밖에 없다"고 한다(S 18집, 15쪽). 담화 자체가 상블랑이라는 것이다. 담화는 실재와 대비되고 또 실재로부터 이탈해있기 때문이다. 그래서 라깡은 다시 "담화는 그 자체가 어떤 무엇의 흉내를 내는 것(faire semblant)"이라고 말한다(S 18집, 18쪽). 담화는 실재를 흉내 낼 수밖에 없다는 것이다.

"상블랑은 넘쳐난다"(S 18집, 27쪽). 당연하다. "담화인 모든 것이 상블랑"일 수밖에 없으니, 담화가 넘쳐나듯, 상블랑도 넘쳐난다. 이 상블랑들은 실재와의 대비 하에서 존재하는 것이므로, "진리와 상블랑은 직접적으로 상관적"일 수밖에 없다. 즉 "진리의 차원이 상블랑의 차원을 지탱한다"(S 18집, 26쪽). 진리가 있으므로, 상블랑 또한 존재할 수 있다는 것이다.

그래서 라깡은 상블랑의 이론과 맑스의 이데올로기 비판을 연결시킨다. "인식이론 속에서 맑스주의적 전복이 행한, 근본적 사기에 대한 폭로를 통해 상블랑의 차원이 펼쳐진다"는 것이다(S 18집, 164쪽). 라깡은 "그러한 폭로 속에서 진리처럼 제시되는 무엇인가가 언표된다"고 한다. 예컨대 잉여가치라는 진리가 이윤의 상블랑 아래에서 드러난다는 것이다(S 18집, 165쪽).[54]

라깡은 "실재란 이 상블랑에 구멍을 내는 것"이라고 말한다(S 18집, 28쪽). 과학적 담화도 담화인 한에서는 상블랑일 수밖에 없다. 하지만 "조직적인 상블랑으로서 과학적 담화"의 관건은 "정확한 자리에서 그 구멍을 드러내는 것"이다(S 18집, 28쪽). 즉 밝혀내야 할 실재를 상블랑의 구멍을 통해 드러내는 것이 과학이다. 그리고 과학적 담화이고자 하는 정신분석적 담화는 "상블랑의 담화가 아닐 수 있는 것," 즉 실재를 경청하는 것이다(S 18집, 166쪽).[55]

그렇다면 라깡이 정신분석의 과학적 이상을 실천하면서, 상블랑의 구멍을 드러내려고 하는 '정확한 자리'는 어디일까? 그것은 향유의 자리이다. 라깡이 문제로 삼는 상블랑은 바로 향유의 상블랑이기 때문이다. 그렇다면 무엇이 향유의 상블랑일까? 라깡은 그것이 남근이라고 한다(S 18집, 147쪽). 즉 남자들은 스스로가 남근적 존재임을 향유하려고 하고 또 향유하는데, 그것은 실제로는 향유가 아니라 단지 향유의 흉내일 뿐이라는 것이다.

라깡은 다음과 같이 말한다. "남자에게 상블랑이 향유라는 것은 향유가 상블랑임을 충분히 말해준다"(S 18집, 35쪽). 즉 남자가 남근의 상블랑을 향유한다는 것은 그 향유 자체가 상블랑이라는 것이다. 물론 남자들은 그 흉내를 향유인 줄 알고 살겠지만, 흉내 내는 것을 향유하는 것은 진정한 향유일 수 없고 단지 향유의 흉내일 수밖에 없다는 것이다.

그렇다면 남근임을 흉내내는 것은 어떻게 가능할까? 이미 『세미나』 14집에서 보았듯이 그것은 여자들의 평가에 따른 것이다. 이제 라깡은 다음과 같이 말한다. "이 관계 속에서 남자에게 여자는 진리

---

54. 하지만 나는 요즘 맑스의 잉여가치 개념이 진리와 거리가 멀다고 생각하고 있다. 이와 관련해선 이종영, 『부르주아의 지배』(새물결, 2008)의 제3장을 참조할 것.
55. "상블랑의 담화가 아닐 수 있는 것"은 『세미나』 18집의 제목이기도 하다.

의 시간이다. 성적 향유와 관련하여 여자는 향유와 상블랑의 동등성을 점찍어주는 위치에 있다. 바로 이로 인해 남자는 여자에 대해 거리를 취한다"(S 18집, 34쪽).

첫째로, 여자가 '진리의 시간'인 것은 남자가 흉내 낸 남근성이 얼마나 실재에 부합하는지 판정하는 것이 여자이기 때문이다. 즉 남자가 쌓아올린 모든 것의 실재가 드러나는 시간이 '진리의 시간'이다. 둘째로, "향유와 상블랑의 동등성을 점찍어준다"는 것은 여자가 그 상블랑을 판정하고 인정해서 그것을 향유하도록 해준다는 것이다. 셋째로, "남자가 여자에 대해 취하는 거리"란 심판 받는 자가 심판자에 대해 취하는 거리다.

결국 라깡에 따를 때, 남자의 진리는 여자가 쥐고 있다. 그는 다음과 같이 말한다. "바로 이 때문에 여자는 큰 타자인 것인데, 다른 누구도 여자만큼 향유와 상블랑의 괴리를 알지 못한다. […] 향유와 상블랑은 담화의 차원에서는 동등하더라도, 여자가 남자에게 부과하는 시험, 즉 진리의 시험에서는 차이가 난다. 오직 진리의 시험만이 상블랑 자체에게 그 위치를 부과할 수 있다"(S 18집, 35쪽).

담화의 차원에서는 모두 상블랑이므로, 향유와 상블랑이 차이가 날 수 없다. 하지만 여자가 부과하는 시험 속에서 남자의 상블랑이 실재와 얼마나 차이가 나는지 드러난다. 그래서 바로 그 시험 속에서 상블랑은 자신에게 걸맞은 위치를 찾는다. 여자가 큰 타자인 것은, 큰 타자란 진리의 시험을 부과하는 심판자이기 때문이다. 그래서 라깡은 "여자는 남자의 진리"라고 하고, 무의식은 "이 진리에 대한 공포"를 드러낸다고 한다(S 18집, 35쪽). 상블랑과 실재의 차이에 대한 공포, 그리고 그 차이를 판정해주는 여자에 대한 공포가 그것이다.

남근이려고 하는 모든 노력은 언제나 흉내, 즉 상블랑일 수밖에 없다. 그 누구도 남근적 존재일 수 없기 때문이다. 라깡에 따를 때, 여자란 남자들의 남근인 척 하려는 노력이 모두 허구임을 꿰뚫고 있다. 그럼에도 핵심적인 것은 여자들이 1) 남근을 매개로 남자와 관계를 맺는다는 것, 2) 그리하여 남자들을 매개로 남근을 추구한다는 것이다. 아래의 그림에서처럼 말이다(S 18집, 142쪽).

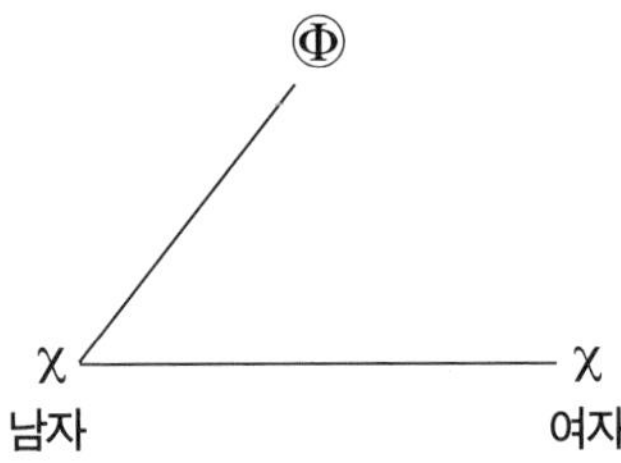

다소 모호한 이 그림이 뜻하는 것은, 라깡이 4년 전에 주장했듯이, 남자와 여자가 동등한 성적 주체로서 관계 맺지 못한다는 것이다. 남자는 남근적 존재로 스스로를 내보이려고 하고, 그것은 무엇보다 여자에 대해서이다. 즉 남자는 여자의 성을 향유하려는 것이 아니라 자신의 남근성을 향유하려고 한다. 이것이 라깡의 일관된 입장이다. 그러므로 여자와 남자 사이에 존재하는 것은 성적 차이가 아니라 남근이다. 남근은 여자와 남자 사이에 개입해서, 여자와 남자가 동등한 성적 주체로서 서로를 만나는 것을 가로막는 것이다.

라깡의 유명한 명제, "성적 관계는 없다"는 바로 이런 맥락에서 이해되어야 한다.[56] 라깡은 "우리는 남근의 성에 대해 아무것도 모른다"고 말한다(S 18집, 84쪽). 즉 남성의 성기와는 무관한 권력적 존재로서의 남근 자체는 비(非)성적인 것이고, 그리하여 비성적인 남근에 의해 규정된 남녀관계는 비(非)성적 관계라는 것이다.

---

56. 『세미나』 18집에서부터 제기된 "성적 관계는 없다"는 명제는 『세미나』 14집에서 제기된 "성적 행위는 없다"는 명제가 고스란히 이어진 것이다.

비성적인 것으로서의 남근은 남녀 모두에 의해 추구된다. 여자아이들도 큰 타자가 욕망하는 남근이고 싶어 하고, 또 오이디푸스 콤플렉스를 거친 이후에는 남자를 매개로 남근을 소유하고 싶어 한다. 다만 라깡에게서 여성을 뜻하는 양화사 $\overline{\forall x \Phi x}$ 는 모든 여자가 남근적 기능에 종속되는 것은 아님을 뜻할 뿐이다(S 18집, 141쪽). 즉 남근을 추구하지 않는 어떤 여자가 있을 수 있다는 것이다.

그리하여 이제 "성적 주체도 없고 성적 행위도 없다"는 『세미나』 14집의 얘기들이 다시 반복된다. 라깡은 남근의 기능이 "성적 양극성을 견지할 수 없도록 한다"고 말한다(S 18집, 67쪽). 비성적인 것이 남녀 사이에 끼어들기 때문이라는 것이다. 다시 말해, 남자는 여자를 향유하는 대신, 남근을 향유해서 여자로부터 사랑받기를 원한다. 또 여자도 남자를 향유하는 대신 남성의 남근성을 향유하려 한다. 그래서 남녀 관계는 비성적인 관계로 전락하는 것이다.

결국 라깡에게서는 성적 관계가 남근에 의해 매개되는 한에서, 엄밀한 의미의 여자와 남자는 존재하지 않는다. 엄밀한 의미의 여자와 남자란 성관계 속에서 여자로 행동하는 여자와 남자로 행동하는 남자이다.

그는 여자에 대해 다음과 같이 말한다. "여자(La femme)는 존재하지 않는다. [성적 관계에서] 여자가 존재한다는 것은 [자연적] 여자의 꿈이다. 그 꿈에서 돈 후안이 생겨났다. 어떤 남자가 있어서 그에게 여자가 존재한다면, 그것은 멋질 것이다. 우리는 자신의 욕망에 대해 확신할 것이다. 그것은 여자의 공들인 노력일 것이다"(S 18집, 74~75쪽).

"여자가 존재한다는 것은 여자의 꿈"인 것은 성적 관계에서 남근의 매개 없이 자신의 여성성 자체로서 관계를 갖는 것이기 때문이다. 남근이 아니라 여자를 향유하는 것, 그것이야말로 상블랑의 향유가 아닌 진정한 향유이고, 그러므로 "그것은 멋질 것이다." 여자가 존재하기 위해서 여자가 공들여 노력해야 하는 것은, 남근이란 매개적 존재를 파괴해야 하기 때문이다.

라깡은 또 『토템과 타부』의 최초의 아버지를 빼놓고는 엄밀한 의미의 남자는 성립할 수 없다고 한다(S 18집, 143쪽).[57] 왜냐하면 그 이후의 남자들은 모두 거세되어, 남근을 매개로만 여자와 관계 맺기를 욕망하기 때문이다. 하지만 최초의 아버지가 과연 존재할까? 그 아버지의 아버지가 있어야만 한다면 말이다. 그렇다면 남자들이란 모두 거세되어 성적 향유를 못하는 존재들일까? 거세의 각인은 그처럼 강렬한 것일까?

라깡에 따를 때, 남자가 남근을 추구하는 것은 "인간의 성적 행동에서 동물적 상블랑이 일정하게 지속되는 것이다"(S 18집, 32쪽). 즉 남자가 남근임을 과시하여 성교에 이르려는 것은, 공작새가 날개를 펼쳐 암컷을 유혹하려는 것과 똑같다는 것이다. 하지만 라깡은 상블랑으로서의 남근은 오히려 성적 "관계에 대한 장애"를 이룬다고 한다(S 18집, 67쪽). 남자와 여자가 비성적인 대상인 남근과 비성적인 관계를 맺기 때문이라는 것이다. 하지만 진짜로 그럴까? 남근은 공작새의 날개처럼 오히려 성적 관계를 촉진할 수도 있지 않을까? 권력의 향유가 성적 향유를 자극하는 경우가 있을 수 있다면 말이다.

결국 『세미나』 18집은 『세미나』 14집을 반복한다. 다만 차이는 『세미나』 18집에서 남근에의 욕망을 거짓된 흉내를 내려는 욕망으로 규정했다는 것이다. 이제,

---

57. 라깡은 최초의 신화적 아버지에 대해 '전체 남자(touthomme)'라는 표현을 쓰는데, 이 표현은 여자의 일반성 또는 여자에 대한 총칭으로서 '라 팜프(La femme)'에 상응하는 것이다. 물론 '전체 남자'라는 표현은 신화적 아버지가 모든 여자를 독점한다는 의미를 우선적으로 내포하지만, 라깡이 그것을 통해 암시하려는 또 다른 의미는 성적 관계 속에서 남자 자체로서 향유되는 남자이다.

1) 1958년에 '우리 존재의 핵심'으로 규정되었던 남근에의 욕망이
2) 1971년에 이르러 거짓된 흉내를 욕망하는 것으로 전락한다.

하지만 이러한 전환은 근본적인 것이 아니다. 근본적인 전환은 예컨대 다음과 같은 것이다.

1) "남근에의 욕망이 존재한다"에서
2) "남근에의 욕망 같은 것은 없다"로의 전환

1971년의 전환이 근본적이 아닌 것은, 여전히 남근에의 욕망을 중심축으로 삼고 있기 때문이다. 다만 1) '우리 존재의 핵심'으로 규정되었던 것이 2) '거짓된 흉내를 내려는 욕망'으로 전락했을 뿐이다. 하지만 아직도 남근에의 욕망은, 그러한 전락에도 불구하고, 인간의 성생활을 전적으로 규정한다. 남근에의 욕망에 의한 규정성이 얼마나 강력한가 하면, 그것이 성적 주체, 성적 행위, 성적 관계를 모두 쓸어 없애버릴 정도인 것이다.

결국 남근에의 욕망이 1) '우리 존재의 핵심'에서 2) '거짓된 흉내'로 전락했음에도 불구하고 라깡의 입장은 확고하다. 그것은 다음과 같은 것이다.

1) 오직 남근에의 욕망만이 존재한다.

이러한 일방적 명제가 초래하는 불쾌감에 대해 우리의 인간적 동물성은 자연스럽게 반발한다. 그래서 다음과 같은 명제를 내세우고 싶어진다.

2) 남근에의 욕망은 존재하지 않는다.

하지만 과학적 노동의 유일한 지표는 실재이다.[58] 그리고 실재에 부합하는 명제는 어떤 한 가지가 아니라 여러 가지일 것이다. 우리는 예컨대 다음과 같은 두 명제를 실재에 부합하는 것으로 제시할 수 있다.

1) 남근에의 욕망과 남근적 향유가 존재한다.
2) 하지만 성적 욕망과 성적 향유도 너무도 확고하게 존재한다.

권력자와 성관계를 맺더라도 성행위 자체를 즐길 수 있는 것처럼 말이다. 즉 남근에의 욕망이 성적 행위와 관계를 파괴하지 못한다는 것이다.

남근을 상블랑으로 간주하는 입장은 『세미나』 20집에서도 확고하다. 라깡은 말한다. "남근이란 두 성적 존재 중의 하나가 다른 하나에게 행하는 서비스에 대한 의식적 반대다"(S 20집, 13쪽). 즉 남근적 존재이려는 의식이 두 '성적' 존재가 '성적' 관계를 맺는 것을 방해한다는 것이다. 라깡은 또 다음과 같이도 말한다. "남자는 남근적 향유로 인해 여자의 육체를 향유하지 못한다. 왜냐하면 남자가 향유하는 것은 기관의 향유이기 때문이다"(S 20집, 13쪽). 남자가 향유하려는 것은 여자 자체가 아니라 남근이라는 관념적 기관, 다시 말해 관념 속의 기관이라는 것이다.

그리하여 "성적 관계가 존재하지 않는다"는 입장도 『세미나』 20집에서 확고하게 관철된다. 하지만 라깡은 『세미나』 20집에서 남근적 향유를 벗어나는 그 무엇을 느낀다. 그러나 그것이 성적 향유는 아니

---

58. 이때의 '실재'는 라깡적 의미에 국한되는 것이 아니다. 그 의미는 다만 x라는 현상에 대한 'x의 실재'라는 의미이다.

다. 라깡은 그것을 특정한 여성들의 초월적인 향유라고 한다.

결국 『세미나』 14집 이후 라깡의 입장은 다음의 1), 2), 3) 중 1)을 인정하지 않는다. 정신분석가치고는 매우 독특한 입장이다.

1) 성적 향유
2) 남근적 향유
3) 초월적 향유

그리고 그는 3)에서부터 색다른 무엇을 느낀다. 그것은 바로 영혼이다. 그렇다면 영혼이 최종적인 주체성일 수 있을까?

예외적 시점, 구원으로서의 영혼

사실상 『세미나』 20집은 남근적 향유에 종속되지 않는 여성적 향유가 말해진 세미나로 유명하다. 이에 대해선 몇 가지 연구들이 나와 있고, 나 또한 선행의 연구들에서 상세히 설명했으므로.[59] 다시 상론할 필요는 없을 것이다. 그것을 간단히 정리해보자.

1) 비(非)남근적인 향유를 하는 어떤 여자들이 있다.
2) 그러한 여자들의 존재는 상징적 질서 속에서 포착되지 않는다.
3) 그러한 여자들은 자신들의 이 향유를 전혀 못 알아차릴 수도 있고, 하지만 체험할 때는 안다.

---

59. 나의 책들인 『부르주아의 지배』의 391~399쪽과 『욕망에서 연대성으로』(백의, 1998)의 118~138쪽을 참조할 것.

4) 모든 여자가 이 향유를 누리는 것은 아니다.

5) 여자들은 특히 이론적 수준에서는 이 향유를 전혀 알지 못한다.

라깡은 상징적 질서를 벗어나 있는 이 여성적 향유를 일종의 초월적인 향유로 간주한다. 그는 1973년 2월 20일의 세미나에서 다음과 같이 말한다. "사람들이 체험은 하지만 아무것도 알지 못하는 이 향유는 우리를 탈존(脫存)의 도정 위에 올려놓는 것이 아닐까? 그렇다면 큰 타자의 한 측면을, 즉 신의 측면을 여성적 향유에 의해 지탱되는 것으로 해석하지 않을 이유가 없다"(S 20집, 71쪽). 즉 라깡은 여성적 향유를 신적인 존재를 향유하는 것과 연결시킨다.

그리고 그 다음번 세미나가 열린 1973년 3월 13일에는 다음과 같이 좀 더 직접적으로 말한다. "내가 S(A̸)로 다른 것이 아닌 여성의 향유를 지시하는 것은, 물론 그것으로써 신이 아직 퇴장하지 않았다는 것을 지적하기 위해서이다"(S 20집, 78쪽). S(A̸)란 상징적 질서(A, 말의 장소로서 큰 타자)에 존재하지 않는(/) 시니피앙이다. 그리하여 여성적 향유의 대상으로서 S(A̸)란 상징적 질서에 존재하지 않는 신, 그러나 "아직 퇴장하지 않은" 신이라는 것이다.

라깡은 이제 새로운 주체성을 여성적 향유를 이끄는 내적 동력 속에서 찾으려 한다. 그 내적 동력은 놀랍게도 영혼이다. 라깡은 여성적 향유의 대상인 S(A̸)로써 신이 퇴장하지 않았음을 지적한다고 말한 후 곧이어 영혼에 대해 말한다.

"영혼을 갖는 것이 왜 사고에 스캔들을 일으키는지 알 수 없다. 만약 그것이 진짜라면 말이다. 만약 우리가 영혼을 갖는 것이 진짜라면, 영혼은 다음과 같은 것일 수밖에 없다. 즉 영혼은, 이 세상의 참을 수 없는 것, 영혼을 이 세상에 대해 이방적인 것이자 환각적인 것으로 간주하는 그 참을 수 없는 것을 존재 — 그 이름을 부르자면 말하는 존재 — 로 하여금 감내하게 하는 그것으로부터 말해질 수 있을 뿐이다. 이 세계 속에서 영혼은, 이 세계와 맞서면서, 그것을 오직 자신의 인내와 용기로써 돌본다. 이는 다음의 것을 확인해준다. 오늘날에 이르기까지 영혼은 결코 다른 의미를 갖지 않는다는 것을"(S 20집, 78쪽).

라깡은 "영혼을 이 세상에 대해 이방적인 것이자 환각적인 것으로 간주하는 것을 참을 수 없"다고 말한다. 이렇게 말하면서, 라깡은 단호하게 영혼의 존재를 편든다. 적어도 1973년 3월 13일의 시점에서 이것은 확고한 사실이다. 영혼이 존재한다고 라깡이 말한다는 것 말이다.

"이 세상의 참을 수 없는 것"을 말하는 존재에게 "감내하게 해주는 그것"은 사랑이다. 라깡이 곧바로 영혼을 "사랑의 효과"로 규정하듯이 말이다. 즉 영혼을 부정하는 이 세상의 참을 수 없는 것을 감내하도록 해주는 사랑으로부터 영혼의 존재를 말할 수 있다는 것이다. 라깡은 영혼이 "인내와 용기로써 사랑을 돌보고" 또 영혼은 사랑 이외의 다른 의미를 갖지 않는다고 한다. 그렇다면 오히려 사랑이 영혼의 효과가 아닐까? 물론 사랑을 통해 영혼에 가닿을 수 있다는 의미에서 영혼이 "사랑의 효과"일 수 있겠지만 말이다.

이어서 라깡은 '아메르(âmer),' 즉 '영혼한다' 라는 새로운 동사를 만들어낸다. "우리는 영혼한다, 나는 영혼한다, 너는 영혼한다, 그는 영혼한다" 라는 식으로 말할 수 있다는 것이다. 그는 말한다. "영혼이 영혼을 영혼하는 한에서, 성은 문제가 되지 않는다. 성은 고려되지 않는다. 영혼이 귀결되는 과정은 동성애적이다. 역사 속에서 명백히 읽을 수 있는 것처럼"(S 20집, 78쪽).

"영혼이 영혼을 영혼한다"는 것은 한 영혼이 다른 영혼과 영혼의 관계를 맺는다는 것이다. 그 관계는 전혀 비(非)성적이고, 영혼이 행하는 것은 사랑이다. 그러므로 "영혼이 영혼을 영혼한다"는 것은 한 영혼이 다른 영혼을 사랑한다는 것인데, 그 사랑은 성적인 것이 아니라 용기와 인내로써 행하는 것이라는 것이다.

이상의 것이 라깡이 3월 13일 세미나에서 영혼에 대해 말한 것의 핵심이다. 하지만 라깡은 3월 13일 세미나 이후 뚜렷한 동요를 보인다. 그 동요는 3월 13일의 세미나를 곧바로 뒤잇는 1) 4월 10일의 세미나와 2) 5월 8일의 세미나의 두 차례에 걸쳐 전개된다. 그 후 라깡은『세미나』20집의 마지막 세미나인 6월 26일의 세미나에서 3월 13일 세미나의 입장으로 다시 회귀한다. 사랑에 대한 새로운 입장을 제시하면서. 그러나 영혼에 대해서는 말하지 않으면서.

1) 4월 10일 세미나에서 라깡은 영혼에 대해 한마디도 하지 않는다. 전번 세미나의 후반부에서 영혼에 대해서 그처럼 열정적으로 애기했던 그가 이처럼 완전히 입을 닫는다는 것은 징후적이다. 더욱 징후적인 것은 그가 4월 10일 세미나를 시작하면서 "지난 번 세미나를 마치고 나서 좀 걱정이 되었다"고 한 뒤, 청중들의 의견을 들으려고 했다는 것이다. 그러나 아무도 의견을 제시하지 않자 라깡은 세미나를 진행한다. 무엇이 걱정되었다는 것일까? '유물론자'로 여겨지던 자가 영혼에 대해 말한 것이 어떻게 여겨질지 걱정되었다는 것이 아닐까? 라깡이, 시간의 흐름과 더불어 타자들에 의해 떠받들어지면서, 진리에 헌신하기보다는 타자들의 평판에 더욱 의존하게 되었다고 가정해본다면 말이다. 청중들의 의견을 들으려 한 것은 바로 그 이유 때문이 아니었을까?

나의 이러한 추정이 지나친 것일까? 내가 보기엔, 그 다음번 세미나인 5월 8일의 세미나에서 라깡이 말한 것은 나의 추정을 정당화해준다. 왜냐하면 그는 지나치면서도 불필요한 리액션을 보여주기 때문이다. 3월 13일에 자신이 영혼에 대해 말한 것과 관련해서 말이다. 그는 대부분이 유물론자였던 제자들의 사랑을 잃고 싶지 않았던 것이 아닐까?

2) 5월 8일 세미나에서 라깡은 먼저 윤리를 공격한다. "사고는 좆대가리(manche) 쪽에 있는데, 사고된 것은 다른 쪽에 있는 것"이라고 (S 20집, 96쪽). 이 공격은 영혼으로까지 이어져, 그는 "영혼은 […] 물론 좆대가리에 대한 사고가 귀착하는 곳이다"라고 한다(S 20집, 99쪽). 라깡의 이러한 발언들은 단지 그 표현에 있어서 과격하고 지나칠 뿐이다. 왜냐하면 이 발언의 내용은 그다지 새로울 것이 없기 때문이다. 그러한 이데올로기 비판은 맑스와 프로이트가 늘상 해오던 것이 아닌가? 그러니 라깡의 과잉 발언은 오히려 징후적이다. 그러한 과잉은 타자들을 의식한 데에 따른 것이 아닐까? 즉 자신의 평판을 지키려는 과도한 제스처라는 것이다.

그는 또 다음과 같이 말한다. "누가 모를 수 있겠는가? 영혼이란 단지 몸에 대해 가정된 정체성일 뿐이라는 것을. 몸을 설명하기 위해 우리가 사고하는 모든 것과 같이 말이다. 한마디로 영혼은 몸에 대해 우리가 사고하는 것이다. 좆대가리로부터"(S 20집, 100쪽). 게다가 그는 "성교의 영혼은 […] 내가 물리학이라 부르는 것에 의해 만들어질 수 있는 것"이라고까지 한다.

라깡의 이러한 발언들은 지나치게 속류 유물론적이다. 그것은 여태까지의 그 자신의 세밀한 사고와는 너무 동떨어진 것이다. 라깡은 불필요한 도발적 표현과 더불어 뒷걸음친다. 두 달 전에 영혼의 용기를 말하던 그가 이제 완전히 용기를 잃은 것이다.

3) 하지만 라깡은 6월 26일의 세미나에서 다시 원래의 입장으로 돌아온다. 이번에는 그는 영혼이란 표현을 삼간다. 유물론자이기를 흉내 내는 '상블랑들' 로부터의 조롱을 피하기 위해서일까? 대신 그는

사랑을 새로운 방식으로 말한다.

우선 그는 사랑을 새롭게 규정한다. "모든 사랑은 두 가지 무의식적 지식 사이의 일정한 관계에 의해 지탱된다"고(S 20집, 131쪽). 여태까지 항상 사랑을 폄하해왔던 라깡에게서 이러한 정의는 근본적 변화를 함축한다. 두 가지 무의식적 지식 사이의 관계란 "영혼이 영혼을 영혼하는" 관계가 아닐까? 즉 한 영혼이 다른 영혼과 맺는 영혼의 관계가 사랑이라는 것이다.

곧이어 라깡은 다음과 같이 말한다. "성적 관계는 없다. [⋯] 큰 타자의 향유는 언제나 부적합하기 때문이다. 그 향유는, 한편으로는 큰 타자를 대상 a에 환원시키기 때문에 도착적이고, 다른 한편으로는, 광적이라고도 말할 수 있을 텐데, 수수께끼적이기 때문이다"(S 20집, 131쪽). 라깡이 사랑을 말한 후 곧바로 이처럼 성적 관계의 부재를 말하는 것은 성적 관계의 부재를, 여태껏 말해온 것과는 또 다른 관점에서, 사랑과 대비시키기 위한 것이다.

어쨌거나 성적 관계가 없다는 것은, 성적 주체로서의 남자와 여자 사이에 '관계'가 맺어지지 않는다는 것이다. 남자는 상대에게서 대상 a를 보기 때문이고, 여자는 수수께끼 같은 어떤 곳을 쳐다보기 때문이다.

라깡은 관계의 이러한 부재에 대해 사랑을 맞세운다. "사랑은 이러한 치명적 운명에 맞서서 내가 일종의 시를 통해 용기라 불렀던 것을 실현할 수밖에 없다"(S 20집, 131쪽). 자, 관계의 부재라는 치명적 운명에 대해 용기를 갖고 맞서는 것이 사랑이라는 것이다. 관계를 회복하기 위해서 말이다.

이때 용기는 틀림없이 영혼의 용기일 것이다. 라깡은 자신이 "일종의 시를 통해" 용기를 명명했다고 한다. 그 시적 행위는 3월 13일의 세미나를 일컫는 것일 것이다. 하지만 지금 라깡은 다시 도망갈 길을 만들어놓고 있는 것이다. 자신이 영혼을 말했던 것이 과학적 행위가 아니라 단지 시적 행위였을 뿐이라고 말이다. 시적 행위는 은유적 행위이므로, 사물을 그 이름으로 부르지 못하고 메타포로 불렀다는 것이다. 즉 3월 13일 세미나에서 영혼에 대해 말한 것은 단지 메타포였다는 것이다.

결국 6월 26일 세미나에서 라깡의 입장은 다음과 같다. 명성의 훼손이라는 위협 앞에서 도망을 쳐야 하겠지만, 던져야 할 메시지를 은밀히 남기겠다는 것. 그래서 그는 사랑을 말한다. 용기를 갖고 치명적 운명과 싸워 관계를 회복하는 것이 사랑이라고. 그리고 그 용기는 영혼의 용기인데, 이것은 단지 시적 표현일 뿐이라고.

제자들이 묻는다. "그거 진지하게 말씀한 것입니까?" 라깡은 대답한다. "아니에요, 그냥 한 번 말해본 것입니다. 시적으로." 라깡은 우리 모두처럼 비겁하다. 진리를 견지하는 것보다는 사랑을 받기 원하므로.

하지만 적어도 사랑을 말하려는 라깡의 입장은 단호하다. 그래서 그는 다음과 같은 자신의 네 범주를 동원한다. 1) "쓰여지기를 멈추지 않는 것"으로서의 필연성, 2) "쓰여지지 않기를 멈추지 않는 것"으로서 불가능성, 3) "쓰여지지 않기를 멈추는 것"으로서 우발성, 4) "쓰여지기를 멈추는 것"으로서 가능성.

1) "쓰여지기를 멈추지 않는 것"은 지배의 효과로서의 남근과 징후이다. 2) "쓰여지지 않기를 멈추지 않는 것"은 진리를 쓰는 것이 차단되어 있다는 것이다. 3) "쓰여지지 않기를 멈추는 것"은 진리와의 우발적 만남이다. 맑스가 노동자들을 만나고, 레비-스트로스가 아마존 원주민들을 만났듯이. 4) "쓰여지기를 멈추는 것"은 남근적 지배로부터의 해방의 가능성이다. 더 이상 징후가 발생하지 않는 상태에 이르는 것이 그러한 해방이다.

라깡은 "영혼이 영혼을 영혼하는" 사랑을 3) 우발성과 연결시킨다. 그는 3) 우발성을 "성적 관계로부터의 망명의 자취를 내포한 징후들, 정동(情動)들 그리고 모든 것들과의 만남"이라고 하고, 또 성적 관계의 부재의 "틈으로부터 귀결한 정동에 의해 무엇인가가 만나진다"고 한다(S 20집, 132쪽).

성적 관계의 부재란 만나지 못함을 뜻한다. '성적 관계로부터의 망명의 자취들'이란 만남의 자취들이다. 또 징후들과 정동들은 만나려는 노력의 결과 생성되는 것들이다. 그리고 이 징후들과 정동들은 "성적 관계가 쓰여지지 않기를 그만둘 수 있다는 환상을 주는 것"이다(S 20집, 132쪽).

결국, 성적 관계가 없다는 것은 사랑하는 사람들이 진정으로 서로 만나지 못하고 엇갈린다는 것이다. 그러한 엇갈림으로부터 벗어나기 위해선 영혼의 용기가 필요하다. 그리고 관계의 부재의 틈에서 생겨나는 징후들과 정동들은 만남의 가능성을 예시하는 것이다.

라깡은 말한다. "모든 사랑은 '쓰여지지 않기를 그치는 것'에 의해서만 존속하면서, 부정(否定)을 '쓰여지기를 그치지 않는 것'으로 옮기면서, 그치지 않고, 그치지 않을 것이다"(S 20집, 132쪽). 이때 사랑은 진리의 사건이다. 남근적 지배에 의해 축출된 실재가 돌연히 쓰여지면서 사랑이 성립한다는 것이다. 그 사랑은 "쓰여지기를 그치지 않는" 필연성으로서의 남근을 부정한다. 그리고 그 사랑은 그치지 않는다. 그칠 수가 없는 것이기 때문이다. 즉 인간이 사랑으로부터 벗어날 수 없다는 것이다.

사랑에 대한 라깡의 이러한 입장은 완전히 새로운 것이다. 이전의 그는 오직 사랑받기만을 원하는 허구로서의 사랑, 또는 결여된 욕망의 대상에 집착하는 사랑, 관계의 부재를 거짓되게 메우는 사랑만을 말해왔기 때문이다. 이러한 입장 변화는 물론 1) 여성적 향유를 사고

하고, 2) 여성적 향유의 내적 동인으로서 영혼을 사고한 것으로부터 비롯된 것이다.

그는 6월 26일의 세미나를 마쳐 가면서 다음과 같이 말한다. "존재 그 자체는, 만남 속에서 존재에 가닿는 사랑이다"(S 20집, 133쪽). 즉 사랑은 만남 속에서 존재에 가닿는 것이고, 그리하여 그 자체가 존재 자체라는 것이다. 이때의 사랑은, 라깡이 그렇게 말하기를 자제하고 있지만, 두말할 것도 없이 "영혼이 영혼을 영혼하는" 사랑이다.

『세미나』 20집에서 라깡은 이처럼 큰 동요와 함께 주체성으로서의 영혼에 대해 말한다. 그리고 그 이후의 세미나들에서 진정한 주체성의 장소를 제시하려는 문제틀은 거의 사라진다. 물론 라깡은 『세미나』 21집, 22집, 23집, 24집에서 부단히 무의식적 지식에 대해 말한다. 하지만 그 무의식적 지식은 주체적인 것이라기보다는 오히려 객체적인 것에 가깝다. 라깡이 실재 속에서의 지식을 말하고 있듯이(S 21집, 1974년 4월 23일과 6월 11일, S 24집, 1977년 2월 15일).

우리는 라깡이 멈춰선 지점에서 다시 시작할 수 있을까? 욕망과 영혼의 관계를 말하면서?

비융

자기, 육체를 껴안는 영성

영적 현실에 대한 확신

라깡은 나이 칠십에 이르러서야 초월적인 것 앞에서 머뭇거린다. 그러나 라깡은 속류 유물론적 성급함과 결별하지 못한다. 그리하여 그는 다시, 아직 출간되지 않은 1974년 5월 21일자의 세미나에서, "우리의 무의식적 지식은 신의 부재를 알고 있다"고 확언한다.[1] 즉 그 누구도 무의식 속에서는 신을 믿지 않는다는 것이다.

라깡의 이 명제는 한국적 상황에서 설득력이 있다. 한국의 기독교인들은 "하나님을 믿습니다"라고 부단히 되내이면서 신에 대한 그들의 진정한 불신을 드러낼 뿐이기 때문이다. 하지만 무의식 속에서부터 신을 믿는 사람도 존재할 수 있다. 라깡에겐 이해가 안 되겠지만 말이다.[2] 융이 그러한 사람이다.

융은 라깡과 출발점부터가 다르다. 융은 초월적 실체의 문제로부터 출발한다. 즉 융은 1902년에 제출한 박사학위논문인『이른바 신비 현상의 심리학과 병리학』에서 영매(靈媒) 현상을 다룬다. 이 논문의 중심 사례는 S. W.라는 가명으로 소개된 융의 사촌 여동생 헬리 프라이스베르크의 사례이다.[3] 융은 1899년과 1900년에 규칙적으로 그녀의 강령회(降靈會)에 참여했었고, 논문에서 그녀가 그녀의 죽은 할아버지와 여러 영혼들의 메시지를 전달하는 것을 비롯한 여러 초자

---

1. 우리가 방금 전에 다룬 라깡의『세미나』20집은 1972~1973 학년도에 행해진 세미나이다.
2. 우리가 과학을 하는 것은 이해가 안 되는 것을 이해하기 위해서이다. 이미 이해하고 있는 것에 대해 과학적 노동을 행하는 사람은 없다. 이것은 과학과 이데올로기의 여러 가지 차이 가운데 하나이다.
3. 디어드리 베어,『융』, 열린책들, 2008을 참조할 것.

연적 심령현상들을 기술한다.[4]

　융은 자서전인 『기억 꿈 사상』에서 그때 "영매가 실험을 하면서 속임수로 심령현상을 만들어내는 것을 포착했다"고 한다.[5] 하지만 그가 영매 현상들을 부정하는 것은 결코 아니다. 속임수는 단지 특정한 작용에만 국한된 것이었다. 융은 『기억 꿈 사상』에서 그때의 강령회에 대해 다음과 같이 결론짓는다. "이것은 전적으로 커다란 체험이었으며, 나의 이전 철학들을 모두 지양하고 나로 하여금 심리학적인 관점을 가질 수 있도록 해주었다. 나는 인간의 영혼에 대해 어떤 객관적인 것을 경험했다."[6]

　중요한 것은 융이 "인간의 영혼에 대해 어떤 객관적인 것"을 경험했다는 것이다. 다시 말해, 융이 영혼의 존재의 객관성을 확인했다는 것이다.[7] 융은 박사학위논문의 결론에서 다음과 같이 말한다. "내가 원했던 것은, 이러한 이른바 신비적 현상들을 경멸조로 비웃는 지배적 의견과 맞서는 것이었다. 나는 이 현상들이 의사와 심리학자의 활동 영역과 얼마나 밀접히 연관되어 있는지 보여주고 싶었고, 아직 탐구되지 않은 그 장소가 숨기고 있는 수많은 중요한 질문들을 강조하고 싶었다."[8]

　융은 '이른바 신비적 현상들'의 실재를 확고히 받아들일 뿐만 아

---

4. C. G. Jung, "Psychologie et pathologie des phénomènes dits occultes," *L'énergétique psychique* (『심리적 에너지론』), Le livre de poche, 1996, 133~193쪽.

5. 카를 구스타프 융, 『기억 꿈 사상』, 김영사, 2008, 207쪽.

6. 같은 책, 208쪽.

7. 물론 융이 엘리 프라이스베르크의 강령회에 참석해서야 비로소 영혼의 실재와 마주친 것은 아니다. 그 전까지는 아직 명쾌하게 정리되지 않은 어렴풋한 느낌으로 있던 것이 이때를 계기로 체계적 확신으로 발전했을 수는 있겠지만 말이다. 융의 외가쪽 친척들은 일정한 영직 능력을 소유하고 있었고, 그의 어머니도 예외가 아니었다. 융 자신이 그의 딸의 특별한 감지능력에 대해 "내 외가 쪽 할머니로부터 이어받은 것"이라고 했듯이 말이다(『기억 꿈 사상』, 414쪽). 융은 어린 시절부터 특정한 영적 분위기 속에서 성장한다.

8. C. G. Jung, "Psychologie et pathologie des phénomènes dits occultes," 214쪽.

니라, 그것들을 자신의 인식대상으로 삼으려 한다. 실제로 융의 평생에 걸친 인식의 노동은 영성적인 실체를 탐구하는 것이었다. 그는 자신이 박사학위논문에서 "과학에게 열어준 길"을 평생 뒤쫓았던 것이다.[9] 물론 그는 1934년에도 여전히 "심리학은 아직도 몇 가지 심령 심리학적 사실들을 받아들여야만 한다. 그러나 이것은 아직 시작조차 하지 않았다"고 불평을 터뜨리고 있지만 말이다.[10]

영적 현실에 대한 융의 확신은 죽음에 대한 그의 태도에서도 명확히 나타난다. 그는 1928년에 다음과 같이 말한다. "나는 의사로서 불멸성에 대한 믿음을 강화하기 위해 모든 것을 다한다. […] 심리학적 관점에서 정확히 고찰할 때, 죽음은 끝이 아니라 목적이다."[11] 또 그는 1934년에는 죽음을 "인생의 최종적 목표"라고 하고, "인생의 오르막 자체와 정점도 죽음이라는 목표에 도달하기 위한 단계들이자 수단들"이라고 한다.[12] 이러한 발언들은 그냥 행해진 것들이 아니다. 융은 육체적 죽음 이후의 영혼의 불멸을 전제로 해서 이러한 발언들을 하고 있는 것이다.

그리하여 융은 유물론을 받아들이지 않는다. 그에 따를 때, 유물론은 하나의 가설, 그것도 "지나치게 과감한 가설"일 뿐이다. 그는 유물론이 "형이상학적 주장을 통해, 실험될 수 있는 소여들을 뛰어넘는다"고 하며, "유물론적 가설을 지지하는 단 하나의 증거도 없다"고 한다.[13]

---

9. 같은 책 같은 쪽.
10. C. G. 융, 「심혼과 죽음」, 『인간과 문화』, 기본저작집 제9권, 솔, 2004, 105쪽. 지금의 인용문을 포함해서 앞으로 이 글로부터 인용된 문장이 한글판과 다를 경우는 불어판 C. G. Jung, "Ame et mort," *L'énergétique psychique*에 입각해서 번역을 일부 수정한 것이다.
11. C. G. Jung, *Commentaire sur le mystère de la fleur d'or*(『황금꽃의 신비에 대한 주해』), Albin Michel, 1994, 64쪽. 앞으로 이 책으로부터의 인용은 본문 내에 '황금꽃'이라고 표기하고 쪽수를 적는다.
12. C. G. 융, 「심혼과 죽음」, 99쪽.

기독교 비판

융의 자서전 『기억 꿈 사상』을 편집한 아니엘라 야폐는 「편집자의 말」에서 "융은 분명히 기독교를 신봉했으며 그의 저작에서 가장 중요한 것들은 기독교인의 종교적 문제들을 다루고 있다"고 말한다.[14]

아마도 야폐는 매우 넓은 의미에서 그런 말을 했을 것이다. 예컨대 융이 기독교적 문화 속에서 사고를 했다는 식으로 말이다. 하지만 융이 "기독교를 신봉"했다는 것은 사실과 부합하지 않는다.

융은 초월적 세계의 실재를 받아들였다. 하지만 그것은 "기독교의 신봉"과는 전혀 무관한 것이다. 에크하르트 톨레는 배타적인 제도로서의 종교들을 영성과 대립시킨다.[15] 융도 그런 의미에서, 어떠한 종교에도 속하지 않으면서 영성을 추구했다고 할 수 있다. 그가 모든 종교를 "일종의 보편적인 심적 상태의 자발적 표현"으로 여겼듯이 말이다.[16]

융의 『욥에의 응답』은 내가 읽은 기독교 비판서들 가운데에서 나의 마음에 가장 와닿았던 것이다. 융은 우선 야훼를 비판한다. "야훼의 예측할 수 없는 기분이나 참화를 가져오는 분노발작은 예로부터 알려져 있었다. 그는 질투심이 많은 도덕의 감시자이다. [⋯] 그는 항

---

13. C. G. 융, 「아니마 개념을 중심으로 본 원형에 대하여」, 『원형과 무의식』, 기본저작집 제2권, 솔, 2006, 176쪽. 앞으로 이 글로부터의 인용은 본문 내에 '아니마'라고 표기하고 쪽수를 적는다. 인용된 문장이 한글판과 다른 경우는 불어판 C. G. Jung, "De l'archétype et en particulier de l'idée d'anima," *Les racines de la conscience*(『의식의 뿌리들』), Le livre de poche, 2008에 입각해서 번역을 일부 수정한 것이다.

14. 『기억 꿈 사상』, 640쪽.

15. 에크하르트 톨레, 『NOW』, 조화로운삶, 2008, 26~27쪽.

16. C. G. 융, 「심리학과 종교」, 『인간의 상과 신의 상』, 기본저작집 제4권, 솔, 2008, 145쪽.

상 '정의롭다'고 칭송되어야만 했으며, 그에게 이것은 대단히 중요했다."[17]

야훼가 욕망하는 것은 '칭송'되는 것, 즉 사랑받는 것이다. 그가 정의로우려 하는 것은 칭송받기 위해서이다. 정의는 수단이고, 칭송받는 것이 목적이다. 그래서 야훼는 칭송받는다는 목적을 달성 못할 경우 '분노발작'을 일으킨다. 하지만 그 '분노발작'이 예측할 수 없었던 것은 사람들이 야훼의 욕망을 눈치 채지 못 했기 때문일 것이다. 그의 욕망을 이해했다면 그가 어떨 때 '분노발작'을 일으키는지 충분히 알아차릴 수 있었을 것이므로 말이다.

칭송받기를 욕망하는 야훼에게는 제우스와는 달리 "인간이 중요했다"(욥 310쪽). 인간들이 없다면 칭송받을 수 없기 때문이다. 이것은 가학증 환자가 가학 대상에 전적으로 의존하는 것과 같은 원리이다.[18] 인간들로부터 칭송받으려는 이 욕망은 너무도 강렬했으므로, "야훼는 인간이 그가 원했거나 기대했던 것처럼 행동하지 않을 때에는 종(種)으로서나 개인으로서의 인간에 대해 지나치게 흥분했다"(욥 310쪽). 인간은 그의 욕망을 달성하기 위한 수단이고, 그래서 그 수단이 역할을 제대로 못할 경우 야훼는 '분노발작'을 일으킨다.

융은 말한다. "어떤 대가를 치르더라도 자신의 좋은 기분을 유지하려는 뚜렷한 목적으로 그[야훼]는 모든 가능한 형식으로 그를 '칭송'하고 아첨하도록 그의 민족에게 강력히 요구했다"(욥 312쪽). '좋은 기분'이란 칭송받는 상태, 즉 사랑받는 상태가 가져다주는 만족감이다. 야훼는 이런 '좋은 기분'을 유지하기 위해 어떤 대가래도 치른다. 칭송받기 위해 무엇이든 다 한다는 것이다.

---

17. C. G. 융, 「욥에의 응답」, 『인간의 상과 신의 상』, 309쪽. 앞으로 이 글로부터의 인용은 본문 내에 '욥'이라고 표기하고 쪽수를 적는다.
18. 이에 대해선 에리히 프롬, 『자유에서의 도피』, 범우사, 1992, 138쪽을 참조할 것.

그러므로 야훼는 "도덕적이기에는 너무 무의식적"이다(융 313쪽). '무의식적'이라는 것은 성찰적이지 못하고 동물적이라는 것이다. 즉 욕망을 제어하지 못한다는 것이다. 그리하여 '정의'도 욕망하는 '칭송'을 가져다주지 못할 경우 여지없이 내팽개쳐진다. 그래서 융은 "신은 전혀 의롭고자 하지 않으며 정의에 앞서는 권력을 강력히 주장한다"고 말한다(융 320쪽). '정의'를 내세워서 '칭송'을 받지 못할 경우, 적나라한 권력을 행사해서라도 떠받들어지려고 한다는 것이다. 내가 선행 연구에서 권력을 "폭력을 통해 사랑을 받는 수단"이라고 정의했듯이 말이다.[19]

모든 권력자가 그렇듯, 야훼는 자신의 백성들의 충성을 신뢰하지 못하고 불안에 시달린다. 그들의 '칭송'이 진짜인지 가짜인지를 확인할 방법이 없기 때문이다. 그래서 야훼는 가장 충직하다고 소문난 욥을 시험에 부친다. 융은 말한다. 야훼가 욥을 완전히 신뢰했다면 욥을 보호했을 것이라고(융 339쪽). 하지만 사랑을 상실하는 것에 대한 불안에 사로잡힌 야훼는 욥을 신뢰하지 못한다. 그리하여 야훼는 "사탄의 부추김에 아주 쉽게 따른다"(융 339쪽). 야훼는 "사탄을 이상할 정도로 용서하고 배려"한다(융 322쪽). 즉 야훼는 사탄과 공모(共謀)한다. 그렇다면 권력자 야훼에게 사탄이 내재하는 것이 아닐까? 모든 권력 행사가 사탄적 측면을 내포한다면 말이다. 융은 바로 이것을 암시한다.

어쨌거나 야훼는 사탄과 공모해서 욥에게 고난을 가한다. 야훼는 "전혀 숙고도 후회도 동정심도 없이 잔혹함과 무자비함만을" 드러낸다(융 318쪽). 융은 다시 한 번 강조한다. "야훼는 눈썹 하나 까딱 않고 모든 것을 할 수 있으며, 또한 모든 것을 자신에게 허용할 수 있

---

19. 이종영, 『사랑에서 악으로』, 새물결, 2004, 195쪽.

다. 그는 태연자약하게 그의 그림자 측면[숨겨진 나쁜 면]을 투사하고 인간을 희생하며 자신은 무의식에 남아 있을 수 있다. 살인과 살해는 그에게는 하찮은 것"이다(욥 326쪽).

야훼의 이런 면모는 정확하게 전제군주의 면모이다. 그렇다면 인간들이 전제군주의 상(像)을 야훼에게 투사했음이 확실하다. 하지만 융은 이처럼 확실한 사실을 말하지 않는다. 왜일까?

융은 야훼의 분열적 행동들을 열거한다. a) 야훼는 "인간의 행복과 삶을 최소한의 동정도 없이 짓밟"으면서도 b) "인간을 동반자로 삼"는다. a) "야훼는 자연재앙이나 또 다른 예측불가능한 재난들을 불러일으키는 행동에서처럼 절대적으로 비이성적으로 행위"하면서도 b) "동시에 정의로운 자로서 사랑받고 존경받고 숭배되고 칭송받고 싶어 한다." a) "아주 미미한 비판을 암시하는 모든 말에 예민하게 반응"하면서도 b) "자신이 스스로 제정한 도덕규범의 조항들을 어길 때는 전혀 개의치 않는다"(욥 330쪽).[20]

이러한 이중성도 전제군주에게서 전형적으로 드러나는 이중성이다. 야훼의 형상이 전제군주의 상을 투사(投射)해서 '만들어진' 것임은 불꽃 튀듯 명백하다. 하지만 융이 포이어바흐나 맑스처럼 '투사'나 '반영'을 말하지 않는 것은, 그가 유물론자가 아니기 때문이다. 융에게는 유물론자들에게는 없는 '플러스 알파'가 있다. 신적 존재의 실재에 대한 확신이 그것이다.

융은 라깡이 말한 것과는 반대로 무의식에서도 신의 존재를 믿는다. 그는 김나지움 시절 철학사전에서 신의 관념이 '만들어졌다'는 내용을 읽고 경악한다. 그는 자서전에서 당시의 느낌을 다음과 같이

---

20. 불어판 C. G. Jung, "Le problème Job," *La réalité de l'âme*(『영혼의 현실』), 제2권, Le livre de poche, 2007을 참조해서 번역을 일부 수정했다. 이 불어판은 전문이 실려 있지 않은 발췌본이다.

적는다. "어떻게 하느님이 나에게 자명한 것이 되었을까? 하느님의 존재는 머리 위에 떨어지는 벽돌과도 같이 너무나도 분명한데도, 이 철학자들은 어찌하여 하느님은 일종의 관념이며 자기들이 만들어낼 수도 있고 그러지 않을 수도 있는 임의적인 가설이라고 말하는 것인가? 그 무렵 나는 하느님은 적어도 나에게는 가장 확실하고 직접적인 경험들 중의 하나라는 사실을 불현듯 깨닫게 되었다."[21]

자, 두 가지 사실이 있다.

1) 융에게 신의 존재는 "머리 위에 떨어지는 벽돌과도 같이" 분명하다.
2) 기독교의 신 야훼는 전제군주의 상이 투사된 것이다.

이 두 사실은 모순되는 것일까? 그렇지 않다. 다만 우리는 야훼가 '순수한 인간적 투사의 구성물'이 아니라 '신적 존재에 대한 잘못된 표상'이라고 생각하면 된다. 사회관계를 반영해서 신적 존재를 잘못 표상했다고 말이다. 다시 말해, 전제군주를 투사해서 없는 신을 만들어낸 것이 아니라, 실재하는 신을 잘못 표상하게 되었다는 것이다. 그렇다면 위의 1)과 2)로부터 다음의 3)과 4)가 도출된다.

3) 융은 모든 종교의 신들을 순수한 인간적 투사의 구성물이 아니라 신적 실재에 대한 인간적 표상들이라고 여긴다.
4) 경험과학자로서 융은 신적 실재 자체가 아니라 그것에 대한 인간적 표상들을 연구한다.

---

21. 『기억 꿈 사상』, 120~121쪽.

이 3)과 4)는 융의 고유한 문제틀을 이해하는 데 있어 핵심적인 것들이다. 이제 다시『욥에의 응답』에서의 기독교 비판을 뒤쫓자.

융에 따르면 야훼는 욥에게 부조리한 고난을 가함으로써 "도덕적 패배를 자초"한다(욥 358쪽). 욥은 고난 속에서도 굳건히 자신을 견지한 반면, 야훼는 욥을 믿지 못하고 사탄의 유혹에 빠져 부조리한 폭행을 욥에게 가했다는 것이다. 그러므로 도덕적으로 승리한 것은 욥이다. "약자와 피압제자의 승리는 명백하다. 욥은 도덕적으로 야훼보다 더 높이 있다. 이 관계에서는 피조물이 창조주를 능가한다"(욥 358쪽).

야훼는 그리하여 도덕적 만회를 노린다. 방법은 스스로 인간이 되는 것이다. 도덕적으로 열등한 신이 도덕적으로 우월한 인간이 되어 자신의 도덕적 패배를 만회하려 한다는 것이다.

하지만 그처럼 탄생한 예수는 야훼를 닮아 성격이 나쁘다. "그리스도의 성격에는 인간에 대한 사랑 이외에도 화를 잘 내기도 하는 어떤 특성이 눈에 보이기도 하는데, 그것은 감정적 기질을 가진 사람에게서 흔히 있는 바처럼 자기성찰의 결여이기도 하다. 그리스도가 자기 자신을 이상하게 생각했다는 근거는 어느 곳에도 없다. 그는 자신과 대결한 것 같지 않다"(욥 362~363쪽).

"자기성찰의 결여"와 "화를 잘 내는 성격"은 다음의 것을 말해준다. 적어도『성경』에 기록된 대로의 예수에게서 사랑의 담화는 타자들에 대한 용서와 이해의 생활 태도에서 유래된 것이 아니라 관념적인 것이었다는 것. 그렇다면 예수의 선(善)은 독선(獨善)으로서 악을 내포한 것이 아닐까? 이른바 현실사회주의의 악이 스탈린이나 레닌만이 아닌, 맑스 자신의 이론에 내재한 한계에서 비롯된 것이라면, 기독교의 역사 속에서 자행된 악들은 교부들이나 사도들 때문만이 아니라『성경』의 예수의 악에서 비롯된 것이 아닐까?[22]

융은『욥에의 응답』보다 1년 앞선 1951년에 출간된『아이온』에서 그리스도에 내재한 마귀에 대해 말한다. 즉 적(赤)그리스도는 "그리스도로부터 잘려나간 그림자"라는 것이고,[23] "마귀가 신에 대한 실질적 대립자로 세상에 들어온 것은 그리스도와 함께이며, 유대-기독교적 서클들에서 사탄은 그리스도의 형처럼 간주된다"는 것이다(A 75쪽). 또 "원시 교회에서 그리스도는 마귀와 공통되는 상징들과 알레고리"를 갖는데, 예컨대 "'아침의 별'인 루시퍼는 그리스도와 마귀를 동시에 지시한다"는 것이다(A 85쪽). 그렇다면 기독교 역사의 대부분의 악은 '선한 예수'에 내재된 그림자의 악에서 비롯된 것일까?

융은『욥에의 응답』에서 그리스도의 박애가 갖는 한계도 마찬가지로 지적한다. 그리스도의 박애는 "선택 받지 못한 사람들에게는 그[그리스도]의 구원의 계시를 보류하는 것"이고, "예정을 암시하는 것은 특별대우의 느낌이 생기게 한다"는 것이다(욥 362쪽). 다시 말해, 예정된 자들에게만 선별적으로 행해지는 그리스도적 구원은 결코 박애적이지 못하다는 것이다.

그러한 선별적 구원은 구원재(財)의 선별적 분배를 통한 종교적 권력 행사에 이른다.[24] 도대체 왜 그리스도의 구원은 보편적 사랑에 입각할 수 없는 것일까? 그것은 예수를 신적으로 표상한 사람들의 내면적 증오를 반영한 것이 아닐까?

융은 스스로 인간이 되려 한 야훼에게서 지속되는 악에 대해 말한

---

22. 나 자신은『성경』속에서 예수의 1) 놀랍도록 감동적인 발언들과 2) 당혹스런 공격적 발언들을 동시에 발견한다. 나는 개인적으로 1)은 예수의 진짜 발언들이고, 2)는 복수심과 공격욕을 가졌던 제자들에 의한 왜곡이라고 생각한다.

23. C. G. Jung, *Aïon, études sur la phénoménologie du Soi*(『아이온, 자기의 현상학에 대한 연구』), Albin Michel, 1983, 56쪽. 앞으로 이 책으로부터의 인용은 본문 내에서 'A'라고 표기하고 쪽수를 적는다.

24. 이에 대한 상세한 설명을 원한다면, 이종영, 「권력으로서의 신」, 『진보평론』 19호, 2004년 봄을 참조할 것.

다. 야훼는 인류에게 은혜를 베푼다고 해봤자 기껏해야 "자신의 아들의 살해를 통해 은혜를 베푸는" 잔혹한 방법밖에 선택할 줄 모른다는 것이다(융 391쪽). 야훼의 악이 갑자기 사라지리라고 믿는 것은 "반성의 결핍 또는 지성의 희생을 전제로 한다"(융 373쪽).

결국 예수는 야훼를 항상 두려워하고, 그래서 기도한다. "우리를 시험에 들게 마시고, 악에서 구하소서"라고. 하지만 아버지 야훼에 대한 예수의 의심은 정당하다. 야훼가 「요한묵시록」에서 다시 인류에게 전대미문의 파괴적 분노를 터뜨리고, 14만 4천 명만을 남겨놓듯이 말이다(융 366~367쪽).

자, 융이 "기독교를 신봉"했다는 것은 있을 수 없다. 그는 야훼로부터 예수를 거쳐 「요한묵시록」으로 이어지는 악을 명확히 인식하고 있었다. 그가 그러한 악을 '신봉'하지 않았음은 확실하다. 그 악은 유대 사회의 지배-복종 관계에 내재한 폭력성의 반영이다. 하지만 융의 초점은 사회관계의 반영에 맞추어져 있지 않다. 그의 인식대상은 보다 원천적이다. 즉 우리의 무의식적 심리과정이 신적 실재에 대해 어떠한 표상들을 만들어내는가 하는 것이 그것이다. 그는 신학자가 아니라 경험과학자이므로, 신적 실재 자체가 아닌 그에 대한 무의식적 표상들을 연구한다.

인식론적 입장 (1): 경험과학과 형이상학 사이

여기서 융의 문제틀의 고유성을 이해하기 위해 다시 다음 두 사실을 염두에 두어야 한다.

1) 융은 기독교를 그처럼 비판함에도 불구하고, 이성보다 오히려 종교가 훨씬 풍부하고 또 올바른 통찰력을 내포한다고 여긴다는 것.

2) 융은 모든 기독교들을 똑같이 여기지 않고, 개신교에 대해 훨씬 더 비판적이라는 것.

어쨌거나 융은 이성보다는 종교 편이다. 어떻든 간에 종교는 무의식의 심층에서 비롯된 것이고, 반면에 이성은 무의식의 심층으로부터 등을 돌린 의식적 과정의 도구일 뿐이라는 것이다. 그래서 융은 이성의 산물인 계몽주의를 마귀의 등장에 따른 타락의 시작으로 여긴다. 그에게는 종교개혁도 마찬가지로 마귀적이다. 즉 루터는 히틀러로까지 이어지는 적(赤)그리스도인 것이다(A 115쪽).

융은 1928년 『황금꽃의 비밀에 대한 주해』에서 "우리 시대는 이 점에서 치명적 실수를 저질렀다. 우리 시대는 지성의 관점에서 종교적 사실들을 비판할 수 있다고 믿었다"고 말한다(황금꽃 52~53쪽). 협애한 지성이 자신보다 훨씬 폭넓은 원천에서 비롯되는 종교를 비판하는 것은 근원적 한계를 갖는다는 것이다.

그렇다면 융의 기독교 비판은 어떻게 생각해야 할까? 그 자신이 기독교를 비판했지만, 그럼에도 기독교를 성립시킨 무의식적 과정들에는 이성으로서는 가닿을 수 없는 초월적인 무엇에 대한 인식이 내포되어 있다는 것일까? 야훼의 전제군주적 성격과 예수의 이중성에도 불구하고, 신적 실재에 대한 모든 인간적 표상들은 나름의 가치를 갖는 것일까? 아마도 융은 그처럼 생각하는 듯하다.

그는 1934년의 「영혼과 죽음」에서는 "종교들은 결코 의식적인 교묘함에서 비롯된 것이 아니고 무의식적 영혼의 자연스런 삶에서 나왔다"고 하고, "계몽주의 시대의 사조를 신봉하는 자는 심리적으로

고립되고, 일반적인 인간적 현실과 대립하게 된다"고 한다.[25] 이성에
만 의존하는 인간은 인간적 전체성과 대립하게 된다는 것이다. 즉
"심리적으로 올바른 사고는 언제나 가슴과, 영혼의 심층과 결합되어
있다"는 것이다.[26] 융에 따르면 그런 사고는 이성적이라기보다 종교
적이다.

융은 1937년 처음 발표되었고 수정을 거쳐 1940년에 출판된 『심리
학과 종교』에서는 과학적 이론과 종교적 도그마를 다음처럼 대립시
킨다. "내가 보기에 과학적 이론은 아무리 섬세하더라도, 심리학적
진리라는 관점에서는 종교적 도그마보다 가치를 갖지 못한다. [⋯] 종
교적 도그마는 비합리적 전체성을 이미지로 표현한다. 그러한 표현
방식은 마음의 실존과 같은 비합리적 사실을 훨씬 더 잘 설명한다."[27]

즉 융은 심리적 현실에 가닿는 것에서의 과학의 한계를 명시한다.
과학보다 종교가 심층적 심리의 비합리성을 훨씬 더 온전히 드러내
준다는 것이다. "종교적 도그마는 과학적 이론들보다 영혼에 대해
훨씬 더 완전한 이미지를 제공한다. 과학적 이론들은 단지 의식만을
표현하고 정식화하기 때문이다."[28] 이때 "완전한 이미지를 제공한
다"는 것은 단지 '표현'한다는 것만이 아니라 '이해하고 있다'는 것
도 뜻하는 것이다.

융은 이성과 종교를 이처럼 대립시키는 입장을 끝까지 견지한다.

---

25. C. G. 융, 「심혼과 죽음」, 101쪽. 이 논문의 한글번역본 제목은 「심혼과 죽음」이지만
'심혼'이란 번역어가 나의 관점에선 다소 부적합하다는 생각이 들어, 본문 내에서 논문
제목을 언급할 때는 「영혼과 죽음」이라고 하기로 한다. 융의 저술에서의 '젤레(Seele)'를
'영혼'으로 옮겨줘야 하는 이유에 대해서는 각주 51의 설명을 참조할 것.
26. 같은 글, 102쪽.
27. C. G. 융, 「심리학과 종교」, 『인간의 상과 신의 상』, 73쪽. 지금의 인용문을 포함해서
앞으로 이 글로부터 인용된 문장이 한글판과 다를 경우는 *La réalité de l'âme*, 제2권에 실린
불어판 발췌본("Le dogme et les symbols naturels")에 입각해서 번역을 일부 수정한 것이다.
28. 같은 글, 74쪽.

내가 여기서 그 사례들을 일일이 열거할 필요는 없다. 결국 융에 따를 때, 이성은 무의식적 과정에 충분히 가닿지 못하는 근본적 한계를 갖는다. 따라서 그런 이성만을 배타적으로 신봉하는 계몽주의는 마귀적인 것이고, 과학은 이성을 도구로 삼는 한에서 똑같은 한계를 갖는다. 반면 종교는 무의식적 심리과정에 의해 형성된 것이므로, 인간적 전체성에 대해 보다 균형 잡힌 이해를 내포한다는 것이다.

하지만 역설적인 것은 융 자신이 경험과학을 실천한다는 것이다. 융은 자신의 작업에 대한 수많은 오해들에 맞서서, 그가 행하는 것은 신학이 아니라 경험과학임을 수차례에 걸쳐 반복적으로 강조한다. 그는 자신이 행하는 것이 경험과학임을 부각시키기 위해 "분석심리학은 본질적으로 자연과학에 속한다"라고도 말한다.[29]

융 자신의 말처럼 종교야말로 무의식의 심층을 드러내는 것이라면, 융이 과학자가 아닌 종교인의 길을 가지 않은 이유는 무엇일까? 그것은 객관화 장치의 부재라는 종교의 속성 때문이다. 종교는 초월적 x에 가닿더라도, 그것을 객관적인 인식으로 발전시킬 수 없다. 칸트가 『실천이성비판』에서 신앙은 주관적으로만 확실하고, 과학적 인식만이 주관적·객관적으로 모두 확실하다고 했듯이 말이다. 루이 알뛰세르는 "이데올로기는 사람을 나누고 과학은 사람을 모은다"라고 한다. 종교를 포함한 이데올로기에는 소통의 토대인 객관적 논거가 부재한 반면, 과학은 논거의 공개를 통해 소통을 가능하게 한다는 것이다.[30] 이런 소통이 상호교정의 과정을 거쳐 객관적 인식의 한 통로를 여는 것이다.

---

29. 『기억 꿈 사상』, 365쪽. 물론 '자연과학=경험과학'은 결코 아니다. 다만 융이 그처럼 생각힌다는 것이다.

30. 에크하르트 톨레는 앞서 인용한 『NOW』에서 종교는 사람을 나누고 영성은 사람을 모은다는 식으로 얘기한다. 이 말은 종교가 이데올로기적인 반면에, 영성은 이데올로기적 층위를 벗어나 있음을 뜻한다.

결국 융의 입장은, 보다 일반화하자면, 다음과 같이 정리될 수 있는 것이다.

1) 신화, 종교, 연금술은 무의식적 심리과정을 가장 잘 드러낸다.
2) 그러나 신화, 종교, 연금술을 경험과학적으로 연구해야만, 무의식적 심리과정에 대한 객관적 인식을 생산할 수 있다. 그러므로 경험과학을 행한다.

우리는 융을 경험과학자로 여겨야만, 그의 연구들을 온전히 이해할 수 있다. 예컨대 융은 1926년에 발표한 「정신과 삶」[31]에서 "영혼은 이미지의 연속"이란 발언을 한다.[32] 어떻게 영혼이 "이미지의 연속"일 수 있을까? "이미지의 연속"이란 내재적인 규정이 아니라 겉에서 보인 것에 불과한 것이 아닐까?

영혼이 "이미지의 연속"일 수 없음은 물론이다. 하지만 융이 그처럼 발언하는 것은 경험과학적 관점에 따른 것이다. 영혼은, 부단히 그것이 제시하는 이미지처럼 우리의 지각에 경험적으로 현상(現象)한다는 것이다. 다시 말해, 우리의 경험은 영혼을 그것이 우리에게 제시해주는 이미지에 따라 파악할 수밖에 없다는 것이다. 그러므로 "영혼이 이미지의 연속"이라는 것은 다만 우리의 오성(悟性)이 영혼에 대해 경험한 것을 기술한 것일 뿐이다.

융은 같은 논문에서 "모든 심리적 행위는 이미지를 산출한다"고 한다.[33] 이 말 또한 경험과학적 입장에서 모든 심리적 행위는 이미지처럼 드러난다는 것을 뜻할 뿐이다. 즉 "심리적 행위가 산출하는 이

---

31. 1926년에 발표될 때는 「자연과 정신」이란 제목이었고, 1931년 『현대의 영혼문제』에 수록되면서 제목을 「정신과 삶」으로 바꾼다.
32. C. G. Jung, "L'esprit et la vie," *La réalité de l'âme*, 제1권, Le livre de poche, 1998, 373쪽.
33. 같은 글, 372쪽.

미지”는 우리의 경험에게 제시되는 이미지라는 것이다.

융의 연구는 실제로 경험과학적이다. 그는 자신의 오성에 경험적으로 드러나는 것들을 차분히 기술한다. 하지만 완전한 의미의 경험과학은 불가능하다. 첫째로는, 과학 그 자체가 경험의 배후에 놓인 것들로부터 경험을 설명하는 것이기 때문이고,[34] 둘째로는, 종종 미리 전제된 인식틀이 인식행위를 이끌기 때문이다. 특히 이 두 번째 경우, 경험과학은 형이상학과 결합한다. 융의 경험과학 또한 그렇다.

융은 자신은 경험과학을 한다고 하면서, 유물론을 형이상학이라고 비판한다. 하지만 융 또한 자신의 형이상학을 갖고 있다. 그 자신이 아무리 그것들이 경험적이라고 주장하더라도, 경험적 논거를 충분히 갖추지 못한 인식의 전제들은 형이상학적이다. 융의 4원론이 그러하고, 언제나 이원적 대립 또는 양극적 대립을 설정하는 그의 인식틀이 그러하다.

융은 4원론자다. 1937년의 『심리학과 종교』로부터 1951년의 『아이온』과 1955년의 『융합의 신비』에 이르는 그의 후기의 저술들은 전적으로 4원론에 의해 각인되어 있다. 그는 『아이온』에서는 4원성을 “전형적인 질서도식”이라고 하고 “본능적으로 사용되는 정돈체계”라고 한다(A 262쪽). 즉 인간은 본능에 따라 사물들을 4원적으로 정리한다는 것이다. 또 『심리학과 종교』에서는 “무의식의 공식은 사위일체성”이라고 한다.[35] 1946년에 발표한 「정신의 본질에 관한 이론적 고찰」에서는 꿈들이 “일반적으로 4의 체계에 따른 방사상 배열”을 취하고 있고, “3위로 이루어진 형상”은 오히려 예외적이라고 한다.[36]

---

34. 이러한 의미에서 과학은, 바슐라르가 말하듯, 근본적으로 반(反)경험적이다.
35. C. G. 융, 「심리학과 종교」, 91쪽.
36. C. G. 융, 「정신의 본질에 관한 이론적 고찰」, 『원형과 무의식』, 66~67쪽. 앞으로 이 글로부터의 인용은 본문 내에 ‘본질’ 이라고 표기하고 쪽수를 적는다. 인용된 문장이 한글판과 다를 경우는 불어판 “Réflexions théoriques sur la nature du psychisme,” *Les racines de la*

하지만 융의 이러한 4원론은 충분한 논거를 갖추지 못한 것이다.

한편, 융은 초기의 저술들에서부터 인간 심리 내부의 이원적 대립 또는 양극적 대립을 설정한다. 그리고 이러한 설정은 그의 최후의 저술들에까지 이어진다.

그는 1912년에 초판이 나온 『무의식의 심리학』[37]에서 다음과 같이 말한다. "모든 인간적인 것은 상대적이다. 내적인 대립에 기초하기 때문이다. 모든 현상은 에너지를 갖는다. 하지만 대립이 없다면, 미리 존재하는 갈등이 없다면, 에너지도 없다."[38] 우리는 내면의 심리적 대립을 종종 경험한다. 하지만 그것이 보편적 법칙성을 갖는 것일까? 그 대립은 심리적 에너지의 원천을 이룰 정도로 근원적일까?

융은 1916년 그의 집에 출몰하던 유령들에 맞서서 「죽은 자에 대한 일곱 가지 설교」를 쓴다. 이 글에서 그는 이원적 대립을 우주론적 수준으로 끌어올린다. 즉 그는 대립항들이야말로 최고의 우주론적 실체인 '플레로마(Plérôme)'의 속성들이라고 한다.[39] 또 그는 "분화의 과정에 따라 플레로마에서 등장하는 것들은 모두 대립항으로 조직되어 있다. 그래서 악마는 항상 [플레로마의 하위 범주인] 신과 결합해 있다"고 말한다.[40] 융은 이처럼 이원적 대립을 우주론적 수준으로 끌어올려서, 심리 내부의 양극적 대립을 보편적 법칙으로 만든다. 하지만 그러한 설정은 경험과학과는 한참 거리가 멀다. 물론 심리 내부의 대립구조는 과학적으로 설명해내야 할 하나의 경향성이다. 하지만 그것을 우주의 짜임새와 연결시키면서까지 법칙적인 것으로 간주해선 곤란하다.

---

conscience, Le livre de poche, 2008에 입각해서 번역을 일부 수정한 것이다.

37. 1916년에 개정되고 1942년에 최종판이 나온다.

38. C. G. Jung, *Psychologie de l'inconscient*, Le livre de poche, 1993, 135쪽.

39. C. G. Jung, "Les septs sermons aux morts," *La réalité de l'âme*, 제2권, 25쪽.

40. 같은 글, 27~28쪽.

자, 이제 우리는 위에서 제시한 융의 두 가지 인식론적 입장에 대해 또 하나를 추가할 수 있다. 그것은 다음과 같다.

3) 융은 경험과학을 실천하기 위해 노력하지만, 그의 인식틀은 형이상학적인 전제들을 일정하게 내포한다.

이제 개신교와 가톨릭에 대한 융의 차별적 태도를 살펴보자. 이미 보았듯 융이 개신교에 대해 훨씬 더 비판적인 것은, 그가 개신교를 계몽주의적 이성의 산물로 여기기 때문이다.

그는 1928년 발표한 「정신분석과 영혼의 치료」에서 다음과 같이 말한다. "모든 형태의 신성한 의례들은 무의식의 내용들을 수용하는 그릇처럼 기능한다. 하지만 그것들을 제거한 청교도주의로 인해 개신교는 무의식에 대해 작용하는 수단들을 상실한다."[41] 즉 개신교는 계몽주의의 영향으로 무의식과의 접속을 상실한다. 반면, "가톨릭교회는 영혼의 하위적인 충동적 에너지들을 포착하고 상징으로 표현해온 수단들을 가지고 있고," 그래서 무의식과 긴밀히 소통한다는 것이다.[42] 융은 또 1941년 발표한 「미사에서의 변환과 상징」에서 "가톨릭교회의 가장 중요한 비의(秘儀)가 무엇보다도 인간 영혼의 깊은 곳에 뿌리를 내리고 있는 정신적 조건에 기반한다"고 말한다.[43] 가톨릭 비의들이 무의식과 결합해 있다는 것이다.

그는 다시 『욥에의 응답』에서는 "개신교의 관점은 분명히 개인이나 대중의 영혼에 있는 강력한 원형적 전개와의 접속을 잃어버렸"고

---

41. C. G. Jung, "Psychanalyse et cure d'âme," *L'âme et le Soi* (『영혼과 자기』), Albin Michel, 1990, 183쪽.
42. 같은 글, 185쪽.
43. C. G. 융, 「미사에서의 변환의 상징」, 『인간의 상과 신의 상』, 255쪽.

"성령에 대한 이해를 상실"했다고 한다(욥 435~436쪽). 그리고 그는 1950년 가톨릭 교황에 의한 성모 승천의 공포를 종교개혁 이래 가장 중요한 종교적 사건이라고 치켜세운다(욥 437쪽). 이는 가톨릭에서의 마리아 숭배에 대해 융이 부여하는 중요성에 따른 것이다.

융은 개신교는 부성적이고 가톨릭은 모성적이라고 한다(욥 439쪽). 그래서 한국에서 개신교는 그처럼 호전적이고, 가톨릭은 평화주의적인 것일까? 물론 유럽 교회사(史)에 따를 때, 꼭 그렇지는 않지만 말이다. 마리아는 여성이고 어머니일 뿐만 아니라 어두움과 질료를 상징한다. 그러므로 마리아는 무의식과 자연스럽게 결합한다. 반면 성부, 성자, 성신은 모두 남성적이어서 무의식과 차단되어 있는 것이다.

자, 4원론자인 융에 따를 때, 삼위일체는 불완전하다. 그러므로 제4의 요소가 개입해서 사위일체적 완전성을 획득해야 한다. 융은 『융합의 신비』에서 기독교의 사위일체성을 다음과 같이 제시한다.[44]

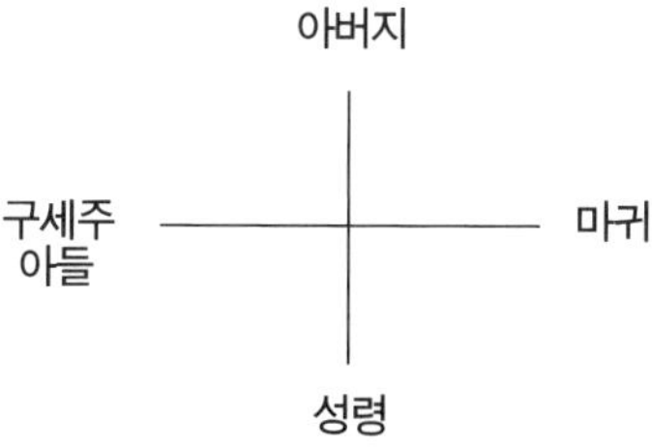

이 도식에선 마귀가 제4의 요소로 참여해서 기독교적 총체성이 완전하게 제시된다. 하지만 이 도식은 남성적인 것으로 오늘날의 개신교에 훨씬 더 가깝다. 그래서 융은 또 다른 형태의 기독교적 사위일

---

44. C. G. Jung, *Mysterium conjunctionis*, 제1권, Albin Michel, 1980, 144쪽. 앞으로 이 책으로부터의 인용은 본문 내에서 '융합'이라고 표기하고 권수와 쪽수를 적는다. 이 책의 제2권은 같은 출판사에서 1982년에 출간되었다.

체성을 다음과 같이 제시한다(융합 1권 237쪽).

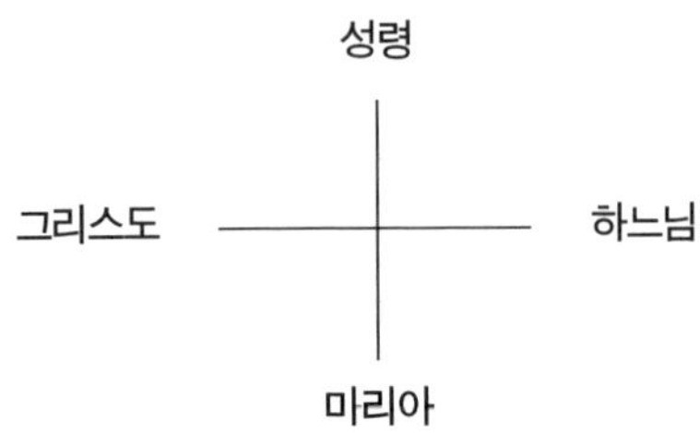

이 도식은 가톨릭적인 사위일체성을 표상한다. 이 도식에서 제4의 요소인 마리아는 여성적인 것, 어둠, 무의식과 연결되고, 그리하여 보다 온전한 균형이 가능해진다. 내부의 어둠으로부터 등을 돌린 신성함만으로는 균형을 이룰 수 없다. 그 신성함은 억압적이기 때문이다. 그래서 오히려 앞선 도식에서처럼 마귀가 등장하게 된다.

정리를 해보자. 융은 결코 기독교를 '신봉'하지 않는다. 그에게 기독교란 무의식 속의 신성이 특정한 조건 속에서 현상한 한 가지 종교 형태일 뿐이다. 그는 기독교들 가운데에서 무의식과의 연결을 상실한 개신교에 대해 더욱 비판적이다. 반면, 그에게 가톨릭은 마리아 숭배를 통해 '무의식 = 질료'와 연결되는 것이고, 그리하여 연금술로의 다리를 놓아준다. 하지만 연금술에 대한 관심이 그로 하여금 가톨릭에 대해 보다 우호적 입장을 취하게 했다고 말하는 것이 더 정확하지 않을까?

인식론적 입장 (2): 연금술의 심리학적 가치?

융은 심리 내부의 양극적 대립을 일종의 법칙적인 것으로까지 상승시킨다. 하지만 그가 영혼과 육체, 정신과 육체의 이원론을 받아들이는 것은 아니다. 1) 심리 내부의 양극적 대립과 2) 영혼과 육체의 이원론은 같은 것이 아니다. 즉 융은 양극적 대립을 일종의 심리적 법칙처럼 제시하지만, 이원론자는 결코 아니다.

우리는 곧이어 영혼이란 단어에 대한 융의 용법들을 살펴볼 것이지만, 1926년의 「정신과 삶」에서의 그의 발언은 흥미롭다. 즉 그는 "영혼과 육체는 아마도 적대적인 쌍이다. 적대적인 쌍으로서 그것들은 단 하나의 존재를 표현한다"고 말한 뒤, "영혼과 육체의 그러한 분리는 오성에 의한 작위적인 것일 수 있다"고 덧붙인다.[45] 이러한 발언이 암시하는 것은 영혼과 육체를 포괄하는 어떤 전체성에 융의 관심이 가닿아 있다는 것이다.

그러한 관심은 융을 연금술로 이끈다. 즉 융은 질료 속에서 정신을 읽어내는 연금술적 입장, 즉 '질료＝정신'의 연금술적 일원론에 끌린다. '질료＝정신'의 연금술적 일원론은 무의식(＝질료) 속에서 신성을 읽어내려는 융의 입장과 닮은 것이다.

융은 『융합의 신비』에서 연금술을 "기독교적 관점에 대한 반성"에서 비롯된 것으로(융합 1권 146쪽), 그리하여 "기독교적 세계관의 공백을 메우는 것"으로 제시한다(융합 2권 268쪽). 이때 "기독교적 관점" 또는 "기독교적 세계관"이란 오직 정신적인 것에만 관심을 집중함으로써 육체적인 것 또는 질료적인 것을 억압하는 것이다.

융에 따르면 기독교에서 그리스도는 "완전한 승리, 인간의 완전한 해방을 표상"하지만(융합 1권 264쪽), 그러한 승리 또는 해방은 실질적으로는 불완전하다. 그리스도는 육체를 부정함으로써, 악을 충분히 껴안지 못했고, 그래서 오히려 독선적(獨善的)이 되었기 때문이라

---

45. C. G. Jung, "L'esprit et la vie," 373쪽.

는 것이다. 그리하여 연금술사들은 "불완전한 구원에 대한 보충"을 추구한다. 즉 예수가 가닿지 못한 진정한 총체성을 실현하는 것이 그것이다(융합 1권 264쪽).

"연금술적 구세주"는 "질료 속에 침투한 신적 지혜로부터 탄생한 자연의 영혼"이다(융합 1권 147쪽). 연금술은 질료 속에서 정신을 읽어내고, "질료의 암흑으로부터 신을 해방"시킨다.[46] 이 말은 '질료＝정신'의 관점에서 질료를 껴안아야만, 진정한 구원이 주어진다는 것이다.

융에 따를 때, '질료＝정신'의 일원론에 따라 질료 속에서 정신을 읽어내는 작업은 실제로는 연금술사들의 무의식을 질료 속에 투사(投射)하는 작업이다. 즉 자신의 무의식을 질료 속에서 읽는다는 것이고, 그래서 '질료＝무의식＝정신'의 등식이 성립한다는 것이다. 그러한 투사의 방식은 연금술적 비의(秘儀)를 통한 것이다. 즉 연금술적 비의가 연금술사의 무의식을 구현한다는 것이다.

융은 연금술사가 "자신의 투사를 질료의 특성으로 체험"하지만, "그가 실제로 체험한 것은 그의 무의식"이라고 한다(연금술 38쪽). 또 융은 "연금술사들은 질료의 영혼에 의해 매혹"되었지만 "그 영혼은 투사라는 수단을 통해 인간 영혼으로부터 받은 것"이라고 한다(융합 1권 169쪽). 이때 '인간 영혼'은 물론 연금술사의 무의식이다.

융은 "연금술과 기독교의 관계는 꿈과 의식의 관계와 같다"고 한다.[47] 기독교에 비해 연금술은, 연금술사의 심리적 투사를 통해 인간

---

46. C. G. 융, 『연금술에서 본 구원의 관점』, 기본저작집 6권, 솔, 2006, 121쪽. 이 책은 『심리학과 연금술』의 제3부이다. 앞으로 이 책으로부터의 인용은 '연금술'이라고 표기하고 쪽수를 적는다. 인용된 문장이 한글판과 다를 경우는 불어판 *Psychologie et Alchimie*, Duchet/Chastel, 1970에 입각해서 번역을 일부 수정한 것이다.

47. C. G. 융, 『꿈에 나타난 개성화 과정의 상징』, 기본저작집 5권, 솔, 2006, 35쪽. 이 책은 『심리학과 연금술』의 제1부와 제2부이다. 앞으로 이 책으로부터의 인용은 본문 내에 '개성화'라고 표기하고 쪽수를 적는다. 인용된 문장이 한글판과 다를 경우는 불어판

의 무의식을 훨씬 더 잘 드러내준다는 것이다. 그래서 융에게 연금술은 무의식 연구를 위한 가장 중요한 재료를 구성한다.

하지만 내가 보기에, 그리스 · 로마 시대로부터 17세기까지 이어지는 연금술의 역사는 나르시스적 판타즘에 종속된 지적 부패의 역사이다. 물론 내가 연금술에 대해 아는 것 거의 전부는 융의 책들에서 읽은 것이다. 그러나 나에게 연금술의 심리적 과정은 너무도 명백하게 여겨져서, 성급한 판단을 멈출 수 없게 한다. 관심이 있는 독자들은 많은 자료들을 섭렵하시고 나를 비판해주시길 바란다. 어쨌거나 나는 연금술적 작업의 배경을 이룬 심리적 과정을 다음과 같이 추론한다.

1) 연금술사들이 추구한 것은 물질적 변화이다.

2) 그들은 이 물질적 변화가 정신적 과정에 의해 실현될 수 있다고 믿었다.

3) 게다가 그들은 신적 은총이 이 정신적 과정에 개입한다고 상상했다.

4) 그들은 자신들이 신의 은총을 입은 특별한 존재라는 나르시스적 판타즘을 가지고 있었고, 그리하여 물질적 변화를 이루어낼 수 있다고 믿었다.

5) 그들이 얻어낼 물질적 변화는 그들의 나르시시즘을 확인해주고 정당화해주는 객관적 증거이다.

6) 하지만 물질적 변화는 결코 일어나지 않는다.

7) 그럼에도 누군가가 신비한 비법(秘法)들을 가지고 있다는 얘기가 떠돈다.

Psychologie et Alchimie, Duchet/Chastel, 1970에 입각해서 번역을 일부 수정한 것이다.

8) 그러나 그러한 비법들은 존재하지 않는다. 그것들은 일부 연금술사들이 스스로를 신비화시키려고 지어낸 것들이다. 그 신비화의 목적은 자기기만을 통해 외적 명예를 유지하는 것이다.[48]

융이 인용하고 있는 한 연금술 텍스트를 읽어보자. "그러니까 네가 그렇게 오랫동안 찾던 이것은 권력이나 열정으로 얻어지거나 완성되는 것이 아니다. 이것은 단지 인내와 겸손과 결연하고 가장 완전한 사랑으로 획득된다. [···] 하느님은 자신이 의도적으로 선택한 종(從, serviteur)들 몇몇에게 그들이 인간 안에 숨어 있는 거룩한 학문을 탐구하고, 탐구한 것을 갖고 있도록 명하셨다"(연금술 71~72쪽).

화학적으로 '철학자의 돌'을 만들어내기 위해 "인내와 겸손과 가장 완전한 사랑"이 필요할까? 그렇지 않다. 그것들은 나르시시즘의 허구적 도구들일 뿐이다. 이러한 나르시스적 판타즘에 따를 때, 누군가가 "인내와 겸손과 사랑"을 실천한다면, 그는 꿀, 애기똥풀, 산쪽, 로즈마리, 붉은 백합, 사랑의 피 등등[49]을 섞어서 금을 만들어낼 수 있다. 그 이유는 다음과 같다. 즉 누군가가 그러한 덕목들을 구현할 수 있다면, 그는 신의 은총을 받아 마땅하다는 것이다.

나르시시즘은 스스로를 선택된 자로 제시하려는 것이다. 나는 특별해서 신의 '선택'을 받았고, 그래서 몇몇 상징적 물질들을 뒤섞어

---

48. 융은 『연금술에서 본 구원의 관점』, 92쪽에서 다음과 같이 말한다. "연금술사는 자신이 모호하게 기록하고 있다는 것을 알고 있다. 그는 자신이 의도적으로 감춘다는 사실을 인정한다." 하지만 내가 보기에 이 자체가 허구이다. 내가 보기에, 연금술사는 감추어야 할 것이 아무것도 없기 때문이다. 그러므로 연금술사는 단지 '감추는 흉내'를 낼 뿐이다. 즉 자신을 신비화시키는 것이다. 그 이유는 물론 권위를 잃기 싫어서이다. 하지만 이러한 현상이 꼭 연금술사에게만 해당할까? 헤겔은 어떨까? 라깡은 어떨까? 그들 또한 감출 것이 아무것도 없으면서 의도적으로 모호하게 쓰지 않았을까? 물론 보잘것없는 학자일 뿐인 나 자신 또한 결코 결백하지 못하다.

49. 이것들은 게라르두스 도르네우스(Gerardus Dorneus)가 연금술적 작업에서 실제로 사용했던 것들이다(융합 2권 290~291쪽을 참조할 것).

서 '철학자의 돌' 을 만들어낼 수 있다는 것이다.

나는 왜 신의 선택을 받을 정도로 특별한 존재인 것일까? 그것은 내가 인내가 있고, 겸손하고, 완전한 사랑을 실천하기 때문이다. 어떻게 나는 '철학자의 돌' 을 만들어낼 수 있을까? 그것은 신의 선택을 받았기 때문에 가능하다. 내가 실천하는 학문이 '거룩한' 것은 신의 은총이 개입하기 때문이다. 그 인과적 연결은 다음과 같다.

1) 나르시스적 판타즘 →

2) 선택된 자이고자 하는 욕망 →

3) 선택된 자이기 위한 도덕적 자질의 사후적 구성 →

4) 신의 선택 →

5) 신의 선택을 증거하는 물질적 변화.

1) 언제나 나르시스적 판타즘이 가장 먼저 존재한다. 2) 그리고 누구에게서나 이 판타즘은 특별한 자이고자 하는 욕망, 선택된 자이고자 하는 욕망으로 이어진다. 3) 자신이 선택된 자임을 입증해주는 자기 증거는 "인내와 겸손과 사랑"과 같은 도덕적 자질이다. 만약 그 자질이 없다면 만들어내면 된다. 4) 자신이 이처럼 특별한 자이므로, 신은 그를 선택할 수밖에 없다. 5) 그리하여 그러한 선택을 증거하는 '물질적 변화' 로서 '철학자의 돌' 이 얻어져야 한다. 6) 하지만 물질적 변화는 일어나지 않는다. 그래서 "비법이 숨겨져 있다"는 식의 기만의 체계가 발달한다.

융은 "신이 허락한다면 보다 위대한 것을 구현할 수 있다"는 것을 "연금술에서 항상 변함없는 처방"으로 제시한다(연금술 84쪽). "보다 위대한 것을 구현"하려는 욕망은 나르시스적 욕망이다. '신의 허락' 을 받았다는 것은 자신이 선택받았다는 것이고, 그리하여 자신의 나르시시즘을 정당화해주는 것이다. 그리고 실제로 "보다 위대한 것을 구현"하는 것은 신의 허락을 확인받는 것이다. 하지만 그 구현은 불가능하다. 신은 그처럼 허황된 판타즘을 허락하지 않기 때문이다.

융은 물론 연금술의 허황함을 잘 알고 있었다. 그는 다음과 같이 말한다. "연금술사들은 화학과 화학의 한계에 대해 전혀 알지 못했다. 그 결과 그들은 — 나중에 후예들에 의해 실현되었지만 — 늘 새처럼 날 수 있기를 꿈꾸는 자들과 같은 것을 바랄 수 있게 되었다"(연금술 32쪽).

하지만 그는 연금술이 그 허황함에도 불구하고 중요한 심리학적 가치를 갖는다고 생각한다. 이미 보았듯이 연금술이 무의식적인 심리과정을 드러내준다는 것이다. 그는 다음과 같이 말한다. "오늘날, 연금술을 '오류'라고 하던 단언들은 낡은 것이 되었다. 그 심리학적 측면이 과학에게 새로운 과제들을 제기했기 때문이다. 연금술 속에는 매우 현대적인 문제들이 있다. 그러나 그것은 화학과는 다른 영역에 위치한다"(연금술 81쪽). 뒤에서 다루겠지만, 우리는 융의 이러한 발언의 타당성을 오직 그의 연구결과를 통해서만 검증할 수 있을 것이다.

융은 자서전에서 다음과 같이 말한다. "내가 먼 옛날에 살았고 거기서 지금도 여전히 대답할 수 없는 어떤 물음에 부닥쳤다는 것은 충분히 상상할 수 있는 일이다. 내게 부과된 과제를 풀지 못했으므로 다시 태어나야만 했다고 말이다."[50] 융은 그 과제가 연금술적 과제였으리라고 시사한다. 그가 그 과제에 그처럼 끌린 것은 운명적일 수 있겠지만, 그렇다고 해서 그것이 그의 문제틀을 정당화해주는 것은 아니다.

---

50. 『기억 꿈 사상』, 561쪽.

영혼의 용례들

융은 강령회의 경험을 통해 영혼의 실재를 확인한다. 이때 영혼이란 문자 그대로의 영혼이다. 즉 초월적인 비육체적 실체, 우리가 태어날 때 우리의 육체 속에 깃들고 우리가 죽으면 육체를 떠나가는 그러한 영적인 실체이다.

그리하여 융은 글을 쓰면서도 영혼이란 단어를 즐겨 사용한다. 하지만 그의 텍스트들에서 영혼(Seele)이란 단어는 반드시 위와 같은 의미로만 사용되지는 않는다. 그는 영혼이란 단어를 때때로는 지나치게 넓게, 비유적으로 사용하기도 하고, 때때로는 지나치게 좁게, 한정해서 사용하기도 한다. 즉 영혼이란 단어에 대한 융의 용법은 다양하고 혼란스럽다.[51]

---

51. 솔에서 출판된 융의 기본저작집 총 9권의 한글판에서는 한글의 '영혼'에 상응하는 것으로 여태껏 간주된 '젤레(Seele)'가 모두 '심혼'이라는 신조어로 옮겨져 있다. 번역의 책임을 맡았던 이부영 선생님이 일찍이 『인간과 무의식의 상징』(집문당, 2000)을 번역할 때 '젤레'를 모두 '영혼'으로 옮겼던 것을 감안한다면, 기본저작집 번역에서 그러한 용어 선택은 나름의 고심의 결과일 것이다. 어쩌면 '영혼'이란 용어에 내포되어 있는 신비주의적 함의들을 제거하고, 보다 '학문적인' 용어를 선택하고 싶었던 것이 아닐까? 하지만 그러한 번역은 융의 의도를 거스른다. 다음과 같은 두 가지 이유에서이다. 1) 융은 유럽 지성사에서 '영혼(Seele, âme)'이란 단어의 용법에 대해 가장 정통한 사람이다. 그는 한편으로 플라톤-플로티노스-마이스터 에크하르트로 이어지고, 다른 한편으로 그노시즘-연금술로 이어지는 유럽 지성사의 용어체계 속에서 '영혼'이란 단어가 차지하고 있던 위치를 정확히 꿰뚫고 있다. 그러므로 융이 그 단어를 선택한 것은 자의에 따른 것이 아니다. 그의 혼란스런 용법에도 불구하고 말이다. 따라서 그의 선택을 반드시 존중해야 하고, 정신(지성)-영혼-육체의 변별적 체계 속의 위치에 따라 '영혼'으로 옮겨줘야 한다. 2) 융의 인식대상은 초월적 세계와 접점을 이루는 그 어떤 것이다. 따라서 '신비주의'라는 용어가 비합리성의 낙인을 부과하는 폭력적인 것이어서 그러한 규정을 피하고 싶더라도, 이른바 '신비주의적' 면모를 완전히 제거하고는 융의 과학적 노동을 내재적으로 이해할 수 없다. 게다가 나쁜 의미의 '신비주의'는 방법에 관한 것일 뿐, 결코 대상과 관련할 수 없다. 과학은 언제나 여태껏 밝혀지지 않은 '신비적 대상'을 파고드는 것이기 때문이다. 초월적인 것 속으로 침투하려는 융의 의도를 드러내려면, '젤레(Seele)'를 반드시 '영혼'으로 옮겨줘야 한다.

이 사실이 말해주는 것은 다음의 것이다. 즉 융은 영혼이란 단어를 과학적 개념으로 발전시키지 않았다는 것. 융은 영혼이란 단어를 애용한다. 그것이 내포한 초월적 함의 때문이다. 하지만 그는 영혼을 엄밀한 분석대상으로 설정하고 그것의 내적 구조를 개념적으로 드러내려 하지 않는다. 즉 영혼 자체는 융의 과학적 노동의 대상이 아니었다.

융이 과학적 분석대상으로 삼은 것은 다른 것들이다. 즉 무의식, 원형, 자기가 그것들이다. 그것들은 융의 이론적 체계 내에서 엄밀한 과학적 개념들로 존재한다. 융이 그것들을 과학적 노동의 대상으로 삼은 것은, 그것들을 통해 영혼에 가닿을 수 있다고 생각해서가 아니었을까? 즉 융은 영혼 그 자체에 직접적으로 가닿을 수 없다고 생각했고, 그래서 영혼에 대한 개념적 노동을 시도조차 하지 않은 것이 아닐까?

융이 영혼이란 단어를 비(非)개념적으로나마 애용한 것은 어쨌거나 그것의 초월적 함의 때문이라고 해두자. 그렇다면 융은 왜 영혼이란 단어를 다양하고 혼란된 방식으로 사용했을까? 어쩌면 '질료＝정신＝무의식'이라는 문제틀에 따라, 영혼 속에 비(非)초월적인 것을 포함시키고 싶어서였을까? 그렇다면 영혼에 대한 그의 다양한 용법 배후에는 어떤 통일된 문제틀이 자리잡고 있었던 것일까?

영혼에 대한 융의 용례들은 크게 보아 다음과 같이 다섯 가지로 나뉘질 수 있다.

1) 심리(psyché)와의 동의어[52]

2) 아니마와 아니무스

---

52. 기본저작집 한글판에서는 '프시케(Psyche)'도 때때로 '심혼'으로 옮겨주고 있다. 나는 '프시케'를 '심리' 또는 '마음'으로 번역한다.

3) 우리 육체에 깃든 영적 실체

4) 내면의 정신적인 어떤 힘을 막연히 지시할 때

5) 신과의 접점을 이루는 우리 내면의 영적 실체

이 가운데 3), 4), 5)는 일정하게 겹쳐지는 것들이다. 하지만 텍스트를 직접 읽을 때, 그 용례들은 상당히 다른 뉘앙스를 갖는다.

이 다섯 용례들 배후에는 '질료 = 정신 = 무의식' 이라는 통일적 문제틀이 존재할까? 그렇게 보기는 힘들다. 왜냐하면 각각의 텍스트들에서 이 용례들은 어떤 전체적 연관을 함의한다기보다는 무척 구체적-고립적으로 제시되기 때문이다. 이 용례들을 하나씩 살펴보자.

1) 심리와 동의어로 영혼을 사용하는 것은 비유적 용법일 뿐이다. 이 용법은 초월적 의미를 내포하는 영혼이란 단어에 대한 융의 선호를 드러내줄 뿐, 어떤 유효성도 없고 오히려 혼란만 일으킨다. 즉 기존의 용어체계를 존중해서 심리를 그대로 '심리' 라고 지칭하는 것이 정확하다는 것이다.

1928년에 발표된 그의 「영혼의 구조」는 그 제목으로 인해 영혼의 내적 짜임새를 온전히 드러낸 글을 읽게 되리라는 기대감을 제공한다. 하지만 이 글에서 융은 영혼을 심리와 완전히 동일한 의미로 사용한다. 즉 그는 '의식적 영혼,' '무의식적 영혼,' '초개인적 영혼'과 같은 용어들을 사용하고, 또 영혼의 세 등급이 의식, 개인적 무의식, 집합적 무의식으로 이루어진다고 한다.[53] 이 글에선 영혼을 심리라는 용어로 대체해도 어떠한 의미 변화도 없고, 대부분의 경우 오히려 의미가 명료해진다.

---

53. C. G. Jung, "La structure de l'âme," *La réalité de l'âme*, 제1권, 102, 107, 108, 110~111쪽.

물론 융은 이 글에서 "예감 또는 직관이 영혼의 근본적 기능들"이라고도 한다.[54] 하지만 이 글 자체만을 놓고 보았을 때 그러한 표현이 영혼의 초월적 기능을 전제하는 것은 아니다. '예감' 또는 '직관'은 오히려 일상적 심리상태, 또는 일상적 심리의 특별한 상태에 귀속될 수 있는 것이기 때문이다.

또 같은 1928년에 씌어진 『황금꽃의 비밀에 대한 주해』에서 융은 "우리가 의식하는 모든 것은 이미지다. 이미지는 그러므로 영혼이다"라고 말한다(황금꽃 71쪽). 우리의 의식은 우리의 내면을 '의식'한다. 이때 내면이 의식에게 보내오는 모든 것은 이미지의 형태를 취한다. 그러므로 영혼이 이미지일 수밖에 없는 것은, 그것이 의식에게 보내오는 모든 것이 이미지이기 때문이라는 것이다. 이때 영혼은 심리와 똑같은 의미로 사용된 것이다. 즉 '영혼＝내면＝심리'의 등식이 설정되어 있는 것이다. 융은 곧이어 "영혼은 그 속에 자아가 포함되어 있는 하나의 세계"라고 말한다(황금꽃 71쪽). 이러한 표현은 융이 이 책에서 영혼을 심리와 동의어로 사용하고 있음을 드러낸다.

영혼을 심리와 동의어로 사용하는 용법은 그 뒤로까지 이어진다. 1946년 발표한 「정신의 본질에 관한 이론적 고찰」에서 융은 심리학의 역사를 설명하면서, 심리 대신 영혼이란 단어를 사용한다. 예컨대 "영혼이 무엇인지를 포착하기 위한 지난 300년 동안의 시도들은 자연 인식의 엄청난 팽창의 부분을 이룬다"는 식의 표현에서 '영혼'은 단지 '심리'를 대리하고 있을 뿐이다(본질, 24~25쪽). 물론 곧바로 이어지는 "모든 과학은 영혼의 기능이고 모든 인식의 뿌리는 영혼 속에 있다"는 식의 표현(본질 25쪽)에서는 심리를 인식주체로 간주하는 것의 불편함으로 인해 영혼이란 단어가 사용되었을 수도 있다. 하

---

54. 같은 글, 100쪽.

지만 그렇다고 해서 영혼이란 단어가 반드시 엄밀한 의미로 사용되었다고 하기도 곤란하다.

자, 융이 「정신과 삶」, 「영혼의 구조」, 「정신의 본질에 관한 이론적 고찰」과 같은 이론적 논문들에서, 그냥 '심리'라고 하면 명료해질 것을 굳이 '영혼'이라고 표현한 것은 왜일까? 그것은 물론 영혼이란 단어를 포기하고 싶지 않아서였을 것이다. 영혼이란 단어를 포기하고 싶지 않았던 것은, 심리라는 단어에 만족할 수 없었기 때문일 것이다. 한마디로, 융은 우리의 심리가 '객관적 심리'를 넘어서는 그 어떤 것을 포함하고 있음을 말하고 싶어 했던 것이 아닐까?

2) 융은 『자아와 무의식의 관계』와 『심리적 유형들』에서 아니마-아니무스를 영혼과 동일한 것으로 제시한다. 『자아와 무의식의 관계』는 1916년에 초판이 나온 후, 1928년에 개정되고 1933년에 다시 개정된 책이다. 『심리적 유형들』은 1921년에 출판되었다. 그러므로 아니마-아니무스를 영혼으로 간주하는 입장은 융의 개인적 이론사의 초기와 중기에 취해진 것이다.

융의 개념적 체계에서 '그림자'가 개인적 무의식에 속한다면, 아니마-아니무스는 일반적으로 집합적 무의식에 속하는 것으로 여겨진다. 아니마는 남성 내부의 여성적인 것이고, 아니무스는 여성 내부의 남성적인 것이다. 융은 남성적 관점을 주로 취하기 때문에, 그의 텍스트들에선 아니마 개념이 아니무스 개념보다 훨씬 자주 등장한다.

『심리적 유형들』에서 융은 심리(psyché)와 영혼을 구분한다. 심리는 "의식적이고 무의식적인 심리적 과정들의 총체"인 반면, 영혼은 "명확히 규정된 기능들의 한정된 복합체"라는 것이다.[55] 이때 '한정된 복합체'는 물론 아니마-아니무스다. 융은 외적 태도와 내적 태도

를 나눈 후, 외적 태도를 페르소나에, 내적 태도를 아니마에 상응시
킨다. 그리고 아니마가 곧 영혼이라고 한 뒤, 여성의 영혼은 아니무
스라고 한다.[56]

융의 이러한 규정은 당혹스럽다. 첫째로, 영혼을 심리에 포함시키
기 때문이고, 둘째로, 영혼의 성별마저도 구분하는 것처럼 여겨지기
때문이다. 아마도 영혼을 심리에 포함시킨 것은, 심리를 육체적인
것, 개인 심리적인 것, 인류적인 것을 포괄하는 일종의 전체성으로
설정해서일 것이다. 그리고 영혼의 성별을 구분하는 듯이 여겨진 것
은 의식적 자아의 성별(性別)적 입장과의 대립성을 강조하려고 했기
때문이 아니었을까?

『자아와 무의식의 관계』에서 융은 먼저 영혼의 "여성적 특질"을
말한다.[57] 즉 그는 남성적 입장에서 말하고 있는 것이다. 여성적인 집
합무의식인 아니마가 남성의 영혼을 이루기 때문에, 남성의 영혼은
여성적이라는 것이다. 그에 따를 때, 영혼의 이러한 여성성은 "모든
시대의 예술이 증거"한다(자아 96쪽).

이어서 그는 "불멸성의 속성이 영혼(아니마의 형상)이라는 모호한
실체로부터 자기로 옮겨가야 한다"고 말한다(자아 99쪽). 이 문장에
서 아니마의 형상이 영혼임은 괄호 속에서 제시된다. 그는 영혼이
"모호한 실체"라고 하는데, 영혼에 대해 모호하게 말하고 있는 것은
오히려 그 자신이다. 즉 영혼은 아니마와 동일시됨으로써 매우 모호
해져 버린다. 어쨌거나 그러한 표현은 이 시점의 융이 영혼을 사고하

---

55. C. G. Jung, *Types psychologiques*, Librairie de l'Université, 1968, 405쪽.
56. 같은 책, 409~411쪽.
57. C. G. 융, 「지아와 무의식의 관계」, 『인격과 전이』, 기본저작집 제3권, 솔, 2004, 95쪽.
앞으로 이 글로부터의 인용은 본문 내에 '자아'라고 표기하고 쪽수를 적는다. 인용된 문
장이 한글판과 다를 경우는 불어판 *Dialectique du moi et de l'inconscient*, Gallimard, coll.
folio, 1977에 입각해서 번역을 일부 수정한 것이다.

는 데 특별한 어려움을 느꼈다는 것을 말해주는 것이 아닐까?

'자기(Selbst)'란, 우리가 앞으로 대단히 세밀하게 살펴볼 것이지만, 영혼보다 훨씬 더 전체적이고 집합적인 것이다. 위의 발언은 융이 불멸의 단위를 영혼이 아닌 '자기'로 설정하려 한다는 놀라운 사실을 드러내준다. 이것은 융이 인간 존재의 실상(實相)을 훨씬 더 폭넓은 어떤 것으로 여기고 있음을 암시하기도 한다.

그 후 융은 아니마를 "무의식의 위계에서 단지 가장 낮은 등급의 것일 뿐"이라고 하고, "아니마를 극복하면 또 다른 집합적 형상이 등장한다"고 한다(자아 146쪽). 즉 '아니마＝영혼'이 집합적 무의식의 위계적 짜임새 속에서 심층의 것이 아니라는 것이다.

융은 후기의 대표적 저술 가운데 하나인 『아이온』에서 아니마와 아니무스가 "집합적 무의식의 내용을 의식에 전달하는 기능들"이라고 하면서, 그것들을 집합적 무의식 내의 하위적 형상이라기보다는 집합적 무의식 전체에 상응하는 형상들로 제시한다(A 24~36쪽). 즉 『아이온』에서 융은 아니마-아니무스를 집합적 무의식에서 분리시켜 집합적 무의식에 대응시킨다.

그렇다면 융에게서 '아니마＝영혼'은 원래부터 개인적 의식-무의식과 집합적 무의식의 접점에 위치하는 것이 아니었을까? 즉 '아니마＝영혼'은 개인적 영혼이고, 그리하여 집합적 무의식으로 이어지는 통로를 이루는 것이 아니었을까?

어쨌거나 후기의 융은 '아니마＝영혼'이라는 입장을 철회한다. 물론 우리는 그 자취를 찾으려면 찾을 수 있다. 예컨대 『융합의 신비』에서 융은 연금술에서 소금이 "육체에 갇힌 인간 영혼"을 상징한다고 한 뒤, "아니마는 지상적인 어떤 것이 아니라 초월적인 현실"이라고 한다(융합 1권 296쪽). 하지만 이때 '아니마'가 1920년대와 같은 의미로 사용된 것일까? 내가 보기에 아니마의 그러한 용법은 오히려

3)의 용례에 가깝다.

   3) 라틴어의 아니마는 입김 또는 숨결을 뜻하기도 한다. 무생물은 '아니마'를 불어넣는 행위를 통해 생명체로 탄생한다. 이때 입김, 즉 아니마는 무생물을 생명체로 변화시키는 영혼에 다름 아니다. 신적 존재는 무생물에 영혼을 입김처럼 불어넣어 생명체를 탄생시킨다.

   융은 1934년 발표한 「집단무의식의 원형에 관하여」에서 영혼을 입김처럼 육체에 불어넣어진 것으로 제시한다. 우선 그는 '아니마'가 "영혼을 뜻하고, 경이로운 어떤 것, 불사(不死)의 것을 지시한다"고 한다.[58] 이때 '아니마'는 2)의 용례에서처럼 남성들의 집합무의식이 아니라, 라틴어 단어의 용법대로의 것이다.

   융은 이 '아니마'를 육체에 입김처럼 불어넣어지는 영혼으로 파악한다. "영혼이 깃든 존재는 살아있는 존재이다. 영혼은 인간 속에서 사는 것이고, 자신의 힘으로 사는 것이며, 삶을 일으키는 것이다"(집단 135~136쪽).

   자, 인간이 있다. 또는 인간의 육체가 있다. 그 속에 영혼이 깃든다. 그리하여 인간이 삶을 산다. 하지만 인간의 껍데기가 삶을 사는 것이 아니라, 영혼이 인간 속에서 삶을 산다. 융은 말한다. "영혼은, 삶을 거부하는 자연, 타성을 가진 자연을 간지(奸智)와 환상의 놀이들로 매혹시켜 삶으로 유인한다"(집단 136쪽). 이때 영혼은 '자연＝육체'와 대립한다. '자연＝육체'는 삶을 거부하는 것인 반면, 영혼은 삶을 이끄는 것이다.

   융은 덧붙인다. "영혼의 움직임과 속삭임이 없다면, 인간은 게으

<hr>

58. C. G. 융, 「집단무의식의 원형에 관하여」, 『원형과 무의식』, 135쪽. 앞으로 이 글로부터의 인용은 본문 내에 '집단'이라고 표기하고 쪽수를 적는다. 인용된 문장이 한글판과 다를 경우는 불어판 "Des archétypes de l'inconscient collectif," *Les racines de la conscience*에 입각해서 번역을 일부 수정한 것이다.

름이라는 그의 최고의 열정 속에서 정지 상태에 이를 것이다"(집단 136쪽). 하지만 오히려 융과 반대로 생각할 수도 있지 않을까? 즉 동물은 그 자체가 이미 움직이는 것이고, 영혼은 오히려 그 움직임을 제어하는 것일 수도 있지 않을까? 생명의 운동을 하고 있는 육체에 영혼이 불어넣어져서 생명의 운동을 관조하고 제어할 수 있다는 것이다. 그러나 융은 그렇게 생각하지 않는다.

융은 계속 말한다. "영혼을 갖는다는 것은 삶의 모험이다. 영혼은 생명을 주는 수호령(génie)이기 때문이다. 그 수호령은 인간 실존의 아래와 위에서 정령(精靈, elfe)의 놀이를 한다. […] 천당과 지옥은, 천상의 예루살렘에서 무엇을 해야 할지 몰라 하는 벌거벗고 어리석은 보통 인간의 운명이 아니라 영혼의 운명이다"(집단 136쪽). 정령처럼 "인간 실존의 아래와 위에서 놀이를 한다"는 것은, 영혼이 내재적이면서 동시에 초월적임을 뜻한다. 그리하여 천당과 지옥은 인간을 초월하는 영혼의 몫이 된다. 인간은 죽음과 함께 이 땅에 버려지지만, 영혼은 인간을 떠나 천당과 지옥의 여행을 계속한다는 것이다.

결국 융은 이 논문에서 영혼과 인간을 대립시킨다. 즉 입김처럼 인간에게 불어넣어진 영혼은 인간에게 내재하면서도 초월적인 것이다. 어쨌거나 이 논문에서 융이 영혼에 대해 취하는 입장은 보다 명확하다.

융은 영혼을 심리와 동의어로 사용했던 1946년의 「정신의 본질에 관한 이론적 고찰」에서도 문득 다음과 같이 말한다. "영혼은 아래로, 물질적인 유기적 토대 속으로 흩어지는 것처럼, 위로, 정신적 형태라고 부를 수 있는 것으로도 옮겨진다"(본질 42쪽). 육체-영혼-정신(지성)의 플로티노스적 도식에 부응하는 이 발언은 a) 정신(지성)에서 비롯된 b) 영혼이 c) 육체에 입김처럼, 숨결처럼 불어넣어진다는 것을 전제한다.

4) 영혼에 대한 융의 또 다른 용법은 영혼의 초월적 성격을 강하게 함의하면서도 명확한 정의를 내리지 않는 것이다. 이런 용법은 다른 저자들에게도 널리 퍼져있다. 세속적 삶에 대해 초월적인 어떤 것, 그리하여 정신적인 어떤 것, 그러나 명확히 정의할 수 없는 어떤 것으로 영혼을 제시하는 것이 그것이다.

융은 『리비도의 변환과 상징』에서 현대성을 비판하면서 다음과 같이 말한다. "신들만 세상에서 사라진 것이 아니라 영혼들도 사라졌다. 관심의 초점이 내면세계에서 외부세계로 옮아감으로써 자연에 대한 인식은 이전에 비해 무한정 확대되었지만, 그런 만큼 내면세계에 대한 인식과 체험은 감소되었다. 흔히 가장 강하고 따라서 가장 결정적이었던 종교적 관심은 내면세계를 벗어났"다.[59]

융이 여기서 말하고 있는 영혼은 심리와 동의어가 아니다. 융은 "내면세계에 대한 인식과 체험"을 말하고 있지만, 그 인식과 체험은 과거에 '종교적 관심'의 대상이 되었던 것으로, 우리 내면의 정신적인 어떤 힘, 초월적인 어떤 힘에 대한 것이다. "영혼이 사라졌다"는 것은 그러한 힘이 우리 내부에서 실종되었다는 것이다.

융은 또 1928년의 『황금꽃의 비밀에 대한 주해』에서는 환자들에게서의 만다라의 자생적 형성을 말한 뒤, "내적인 성스러운 원은 영혼의 기원이자 끝"이라고 한다(황금꽃 42쪽). 이 말은 영혼이 단지 심리와 동일한 것이 아닌, 또 다른 원천을 가진 것임을 시사한다. 즉 "내적인 성스러운 원"이 비롯된 장소가 그 원천이다.

1934년의 「영혼과 죽음」에서는 융은 "무의식적 영혼이 죽음을 그다지 중시하지 않는 것에 대해 나는 항상 놀랐다. 그렇다면 죽음은

---

59. C. G. 융, 『상징과 리비도』, 121쪽. 이 책은 『리비도의 변환과 상징』의 전반부이다. 『리비도의 변환과 상징』은 1912년에 초판이 출판되었고 1952년에 완전히 개정되어 다시 출판된다.

상대적으로 하찮은 것일 수 있다"고 말한다.[60] 이때 무의식적 영혼은 죽음의 의미를 알고 있는 우리 내면의 어떤 초월적 실체이다. 즉 우리 내면의 어떤 것이 삶과 죽음의 의미를 이미 알고 있는데, 그것이 무의식적 영혼이라는 것이다.

융은 다음과 같이 말하기도 한다. "우리의 영혼은 적어도 개인의 죽음에 대해 무관심하지 않다."[61] 즉 우리에게 내재하는 영혼은 세속에서처럼 죽음에 커다란 중요성을 부여하지는 않지만, 그럼에도 개인의 죽음을 섬세하게 보살핀다는 것이다. 죽음을 보살피는 영혼이 초월적인 어떤 것임은 두말할 것도 없다.

융은 또 1937-1940년의 『심리학과 종교』에서는 "인간 영혼은 신비들을 은닉한다. 경험주의자에게 모든 종교적 경험은 영혼의 특수한 상태에서 비롯되는 것이기 때문"이라고 말한다.[62] 이때 종교적 경험이 비롯되는 장소로서 영혼은 일종의 영성적 실체이다.

그의 최후의 대작이라 할 수 있을 『융합의 신비』에서도 융은 굳어진 도그마와 생동하는 영혼을 대립시키면서 다음과 같이 말한다. "모든 도그마의 운명은 점차적으로 영혼을 상실하는 위험에 처하는 것이다. 삶은 새로운 형식들을 창조하고 싶어 한다. 그리하여 영혼이 도그마로부터 벗어날 때, 원형이 활성화된다. 원형은 여태껏 인간으로 하여금 영혼의 신비를 표현하도록 한 것이다"(융합 2권 115쪽). 원형은 이처럼 영혼을 표현하지만, 그것은 아마도 영혼의 요구에 따른 것일 것이다. 영혼은 우리의 내면을 사로잡으려 하는 도그마를 벗어난다. 도그마를 벗어난 영혼은 원형을 활성화시켜, 삶의 새로운 형식을 창조한다. 이처럼 원형을 지배하는 영혼은 우리 내면의

---

60. C. G. 융, 「심혼과 죽음」, 103쪽.
61. 같은 글, 104쪽.
62. C. G. 융, 「심리학과 종교」, 95쪽.

심층에 있는 초월적인 어떤 힘일 수밖에 없다.

하지만 영혼에 대한 이 용례들은 그다지 유효하지 못하다. 영혼 그 자체와 관련해서, 단지 '느낌'을 전달할 뿐 어떠한 인식도 동반하지 못하기 때문이다. 이 용법이 가장 널리 사용되는 것도 모두들 막연한 '느낌'에 따라서만 말하기 때문이다. 이 용법은 융 자신이 말한 '게으름에의 열정'에 종속된 용법이다. 그러므로 한 걸음 더 나아가야 하지만, 그것은 영혼에 대한 개념적 노동을 통해서만 가능하다.

5) 융은 『연금술과 심리학』의 제1부 「연금술의 종교적·심리학적 문제틀에 대한 서론」에서 영혼을 신과 만나는 장소로 제시한다. 이 「서론」은 1944년의 출판을 위해 나중에 추가된 것으로, 1943년경에 씌어진 것이다. 융은 이 「서론」에서 다음과 같이 말한다.

> "영혼은 '아무것도 아닌 것'일 수 없다. 반대로 영혼은 신성과의 관계를 의식할 수 있는 실체로서의 존엄성을 갖는다. 비록 그 관계가 물 한 방울과 바다의 관계일지라도, 바다는 수많은 물방울들이 없다면 존재할 수 없다. 교리에 의해 확립된 영혼의 불멸성은, 영혼을 육체적 인간의 무상하고 사멸할 수밖에 없는 본성 너머로 고양시키고, 초자연적 속성을 공유하도록 한다. 그리하여 영혼은 사멸하는 의식적 인간과는 비교도 할 수 없이 중요한 것이다. […] 눈이 태양을 바라보는 것과 같은 관계를 영혼은 신과 맺는다. 우리의 의식은 영혼을 포괄하지 못하므로, 영혼의 문제를 보호하는 어조나 경멸하는 어조로 말하는 것은 우스꽝스럽다"(개성화 18쪽).

이 텍스트에서 융은 인간과 영혼을 대립시킨다. 인간은 사멸하는 무상한 존재인 반면, 영혼은 초자연적인 불멸의 존재라는 것이다. 영혼은 인간의 내부에 존재하지만, 동시에 인간을 훨씬 넘쳐나는 것이기도 하다. 영혼은 신과 관계하는 것이고 또 신에 속하는 것이기 때문이다. 게다가 영혼은 신 자체이기도 하다. "바다는 물방울들이 없다면 존재할 수 없"듯이 말이다. 물방울(=영혼)은 곧 바다(=신)인 것이다.

그렇다면 영혼은 신과 분리된 것이면서도 신과 일치하는 것이기도 하다. 영혼은 인간과 신 사이의 중간적 존재일까? 그렇지 않다. 영혼은 오히려 신과 훨씬 가깝고, 신에 의해 인간에게 불어넣어진 신의 일부 또는 신적인 어떤 것이다. 인간 속에 위치한 영혼이 "태양을 바라보듯" 신을 바라본다고 하더라도, 그것은 원래 자기가 있던 곳을 바라보는 것과 같은 것이다. 다시 융의 말을 들어보자.

"신이 인간 영혼을 제외한 다른 모든 곳에서 현현한다고 주장하는 것은 신성모독일 것이다. 사실상 신과 영혼 사이의 관계의 밀접성은 영혼에 대한 어떠한 폄하도 배제한다. 친화성을 말하는 것은 지나친 일일 수도 있겠지만, 영혼은 자체 내에 신과 관계 맺을 수 있는 능력을, 다시 말해 신의 본질과의 상응성을 가져야만 한다. 그렇지 않다면 둘 사이의 관계는 성립할 수 없을 것이다. 심리학적 용어에서 이 상응성은 신의 이미지의 원형이다"(개성화 18~19쪽).

신이 자신의 모습을 드러내는 장소는 인간의 영혼이다. 영혼은 바로 신과 교통하는 장소이기 때문이다. 영혼이 신과 교통한다는 것은, 영혼이 어떤 능력을 갖고 있음을 전제한다. "신과 관계를 맺는 능력"이 그것이다. 이제 영혼은 "신과 관계를 맺는 능력"에 의해 정의된다. 심리학적으로 이 능력은 영혼에 "신의 이미지의 원형"이 갖추어져 있다는 것에 의해 설명된다.

그리하여 융은 "영혼은 자연적으로 종교적 기능을 갖는다"고 말한다(개성화 21쪽). 융에게 이것은 당연하다. 영혼은 "신과 관계를 맺는 능력"을 갖는 것이기 때문이다. 그는 말한다. "큰 신비는 그 자체로서 현실일 뿐만 아니라, 무엇보다 우선 인간의 영혼에 뿌리 내리고 있다"(개성화 21쪽). 이제 그에게서 '영혼'이 심리의 단순한 동의어가 아님은 너무도 명확하다. 그는 "큰 신비"의 현실성을 말하고, "큰 신비"의 장소는 바로 영혼이라고 명시한다.

즉 융은 영혼의 신성을 확신한다. 다음의 말에서 불꽃 튀듯이 드러나듯이. "나는 '영혼을 신격화시킨다' 고 비난받았다. 하지만 내가 아니라 신 자신이 영혼을 신격화했다"(개성화 21~22쪽). 영혼이 신과의 교류 장소이고 "신과 관계 맺는 능력"을 가진 것이라면, 그것은 영혼이 신 자체에 의해 육체에 보내진 것이고 또 그 자체가 신의 일부이기 때문이라는 것이다.

그러나 융은 이「서론」에서 제기한 영혼에 대한 놀라운 규정을 더 이상 발전시키지 않는다. 그 규정은 한 차례 제시되었다가 곧바로 잊혀진다. 왜냐하면 영혼은 융의 개념적 노동의 대상이 아니기 때문이다. 즉 영혼의 개념은 융의 과학적 관심이 아니다.

그러므로 이제 융의 개념들 속으로 들어가 보자. 용어들이 아닌 개념들 속으로 말이다.

무의식에서부터

융에게서 무의식은 "완전한 인식이 불가능"한 것이다.[63] 무의식은

---

63. C. G. 융, 「전이의 심리학」, 『인격과 전이』, 183쪽. 이 글은 1945년경에 집필되어 1946년에 출판된 것이다. 앞으로 이 글로부터의 인용은 본문 내에 '전이'라고 표기하고 쪽수

"규정할 수 없는 경향과 넓이의 것"이기 때문이다.[64] 무의식은 "언제 어디서나 존재하는 신비적 관여"이다.[65] 무의식을 규정할 수 없는 것은, 무의식이 부단히 새로운 생성에 참여하기 때문이기도 하다. 무의식은 "끝없이 언제나 스스로를 새롭게 하는 많은 생명들을 낳으며, 그것들의 풍성함은 헤아릴 수 없다"(전이 183쪽).

그리하여 "무의식과의 대결은 완전히 헤라클레스의 노동에 비길 만한 것"이고, "수세기가 지나도 지성이 해결"할 수 없는 것이다(개성화 117쪽). 결국 융에게서 무의식은 한마디로 규정할 수 없는 것이다. 하지만 융은 종종 무의식에 대해 짧은 규정들을 어쩔 수 없이 부과한다. 그리고 무의식이 한마디로 규정할 수 없는 것인 만큼, 그 규정들은 종종 혼란스럽고 곤혹스러울 수밖에 없다.

『전이의 심리학』에서 융은 다음과 같이 말한다. "무의식은 단지 야생적이고 나쁠 뿐만 아니라 또한 최고의 선(善)의 샘이기도 하다. 그것은 어둡기만 한 것이 아니고 밝기도 하며, 동물적이고 반수반인, 귀마(鬼魔) 같은 것일 뿐 아니라 또한 초인적, 영적이며 '신적'(고대 그리스적 의미로)이다"(전이 201쪽).

무의식은 어떻게 이처럼 이중적일 수 있을까? 아마도 "무의식의 어두운 창조력"과 같은 표현[66]도 이러한 이중성으로 인해 가능할 것이다. '어두움'과 '창조력'이 대립하는 것이라면 말이다. 어쨌거나 무의식은 동물적이면서 동시에 '영적'일 수 있을까?

앞으로 세밀하게 살펴보겠지만, 융은 집합무의식의 원천을 인간

를 적는다. 인용된 문장이 한글판과 다를 경우는 불어판 "Le transfert," *La réalité de l'âme*, 제1권, Le livre de poche, 1998에 입각해서 번역을 일부 수정한 것이다. 이 불어판은 『전이의 심리학』 가운데 일부를 누락시킨 발췌본이다.

64. C. G. Jung, *Présent et avenir*, Le livre de poche, 1995, 85쪽. 이 책은 1957년에 출판된 것이다.

65. C. G. 융, 「미사에서의 변환의 상징」, 156쪽.

66. C. G. 융, 『상징과 리비도』, 191쪽.

이전의 동물적 단계에서 찾기도 하고, 인간의 두뇌구조에서 찾기도 한다. 또 융은 「자아와 무의식의 관계」에서는 "무의식이란 인간적-인격적인 것 너머에 놓인 여러 자연 과정으로 이루어져 있다"고도 말한다(자아 154쪽). '자연 과정'에 대한 융의 이러한 선호는 '영적인 것들'마저도 '자연적인 것' 속에 포함시키는 것이 아닐까?

융은 1933년에 발표된 「개인화 과정의 한 경험」에서 "무의식은 정신과 질료를 완전히 동일한 것으로 간주하려는 경향이 있다"고 말한다.[67] 즉 무의식에 내재한 경향성 또는 한마디로 '무의식의 관점'에 따를 때, 정신과 질료가 구분되지 않는다는 것이다. 그렇다면 융은 여전히 '질료＝정신'의 연금술적 등식에 따라서 '무의식적 동물성'과 '무의식적 영성'을 동일한 것으로 여기는 것일까?

게다가 융은 더 나아가 "신에게서 정신과 육체는 단 하나이자 동일한 것"이라고 덧붙인다.[68] 그렇다면 융은 이제 정신과 육체를 하나의 동일한 과정의 두 표현으로 간주한 스피노자적 병행론의 관점에서 무의식을 사고하는 것일까?

하지만 앞으로 자세히 살펴볼 것이듯이, 융의 입장은 진화한다. 즉 융은 무의식에 대한 완전한 인식의 불가능성을 더욱 강조하는 동시에, 무의식의 영적 성격을 점점 부각시키고 또 그 속으로 파고든다. 그러면서 융은 무의식의 영적 측면과 육체적 측면이 서로 구조적으로 구분되는 실체들일 수 있음을 암시한다. 그것이 둘 다 무의식에 속하건 말건 간에 말이다.

융은 「정신과 삶」에서 의식을 "프로젝터의 빛"으로 비유한다. 즉 "그 빛의 다발이 떨어지는 대상만이 나의 지각의 장 속으로 들어온다"는 것이다.[69] 그리고 그 빛의 다발 바깥에 위치한 것은 모두 무의

---

67. C. G. Jung, "Une expérience du processus d'individuation," *L'âme et le Soi*, 86쪽.
68. 같은 글, 98쪽.

식이 된다. 즉 융은 "프로젝터의 빛"이 비추지 않은 것들을 모두 동일한 소여(所與)로 파악해서 '무의식'이라고 한다. 그리고 그는 그러한 무의식에 내재하는 법칙성을 '무의식의 관점'에 따라 내재적으로 파악하려고 노력한다.

그러나 '무의식'이라는 동일한 명칭으로 지칭되는 것들 내부에 상이한 경향성들이 존재할 수 있음은 물론이다. 무의식에 대한 완전한 인식이 불가능한 한에서, 우리는 이를 결코 부인할 수 없다. 그 경향성들은, 만약 상이한 원천에서 비롯되었다면, 상이한 명칭을 가져야 한다. 그 상이한 명칭들은 '개인적,' '집합적,' '영적'과 같이 수식어만 달리할 수도 있고, 또는 '무의식'과 '초의식'처럼 명사 자체를 달리할 수도 있다.

이를테면 융은 「정신과 삶」에서 정신을 "무의식이 아니라 보다 상급의 의식"이라고 규정한다. 그렇다면 '상급의 의식'에서 비롯되는 영적인 무의식은 질료에서 비롯되는 '하급의 의식'을 갖는 육체적 무의식과 구별될 수 있다.

물론 후기의 융은 '영적 무의식'을 하나의 개념으로까지 발전시키지는 않는다. 하지만 그는 '영적 무의식'을 실질적으로 그리고 실체적으로 연구한다. 즉 '영적 무의식'을 하나의 실체로 간주한다는 것이다. 그렇다면 우리는 그 실체적 연구의 자취를 뒤쫓아서, 영적 무의식을 별도의 대상으로 구분해볼 수 있을 것이다.

물론 융은 언제나 양극적 대립을 설정한다. 그래서 영적인 무의식도 언제나 육체적 대립항을 자신 안에 내포한다. 융이 「정신과 삶」에서 '상급의 의식'으로 간주한 정신에 대해 "정신에는 빛도 있고 어둠도 있다. 그러므로 정신이 결코 절대적이지 않음을 대면할 수 있어

---

69. C. G. Jung, "L'esprit et la vie," 370쪽.

야 한다. 정신은 상대적이고 삶에 의해 보완되어야 한다"라고 말했듯이 말이다.[70] 마찬가지로 '육체적 무의식'도 정신적인 것을 내포한다.

융은 『리비도의 변환과 상징』의 1952년 재판에서 무의식의 현상들을 다음과 같이 정리한다.

1) "현기증 나는 극도의 비합리성과 충격적인 조야함, 그리고 극악무도함."
2) 그러나 그럼에도 "불구하고 논리적인 개념들과 도덕적인 가치들을 능가한다."
3) "무의식은 의식과 똑같은 법칙을 따르"지 않는다.[71]

2)가 뜻하는 것은 무의식이 지성과 도덕성에서 의식을 능가한다는 것이다. 2)는 1)에서 비롯될 수도 있고,[72] 아닐 수도 있다. 즉 2)가 두 원천을 가질 수 있다는 것이다. 그렇다면, 2)는 1)에 속하는 무의식과 그렇지 않은 무의식으로 나뉘어질 것이다.

융은 우리가 1)과 2)를 통일적으로 파악하지 못하는 것을 3) 무의식의 고유한 법칙성을 파악하지 못해서라고 생각할 것이다. 하지만 '무의식적'이라고 지칭되는 현상들이 상이한 원천들을 갖는다면, 무의식의 법칙성도 두 가지 이상일 수 있다.

어쨌거나 융적 무의식은 프로이트적 무의식과 다르다. 프로이트적

---

70. 같은 글, 383~384쪽.

71. C. G. 융, 『영웅과 어머니의 원형』, 기본저작집 제8권, 솔, 2006. 329쪽. 앞으로 이 책으로부터의 인용은 본문 내에서 '영웅'이라고 표기하고 쪽수를 적는다. 이 책은 『리비도의 변환과 상징』의 후반부이다. 『리비도의 변환과 상징』은 1912년에 초판이 나온 후, 1952년에 『변환의 상징』이란 제목으로 재판이 나온다. 하지만 이 책은 새로운 제목에도 불구하고 『리비도의 변환과 상징』으로 항상 칭해지고, 그래서 나도 이 책을 언급할 때 『리비도의 변환과 상징』이란 원제를 그대로 사용한다.

72. 스피노자가 『윤리학』에서 육체에 내재한 지성의 놀라운 뛰어남을 말하듯이 말이다.

무의식은 악마적이다. 아버지나 형제를 살해하고 싶어 하기 때문이다. 그래서 융은 "프로이트식의 견해는 무의식을 철두철미하게 부정적인 관점에서 보고 있다"고 한다.[73] 융적 무의식은 이미 보았듯 이중적이다. 하지만, 앞으로 보겠듯이, 실질적으로는 천사적인 면을 더 많이 갖는다.[74]

프로이트적 무의식은 억압된 것이고 성적인 것이다. 하지만 융에게서 억압된 성적 무의식은 단지 전체 무의식의 아주 작은 일부만을 차지하고 있을 뿐이다. 융에게서 무의식은 오히려 의식에 앞서서 주어진 것이다. 융은 수차례에 걸쳐 인간은 결코 텅 빈 상태에서 태어나는 것이 아님을 강조한다.

즉 인간은 이미 무의식의 체계적인 짜임새을 갖고서 태어난다는 것이다. 예컨대 그는 「아니마 개념을 중심으로 본 원형에 대하여」에서 "새로 태어난 아이의 영혼이 백지상태라고 가정하는 것은 큰 오류"라고 하면서, 아이의 내면이 특별한 짜임새를 갖추고 있다고 한다(아니마 187쪽). 그러한 짜임새가 바로 무의식의 짜임새이다.

이처럼 의식과는 무관하게, 의식에 앞서서 주어진 무의식은, 의식과는 무관하게 "인지하고, 생각하고, 감지하고, 원하고, 의도한다"(본질 46쪽). 즉 무의식은 의식에 의해 규정되는 것도 아니고, 의식에 대한 반응으로 행동하는 것도 아니다. 무의식은 스스로의 필요에 따라 움직이고, 스스로를 조절한다.

그리하여 "무의식은 단지 '욕망'만 할 뿐이 아니라, 자신의 욕망을 스스로 철회할 수도 있다"(자아 66쪽). 게다가 무의식은 오히려 의식

---

73. C. G. 융, 「꿈 분석의 실용성」, 『정신요법의 기본문제』, 기본저작집 제1권, 솔, 2007, 138쪽.

74. 예컨대 융은 「꿈 분석의 실용성」 138쪽에서 다음과 같이 말한다. "아직도 우리의 의식이 자연물(自然物)인 무의식보다도 더 악마적이고 도착되어 있다는 것을 정말 보지 못하고 있단 말인가?" 물론 이때(1931년)도 융은 무의식을 '자연물'로 간주하고 있지만 말이다.

을 억압할 수도 있다. 이러한 억압은 무의식이 어떤 목적을 추구하고 있고, 그렇지만 직접적으로 그 목적을 향해 돌진하지 않기 때문에 행해진다. 즉 무의식은 목적 달성을 섬세하게 조절하기 위해 억압을 행한다.[75]

이처럼 무의식은 "고유한 세계"와 "고유한 현실"을 갖고, "독자적인 생산적 활동"을 영위한다(집단 131쪽). "비밀스런 삶이 무의식을 지배한다"(집단 131쪽). 무의식의 "고유한 세계와 고유한 현실"이 나름의 지성과 목표를 갖추고 있음은 물론이다. 의식과 무관하게 "인지하고, 생각하고, 감지하고, 원하고, 의도"하는 무의식이 지성과 목표를 지니지 않았다는 것은 있을 수 없는 일이다.

융에 따르면 무의식은 의식보다 똑똑하다. 그는 "무의식적 과정은 지성을 결여하고 있지 않다. 오히려 반대이다"라고 하고, "무의식적 과정은 그 섬세함에 있어서 의식적 과정보다 결코 열등하지 않다. 무의식이 의식적인 지성과 이해력을 훨씬 뛰어넘는 것은 드문 일이 아니다"고 덧붙인다.[76] 무의식은 "전혀 예기치 않은 시점에 출현"할 수 있는데(융합 2권 139쪽), 아마도 그것은 무의식적 지성이 그 시점을 가장 적절한 것으로 판단했기 때문일 것이다. 그 시점이 "예기치 못한" 시점인 것은, 의식적 지성이 무의식적 지성을 전혀 뒤따라가지 못하기 때문이다.

무의식의 목표란 어떤 것일까? 융에 따를 때 그것은 단기적으로는 균형을 잃은 의식을 바로 잡는 것이다. 하지만 무의식은 훨씬 더 먼 곳을 바라본다. 융은 「자아와 무의식의 관계」에서 다음과 같이 말한다. "무의식이 인간의 계획과 걱정에 대해 내보이는 무심함은 어떤 의미, 목표, 목적을 갖는다. 그것은 의식적 목표들을 넘어서고 게다

---

75. C. G. Jung, "Une expérience du processus d'individuation," 75~76쪽.

76. C. G. Jung, "L'esprit et la vie," 382쪽.

가 의식적 목표들에 대립하기까지도 하는 영혼의 목적들이다"(자아 130쪽). 이 '영혼의 목적들'은 어떤 것일까? 아마도 융에 따를 때 그것들은 '자기'를 실현하는 것일 것이다.

융은 또 무의식을 "내 안에 준비되어 있어 나중에야 비로소 의식에 나타나게 될 모든 미래의 것"이라고 말하기도 한다(본질 44쪽). 이처럼 이미 "준비되어 있는 미래의 것" 속에 무의식의 목표와 목적이 동시에 있을 것이다.

하지만 융에게서 모든 무의식들이 동일한 원천과 동일한 속성을 갖는 것은 아니다. 우리는 그것들을 따로 따로 살펴볼 필요가 있다. 융은 인간 심리의 층위들을 다음과 같이 제시한다.

1) 의식
2) 개인적 무의식
3) 집합적 무의식

그리고 나는 여기에 다음의 것을 덧붙인다.

4) 영적 무의식

이미 말했듯이, 융이 '영적 무의식'의 개념을 제시하진 않았지만, 그것을 실체적으로 다루고 있기 때문이다. 이제 이 네 가지를 하나하나씩 살펴보도록 하자.

1) 무의식과의 관계 속의 의식

융은 1916년에 발표된 「초월적 기능」에서 의식과 무의식의 관계를 다음과 같이 제시한다.

1) 의식의 내용은 문턱값을 갖고 있어서 문턱값이 너무 낮은 요소
   는 모두 무의식에 남아있어야만 한다.
2) 의식은 특정한 방향으로 향해진 기능들 때문에, 그에 어울리지
   않는 모든 자료를 억제해서 무의식 상태에 머무르게 한다.
3) 의식은 일시적인 적응과정을 발전시킨다. 반면 무의식은 과거
   의 잊혀진 모든 자료들을 내포한다. 그 자료들은 개인적인 것이
   기도 하고, 인간 정신의 구조를 이루는 유전된 행동의 자취들이
   기도 하다.
4) 무의식은 판타즘적 생산물들을 내포한다. 그것들은 아직 문턱
   값을 넘지 못했지만, 시간의 흐름에 따라, 적합한 조건이 도래
   하면, 의식의 빛으로 나아간다.[77]

의식의 내용이 문턱값(seuil d'intensité)을 갖는다는 것은, 그것이 일
정 이상의 강도(强度, intensité)를 부여받고 있다는 것이다. 그 이유는
의식의 내용이 특정한 정향성(定向性), 즉 목표와 연관되고, 그리하
여 주의(注意)의 유지를 필요로 하기 때문이다. 의식의 주체(=자아)
의 관심이 가닿는 대상은, 그처럼 관심의 대상이 됨으로써 에너지,
즉 강도를 부여받는다.
반면, 무의식은 개인적 또는 집합적 기억들의 저장고로서, 의식과
는 무관하게 우리의 내면에 머무르고 있고, 오로지 의식의 주체의 관
심이 가닿을 때에만 의식의 대상이 된다. 물론 이때 프로이트적 의미
의 검열이 행해질 수도 있지만, 반드시 그렇지는 않다. 융적 무의식

---

77. C. G. 융, 「초월적 기능」, 『원형과 무의식』, 339쪽. 불어판 "La fonction transcendante," *L'âme et le Soi*에 입각해서 번역을 수정했다.

의 대부분은 억압된 것이 아니기 때문이다.

이 논문에서 융이 말하고 있는 '초월적 기능'이란 몇 년 후 '자기'로 개념화되는 것으로, 의식과 무의식의 합일에 의해 이루어지는 것이다. 하지만 아직 '자기'로 개념화되기 이전인 '초월적 기능'에서의 그러한 합일은 기본적으로 의식의 주체의 주도로 이루어지는 것이다. 즉 의식의 주체가 무의식을 통합하는 것이다.

물론 무의식은 의식의 주체의 허락을 받지 않고도 등장한다. "의식과 무의식 사이의 칸막이에 투과성이 있"는 신경증 환자가 그러하고, "무의식의 직접적인 영향 아래 있"는 정신병 환자가 그러하다.[78] 무의식의 이러한 등장은 기본적으로 "의식의 일방성" 때문이다. 의식이 일정한 정향성을 갖는 한에서, 의식의 일방성은 어느 정도 필연적이다. 그리고 의식의 그러한 일방성에 대해 "무의식에는 항상 뚜렷한 반대 입장이 있다." 문제는 의식의 "너무 과도한 일방성"이다. 그 경우 "대립적 입장의 긴장이 고조"되고, "반대경향이 의식을 뚫고" 나온다.[79]

1916년 초판 이후 1933년까지 두 차례 개정된 『자아와 무의식의 관계』에서 융은 "의식과 무의식은 상호 대립해 있는 것이 아니라 서로 전체, 즉 자기가 되기 위해 보완"한다고 말한다(자아 80쪽). 이때 '자기'란, 앞으로 세밀하게 다루겠지만, 의식과 무의식의 전체성이자 그 전체를 이끄는 중심이다.

하지만 의식과 무의식이 서로 보완해서 전체를 이룬다고 할 때, 그 둘이 서로 대등한 위치에서 일종의 타협을 행하는 것은 결코 아니다. 의식과 무의식이 서로를 보완하는 것은, 그 둘이 전혀 다른 논리에 따라 행동하기 때문이다.

---

78. 같은 글, 340쪽.
79. 같은 글, 341쪽.

의식은 특정한 정향성에 따라 움직이고 그래서 일방성을 갖는다. 그 결과 의식은 종종 균형을 잃고, 무의식은 그처럼 균형을 잃은 의식을 바로잡아준다. 즉 '보정(補整, compensation)'해준다. 무의식은 "자동적이고 본능적인 활동"을 하지만, 그 목표는 "새로운 균형을 만들어내는 것"이다. 다만 중요한 것은 "의식이 무의식으로부터 산출된 내용을 동화시킬 수 있어야 한다는 것"이다(자아 62쪽).

즉 1) 무의식은 의식을 바로잡지만, 그것은 2) 의식이 무의식을 동화할 수 있어야만 가능하다는 것이다. 의식에 의해 수용되지 않는 한, 무의식의 노동은 효과가 없다는 것이다. 그렇다면, 무의식이 아무리 노동을 하더라도, 최종적인 결정권은 의식의 주체에 있다는 것일까? 물론 무의식은 의식의 주체가 자신을 받아들이도록 압박할 수도 있겠지만, 그 효과는 엉뚱한 방향으로 빗나갈 수도 있다. 융은 이번에는 다음과 같은 세 경우를 제시한다.

1) 무의식의 내용에 압도될 때, 편집증이나 정신분열증에 걸린다.
2) 무의식의 내용을 단순하게 믿으면, 엉터리 예언자나 유아적 존재가 된다.
3) 무의식의 내용을 거절하면, 페르소나의 퇴행적 복원이 일어난다(자아 63쪽).

의식은 무의식의 내용에 압도되어서도 안 되고, 무의식의 내용을 단순하게 믿어서도 안 된다. 의식은 무의식을 적절하게 자기화해서 받아들여야 한다. 그것이 바로 무의식의 '동화'의 의미이다.

하지만 의식에 의한 무의식의 동화는, "의식과 무의식 사이의 날카로운 분리와 대립"을 불러일으키는 의식의 "현저한 일방성"과는 거리가 멀다(자아 135쪽). 의식에 의한 무의식의 동화는 무의식에 대한 일정한 개방성에 따른 자아의 확장과도 같은 것이다. 다만, 의식의 주체인 자아는 탄력성을 가지면서도, 자신을 견지해야 하는 것이다.

융은 "만약 자아가 무의식을 지배할 힘이 있기나 한 것처럼 뽐낸다면 무의식은 까다로운 공격으로 이에 반응한다"고 하고, "이에 대항하여 우리가 자신을 보호할 수 있는 길은 다만 무의식의 세력에 대한 우리 자신의 유약성을 깨끗이 고백하는 데 있다"고 덧붙인다(자아 154쪽). 즉 자아는 1) 스스로에게 탄력성을 부여하면서 2) 무의식의 요청을 수용할 수 있어야 하는 것이다.

융은 무의식의 동화를 "의식과 무의식이 서로 가까워지는 것"이라고 표현한다. 그리고 그 효과에 대해 "이때 전체 인격의 중심은 더 이상 자아와 일치하지 않으며 의식과 무의식 사이의 중앙의 점이 될 것"이라고 한다(자아 138쪽). 즉 무의식의 동화에 따라 자아 자체가 이동한다기보다는 인격의 중심이 이동한다는 것이다.

융은 1926년의 「정신과 삶」에서 자아와 의식의 관계를 보다 명확히 제시한다. 그는 다음과 같이 말한다. "순전히 형식적 방식으로 말을 하자면, 심리는 자아와 관계를 맺는 때부터 의식이라 불려진다. 이 관계가 없을 때는 사실은 무의식이 된다."[80]

나의 지각과 행동을 '의식' 하는 나 자신이 바로 프로이트-융적 의미의 '자아(Ich)' 이다.[81] 자아는 자신의 지각과 행동을 '의식' 하고 또한 대상 세계를 '의식' 한다는 점에서 의식의 주체이다. 따라서 의식이란 자아가 '의식' 하는 것이다. 즉 자아가 의식하는 것이 '의식' 이다. 자아가 없다면, 의식도 없다. 의식의 주체가 없으면, 의식의 대상도 없기 때문이다.

---

80. C. G. Jung, "L'esprit et la vie," 370쪽.
81. 반면, 라깡적 의미의 자아(moi)는 훨씬 대상적이다. 즉 나르시스적 주체가 바라보는 대상으로서 자기 자신이 바로 라깡적 의미의 자아이다.

물론 자아의 관심은 항상 변화한다. 그래서 융은 다음과 같이 말한다. "망각은 내용들이 얼마나 자주 얼마나 손쉽게 자아와의 접촉을 잃는지 보여준다."[82] 융은 또 다음과 같이 덧붙인다. 자아의 의식은 "인간 존재의 전체성을 포괄하지 않는다." "자아는 그가 아는 것보다 훨씬 더 많은 것을 잊어버렸다."[83]

융에 따를 때, "인간 존재의 전체성"을 대변하는 것은 자아가 아니라 '자기(Selbst)'이다. 하지만 '자기'는 자아와 무관한 것이 아니다. 융은 그 관계를 "태양과 지구 사이만큼이나 깊은 관계"라고 한다(자아 159쪽).

융에게서 자아는 라깡적 자아처럼 상상적이고 허구적인 것이 아니다. 무의식의 동화는 오직 자아에 의해서만 가능한 것이고, 또 자아는 무의식을 동화함으로써 '자기'를 발전시킨다. 따라서 자아가 견실하게 유지되는 것은 매우 중요하다. "무의식의 통합은 자아가 비판을 견딜 만큼 확고해야만 가능"하기 때문이다(전이 318쪽).[84]

'자기'는 자아를 자신 내부의 작은 주체로 포함한다. '자기'는 자아를 멀리서 규제하겠지만, 자아를 소멸시킬 수는 없다. 의식의 주체가 의식의 존재를 위해 항상 필요하다는 것이다.

물론 자아의 필요에 대한 이러한 인정이 융으로 하여금 프로이트적 자아심리학으로 나아가게 하는 것은 결코 아니다. 프로이트에게서 자아심리학은 필연적이다. 무의식이 악마적이기 때문이다. 반면, 무의식이 오히려 천사적인 융에게서 관건은 자아가 무의식을 얼마만큼 받아들일 수 있느냐 하는 것이다. 이 차이에 대한 정확한 인식

---

82. C. G. Jung, "L'esprit et la vie," 370쪽.
83. 같은 글, 371쪽. 물론 이때 융이 말하는 의식은 순간순간 대상을 향해 지향되어 있는 의식이 아니고 프로이트적 의미의 전(前)의식을 포괄한다.
84. "비판을 견딜 만큼 확고"하다는 것은 비판을 받지 않는다는 것이 아니라, 비판을 받고 수용하여 중심을 이동할 수 있는 역능이 있다는 것이다.

은 매우 중요하다.

2) 개인적 무의식

융은 1912년에 초판이 나오고 1948년에 최종적으로 개정된 『무의식의 심리학』에서 개인적 무의식의 내용들을 다음과 같이 제시한다. "잊혀진 기억들, 고통스런 표상들에 대한 억압된(즉 의도적으로 망각된) 기억들, 식역(識閾) 아래의 느낌들, 문턱을 넘어 의식 속으로 침투할 수 있을 만큼의 충분한 강도를 갖지 못한 감각적 지각들, 의식 속으로 침투하기에는 충분히 성숙하지 못한 내용들."[85]

중요한 것은, 개인적 무의식 가운데 억압된 무의식은 단지 일부에 지나지 않는다는 것이다. 따라서 성적 내용을 갖는 무의식의 대부분이 억압된 무의식이라면, 성적 무의식도 또한 무의식의 일부에 지나지 않을 수밖에 없다. 이것은 융의 명확한 입장이다. 그가 "성이론을 가지고 하나의 교리를 만들"려던 프로이트의 입장에 반대했듯이 말이다.[86] 한편, 집합적 무의식은 억압된 것도 전혀 아니고 성적인 것도 전혀 아니다.

융은 위의 인용문의 괄호 속에서 억압을 '의도된 망각'과 동일시한다. 하지만 그는 1936년의 「아니마 개념을 중심으로 본 원형에 대하여」에서는, 억압된 어떤 것은 한 차례 의식되었던 것이지만, 억압 행위 그 자체는 무의식적이라는 새로운 입장을 제시한다(아니마 186쪽). 억압 행위가 의식적일 경우 억압이 불가능하다는 것이다.

융은 또 『무의식의 심리학』에서 다음의 사실들을 지적한다. 즉 집합적 무의식은 태어나기 이전의 시기까지 포괄하지만 개인적 무의

---

85. C. G. Jung, *Psychologie de l'inconscient*, 120쪽.
86. 『기억 꿈 사상』, 281쪽.

식은 "가장 이른 시기의 유아적 기억들에서 멈춘다는 것"이고, 개인적 무의식의 내용들은 주체에 의해 실질적으로 체험된 것인 반면, 집합적 무의식의 내용들은 그렇지 않다는 것이다.[87] 그렇다면 개인적 무의식은 집합적 무의식에 비해 좀 더 감정적 · 정동(情動)적 색조를 지닐 수밖에 없다(집단 106쪽).

융은 1928년의 「영혼의 구조」에서 개인적 무의식의 내용을 다음과 같이 보다 체계적으로 제시한다.

1) 한 차례 의식되었다가 무의식이 된 내용들.
  a) 강도가 낮아서 망각 속에 던져진 것.
  b) 의식으로부터 철회된 것(우리가 억압이라 부르는 것).
2) 너무 강도가 약해서 결코 의식에 도달할 수 없었던 감각적 지각들. 그러나 어떻든 심리 속에 기입된 것.[88]

이에 따라 개인적 무의식의 구조가 좀 더 명확해진다. 흥미로운 것은 의식되지 않았던 것들도 심리 속에 기입되어 무의식을 이룬다는 사실이다. 이것은 우리가 제3장에서 다루겠지만, 최면 과학을 통해서도 입증된다.

융에 따를 때, 개인적 무의식의 내용들은 한 개인의 '그림자'를 구성한다. 즉 개인적 무의식의 내용들이 한 "인격의 어두운 측면들"을 이룬다는 것이다. 그림자는, 그것이 개인적 무의식의 내용들인 한에서, 자율성을 지닐 수밖에 없고 또 감정적 성격을 소유한다. 특히 그림자는 타자에게 투사되는 것이고, 그 경우 오히려 타자가 그림자의 원인처럼 여겨진다. 하지만 그림자는 집합무의식에 비해 훨씬 더 쉽

87. C. G. Jung, *Psychologie de l'inconscient*, 137쪽.
88. C. G. Jung, "La structure de l'âme," 110~111쪽.

게 의식화될 수 있고, 그래서 자기비판을 통해 수용될 수 있는 것이다. 우리는 그림자를 넘어선 이후에야 집합무의식의 원형들인 아니마–아니무스에 가닿을 수 있다(A 20쪽).

결국 융에게서 개인적 무의식은 무의식의 전체적 배치 속에서 가장 표층적인 것이다. 그러나 융의 기본적 관심은 보다 심층적인 것에 있다. 즉 융의 기본적 관심은 개인적 무의식이 아니다. 융에게서 개인적 무의식은 단지 집합무의식과의 대비 하에서만 제시된다. 게다가 융은 무의식의 전체적 배치를 제시하기 위해 개인적 무의식을 언급할 뿐이다. 그것도 주로 1910년대와 20년대의 저술들에서만 말이다.

그러므로 융에게서 개인적 무의식은 집합적 무의식을 언급하기 위한 일종의 전략적 전제 또는 필수적 장식 같은 지위를 지닌다. 융이 아무런 부가어 없이 '무의식'이라고 할 때는 기본적으로 집합적 무의식을 뜻한다. 또 그가 종교, 신화, 연금술을 연구하는 것도 집합적 무의식 속으로 침투하기 위해서이다.

3) 집합무의식

집합무의식은 인류에 공통되는 보편적인 것이다. 융은 『리비도의 변환과 상징』에서 집합무의식을 "정신의 보편적이고 동일한 구조"를 지칭하는 것이라고 하고,[89] 또 "무의식의 동일형식성"을 말한다(영웅 18쪽).

집합무의식이 보편적일 수 있는 것은 그것이 구체적인 내용들을 갖는 것이 아니라 "앞으로 표상될 수 있는 가능성들"을 갖는 일종의 형식적 '갖추어짐(disposition)'이기 때문이다.[90] 즉 형식적인 짜임새가

---

89. C. G. 융, 『상징과 리비도』, 234쪽.
90. C. G. Jung, "La structure de l'âme" 111쪽.

집합무의식으로 주어져 있고, 그것이 어떤 조건 속에서 특정한 사태들과 마주치면, 특정한 표상들을 만들어낸다는 것이다. 집합무의식은 "동일형식적"인 것이고, 그렇기 때문에 보편적일 수 있는 것이다.

융은 『무의식의 심리학』에서 무의식적인 심리과정이 "각각의 개인적 경우마다 무한히 다양한 형태를 취한다"고 하고서, 하지만 그 밑에 "하나의 공통분모"가 존재한다고 한다.[91] 이 '공통분모'가 바로 집합무의식이다. 이 '공통분모'가 있고, 그것에 기반(基盤)해서 각각의 개인들은 차이 나는 사태들에 따른 차이 나는 표상들을 갖게 되는 것이다.

집합무의식이 보편적이라는 것은, 집합무의식이 문화적 차이에 따라 달라지지 않음을 함의한다. 즉 집합무의식은 고유한 문화를 가진 집단에 따라 달라지는 복수(複數)의 것이 아니다.[92] 인도인의 집합무의식과 스위스인의 집합무의식은 결코 다르지 않다.[93] 그렇다면 집합무의식은 모든 인간 존재에게 공통되는 단 하나의 것일 수밖에 없을 것이다.

----

91. C. G. Jung, *Psychologie de l'inconscient*, 189~190쪽.

92. 따라서 융 기본저작집의 한글판에서 '집합무의식(das kollective Unbewusste)'을 '집단무의식'으로 옮겨준 것은 부적절한 오해를 초래할 수 있다. '콜렉티베(kollective)'라는 부가어에 상응하는 '집합적'은 보편주의적 함의를 갖는 반면, '집단(Gruppe)'은 다른 집단과 대립하는 어떤 집단이라는 식의 특수주의적 함의를 갖기 때문이다.

93. 이와 관련해서 나는 『지배와 그 양식들』(새물결, 2001) 190쪽에서 융이 민족적 차이를 중시한다고 단언하는 중요한 실수를 저질렀다. 그 실수는 한편으로 융의 자서전 『기억 꿈 사상』의 제9장 「여행」을 성급하게 잘못 읽어서 생긴 것이었고, 다른 한편으로는 융을 파시스트로 간주하는 에른스트 블로흐 등의 관점으로부터 영향을 받은 것이었다. 제2차 세계대전 동안의 융의 행적에 대해서는 디어드리 베어의 『융』이 가장 세밀한 서술을 하고 있다. 융이 파시즘과 아무 관련이 없음은 확실하다. 융을 집요하게 비판한 에른스트 블로흐의 입장이 실제로는 융의 입장과 얼마나 놀랍게 가까운지를 알기 위해서는, *Reification et utopie: Ernst Bloch & György Lukács*(Actes Sud, 1986)를 참조하기 바란다. 도대체 내가 책들을 쓰면서 이와 같은 성급한 판단으로 저지른 실수들이 얼마나 많을지를 생각하면, 참담하기 짝이 없다.

물론 융은 오해를 불러일으킬 수 있는 표현들을 한다. 예컨대 그는 『무의식의 심리학』에서 집합적 무의식은 "조상들의 존재가 남긴 것을 포괄한다"고 한다.[94] 또 「영혼의 구조」에서는 집합무의식을 "인간의 진화과정 속에서 전승된 거대한 정신적 총량(masse)으로 이루어진 것"이라고 한다.[95]

이러한 표현들은 융이 집합무의식을 역사적으로 형성된 것으로 간주한다는 뉘앙스를 내포한다. 그리하여 역사적으로 형성된 것은 역사 속에서 문화적으로 축적된 것이 전승됨으로써 형성된 것이라는 비약적 추론이 이루어진다. 문화적 축적물이 전승됨으로써 형성된 것은 문화적 차이를 가질 수밖에 없다. 그래서 집합무의식은 문화적이고 민족적인 것이라는 오해가 성립한다.

하지만 융은 그러한 해석에 단호하게 반대한다. 융이 말하고 있는 "조상들의 존재"는 민족들 사이의 문화적 차이가 형성되기 이전의 선사적(先史的) 존재이다. 또 융이 말하는 "인간의 진화과정"은 문화적 차이가 형성되기 이전의, 즉 역사 이전의 선사적(先史的) 진화과정이다.

융은 1928년의 『황금꽃의 비밀에 대한 주해』에서 다음과 같이 확실하게 말을 한다. "심리는 모든 문화적이고 의식적인 차이를 뛰어넘어 공통의 기반(substrat)을 소유한다. 내가 집합무의식이란 이름으로 칭한 것이 바로 그것이다"(황금꽃 27쪽). 융은 또 1934년의 「집합무의식의 원형에 대하여」[96]에서 집합무의식을 "세계처럼 넓으며, 세계 전체로 열려 있는 객관성"으로 규정한다(집단 129쪽). 즉 집합무의식은 문화적 차이에 종속되지 않는다는 것이다.

---

94. C. G. Jung, *Psychologie de l'inconscient*, 72쪽.
95. C. G. Jung, "La structure de l'âme" 117쪽.
96. 한글판 제목의 '집단무의식'을 '집합무의식'으로 고쳐서 표기했다.

융은 「집합무의식의 원형에 대하여」의 서두에서, 신화나 민담은 원형을 표현해주지만, "오랜 시간 속에서 전승된 특별한 각인을 받은 것"이기 때문에 원형을 단지 간접적으로만 드러내줄 뿐이라고 한다(집단 108쪽). 이때 "특별한 각인"이란 역사성에 의한 각인, 문화적 차이에 의한 각인이다. 즉 신화나 민담은 역사적이자 문화적인 것인 반면, 집합무의식을 이루는 원형들은 역사 이전의 것이라는 것이다. 그래서 신화나 민담은 집합무의식을 가장 잘 표현해주는 것들 가운데 하나이지만, 그럼에도 중요한 한계를 지닐 수밖에 없다는 것이다.

그리하여 융은 1941년의 「미사에서의 변환의 상징」에서 집합무의식을 "인간들 사이의 보편적 중재자"로 제시한다. 집합무의식이 인간들을 중재할 수 있는 것은 그것이 "모든 사람에게 공통되는 단 하나의 심리"이기 때문이다.[97]

문화적 차이에 종속되지 않는 보편적인 것으로서의 집합무의식은 어디에서 비롯된 것일까? 융은 집합무의식의 원천을 다음과 같이 제시한다.

첫째로, 집합무의식은 동물적 단계로부터 이어내려온 것이다. 융은 『리비도의 변환과 상징』에서 집합무의식을 "그 동물적인 앞 단계들을 포함한, 분화되지 않은 태고적(太古的, archaïque) 심리의 잔여로 이루어지는 것"이라고 한다(영웅 18쪽). 동물적 단계의 심리가 집합무의식 속에 내포되어 있다는 것이다. 융은 또 『무의식의 심리학』에서 집합무의식의 내용들이 "인간의 동물적 조상들의 계통을 각인했던 기능들의 잔여"라고 한다.[98] 인간으로까지 이어진 동물적 계열에 내재했던 기능들이 집합무의식의 내용을 이룬다는 것이다.

---

97. C. G. 융, 「미사에서의 변환의 상징」, 268쪽. 불어판 "Le symbole de la transsubstantiation dans la mess," *Les racines de la conscience*에 입각해서 번역을 약간 수정했다.
98. C. G. Jung, *Psychologie de l'inconscient*, 171쪽.

둘째로, 집합무의식은 문화적 차이가 성립하기 이전의 까마득한 먼 옛날에 형성된 것이다. 융은 이미 보았듯 집합무의식을 "분화되지 않은 태고적 심리의 잔여"라고 했고, 또 『무의식의 심리학』에서는 "까마득히 먼 시절로부터 인간 경험이 침전된 결과"이자 "특별히 인간적인 태고적 기능들의 잔여"라고 한다.[99] 융이 이때 사용하고 있는 '태고적,' 즉 '아르카익'이란 표현은, 동물적인 앞 단계들을 거쳐 인간이 형성되었지만 아직 역사가 시작하지 않은 선사적 시대를 지칭한다.[100]

셋째로, 집합무의식은 인간의 두뇌구조에서 비롯된다. 융은 『자아와 무의식의 관계』에서 다음과 같이 말한다. "인간의 뇌가 동일한 방식으로 분화되어 있는 것만큼 그로 인해 가능해진 정신적 기능들 역시 집합적이고 보편적이다. 이러한 상태로부터, 예컨대, 멀리 떨어져 있는 인종이나 민족의 무의식이 실로 놀라울 정도로 일치한다는 사실을 설명할 수 있다"(자아 43쪽). 즉 집합무의식의 동일성은 두뇌구조의 동일성에서 비롯된다는 것이다. 융이 다시 『황금꽃의 비밀에 대한 주해』에서 집합무의식을 "모든 인종적 차이를 넘어선 두뇌구조의 동일성의 심리적 표현"이라고 하듯이 말이다(황금꽃 27쪽).

집합무의식의 원천에 대한 이러한 세 가지 설명으로부터 우리는 다음과 같이 추정해볼 수 있다. 즉 집합무의식의 보편성은 종(種)으로서의 인류에 고유한 동물성에서 비롯된다고 말이다. 인간동물의 동물성, 다시 말해 인간동물의 자연적 소여로부터 집합무의식이 형성된다는 것이다. 물론 이때 '동물성 = 질료성'의 등식은 성립하지

---

99. C. G. Jung, *Psychologie de l'inconscient*, 165쪽과 171쪽.
100. 물론 이것은 단지 융의 가설적 설정일 뿐이다. 게다가 이 설정은 실제로는 가설적이라기보다는 오히려 '상상적'이 아닐까? 인간의 집합적 존재 자체가 사회규범을 핵심으로 하는 문화를 전제하기 때문이다. 즉 사회계약론에서와 같은 인간의 자연적 상태란 존재하지 않는다는 것이다.

않는다.

집합무의식은, 자아에 의해 의식되지는 않더라도 의식형태의 하나인 한에서, 단지 육체적(＝질료적)인 것일 수 없다. 잠재하는 의식형태로서 집합무의식은 정신적 내용을 지닌다. 육체 속에 내재한 지성, 그리고 특히 동물적 장기(臟器)인 두뇌 속에 내재한 지성이 집합무의식을 구성한다는 것이다.

집합무의식의 원천이 인간동물의 자연적 소여라면, 집합무의식은 본능과 연관될 수밖에 없다. 본능이란 한 종(種)에 공통적으로 부여된 지성이다. 알다시피 모든 '본능적 행동'은 본능적 지성을 전제한다. 그 지성은 의식적인 지성을 훨씬 능가한다. 하지만 융적인 집합무의식이 본능적 지성으로 완전히 환원되는 것일까? 그렇지 않다.

융에게서 본능은 집합무의식 자체라기보다는, 집합무의식의 질료 ― 그렇지만 지성을 갖춘 ― 를 이룬다. 융은 1919년 발표한 「본능과 무의식」에서 '집합무의식 ＝ 본능 ＋ 원형'이라는 식의 정식을 제시한다. 그는 "인간행동은 보통 받아들여지는 것보다 훨씬 더 많이 본능에 의해 영향받는다"고 한다.[101] 당연하다. 그리고 그는 "본능들의 심리학적 문제를 원형의 문제와 별도로 다룰 수 없다. 왜냐하면 그것들은 서로 규정하기 때문이다"라고 한다.[102]

융은 본능과 원형의 관계를 다음과 같이 말한다. "의식적 관념이 행동에 형태와 목표를 부여하듯이, 무의식적 관념은 원형을 통해 본능에 형태와 목표를 제공한다."[103] 이 인용문에 따를 때, 원형은 무의식적 관념에 내포된 것이다. 반면, 본능은 아직 형식을 갖추지 못한 것이고, 구체적 목표를 갖지 못한 것이다. 그렇다면 본능은 명확한

---

101. C. G. Jung, "Instinct et inconscient," *L'énergétique psychique*, 100쪽.
102. 같은 글, 99쪽.
103. 같은 글, 102쪽.

형태를 갖추지 못한 잠재적 가능성들로 들끓고 있는 일종의 질료와도 같은 것일까? 하지만 형태와 목표를 갖추지 못한 지성이 존재할 수 있을까?

어쨌거나 융에 따르면 원형은 본능과 세계 사이에 존재한다. 즉 원형은 본능이 세계와 마주칠 때 특정한 형태를 취하도록 해주고 특정한 목표를 갖도록 해준다. 그러나 원형을 본능과 명확히 구분하는 것이 가능할까? 그것은 하나의 통일된 실체에 대한 무리한 개념적 구분이 아닐까? 또는 원형은 오히려 본능의 한 층위가 아닐까?

그렇지 않다면, 원형은 어디서 비롯된 것일까? 집합무의식의 보편성이 인간동물의 자연적 소여에서 비롯된 것이라면, 원형 또한 그 자연적 소여에 속해야 한다. 그렇다면 원형은 두뇌의 내적 짜임새에서 비롯된 것일까? 융은 집합무의식의 보편성이 두뇌구조의 동일성에서 비롯되었다고 하면서, 무엇보다 원형을 염두에 두고 있었을까?

어쨌거나 융은 집합무의식을 "본능들과 그것들의 상관물인 원형들이 합쳐진 것"이라고 한다.[104] 원형들은 본능들에 상관적이라는 것, 그래서 자신이 관계하는 본능으로 하여금 특정한 형태를 취하게 한다는 것이다. 융은 그처럼 말하면서 원형을 "이해의 전형적 형식들"이라고 하는데,[105] 그렇다면 원형은 본능들 가운데에서 이해와 인식의 틀을 부여하는 역할을 맡은 층위일 수 있다.

융은 27년 뒤인 「정신의 본질에 관한 이론적 고찰」에서 본능과 원형의 관계를 본능과 정신의 대립이자 결합으로 제시한다. 하지만 이 논문에서 '정신'의 용법은 심리와 동의어가 아니라 영혼의 상위에 존재하는 초월적인 것이다(본질 42쪽).

그는 먼저 본능과 원형 사이의 친족성(parenté), 즉 밀접한 연관성

---

104. 같은 글, 103쪽.
105. 같은 글 같은 쪽.

을 강조한다. "원형들은 의식의 내용들을 규제하고, 수정하고, 동기 짓기 위해 그 형성에 개입하면서, 마치 본능처럼 행위한다"는 것이다(본질 69쪽). 하지만 다른 한편으로, 융은 본능과는 상이한 원형의 정신적 측면을 부각시킨다. "본능과의 이러한 친족성에도 불구하고, 혹은 오히려 이 친족성 때문에, 원형은 정신 고유의 요소를 표현한다"(본질 70쪽).

원형의 이 정신적 측면 때문에, "원형과 본능은 우리가 상상할 수 있는 가장 강력한 대립을 형성한다." 그 대립은 "본능의 지배 아래 놓인 인간과 정신에 사로잡힌 인간" 사이의 대립과 같은 것이다(본질 70쪽). 하지만 융은 다시 "양극은 서로 통한다"는 익히 알려진 모호한 논리를 동원한다. 즉 대립하는 양극인 본능과 원형은 밀접한 상응성을 갖는다는 것이다(본질 71쪽).

양극으로서의 본능과 원형이 도대체 어떻게 통한다는 것일까? 스피노자의 병행론에서처럼 동일한 실체의 두 속성으로서 서로 상응한다는 것일까? 융은 그처럼 사고한다. 그래서 "심리와 질료는 [⋯] 동일한 것의 서로 다른 두 측면"일 수 있다고 말한다(본질 81쪽). 하지만 본능이 순전하게 육체적인 것이 아니라 엄청난 지성을 내포한 것이라면, 그리고 본능과 원형이 원천을 달리한다면, 본능과 원형은 양극적으로 대립할 수밖에 없지 않을까?

그러나 융은 논의를 더 밀고나간다. 그는 다시 본능의 두 측면을 제시한다. 1) 생리적 역동성을 갖는 측면과 2) 상(像, 이미지)들 그리고 상들의 집합으로서의 측면이 그것이다(본질 77쪽). 그리고 그는 본능에 내재한 그러한 상들을 원형과 일치시킨다. 원형을 "충동적 도약이 취하는 형식적 원리"라고 하면서 말이다. 이때 '충동'은 본능과 같은 의미로 쓰인 것이다(본질 78쪽).

하지만 융은 원형을 본능의 한 층위로 환원시키지 않는다. 그는 원형의 두 측면을 다시 제시한다. 즉 1) 한편으로는 "정신적 요소"이고, 2) 다른 한편으로는 "본능에 내재하는 숨겨진 의미"라는 것이다(본질 89쪽). 그리하여 본능과 원형의 관계는 다음과 같이 제시된다.

1) 생리적 역동성으로서 본능
2) 본능의 형식적 인식틀 = 원형
3) 원형의 정신적 성격

본능과 원형은 2)에서 겹쳐진다. 즉 2)의 원형은 본능의 한 층위이다. 반면 3)의 원형은 2)의 원형과 그 원천을 달리한다. 즉 융은 3)을 제시하면서 인간동물의 자연적 소여로서의 집합무의식이라는 규정을 다시 일탈한다.

융은 그의 텍스트들의 여러 곳에서 "집합무의식의 내용들 = 원형들"이란 명제를 내세운다(집단 106쪽, A 20쪽). '집합무의식 = 본능 + 원형'이라고 할 때, '질료적'인 본능들보다 구체적 형식을 부여하는 원형들이 전면에 부각되는 것은 자연스럽다. 본능과 원형에 대한 융의 구분을 받아들인다면 말이다. 어떤 x를 대변하는 것은 그 x의 비(非)정형적인 질료들이 아니라 형태를 갖춘 내용들이다. 그렇다면, 집합무의식을 대변하는 것은 원형일 수밖에 없다.

그렇다면 우리는 다음처럼 설정할 수 있을까? 집합무의식에 상응하는 것은 원형이고, 영적 무의식에 상응하는 것은 '자기'라고?

원형은 우리의 내면에 존재하면서, 우리가 특정한 상황에 마주칠 때 원천적인 형상들을 제시한다. 그래서 우리는 인류사에서 전개된 반복적 상황들이 각각의 개인들에게서 동일한 원형들을 촉발시킨다고 말할 수 있다. 늙은 현자, 어머니, 영웅, 악마, 신 등과 같은 수많은 원형적 형상들은 감정적 가치를 가지면서, 우리를 사로잡아 이끈다.

융은, 이미 시사되었듯이, 원형들로 이루어진 집합무의식 속에서 영적인 내용들과 목적들을 발견한다. 그는 그것들을 집합무의식의 누미노제적 성격, 즉 신성한 성격이라 일컫는다. 하지만 그것들이 집합무의식처럼 인간동물의 자연적 소여에서 비롯된 것이 아니라면, 우리는 이미 말했듯이 그것들을 다른 명칭으로 불러줄 수 있다.

4) 영적 무의식

융은 그의 텍스트들 여러 곳에서 신은 집합무의식에 내재하는 것이라고 강조한다. 즉 신이 집합무의식의 한 가지 원형이라는 것이다. 그리하여 융은 신화나 종교에 대한 자신의 연구를 경험주의적이라고 주장할 수 있게 된다. 집합무의식에 내재하는 원형인 신이 신화나 종교 속의 신들로 표현되기 때문이다. 즉 신화나 종교에 대한 연구는 초월적 신학이 아니라 집합무의식을 경험적으로 연구하는 경험주의 심리학으로 귀착된다는 것이다.

집합무의식이 인간동물의 자연적 소여에서 비롯되는 것이라면, 집합무의식에 속하는 신의 원형도 자연적인 것일 수밖에 없다. 따라서 신화나 종교도 다만 인간동물의 자연사(史)에 속하는 것이 된다.

하지만 융이 자신의 연구의 경험주의적 성격을 강조하기 위해 신의 원형적 성격을 부각시키더라도, 그의 입장이 그것으로 멈추는 것은 아니다. 그는 연구를 진행하면서, 무의식에 내재하는 초월성에 점점 더 관심을 기울인다.

융이 1952년의 『욥에의 응답』에서 제시하는 입장은 흥미롭다. 그는 말한다. "우리는 신격(神格)이 우리에게 영향을 주는 것을 오직 심리를 통해서만 확인할 수 있다. 이때 우리는 이 작용이 신에서 오는지 무의식에서 오는지 구별할 수 없다. 다시 말해서 신격과 무의식이 두 개의 다른 크기를 가진 것인지를 결말지을 수 없다. 둘 다 초월적 내용에 대한 경계 개념이다"(융 443쪽).[106]

융이 말하려는 것은, 신이 우리에게 영향을 미치는데 그 영향은 우리의 심리를 매개로 할 수밖에 없다는 것이다. 그래서 우리는 우리의 심리를 통해서만 신의 영향을 확인할 수 있다. 그렇다면 신과 무의식의 관계가 문제가 된다. 신의 영향이 심리를 매개로 행사되는 한에서, 그 영향이 도래하는 원천으로서 신과 무의식이 서로 겹쳐지기 때문이다. 그래서 융은 신과 무의식이 모두 초월적인 것에 접해 있다고 한다.

하지만 융의 이러한 발언은 형식적으로는 올바른 듯하지만, 내용적으로는 모호하기 짝이 없다. 무의식이 초월적인 것에 접해있는 것은, 신의 영향이 무의식을 통해 행사되기 때문이다. 그러나 신은 초월적인 것 그 자체인데, 어떻게 "초월적 내용에 대한 경계 개념(concepts limites)"일 수 있을까? 신이 1) 초월적인 것이면서도 또한 동시에 2) 무의식 내의 원형이기 때문에 그렇다는 것일까?

그러나 융은 한 발자국 더 앞으로 나아간다. 신격은 무의식 일반과 일치하는 것이 아니라 무의식 내부의 '자기 원형'과 일치한다고 하면서 말이다(융 443쪽). 즉 무의식 내부에 신의 장소가 있는데, 그곳이 바로 '자기 원형'이라는 것이다.

'자기 원형'이란 '자기'의 원형이다. '자기'가 의식과 무의식의 전체성을 이끄는 중심이라면, '자기 원형'은 집합무의식의 또 다른 원형들과는 같은 것일 수 없다. 즉 '자기 원형'은 그 원천인 '자기'가 갖는 중심적-주체적 성격으로 인해, 다른 원형들과는 다른 특별한 지위를 갖는다는 것이다. 그리고 이 특별한 지위는 그것이 신과

---

106. 불어판을 참조해서 "정신을 수단으로 해서"를 "심리를 통해서만"으로 고쳤다.

연결되는 장소임을 통해 확인된다.

물론 융에게서 자기 원형의 용법이 언제나 통일되어 있는 것은 아니다. 예컨대 영웅의 형상이 자기 원형으로 기능한다면(영웅 369쪽), 그 형상은 일종의 '자아의 이상형'으로서, 초월적 원천보다는 집합무의식에 더 가까운 것이다. 반면, 자기 원형으로서의 '신격'은 오히려 초월적 원천을 갖는 것이다.

융은 말년의 저술인 1957년의 『현재와 미래』에서 "무의식은 우리가 보기에 종교적 경험이 솟아오르는 공간"이라고 한다.[107] 우리는 과거의 틀에 따라 이 발언을 종교는 집합무의식 내부의 신의 원형이 표현된 것이라는 식으로 해석할 수도 있다. 하지만 내가 보기에 그러한 해석은 올바른 것이 아니다. 융의 입장이 진화했기 때문이다. 융은 "무의식이 신과 같은 것도 아니고 신을 대체할 수 있는 것도 아니다"고 강조한다. 또 그는 "신의 인식은 초월적 문제이고 또 그렇게 머물 것"이라고도 말한다.[108]

그렇다면 우리는 신에 대한 융의 사고가 다음과 같은 세 형태의 설정을 거쳤다고 가정할 수 있을까?

1) 집합무의식의 원형
2) 자기 원형
3) 초월적 실체

이 가운데 3)은 2)를 통해 표현될 수 있다. 그러므로 2)와 3)은 한 편을 이루어 1)에 대립한다. 1)은 순전히 경험주의적인 것이기 때문이다. 반면 2)는 3)을 경험주의적으로 접근하기 위해 설정된 것으로,

---

107. C. G. Jung, *Présent et avenir*, 85쪽.
108. 같은 책, 85쪽과 86쪽.

초월성과 경험적 성격 중간에 위치한다. 우리는 3)이 무의식을 통해 표현되고 또 2)가 3)과 연결되는 한에서, 2)와 3)이 드러나는 무의식을 영적 무의식이라 칭할 수도 있을 것이다.

하지만 신에 대한 융의 사고가 이러한 세 형태의 설정을 거쳤다고 가정하는 것은 지나치게 도식적이다. 융의 사고의 발전은 결코 그처럼 단순하지가 않다.

융은 이미 『자아와 무의식의 관계』[109]에서 무의식에 내재한 신적 희구에 대해 말한다. "무의식의 압박은 단지 겉보기에만 사람을 붙잡을 뿐, 더 깊은 의미로는 신을 붙잡으려 하는 것이 아닌가? 신에의 희구란 실로 누구의 영향도 받지 않은 가장 은밀한 충동성에서 뽑어져 나오는 정열이 아닐까? 아마도 그것은 인간에 대한 사랑보다도 더 깊고 강한 것이 아닐까? 아니면 그것이 어쩌면 우리가 전이(轉移 [사랑의 이동])라고 부르는 이런 부적당한 사랑의 가장 높고 가장 본래적인 의미가 아닐까?"(자아 25쪽).

신에의 희구는 신의 원형에서 비롯될 수도 있다. 하지만 그 정열이 "인간에 대한 사랑보다도 더 깊고 강한 것"은 이상하지 않은가? 자연적 존재로서 인간이 신적 존재처럼 되려는 것은 인간들로부터 인정과 사랑을 받기 위한 것이다. 제왕이나 종교집단의 교주처럼 말이다. 이 경우 신에 대한 희구보다 인간에 대한 사랑이 더 강한 것이다.

하지만 "인간에 대한 사랑보다 더 깊고 강한" 신에의 희구는 그 자체가 목적이다. 그렇다면 "누구의 영향도 받지 않은 가장 은밀한 충동성"은 그야말로 초월적인 장소로부터 도래하는 것은 아닐까?

이미 보았지만, 융은 같은 책에서 무의식의 목적이란 바로 "영혼의 목적"이라고 했었다.[110] "영혼의 목적"을 자신의 목적으로 삼는 무

---

109. 다시 말해두지만, 이 텍스트는 1916년에 초판이 나온 후 1928년에 개정, 1933년에 재개정된 것이다.

의식은 바로 영적 무의식이 아닐까? 융은 1936년 발표한 『심리학과 연금술』에서 "무의식이 육체의 생리적 기능들과 의식 사이에 끼어드는 심리적 현상인 한에서, 영혼은 무의식과 일치한다"고 한다(연금술 82쪽). 이 말은 무의식이 육체의 바깥에서부터 의식에 영향을 미친다는 것이다. 영혼과 일치하는 이러한 무의식은 인간동물의 자연적 소여("육체의 생리적 기능들")로부터 독립적이라는 점에서 영적 무의식에 가깝지 않을까?

융은 1952년에 완전히 개정한 『리비도의 변환과 상징』에서 미래에 대해 다음과 같이 말한다. "우리는 그것을 모르거나 잘못 알고 있지만, 무의식은 분명 알고 있을 것이다. 그런 일이 무의식 속에서 일어나기 때문이다."[111] 이 말은 다음의 것들을 뜻한다. 1) 무의식에는 지성이 있다는 것. 2) 그 지성은 예견적 성격을 갖는 것으로, 영성에서 비롯된다는 것. 3) 따라서 영적 무의식이 존재한다는 것.

융은 또 몇 쪽 뒤에서 "인간의 영적 소명"은 "무의식으로부터 강요"된 것이라고 한다. 즉 무의식이 인간에게 영적 소명을 구속적 방식으로 부과한다는 것이다. 우리는 그처럼 영적 소명을 부과하는 무의식을 '영적 무의식'이라고 칭할 수 있다.

융은 다시 그러한 영적 소명의 경험이 "보편적 인간의 근원적 경험"이라고 한 뒤, "사람들은 자신이 알지 못하는 것을 임의로 택하고 그것을 갈망할 수 없다"고 덧붙인다.[112] 다시 말해, 영적 소명이 실재하고, 어떤 영적 실체가 영적 무의식을 통해 영적 소명을 인간에게 전달한다는 것이다. 우리가 앞으로 세밀하게 살펴보겠듯이, 그러한 영적 소명은 '자기'의 역할에 상응한다.

---

110. 이때 '영혼'은 심리와 같은 의미가 아니다.
111. C. G. 융, 『상징과 리비도』, 85쪽 각주 19.
112. 같은 책, 105~106쪽과 106쪽의 각주 48.

　물론 융은 '영적 무의식'이란 개념을 명시하지 않았다. 하지만 그는 그것을 명확히 구분되는 별도의 실체로 전제했을 수 있다. 그는 「정신의 본질에 관한 이론적 고찰」에서 "의식에 대하여 소리나 빛처럼 하위뿐만 아니라 상위의 경계를 설정할 수 있다"고 한다. 즉 의식 아래에 있는 '하의식'과 더불어 의식 상위에 있는 "상의식을 추측"할 수 있다는 것이다(본질 33쪽과 36쪽). 하의식이 인간동물의 자연적 소여인 집합무의식을 포괄한다면, 상의식은 영적 무의식에 상응하는 것일 수 있다.

　물론 융이 개진한 상태 속에서, 즉 하나의 개념 속의 두 가지 상이한 실체라는 상태 속에서, 집합무의식과 영적 무의식은 밀접히 접경한다. 그래서 그 둘을 명쾌하게 나누는 것은 손쉽지 않다. 예컨대 융은 "그리스도＝집합무의식의 주인"(영웅 329쪽)이라거나 "그리스도＝무의식"(융합 1권 171쪽)과 같은 정식을 곧잘 내세운다. 이때 '그리스도'는 1) 그것이 내면의 원형인 한에서는 집합무의식에 속한다. 반면 2) 그것이 내면을 이끄는 영적인 힘이라면 영적 무의식을 구성한다. 그 판별 지표는 자아를 강화하는가 해체하는가, 권력을 강화하는가 포기하는가에 있다.

　더욱이 영적 무의식은 융에게서 순수하게 영적인 것으로만 머무르지 않는다. 그것은 연금술에서처럼 질료의 경험을 거쳐나가야 한다. 즉 영적 무의식의 진정한 영적 성격은 오히려 질료의 어둠을 껴안는 능력을 통해서 드러난다. 우리는 자기의 개념을 다루면서 이를 본격적으로 사고할 것이다.

원형을 거쳐

우리는 이미 앞에서 집합무의식을 다루면서 원형에 대해 살펴보았다. 그렇다면 원형을 다시 거칠 필요가 있을까? 융의 최종적 관심인 '자기'로 곧바로 나아가는 것이 더 효율적이지 않을까? 사실상 나도 그러한 유혹을 받는다. 하지만 원형의 개념과 관련해 몇 가지를 더 정리해둘 필요가 있다. 또 개념들이 서로 겹쳐지는 융의 중층(重層)적 개념체계에서 원형과 자기 사이의 접점을 밝혀두는 것도 필요해 보인다.

원형은 우리 내면의 가장 깊숙한 곳들에 존재한다. 그곳들은 우리 내면의 장소일 수밖에 없겠지만, 마치 우리의 내면을 넘어서는 장소들처럼 여겨지기도 한다. 융은 그곳들을 출생 이전의 장소들이라고 하기 때문이다. 그는 다음과 같이 말한다. "'출생 전' 단계까지 퇴행이 계속된다면, 개인의 기억과 전혀 상관없는, 즉 모든 인간과 더불어 다시 태어난, 유전된 여러 가지 표상가능성들의 보고(寶庫)에 속하는 원형적 상(像)들이 나타날 것이다"(영웅 25쪽).

융에 따르면 퇴행은 출생 이전의 단계까지 가능하다. 하지만 그 '출생 이전의 단계'가 자궁 내에서의 삶이나 전생(前生)을 뜻하는 것은 아니다. 융이 말하는 '출생 이전의 단계'란 현생(現生)을 넘어서는 개인의 과거 역사가 아니라, 종(種)으로서의 인류의 집합적 역사에 속하는 단계이다. 종으로서의 인류의 집합적 지성이 출생 이전의 태아에게 갖추어져 있는 단계가 그것일까? 어쨌거나 그러한 집합적 지성이 바로 원형이다. 원형은 집합적인 것이고, "모든 인산과 더불어 다시 태어"난다.

융은 "모든 퇴행"이 바로 "유인원의 영혼을 겨냥하고 또 거기서 끝난다"고 말하기도 한다(영웅 269쪽). 원형들을 만나려면 유인원 단계에까지 퇴행해야 한다는 것이다. 하지만 이때 '유인원'이란 표현은 엄밀한 의미의 유인원을 뜻하는 것은 아닌 듯하다. 융은 오히려 그 표현으로 유인원의 한 종으로서의 인간, 즉 최초의 인간을 암시하는 듯하다. 결국 역사에 의해 굴절되지 않은 원형들을 만나려면, 유인 원적 상태의 인간으로까지 퇴행해야 한다는 것이다.

융은 말한다. "치료는 퇴행을 지지하는 것이어야 한다. 심지어 이 퇴행이 '출생 이전의' 상태에 도달할 때까지 지지해야 하는 것이다. 여기서 고려해야 할 것은 '어머니'란 실제로는 하나의 이마고(Imago), 단지 정신적 상(像)이라는 사실이다"(영웅 270쪽).

융이 갑자기 어머니 원형을 말하는 것은, 우리로 하여금 현실의 어머니를 '어머니'로 대하도록 하는 어머니 원형이 우리의 탄생 이전 부터 인간 종(種)의 집합적 인식틀 속에 존재함을 강조하려는 것이 다. 현실의 어머니에 대해 어머니 원형이 선재(先在)하는데, 그 선재 성은 인간의 유인원적 단계부터의 것이다. 결국 우리가 어머니들을 접하고 나서 그녀들을 '어머니'라고 여기는 것이 아니라, 이미 우리 내부에 있는 '어머니 원형'에 따라 현실의 어머니를 '어머니'로 대 한다는 것이다. 즉 우리가 현실 속에서 맺는 구체적 관계들이 '아르 카익'한 때부터 존재하던 원형들에 의해 규정된다는 것이다.

융에 따르면 어머니 원형은 집합무의식으로 들어가는 입구에 불과 하다(영웅 270쪽). 어머니 원형의 배후에는 보다 근원적인 원형들이 있다는 것이다. 융은 말한다. "사람들이 퇴행을 방해하지 않는다면 퇴행은 결코 '어머니'에서 끝나지 않는다. 오히려 어머니를 넘어서, 말하자면 출생 이전의 '영원히-여성적인 것,' 즉 원형적 가능성들의 근원적 세계로 되돌아가게 된다"(영웅 270쪽). 그 '영원히 여성적인 것'이 온갖 형태의 여성적 원형들로 분화된다는 것이다.

자, 원형들은 "인간 종(種)에 전적으로 고유한 것"이고, "인간 종의 시작과 더불어 등장하는 것들"이다. 원형들은 인간의 유전질 속에 내포되어 있는 것이고, 그리하여 "인간의 인간적 성격을 규정짓는 것"이다.[113] 그러한 원형들은 개인의 의식과는 전혀 다른 논리로 운동한다. 즉 원형들은 고유한 법칙에 따라 운동한다. 개인들의 의식은 원형들의 자기법칙적인 운동에 무엇을 덧붙이거나 수정을 가할 수 없다. 다만 중요한 것은 개인들이 원형에 의해 완전히 사로잡히느냐 아니냐 하는 것뿐이다(융합 2권 326쪽).

원형들의 심층성은 원형들의 강력한 에너지를 설명해준다. 즉 역사 이전의 원형들은 역사 이전부터 형성된 에너지를 갖는다. 융은 『융합의 신비』에서 그 에너지에 대해 "역사의 주어진 시점에서 원형적 가능성들을 운동시키는 필연적인, 그리고 극단적으로 강력한, 동력적 힘"이라고 말한다(융합 2권 115쪽). 또 그는 『융합의 신비』를 끝마치면서 "원형은 저항할 수 없는 역능을 지니고서 인간의 삶에 개입한다"고 한다(융합 2권 357쪽). 원형이 개입하면 우리는 저항할 수 없다. 원형이 엄청난 에너지를 갖고서 우리를 사로잡기 때문이다.

융에 따르면 그 에너지는 종종 본능적 에너지보다도 더 강력한 것이다. "주체는 본능에 사로잡히듯이 원형에 사로잡힌다. 그런데 본능은 원형의 힘에 의해 제약을 받으며 심지어는 압도당할 수도 있다."[114]

원형이 작동하는 것은 그것의 에너지가 우리의 자아를 장악하기 때문이다. 원형의 에너지가 자아를 장악할 수 있는 것은, 그것이 감

---

113. C. G. 융, 「모성 원형의 심리학적 측면」, 『원형과 무의식』, 198쪽. 지금의 인용문을 포함하여 앞으로 이 글로부터의 인용문이 한글판과 다를 경우는 불어판 "Les aspects psychologiques de l'archétype de la mère," *Les racines de la conscience*에 입각해서 번역을 일부 수정한 것이다.
114. C. G. 융, 『상징과 리비도』, 235쪽.

정적 가치를 갖기 때문이다. 감정적 가치로서의 원형적 에너지는 우리의 감정을 장악하면서 또한 자아를 장악한다(본질 73~74쪽). 융은 "원형은 자아를 사로잡아 심지어 그것[원형]의 뜻에 따라 행동하도록 강요한다"고 하고, "원형의 에너지는 인간의 자아가 원형의 자율적인 활동에 의해 영향을 받거나 사로잡힐 때에만 자아에게 전달된다"고 한다.[115]

원형들이 이처럼 자아를 장악하는 것은 내면의 감정들을 불러일으키면서이다. 우리는 감정의 매혹과 절연할 수 없어서 원형에 포획된다. 원형들이 우리에게서 촉발하는 감정들은 그 강도(强度)의 크기만큼 우리를 사로잡는다. 융은 말한다. "원형은 종종 어마어마한 열정과 불굴의 논리로 목표를 밀어붙인다. 원형은 매혹을 통해 주체를 포획한다. 주체는 절망적으로 저항한다. 하지만 종국적으로 그 매혹과 절연하지 못한다"(본질 70쪽).

원형들이 우리를 장악한다는 것은 무슨 뜻일까? 그것은 원형이 우리에게 자신의 형식을 부과한다는 것이다. 원형은 "형식이자 동시에 에너지"다.[116] 즉 원형은 에너지를 갖춘 형식이다. 원형이 자신의 형식을 우리에게 부과할 수 있는 것은 자신의 에너지 덕분이다. 원형은 자신의 에너지로써 형식을 부과한다.

하지만 원형의 형식들이 우리의 내면에 완비(完備)된 형태로 존재한다고 생각해선 곤란하다. 우선 융은 원형이 "심리적이라고 규정할 수 없는 성격을 소유"한다고 한다(본질 99쪽). "심리적이라고 규정할 수 없"다는 것은 물론 원형이 심리보다 더욱 심층의 것이라는 것이지만, 다른 한편으로는 심리적 층위에서 구체적 형태를 갖는 것이 아니라는 것이다. 융은 원형에 대해 "심리적 자외선"이라는 표현을 사

---

115. C. G. 융, 『상징과 리비도』, 106쪽과 107쪽.
116. C. G. 융, 「모성 원형의 심리학적 측면」, 226쪽.

용하는데(본질 82쪽),[117] 그 뜻은 심리 바깥의 것이 심리 내부로 침투한다는 것이다.

이미 앞에서도 유사한 발언을 한 차례 접했지만, 융은 1937년의 『심리학과 종교』에서 원형을 표상들 자체가 아니라 그러한 표상들을 출현시킬 수 있는 형식적 가능성이 유전된 것이라고 하고, 그 형식적 가능성 자체가 원형이라고 한다.[118] 또 그는 1938년의 「아니마 개념을 중심으로 본 원형에 대하여」에서는 원형은 "유전된 표상들이 아니라 표상들의 가능성이 유전된 것"이라고 하고, "미리 짜여진 것(préformations)이 유전된 것"인 원형들이 "모든 상상적 활동에 정해진 길들을 부여한다"고 한다(아니마 187쪽).

그는 또 같은 해의 「모성 원형의 심리학적 측면」에서는 원형이 플라톤적 이데아 같은 것이라고 한다.[119] 이데아는 눈에 보이는 것을 만들어내는 눈에 보이지 않는 원리이다. 즉 이데아는 눈에 보이는 사물의 본질에 대한 지성이다. 어떤 사물의 본질을 인식하고 있으면, 언제든지 그것을 만들어낼 수 있기 때문이다. 그래서 융은 원형이 "내용상이 아니라 다만 형식상으로 결정되어 있다"고 하고, 원형을 "그 자체로는 텅 빈, 형식상의 요소"라고 한다.[120]

이때 '형식'이란 어떤 것일까? 그 '형식'은 '내용'이 없는 것이고 '텅 빈' 것이다. 그렇다면 그 '형식'은 구체적 형태와는 전혀 다른, 어떤 잠재적인 갖추어짐, 기초적인 직조(織造)와도 같은 것일 것이다. 따라서 앞에서 융이 원형을 '형식적 가능성'이라고 했을 때도, 앞으로 '형식'을 만들어낼 수 있는 가능성이라는 뜻은 전혀 아니고,

---

117. 불어판에 입각해서 '정신적'을 '심리적'으로 고쳤다.
118. C. G. 융, 「심리학과 종교」 156쪽.
119. C. G. 융, 「모성 원형의 심리학적 측면」, 195쪽.
120. 같은 글, 200~201쪽.

앞으로 구체적 형태들로 등장할 가능성을 갖는 잠재적인 '형식'이라는 의미였던 것이다.

이데아로서의 원형은 구체적인 형태를 만들어내는 잠재적 형식으로서만 존재한다. 즉 원형은 달리 말해, 본질에 대한 지성을 갖춘 형식적 원리와도 같은 것이다. 그렇다면 우리는 '형식적 가능성으로서의 원형 → 구체적 형태'라는 도식을 설정해볼 수 있다. 이때 '구체적 형태'란 우리 내면에 하나의 상(像, 이미지)으로 떠올라 우리를 사로잡는 것이다. 하지만 융은 종종 원형을 이러한 심리적 상(像)과 동일한 의미로 사용하기도 한다. 우리가 곧바로 볼 것이듯이 말이다.

1) 형식적 가능성으로서의 원형과 2) 구체적 형태를 매개하는 것은 3) 반복적 사태들이다. 아래의 도식에서처럼 말이다.

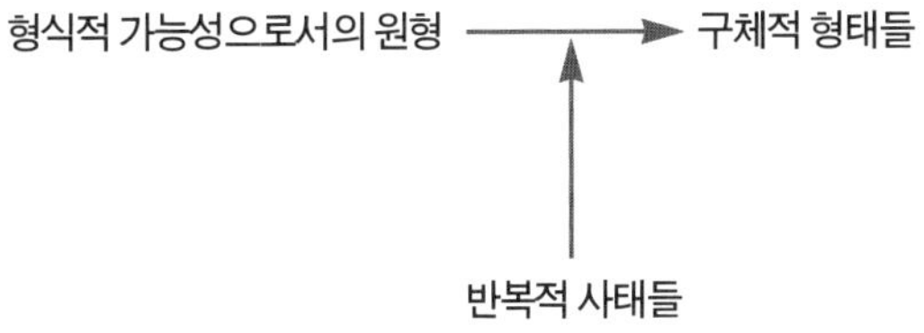

융은 "무의식의 원형적 구조는 평균적으로 일어나는 사건들과 사물들의 보편적인 경과들과 일치된다"고 말한다(영웅 216쪽). 이 말은 반복적 사태들이 원형들을 움직여 전형적인 심리적 상들을 촉발한다는 뜻으로도 읽힐 수 있다. 융은 위기상황에서 "전형적으로 반복되는 형식"을 말한다(영웅 216쪽). 이때의 '형식'은 잠재적 형식이 아니라 특정한 사태에 규칙적으로 대응하는 구체적 형태일 것이다. 융은 『무의식의 심리학』에서 "특정한 원형들의 규칙적 등장"을 말하면서, 그러한 원형들 가운데 대표적인 것들로 "무수한 또 다른 원형들 가운데에서 그림자, 벌레, 아니마, 아니무스, 어머니, 아이, 노(老)현자"를 열거한다.[121] 이때 원형들도 잠재적 형식이 아니라 구체적 상(像)들이다.

융에 따르면 원형들은 인간의 모든 관념형태에서 규칙적으로 등장한다. 융은 "모든 신화와 종교, 그리고 무슨무슨 주의의 본질적 내용은 원형적 성질의 것이다"라고 한다(본질 70쪽). 심지어 이데올로기들까지도 원형적 구조를 밑바탕에 깔고 있다는 것이다.

하지만 정치적 이데올로기들은 원형적 구조를 무수한 매개들을 거쳐 단지 간접적으로만 표현한다. 따라서 융이 그 원형적 구조를 더욱 강조하는 것은 신화, 민담, 종교 들이다. 융은 무의식을 "우리가 어린 시절에 통과했으나 밤마다 되돌아가는 상태"라고 말한다(개성화 233쪽). 왜 밤이면 무의식으로 되돌아가는 것일까? 의식 또는 의도에 의한 속박이 작기 때문이다. 똑같은 원리에서, 의식 또는 의도의 개입이 보다 적은 신화나 민담 등은 이데올로기보다 원형적 구조를 상대적으로 더 잘 간직할 수밖에 없다. 물론, 이미 언급했듯이, 신화나 민담에서도 역사적 굴절은 다소간 필수적이다.

융은 『리비도의 변환과 상징』에서 "원형적 구조들은 신화적 주제들과 일치"한다고 한다(영웅 367쪽). 또 『심리학과 종교』에서는 "여러 다른 민족의 신화와 민담이 거의 동일한 형식으로 주제들을 반복"한다고 하고, 그 주제들이 바로 원형들이라고 한다.[122] 즉 1) 사람들이 반복적으로 부딪힐 수밖에 없는 사태들이 2) 인간 내면의 원형들을 작동시켜 3) 신화나 민담 속의 원형적 테마들로 표현된다는 것이다.

융은 『심리학과 종교』에서 뒤이어 "원형적 주제는 아마도 전통과 이주(移住)뿐만 아니라 유전을 통해서도 전승된 인간 정신의 저 각인들에서 연유된 것"이라고 말한다.[123] 그리고 1년 뒤인 「모성 원형의

---

121. C. G. Jung, *Psychologie de l'inconscient*, 189쪽.
122. C. G. 융, 「심리학과 종교」, 80쪽.

심리학적 측면」에서는 강조점을 약간 이동시켜 다음과 같이 말한다. "원형들의 보편적 전파는 단지 전통·언어·이주에 의해서만 이루어지는 것이 아니다. 원형들은 언제 어디서나 다시 생겨날 수 있다."[124]

원형적 테마들이 전통과 이주에 의해 전파되는 것은 신화나 민담이 전해지면서 원형적 테마들도 전파되기 때문일 것이다. 하지만 "원형들이 언제 어디서나 다시 생겨날" 수 있는 것은 원형들이 인간 내면의 심층 속에 항상 자리 잡고 있기 때문이다.

그렇다면 원형들은 우리 내면에 객체적으로 갖추어져 있다가 특정한 사태들을 만나서 스스로를 심리적 상들로 표현하는 것일까? 원형들은 우리에게 특정한 인식틀을 제공하는 것 이외의 역할은 하지 않는 것일까? 원형들의 역할은 순수하게 객체적인 것일까? 융은 그렇지 않다고 대답한다.

융은 「모성 원형의 심리학적 측면」에서 다음과 같이 말한다. "원형의 세계 속에서 인간은 아직 자연이며 그 자신의 뿌리와 연결되어 있다. 인간을 삶의 원초적 상(像)들과 단절시키는 세계관이나 사회질서는 문명적인 것이 아니라 점점 더 커지는 감옥이나 마구간이다."[125] 인간이 자신의 뿌리와 연결되어 있어서 아직 '자연적'이었던 상태는 어떤 상태일까? 그 상태는 아무런 목적도 의미도 없는 자연사(史)적 과정 속에서 우발적으로 주어진 상태일까? 아니면 원형이 자신의 역할을 수행해서 인간에게 내적 균형, 즉 '자연적' 균형을 확보해주었던 상태일까?

융에 따르면 원형은 객체적으로 주어졌을 뿐인 어떤 것이 아니라, 뚜렷한 목적을 갖고 또 그 목적을 관철시킬 수 있는 능력을 갖는 것

---

123. 같은 글 같은 쪽.
124. C. G. 융, 「모성 원형의 심리학적 측면」, 200쪽.
125. 같은 글, 216쪽.

이다. 그는 『리비도의 변환과 상징』에서 "원형 고유의 삶의 관점"을 언급한다(영웅 236쪽). 원형이 자신의 관점을 갖는다는 것이고, 그 관점은 삶에 대한 관점이라는 것이다. 즉 원형은 삶에 대한 자기 고유의 관점을 갖는 주체적인 것이다. 다시 말해, 원형은 우리 내부의 또 다른 주체성, 자아와는 다른 주체성이다.

주체성으로서의 원형은 무의식적 현상들을 통해 자신을 표현한다. 융이 무의식의 현상들을 "자율적인 원형들의, 많든 적든 자발적 표현"이라고 하듯이 말이다(영웅 237쪽). 주체성으로서의 원형은 자신의 목적을 관철시키면서 우리의 삶을 이끈다. 융은 다음과 같이 말한다. "원형은 긴 눈으로 볼 때 운명을 빚어낸다. 우리는 실제로 근원적 상(像)이 자기의 목적을 관철한다고 말할 수 있다"(영웅 237쪽).

그리하여 '주체성 → 목적성 → 운명'의 연결고리가 성립한다. 융은 원형의 주체성을 원형의 누미노제적(신성적) 성격으로부터 설명한다. 따라서 우리는 다음과 같이 도식을 완성할 수 있다.

신성성 ⟶ 주체성 ⟶ 목적성 ⟶ 운명

융은 「정신의 본질에 관한 이론적 고찰」에서 다음과 같이 말한다. "신성한 요소로서의 원형은 자신을 실현하는 종류와 방법을 결정한다. 일종의 예지를 갖고서. 또는 중심을 잡는 과정에 의해 규정된 목표의 선험적 소유를 통해서"(본질 74쪽).

즉 원형은 자기 나름의 방법으로 자신을 실현한다. 그러한 실현 과정에는 '일종의 예지'가 작동한다. 그것을 '일종의 예지'라고 하는 것은 원형에 내재한 지성이 우리의 인식능력을 넘어서기 때문이다. 또 원형은 목표를 선험적으로 소유하고 있는데, 그 목표는 의식과 무의식 사이의 중심을 잡는 과제에 의해 규정되었다는 것이다.

융은 또 『융합의 신비』에서는 원형을 "살아있는 이데아"라고 하고, "부단히 새로운 해석에 스스로를 제시한다"고 한다(융합 2권 325쪽). '살아있다' 는 것은 생동하는 주체성으로서의 원형의 부단한 운동을 지칭하는 것이다. "부단히 새로운 해석에 스스로를 제시한다" 는 것은 원형의 운동이 언제나 우리의 인식틀을 벗어나는 예측불가의 것이라는 것이다. 융은 다시 "살아있는 이데아는 언제나 완전하고 신성하다"고 하고, "인간적인 정식화는 거기에 아무것도 덧붙이거나 제거할 수 없다"고 한다(융합 2권 326쪽). 즉 "살아있는 이데아"로서의 원형은 자신에 내재한 신성한 목적에 따라서 자기 운동을 한다는 것이다.

원형은 이처럼 주체적이다. 그리고 후기의 융은 원형적 주체성의 원천을 점점 더 초월적인 것에서 찾는다. 우리는 앞에서 집합무의식과 영적 무의식을 분리해서 살펴보았지만, 이제 집합무의식의 원형마저도 초월적인 것에 다가간다. 그 의미는, 원형이 점점 더 '자기'에 근접한다는 것이다. 개념들 사이의 이러한 겹쳐짐은 독자들에게 다소 혼란스러울 수도 있겠지만, 어쨌거나 그것은 융의 사고의 발전에 따른, 어쩔 수 없는 것이다.

융은 「정신의 본질에 관한 이론적 고찰」에서 다시 다음과 같이 말한다. "원형의 진정으로 고유한 본질은 의식될 수 없는 것이다. 즉 초월적인 것이다. 그렇기 때문에 나는 그것을 영적인 것(psychoid)이라고 부른다"(본질 79쪽). 이 표현은 명확하다. 이제 원형의 원천은 인간동물의 자연적 소여가 아니라 신성한 어떤 것으로 간주된다. 이 입장은 이후에도 계속 유지된다.

융은 또 다음과도 같이 말한다. "원형의 출현은 '마법적' 이라고는 할 수 없어도 '정신적(geistig)' 이라고 표현할 만한, 두드러진 누미노제적 성격을" 지닌다고(본질 69쪽). 이때 '정신적(geistig)' 이란 표현은 플로티노스적 의미로 사용된 것이다. 즉 심리적인 것이 아니라, 초월적인 원천을 갖는 것이다.

그리하여 융은 연금술을 동원하면서, 원형의 빛을 신성과 연결시킨다. "연금술의 관점에서 우리는 원형 자체가 어느 정도의 밝음, 또는 의식 비슷한 것을 지니고 있고, 따라서 그 광도(光度)가 신성도(神聖度)에 상응하리라는 결론에 도달할 수 있을 것이다"(본질 52쪽). 이때 융은 연금술의 관점을 자기화하고 있는 것이다. 융은 원형의 그러한 빛을 마침내 '자기'와 연결시킨다. "광도가 단자(單子)적으로 나타나면, 즉 예를 들어 하나의 별이나 태양, 또는 눈으로 나타나면 그것은 곧잘 만다라의 형태를 가지며, 따라서 자기(Selbst)로 해석할 수 있다"(본질 62쪽).

원형은 자신의 새로운 원천인 초월성을 매개로 자기와 겹쳐진다. 융은 『심리학과 연금술』의 「서론」이나 『리비도의 변환과 상징』과 같은 여러 텍스트들에서도 원형의 초월성을 강조하면서 원형과 자기를 연결시킨다. 그는 또 『전이의 심리학』에서는 융합 그 자체를 하나의 원형으로 제시하는데(전이 316쪽), 융합이란 바로 자기에 가닿는 것을 목표로 해서 행해지는 것이다.

융의 궁극적 관심은 '자기'다. 그 관심은 너무도 압도적이어서, 마치 '자기'가 융의 단 하나의 진정한 문제였던 것처럼 여겨지기도 한다. 그는 『기억 꿈 사상』에서 "대략 1918~1920년에 나는 정신적 발달의 목표가 '자기'임을 분명히 알게 되었다"고 한다.[126] 이제 자기의 개념 속으로, 융이 가장 표표(漂漂)하게 맞섰던 문제 속으로 들어가자.

---

126. 『기억 꿈 사상』, 357쪽.

자기로

앞에서 우리는 융에게는 영혼의 엄밀한 개념이 존재하지 않음을 확인했다. 융은 영혼이란 용어의 사용을 즐겨하지만, 그것은 어디까지나 비(非)개념으로서이다. 융에게 영혼의 개념은 없다. 하지만 그에게 부재하는 영혼의 개념적 지위를 대신 메워주고 있는 것은 자기(Selbst) 개념이다.

융의 자기 개념은 플라톤이나 플로티노스 같은 저자들의 영혼 개념에 상응하는 것일까? 만약 그렇다면 융은 왜 영혼이 아닌 자기라는 용어를 사용할까?

융의 자기 개념은 자아(Ich)가 진정한 자기 자신일 수 없다는 데서 비롯된다. 즉 자아가 아닌 진정한 자기 자신이 곧 '자기'다. 하지만 이 자기는 초월적 원천의 것이라고 명시적으로 천명되고, 게다가 우리 내면에 존재하는 신처럼 제시된다. 그래서 융의 자기 개념은 플라톤이나 플로티노스 같은 저자들의 영혼 개념에 상응하는 것으로 여겨질 수 있다.

하지만 그 상응성은 이론적 체계 속의 위치에만 한정된 것이다. 그 상응성은 내용적인 것이 아니다. 즉 융적 자기의 내적 구조는 우리가 제4장에서 살펴볼 플라톤-플로티누스-수흐라와르디-몰라 사드라에게서의 영혼의 내적 구조와 상이하다. 다시 말해, 서로 간의 동일시를 불가능하게 하는 내용상의 구조적 차이가 있다는 것이다.

문제는 다음과 같다. 영혼의 위치에 상응하는 것이 영혼의 내용을 갖지 않는다는 것. 여기에서 바로 융의 관점이 지니는 특별함, 우리가 앞으로 해명해야 할 특별함이 드러난다.

융에게서의 자기의 속성들을 하나씩, 둘씩, 숨을 골라가며 살펴보자.

1) 의식과 무의식의 전체성
2) 의식과 무의식의 전체성을 이끄는 중심

융은 여러 글들에서 종종 1)만을 내세워서 혼란을 초래한다. 그러나 핵심은 2)이다. 자기는 객체적인 전체성이 아니라 주체적인 전체성이고, 전체화된(수동적인) 전체가 아니라 전체화하는(능동적인) 전체이다.

3) 개인적이자
4) 보편적

'개인성 + 보편성'으로서의 융적 자기는 개별성 또는 개인성 속에서 보편성이 구현되는 헤겔의 보편적 개별성이나 맑스의 보편적 개인성(『독일 이데올로기』)을 떠올리게 한다. 하지만 융에게서는 강조점이 개인성에서 보편성으로 점차 이동한다. 그에 따라 앞의 1)과 2)도 다음의 5), 6), 7)로 이동한다.

5) 대극의 통일
6) 4원적 구조
7) 완전성이 아니라 온전한 전체성

5), 6), 7)로의 이러한 이동은 『아이온』에서부터 확립된다. 이에 따라 자기의 성격은 실질적으로 변한다. 하지만 자기의 개념은 초기부터 후기까지 다음의 속성을 일관되게 유지한다.

8) 초월적 원천의 것

9) 우리 내면의 신

만약 자기의 속성이 2), 3), 4), 8), 9)로만 한정된다면, 자기의 개념은 플라톤-신플라톤주의적 전통의 영혼 개념과 거의 일치할 것이다. 하지만 무엇보다 5), 6), 7)이 문제이고, 그것이 바로 융의 흥미로움의 원천이다.

이제 융의 자기 개념이 시간의 흐름에 따라 어떻게 발전했는지를 살펴보자. 과연 그것에 상응하는 내적 실재가 있을지를 생각하면서 말이다. 만약 그것에 상응하는 내적 실재가 없다면 융의 이론적 노동은 오직 헛된 것일 뿐이다.

1921년

융의 『심리학적 유형들』의 제11장은 58개의 개념들이 설명되어 있는 「정의들」이다. 그 가운데 54번째 개념인 '자기' 항목에는 단지 "자아를 볼 것"이라고 표시되어 있다. 이 사실은 1921년까지도 자기 개념이 융의 개념적 체계 내에서 부차적 위치만을 차지했음을 말해 준다. '자아'의 항목 속에서 제시된 자기의 개념은 다음과 같다.[127]

첫째로, 자기는 "무의식을 포함한 심리적 전체성의 주체"이다. 이 정의는 융이 애초부터 자기를 다만 객체적일 뿐인 전체성이 아니라 전체성 자체의 주체로 설정했음을 말해준다.

둘째로, 자기는 "무의식적인 상상 속에서 상위의 인격 또는 이상적인 인격의 측면 하에 등장하는 것"이다. "괴테의 파우스트나 니체의 짜라투스트라처럼" 말이다. 이 말은 자기가 실현되어야 할 어떤

---

127. C. G. Jung, *Types psychologiques*, 457쪽.

근원적 목표처럼 무의식에 등장한다는 것을 뜻한다. 자기는 프로이트적 의미의 자아의 이상형보다는 훨씬 근원적인 것이다.

셋째로, "이상적인 것의 후광을 자기에게 제공하기 위해, 그 아르카익한 특질들이 종종 '상위의 것'인 자기로부터 분리된다." 이처럼 자기로부터 분리되는 것들은 괴테의 메피스토펠레스, 기독교의 악마나 적그리스도, 니체의 '가장 못생긴 사람'[128] 등이다. 자신의 그림자의 축출이라는 이 세 번째 정의는 그 이후의 자기 개념과 뚜렷이 대립된다. 이후의 자기 개념은 자신의 어두운 그림자를 껴안는 것으로 특징지어지기 때문이다. 즉 '자기의 그림자'도 자기의 한 부분으로 간주되기에 이른다는 것이다.

1928년

『자아와 무의식의 관계』는 1916년에 초판이 발행된 것이지만, 1928년에 개정되고 1933년에 재개정된 것이다. 『자아와 무의식의 관계』에서 자기의 개념에 관한 부분은 대부분 1928년에 추가되었을 것으로 여겨진다. 그렇다면 『자아와 무의식의 관계』는 자기 개념의 최초의 구조를 충실하게 보여줄 것이다. 그것은 다음과 같다.

첫째로, 자기는 "의식과 무의식이 서로 보완"해서 형성되는 것이다. 자기는 "의식적 심리뿐만 아니라 무의식적 심리도 포괄한다"(자아 80쪽). 즉 자기는 의식과 무의식의 전체성이다.[129]

---

128. 나는 '가장 못생긴 사람'이 나오는 『짜라투스트라는 이렇게 말했다』를 읽지 않았다. 질 들뢰즈의 『니체』(PUF, 2008) 46쪽에 따르면 '가장 못생긴 사람'은 신의 연민을 받아들이지 못해 신을 죽인 늙고 못생긴 사람이다.
129. 융은 『자아와 무의식의 관계』에서, 그리고 그 이후의 다른 글들에서도, 종종 "무의식적 자기"라는 표현을 쓴다. '무의식적 자기'라는 표현은 의식과 무의식의 전체성으로서의 자기와 모순되는 것이다. 융은 용법도 혼란되어 있다. 그는 1) '무의식적 자기'를 '자기'

둘째로, 하지만 자기는 객체적인 전체성이 아니다. 자기는 "우리의 살아있는 전체 체계의 정수"이다. 그리하여 "체험된 모든 삶의 침전과 총합일 뿐만 아니라 모든 미래의 삶의 모태, 씨앗, 원천, 창조적 부식토이다." 즉 자기는 "기초적인 심리적 소여들이자 과거와 미래로 동시에 향해진 토대이고, 그로부터 불멸성의 이념이 정당하게 도출된다"(자아 99쪽).

다시 반복할 필요가 있을까? 자기는 객체적인 전체성이 아니라, 그 전체성의 어떤 정수라는 것. 그 정수는 과거의 모든 삶이 응축된 결과일 뿐만 아니라 미래의 삶이 그로부터 펼쳐지는 원인이라는 것. 그리하여 과거가 모여들고 미래가 펼쳐지는 매듭인 자기를 근거로 불멸의 이념이 성립한다는 것이다.

셋째로, 자기는 그 자체가 목표이다. 즉 자기는 일종의 초월적 원천으로부터 부과된, 삶의 원천적 목표이다. 이러한 원천적 목표로서 자기는 삶을 멀리서부터 이끈다. 융은 다음과 같이 말한다. 자기는 "하나의 구조로서, 우리에게 인식 불가능한 것으로 머무는 실체, 우리가 포착할 수 없는 본질을 표현해야 하는 것이다. 이 구조는 그 정의로 미루어 알 수 있듯이 우리의 이해능력을 넘어선다. 우리는 자기를 '우리 내부의 신'이라고 칭할 수 있을 것이다. 바로 이 자기로부터 우리의 모든 심리적 삶이 솟아오른다. 그 처음의 출발점에서부터 말이다. 삶의 궁극적인 마지막 목표는 자기를 향하는 것 같다"(자아 159쪽).

자기는 '우리 내부의 신'이다. 우리의 내면적 삶은 자기에서 나와서 자기로 돌아간다. 즉 우리 내면에 있는 초월적 실체인 자기는 우리의 삶을 이끄는 원인이자 우리가 성취해야 하는 목표이다. 우리의

와 동의어로 사용하기도 하고, 2) 의식과 대립하는 무의식의 중심이라는 의미로 사용하기도 한다.

자아는 지구가 태양을 바라보듯 자기를 바라본다(자아 159쪽).

넷째로, 자기는 초월적 원천의 것이면서도 지극히 개인적-단독적인 것이다. 단독적인 것인 자기는 집단적 심리의 표현인 '페르소나'와 대립한다. 페르소나에 대립하여 자신의 고유한 개인성을 실현하려는 '개인화(Individuation)'[130]는 자기를 실현하는 것이다. 융은 다음과 같이 말한다. "개인성이 우리의 가장 내밀한 단독성 형태, 최종적이고 철회할 수 없는 단독성 형태인 한에서, 개인화란 가장 사적(personnel)이고 비교 불가능한 것인 자신의 자기의 실현이다"(자아 75쪽).

하지만 단독적 개인성은 보편성과 대립하는 것이 아니다. 반면 집단적인 것인 일반성은 보편성과 대립한다.[131] 우리는 보편성을 완전히 구현하면서도 철저하게 개인적-단독적일 수 있다. 융이 자기를 "우리가 있는 그대로의 하나의 인격"이라고 한 것은, 우리 자신이 개인적-단독적이자 동시에 보편적임을 뜻한 것이다(자아 80쪽). 자기의 초월적 목적성과 대립되는 그러한 표현은 모순적으로 들릴 수 있다. 하지만 자기의 개념은 복합적인 표현들을 허용한다. 물론 자기 개념의 복합성은 융 개인이 설정한 것이다. 그러나 융이 포착한 어떤 짜임새를 우리가 존중한다면, 우리는 자기의 구조를 전체성 속에서 통찰하려고 노력할 수밖에 없다.

어쨌거나 자기의 개인성에 대한 융의 강조는 점차 그 보편성에 대한 강조에 자리를 내어준다. 그렇다고 해서 융이 자기의 개인성을 부

---

130. 융의 기본저작집 한글판에서는 이를 모두 '개성화'라고 번역했다. 하지만 그러한 번역은 다소 부적합한 면이 있어 보인다. '인디비두아치온(Individuation)'은 개인의 특정한 개성을 실현하는 것이 아니라 개인 그 자체를 실현하는 것이기 때문이다. 융에게서 '개인-개인성-개인화'가 정합적 체계를 이루는 것임에 유의해야 한다.

131. '일반성'은 한 사회에서 지배적인 것, 즉 일반적인 것이고, 보편성은 모든 인간에게 동일하게 해당되는 것이다.

인하는 것은 아니다.[132]

1944년

자기 개념의 내적 구조가 변화하는 것은 융이 연금술을 연구하면서부터이다. 즉 연금술 연구와 더불어 자기 개념의 내적 구조는 의식과 무의식의 전체성으로부터 대립쌍의 통일 또는 "대극의 합일"로 이행한다. 그 출발점은 『연금술과 심리학』이다. 융은 이 책의 「서론」[133]에서 자기 개념을 유한과 무한의 통일, 개인성과 보편성의 통일로 제시한다. 유한과 무한의 통일은 물론 의식과 무의식의 통일을 내포한다. 하지만 유한과 무한의 통일은 문제틀의 근본적 전위(轉位)를 함축하는 것이다.

융은 우선 자기의 두 측면을 다음과 같이 제시한다.

1) "인간적 전체성의 본질을 표현한다."
2) "전체성의 묘사될 수 없고 규정될 수 없는 성격을 전달한다"(개성화 28쪽).

---

132. 융은 「미사에서의 변환의 상징」 제4장 「미사의 심리학」에서 자기를 "최고의 의미의 개인성"으로 제시한다(한글판 242쪽). 「미사에서의 변환의 상징」은 1941년 처음으로 발표되었지만, 1954년 『의식의 뿌리들』에 수록될 때 제4장의 내용이 대부분 추가된 것이다. 서지학적 조사를 하지 않은 나는 "최고의 의미의 개인성"이란 규정이 1941년의 것인지 1954년의 것인지 판별할 수 없다. 만약 그 규정이 1954년의 것이라면, 융은 이론적으로 왕성하게 활동하던 최후의 시점까지 '자기의 개인성'이란 관점을 유지한 것이다. 융은 또 「미사에서의 변환의 상징」 제4장에서 자기를 "아들이자 아버지"로 규정하는데, 나는 그러한 규정이 1954년에 추가된 것으로 추정한다.
133. 이 「서론」은 1944년 『연금술과 심리학』을 출간할 때 새롭게 추가된 것이다. 즉 『연금술과 심리학』은 1935년과 1936년에 각각 발표했던 두 원고를 모은 것인데, 그 「서론」만은 새롭게 씌어진 것이다.

1)은 손에 붙잡을 수 있는 어떤 것이고, 2)는 손에 붙잡을 수 없는 것이다. 1)은 그리스도나 붓다 같은 형상들이고, 2)는 그러한 형상들의 총체성이다.

융은 그리스도의 상징이 "붓다와 더불어 가장 발전되고 가장 분화된 자기의 상징"이라고 하고, 그리스도에 대한 기존의 발언들이 "자기의 심리학적 현상학과 보기 드물 정도로 정확히 일치한다"고 한다(개성화 29~30쪽). 하지만 자기는 "무한정하게 광대한 것"이다. 따라서 "종교적 형상이 지닌 확정성"과는 부합하지 않는 것이기도 하다.

그렇다면 자기는 유한한 그리스도의 형상과 무한한 총체성과의 통일일 수 있을 것이다. 융은 그리하여 "자기는 규정할 수 없는 것일 뿐만 아니라, 또한 역설적이게도 규정성과 단일성의 성격을 내포하기도 한다"고 말한다(개성화 30쪽).

유한과 무한의 통일, 형상적인 것과 형상을 넘어선 것의 통일은 개인성과 보편성의 통일로 이어진다. 융은 개인성과 보편성의 통일을 "절대적 개인성"이라 칭한다. "절대적 개인성"이란 "일시적인 것을 영원에, 개인적인 것을 보편적인 것에 결합시키는" 것이다(개성화 30쪽).

융은 유한과 무한의 통일, 형상과 비형상의 통일, 개인성과 보편성의 통일을 "대극(對極)의 합일"로 정의한다. 그는 자기가 "명제, 반명제와 종합명제를 표상한다"고 하는데, 그것은 대립을 넘어 전체성으로 나아가는 운동이다(개성화 30쪽).

융은 "대립쌍들의 체험은 지적인 예리함이나 감성과는 아무런 관계가 없고, 오히려 운명에 속한다"고 하고, "대립쌍들을 체험하지 않고서는 총체성을 체험할 수 없다"고 말한다(개성화 31쪽). 우리가 운명적으로 대립들을 체험하는 것은, 자기의 내적 구조가 그처럼 짜여 있기 때문이다. 이제 자기는 일종의 과정처럼 제시된다. 대립적인 내적 구조들을 체험하면서 총체성에 가닿는 과정이 그것이다. 또는 그것은 대립적 총체성들의 진화과정으로도 제시될 수 있다.

그리하여 융은 "자기 안에서 선과 악은 그야말로 일란성 쌍생아보다도 더 밀착된 관계로 공존"한다고 말한다(개성화 32쪽). 자기의 운동은 악을 껴안고 가는 것이기 때문이다. 바로 여기서 융은 연금술의 문제틀을 받아들인다. 유의할 것은 이제 대립쌍이 의식과 무의식에서 선과 악 또는 빛과 어둠으로 전화했다는 것이다.

1946년

융은 『전이의 심리학』에서 개인성과 보편성의 통일로서의 자기를 다음과 같이 제시한다. "자기와의 관계는 동시에 인간 동포와의 관계이며 어느 누구도 먼저 자기 자신과 결합하지 않고 후자와 결합할 수 없다"(전이 252쪽).

자기와 맺는 관계가 '인간 동포,' 즉 인류와의 관계일 수 있는 것은 '절대적 개인성'으로서의 자기가 보편성을 내포하기 때문이다. 그러므로 누구든지 진정으로 자기일 수 있다면, 그는 인류적 보편성을 구현하고 있는 것이다. 융은, 우선 자기를 통해 보편성과 결합해야만 그 이후 그 보편성을 통해 인류와 결합할 수 있다고 한다.

이처럼 인류적 보편성을 구현하는 자기는 인간의 협애한 의식 너머에 있는 초월적 존재다. 융은 우선 자기가 "하나의 상(像)," "모든 의식적 의도 너머에 있는 상"이라고 한다(전이 288쪽). 즉 자기는 나의 내면에 하나의 상처럼 존재한다. 그처럼 존재하는 자기는 지금의 육체적 나와는 차원을 달리하는 "'낙원의' 또는 '신적인' 인간"이다(전이 330쪽). 그래서 자기는 나 자신을 "능가하는 스승"이기도 하다(전이 344쪽).

중요한 것은 그러한 자기가 하나의 실현해야 할 목표로 존재한다는 것이다. 자기는 지금 여기 있는 것이 아니라 내 내면의 어떤 상(像)처럼 저 멀리에 있고, 나는 거기에 가닿아야 한다. 그 길은 험난한 것이다.

예컨대 그리스도가 자기의 전형적 형상이라면, 자기인 그리스도에 가닿기 위해 누구든 자신의 십자가를 져야 한다. 융은 말한다. "전체성에 이르는 길목에 있는 사람은 언제나 십자가에 못 박힘을 표현하는 저 특이한 매달림을 피할 수 없을 것이다. 왜냐하면 그는 틀림없이 그를 방해하고 어긋나게 하는 것을 만나게 될 것이기 때문이다"(전이 284쪽).

그러한 방해물들은 첫째로, '그림자'이고, 둘째로, 타자들이고, 셋째로, 자신의 심리적 비(非)-자아, 즉 집합무의식이다(전이 284쪽). 그러나 자기는 헤겔적 의미의 '지양'에서처럼 모든 대립들을 간직하면서, 그 대립들을 넘어선다. 자기는 바로 그러한 의미에서 '대극의 통일'이다.

융은 자기가 "모든 대립들을 내포하고 질서 짓는다"고 한다(전이 351쪽). 이것은 자기가 모든 대립들의 '지양'의 역사를 자신 내부에 간직함을 뜻한다. 이것은 융의 매우 고유한 입장이다. 초월적 실체를 순수한 것으로 보지 않고 물질적 현실과의 대결을 중시하는 입장이 그것이다.

하지만 자기는 또한 그 대립을 넘어서서 비(非)시간성 속에 머무는 것이다. 이것은 융 자신이 언제나 말하듯이 자기의 이율배반적 성격이다. 그러나 중요한 것은 그처럼 이율배반적으로 현상하는 자기의 내적 원리를 통찰하는 것이다.

융은 말한다. "자기는 전체적 인간으로서, 비시간성 속으로 상승한다. 자기는 원초적 인간의 이념과 같은 것이다. 전체적 인간이란 완전히 둥글고 양성적인 것이다"(전이 345쪽). 완전히 둥글고 양성적인 전체적 인간은 모든 대립을 내포한다. 그 때문에 그는 둥글고 양성적이다. 하지만 그는 이제 시간 속에 머물지 않고 비시간성 속에 존재한다. 다시 말해 그는 험난한 과정을 통과한 결과이고, 실현된 목표이다.

그리하여 자기는 "인식할 수 없고 이해할 수 없는 자신의 통일성을 빛나게 한다. 분별적인, 비통일적인 의식의 영역에 이르기까지"(전이 345쪽). 결과이자 목표로서 비시간성 속에 머무는 자기는 우리의 인식가능성, 이해가능성 너머에 있다. 하지만 자기는 그러한 비시간성의 장소로부터 지금 여기의 우리에게 빛을 비춘다. 우리가 자기에 대해 말하고 사고할 수 있도록 말이다.

『전이의 심리학』에서 융은 과정으로서의 자기를 부각시킨다. 하지만 과정으로서의 자기 그 자체를 대상으로 삼은 것은 1951년의『아이온』과 1955년의『융합의 신비』이다.

1951년

'자기를 상징하는 것에 대한 논고'라는 부제를 단[134]『아이온』은 그 자체가 자기의 개념에 대한 책이다. 이 책의 제1장부터 제4장까지는 개념적 정리에 할애되어 있는데, 그 가운데 제4장은 자기에 대한 것이다.[135] 즉 융은 자기의 개념 속으로 본격적으로 파고들기에 앞서, 자신의 이론적 체계에서 자기 개념이 차지하는 위치를 제시하려 한다. 특히 이 제4장에서 융은, 자기의 실현은 자아가 중심을 이동하여 자기에 가닿는 것이고, 자기가 자아를 동화하면 오히려 심리적 파국에 이른다는 것을 강조한다(A 37~38쪽). 즉 그는 오해하기 쉬운 원

---

134. 불어번역본의 부제는 '자기의 현상학에 대한 연구'이다.
135. 이 제4장의 내용은 1948년에 발표되었던 것이다.

칙적인 얘기를 확인해둔다.

융은 제5장부터 자기 개념에 대한 본격적인 논의를 시작한다. 그 출발점은 그리스도다. 자기는 신의 상(像)이자 우리 내면의 신이다. 그리하여 신의 아들이자 그 자체가 신인 그리스도는 자기의 한 상징을 이룬다. 하지만 그리스도는 자기의 한 가지 상징일 뿐이다. 자기의 무수한 상징들 가운데 단지 한 가지 상징일 뿐인 것은 자기의 실재에 충분히 부합하지 않을 수 있다.

그리스도는 두 번째 아담이다(A 52쪽). 원인이자 결과로서의 자기가 "아버지이자 아들"이라고 할 때, 그리스도는 첫 번째 아담의 아들인 두 번째 아담인 것이고, 따라서 자기의 원인이라기보다는 목표를 이룬다.

그러나 융의 고유한 관점에서의 문제는 "그리스도의 도그마적 형상이 지나치게 숭고하고 순결해서, 모든 나머지를 어둡게 만든다"는 것이다(A 57쪽). 이 문제는 어떤 문제일까? 헤겔은 『정신현상학』에서 순수하지 못한 세계에서 순수한 아름다움만을 추구하려는 태도를 비판한다.[136] 또 노자는 『도덕경』 23장에서 "도를 잃고 있는 자에게도 동화되어야 한다"고 한다.[137] 즉 이 문제는 악(惡)을 껴안는 문제이다. 악을 껴안지 못하는 선은 진정한 선일 수 없다는 것이다. 그 이유는 다음과 같다. 즉 악과 대립하는 순수한 선이야말로 필연성으로서의 악을 용서하지 못하는 진정한 악이기 때문이다. 이것은 항상 선을 통해 악이 행해진다는 사실을 통해 우리가 짐작할 수 있는 것이다.

그리하여 진정한 총체성으로서의 자기는 자기의 그림자를 내포한다. 융은 자기를 4원성으로 제시한다. 이 4원성은 '3 + 1'의 형식을 갖는 것이고(A 244쪽), 그 가운데 나머지 1인 제4자는 특히 자기의 그

---

136. G. W. F. 헤겔, 『정신현상학』, 한길사, 2005, 제2권, 218~222쪽.
137. 노자, 『노자』, 연암서가, 2011, 198~199쪽.

림자처럼 존재한다. 융이 이 제4자를 "반은 내재적이고 반은 초월적"이라고 하듯이 말이다(A 36쪽). 물론 총체성은 '2 + 2'의 형식을 가질 수도 있고, 그리하여 그 절반인 2가 자기의 그림자로 존재할 수도 있다. 하지만 이러한 차이는 부차적이다. 총체성으로서의 자기의 4원성이 일반적으로 '3 + 1'의 형식을 갖는다는 것은 자기의 총체성이 자기의 그림자를 내포함을 뜻한다.

융은 그림자가 지니는 "일련의 긍정적 성격들"을 한편으로 강조한다. "정상적 본능, 목표를 향한 반응, 현실에 부합하는 지각, 창조적 충동 등"이 그것이다(A 286쪽). 하지만 그림자가 단지 그 긍정적 성격들로 인해 자기의 총체성에 내포되는 것은 아니다. 그림자는 무엇보다 자신의 어둠을 통해 자기의 총체성을 견실하게 만들어준다. 즉 자기의 총체성은 그림자의 어둠과 대면함으로써 스스로를 견고하게 유지한다. 융은 "선한 면과 악한 면이 모두 신의 유일한 존재에 속하는, 신의 역설적 이미지를 제시한" 야콥 뵈메의 뒤를 잇고 있는 것이다(A 138쪽).

융에 따르면 기독교는 "도덕을 극단화"했고, 그래서 기독교인의 심리는 "대립항을 견디지 못하는 성격"을 갖는다(A 84쪽). 바로 그 때문에 자기의 상징으로서 그리스도는 자기의 그림자인 적(赤)그리스도를 포함하지 못한다. 그리스도는 지나치게 순수하기만 할 뿐이다. 이것은 그리스도가 어둠을 껴안을 수 있는 견실한 총체성일 수 없음을 뜻한다.

융은 말한다. "자기의 심리학적 개념은 한편으로 통합된 인간에 대한 인식으로부터 도출된 것이고, 다른 한편으로 내적 이율배반으로 이루어진 원형적 4원성처럼 무의식의 생산물들 속에서 자연스럽게 등장하는 것이다. 따라서 자기의 심리학적 개념은 빛의 형상의 부분을 이루는 그림자를 생략할 수 없다. 그림자 없이는 빛의 형상은 육체, 즉 인류를 결여한다"(A 57쪽).

자기의 총체성은 그림자를 내포하고, 그래서 이율배반적이다. 이율배반성은 필연적이다. 왜냐하면 인간 내면의 초월적 존재인 자기가 지상에서의 인류의 삶을 껴안아야 하기 때문이다. 지상에서의 인류의 삶을 결여한 순수하게 초월적인 자기는 우리에게 아무런 의미도 가질 수 없다는 것이다.

자, 자기의 상징으로서 그리스도는 "거의 완전한 것"이다(A 82쪽). 하지만 그리스도는 총체적이지 못하다. 다시 말해 '온전'하지 못하다. 자신의 그림자를 누락시켰기 때문이다. 개인성과 보편성의 통일로서의 그리스도는 형식적으로는 충분한 자기의 상징일 수 있다. 하지만 그 내용에 있어서 그리스도는 자기의 실재에 부합하지 못한다. 총체적이지 못하기 때문이다.

아래의 도식은 그리스도의 도그마적 형상에도 부합하고, 자기의 개념에도 부합한다.

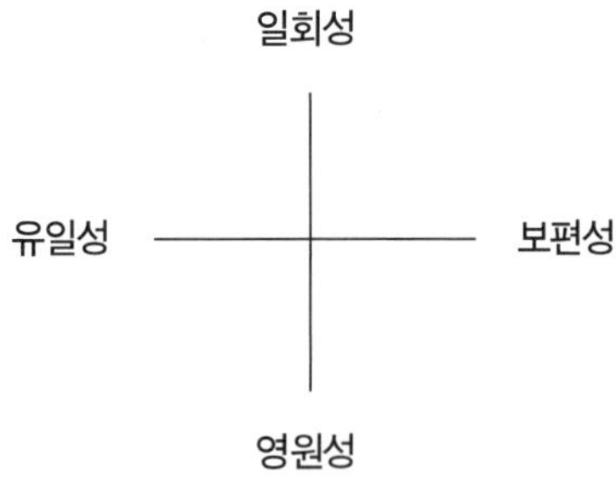

역사적 인물로서의 그리스도는 유일하고 일회적이고, 신으로서의 그리스도는 영원하고 보편적이다. 또 개인성으로서의 자기는 유일하고 일회적이고, 내면의 신으로서의 자기는 영원하고 보편적이다

(A 77쪽). 따라서 이 도식은 그리스도에도 상응하고 자기에도 상응한다.

하지만 그리스도는 "완전히 선하고 정신적"인 반면, 자기는 "완전히 선하거나 정신적이지 않다." 따라서 자기의 그림자는 "훨씬 덜 검고,"[138] 그리하여 자기 속에 포함되어 있는 것이다(A 77쪽). 자기의 4원성을 예시(例示)하는 한 가지 도식은 다음과 같다(A 77쪽).

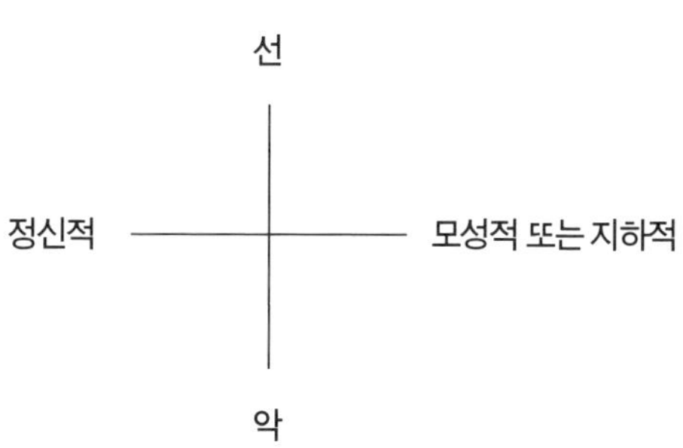

이 도식은 남성성과 여성성을 포함하면서, 밝음과 어둠을 동시에 껴안는다. 그리스도는 이 도식에 상응하지 않는다. 이 도식이 암시하는 것은 자기가 대립들의 통일을 이루어나가는 과정이라는 것이다. 융은 자기의 실현으로서의 개인화를 "융합의 신비"를 구현하는 것으로 여긴다. 그 결과 성립하는 자기는 "대립되는 반쪽들의 혼인 결합"처럼 드러난다(A 78쪽).

융은 과정으로서의 자기에 관한 보다 구체적인 새로운 도식을 다음과 같이 제시한다(A 268쪽).

---

138. 밝은 것과 대조가 덜 되기 때문이다.

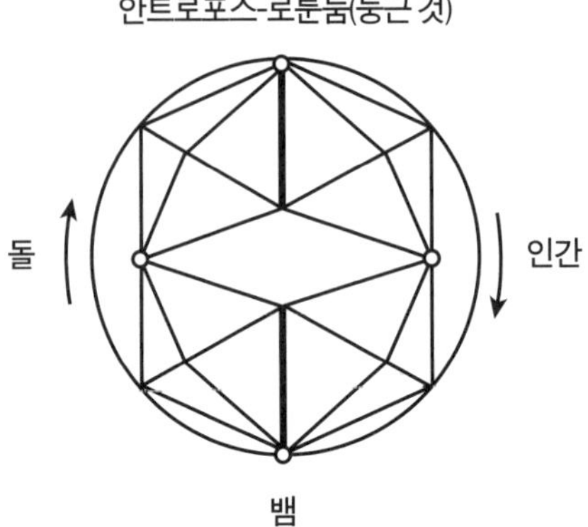

안트로포스(anthropos)란 전체성을 지닌 원초적 인간이다. 둥근 것을 뜻하는 로툰둠(rotundum) 또한 전체적 인간을 뜻한다. 돌은 연금술에서 말하는 '철학자의 돌' 또는 '현자의 돌'이다. 융에 따를 때 그 돌은 하나의 목표로서의 자기이다.

융은 이 도식을 다음과 같은 식으로 설명한다. 1) 원초적인 전체적 인간이 위에서 내려온다. 2) 자신의 그림자(=인간)를 매개로 해서. 3) 물질(=뱀) 속으로 들어간다. 4) 결정화(結晶化) 과정(=돌)을 거쳐 다시 상승한다(A 280쪽). 도대체 이 과정은 무엇을 의미하는 것일까? 플라톤이 말하듯 천상에서부터 추락한 영혼이 지상에서의 순례를 거쳐 다시 천상으로 돌아가는 과정을 뜻하는 것일까?

원초적 인간은 총체성을 지닌다. 하지만 그가 다시 아래로 내려오는 것은, 자신의 그림자와 대결하기 위해서이다. 원초적 인간은 자신의 그림자와 대결하면서 질료 속으로 들어가고, 그 질료로부터 철학자의 돌을 만들어낸다. 그리고 이 철학자의 돌을 통해 원초적 인간은 새로운 총체성을 획득한다. 이것이 융적인 과정이다. 자기가 자신의 그림자와의 대결을 통해 보다 견고한 자기로 다시 태어나는.

총체성으로서의 자기는 과정 속에서 새롭게 형성된다. 그리하여 과정으로서의 자기는 하나의 "대립적 복합체"(A 246쪽)가 보다 안정된 새로운 "대립적 복합체"로 이행하는 것, 하나의 전체성이 보다 견고한 또 다른 전체성으로 이행하는 것이다.

융은 "사각형 방의 거주자"로 다음과 같은 존재들을 열거한다. "신이거나 신을 닮은 인간, 왕자, 신부(神父), 큰 인물, 역사적 인물, 할아버지, 사랑받는 아버지, 칭송받는 모델, 언제나 성공하는 형"(A 245쪽). 종종 자기를 상징하기 위해 등장하는 이 존재들은 각자가 하나의 총체성을 구현한다. 그들이 4원성을 표상하는 "사각형의 방 거주자"이듯이 말이다. 자기의 과정은 이와 같은 각각의 총체성들이 또 다른 총체성으로 이행하는 것이다. 융은 『융합의 신비』에서 다시 이 문제와 맞선다.

1955년

『융합의 신비』에서 융이 다루는 것은 자기의 실현과정으로서의 융합의 과정이다. 융합이란 물론 대립물들의 융합이다. 그 대립물들은 기본적으로 4원성의 형태를 취한다.

"자기의 구체적 현실"은 인간적 총체성이다(융합 1권 203쪽). 이 총체성은 4원성의 통일이라는 구조를 갖는다. 하지만 4원성의 구조가 새롭게 짜여지면서, 자기는 또 다른 총체성으로 옮겨간다. 융이 『융합의 신비』에서 드러내려는 것은 바로 이 과정이다.

융은 4원성이 지니는 '3 + 1'의 형식을 강조한다. 그가 예로 드는 것은 연금술사 미셸 마이어(Michel Maïer, 1568~1622)[139]의 순례 여행이다. 그 여행의 목적은 총체성을 획득하는 것이다. 마이어는 유럽, 아

---

139. 독일식으로 읽으면 미카엘 마이어이다.

메리카, 아시아를 거쳐 마지막으로 아프리카를 여행한다. 융은 여기서 '3 + 1'의 형식을 본다. 즉 나머지 1이자 제4자로서의 아프리카의 위치는 "심리학적 비유를 해보자면, '열등한' 기능의 것, 다시 말해 가장 어둡고 그리하여 대부분의 경우 가장 무의식적인 것"이라는 것이다(융합 1권 262쪽). 이는 무엇을 뜻하는가? 그것은 '3 + 1'의 형식에서 처음의 셋은 상대적으로 표면적인 반면, 나머지 1이 가장 심층적이라는 것이다.

융은 말한다. "네 번째 기능의 자리는 무의식 속에 있다. 신화는 그것을 큰 동물, 리바이어던, 바다의 괴물, 늑대, 용으로 표상하길 즐겨한다"(융합 1권 262쪽). 이 제4자는 한마디로 인간 내부의 동물성이다.

"인간은 육체를 갖고 있고, 이는 동물의 육체와 다르지 않다. 그래서 인간의 심리는 인류의 지난 시기의 열등한 자취들뿐만 아니라 과거의 동물적 영혼의 자취들도 소유한다"(융합 1권 265쪽). 이 얘기는 어디서 많이 들어본 것 같지 않은가? 집합무의식의 동물성에 대한 얘기가 바로 그것이다. 융은 영적 무의식, 즉 자기의 초월성을 거쳐 다시 인간의 동물성으로 되돌아온다. '3 + 1'의 형식을 통해서.

중요한 것은 자기의 온전성(=총체성)을 실현하기 위해선, 자신의 동물성과 대면해야 한다는 것이다. 단순한 극복대상으로서가 아니라, 인식하고 이해하고 껴안기 위해서 말이다. 순례를 하던 마이어는 홍해 근처에서 괴물적인 제4자의 형태를 한 동물적 영혼을 만난다. 융은 그 동물적 영혼을 "자기의 원질료(prima materia)"라고 한다(융합 1권 266쪽). 자기의 토대가 바로 동물적 영혼이라는 것이다.

융은 "자기의 상징은 동물적 지탱물을 갖는다"고 한다. 그는 말한다. "총체성의 구조는 이미 언제나 존재하지만, 무의식의 가장 깊은 곳에 묻혀 있다. 우리가 가능한 한 최대의 자기 인식을 통해 의식의 가장 넓은 범위에 가닿는 모험을 한다면, 우리는 매번 그것을 되찾을 수 있다"(융합 1권 266쪽). 자기 인식은 의식을 확장하는 것이고, 그리하여 총체성을 회복하는 것이다. 이때 총체성은 단지 선한 것이 아니라 악도 내포하는 것이다. 악을 내포하지 않은 선은 아무런 견실성도 갖지 못하는 관념적인 것이다.

융은 다시 말한다. "자기 인식은 지적이고 단선적인 소일거리가 아니다. 그것은 4대륙을 통한 여행이다. 그 과정 중에 우리는 땅과 바다와 공기와 불의 위험에 노출된다. 이러한 이름에 걸맞은 자기 인식의 행위는 존재의 네 측면, 삼백육십 측면을 껴안아야 한다"(융합 1권 266쪽). 자기는 이처럼 "땅과 바다와 공기와 불의 위험에 노출"되는 시련을 거쳐야만 하고, 그래서 "존재의 삼백육십 측면을 껴안아야" 하는 것이다.

융은 총체성의 이행과정으로서의 자기의 과정을 연금술에서의 왕의 재탄생에 비유한다. 연금술에서 왕의 상징은 신 자체이다. 하지만 신은 늙으면 새로워져야 한다. 마찬가지로 왕은 재탄생해야 하는데, 그것은 무의식을 통합함으로써 "왕의 의식에서 지배소(素)가 변화하는 것"과 같은 것이다(융합 2권 138쪽). 그 과정은 다음과 같다.

1) 의식이 약화된다 = 왕이 병에 걸려 죽음을 기다린다.
2) 무의식이 상승한다 = 왕이 어머니의 육체 속으로 사라진다. 또는 왕이 물속에서 용해된다.
3) 의식과 무의식이 갈등하고 종합이 이루어진다 = 임신.
4) 새로운 지배소가 생산된다 = 왕의 아들, 로툰둠(둥근 것)의 탄생(융합 2권 142쪽).

융은 또한 자기의 과정을 두 번째 아담의 탄생에 비유하기도 한다.

원초적인 전체적 인간인 아담은 자기의 상징이다. 하지만 첫 번째 아담, 즉 늙은 아담은 목욕을 통해 새로워져야 하고, 그리하여 두 번째 아담이 탄생한다. 자기가 새롭게 육화해서 재탄생하는 것이다(융합 2권 159쪽). 연금술에서 그리스도는 두 번째 아담의 한 형상이다(융합 2권 170쪽). 융은 아담이 원질료이자 '철학자의 돌'이라고 하는데, 원질료는 원리이고, 철학자의 돌은 목표이다. 그러므로 원질료는 첫 번째 아담이고, 철학자의 돌은 두 번째 아담이다(융합 2권 174쪽).

융은 한편으로, "아담의 이중성은 그리스도에게서도 발견된다"고 하고, "그리스도는 남성적이자 동시에 여성적"이라고 한다(융합 2권 182쪽). 하지만 너무 완전해서 비전체적인 그리스도가 진정한 두 번째 아담일 수 있을까? 어쨌거나 그리스도는 다만 과정 중에 있을 뿐이다.

융은 동물적이자 신적인 아담의 이중성을 보다 치열하게 지적한다(융합 2권 188~190쪽과 201쪽). 그리고 그는 다음과 같이 말한다. "'늙은 아담'은 원시적 인간에, 오늘날 우리의 의식의 그림자에 상응한다. 원시적 인간은 우리의 의식에서 이미 오래 전에 사라진 인간동물(꼬리가 달린 아담)에 근거한다"(융합 2권 201쪽).

바로 그래서 '늙은 아담'은 원질료를 이룬다. 중요한 것은 원질료의 총체성을 완전히 의식화하는 것이다. 그 모든 악을 껴안을 수 있도록. 그래서 융은 다른 한편으로, "그 때문에 두 번째 아담의 출현에 많은 시간이 걸린다"고 말한다(융합 2권 198쪽). 그렇다면 그리스도는 여전히 두 번째 아담이 되는 길을 걷고 있는 것이 아닐까?

융은 말한다. "변형의 과정은 언제나 완성되지 않은 채 머무르고, 언제나 진행 중이다. 늙은 아담은 아직 쫓겨나지 않았다"(융합 2권 214쪽). 우리는 이 지상에 머무르는 한에서, 언제나 '자기의 과정' 속에, 즉 '과정' 속에, 있을 뿐인 것이다.

융은 융합, 즉 자기실현의 세 단계를 다음과 같이 제시한다(융합 2권 256~257쪽).

1) '유니오 멘탈리스(unio mentalis)'의 단계, 즉 정신(=보편적인 영성)과 영혼(=개별적 영성)의 통일의 단계.
2) 정신과 영혼의 통일(유니오 멘탈리스)이 다시 육체와 결합하는 단계.
3) 정신-영혼-육체의 통일이 '일원성(一元性)의 세계(unus mundus)'와 결합하는 단계.

이 세 단계는 모두 자기 속에서 이루어지는 것들이다. 첫째 단계는 기독교의 단계이고, 둘째 단계는 연금술의 단계이다.

첫째 단계의 '유니오 멘탈리스'는 "의식을 확대"하고 "'진리의 정신'으로 영혼의 운동을 통치"하는 것이다. "하지만 그때 육체와 육체의 세계는 죽는다." 그리하여 그 상태는 육체의 관점에서는 '무덤,' '부패,' '사망'에 다름 아닌 것이다(융합 2권 324쪽). 즉 이 첫째 단계에서는 "순수하게 자연적인 인간에 대한 진정한 폭력"이 행사된다(융합 2권 264쪽).

둘째 단계는 가톨릭에서 육체적 존재인 마리아가 승천하는 것으로 표상된다(융합 2권 257쪽). 하지만 이 둘째 단계는 무엇보다 "기독교적 세계관의 공백을 메우는" 연금술적 노동에 의해 대변되는 것이다(융합 2권 268쪽). 기독교의 '유니오 멘탈리스'는 육체에 대해 승리했지만, 육체는 사라지지 않는다(융합 2권 327쪽). 그래서 이 둘째 단계는 "정신적 입장과 육체적 공간을 재통일"하려 한다(융합 2권 265쪽). 이를테면 "내적인 빛, 자기, 신의 이미지를 인식"하는 남성적 정신이 "자신의 지하적 형상인 무의식의 여성적 정신"과 결합하는 것이다

(융합 2권 318쪽). 이 둘째 단계에서 자기는 "숨겨져 있는 것을 자신에게 가져오는 자석" 같은 역할을 한다(융합 2권 288쪽). 이 단계의 어려움은 "통합된 인간의 역설적인 상(像)이 실현되는 방식"에 대해 우리가 잘 알지 못한다는 것이다(융합 2권 270쪽).

셋째 단계는 둘째 단계의 통합적 인간이 다시 '우누스 문두스,' 즉 '일원성의 세계,' '일자(一者)적 세계'와 결합하는 것이다. 16세기 말의 연금술사인 게라르두스 도르네우스(Gerardus Dorneus)에 따를 때 이 '우누스 문두스'는 "창조 첫날의 잠재적 세계"이다(융합 2권 338쪽). 즉 그 세계는 모든 것이 하나의 원리에 의해 지배받는 세계, 모두가 하나에 속해 있는 세계이다. 이 '하나'는 다름 아닌 궁극적 보편성이다.

따라서 이 셋째 단계에서는 개인성이 진정한 보편성과 완전하게 결합한다. 즉 둘째 단계에서의 정신의 보편성-영혼의 개별성-육체의 유적 성격 사이의 통일보다 이 셋째 단계는 한 걸음 더 멀리 나아간다. 정신을 넘어선 세계의 일자와 통일되는 것이기 때문이다. 융은 이를 "개인적 아트만과 초개인적 아트만의 동일성, 또는 개인적 도(道)와 보편적 도의 동일성"이라고 표현한다(융합 2권 339쪽).

어쨌거나 나에게 중요한 것은 이 세 단계의 구성요소들이 플로티노스의 일자-정신(지성)-영혼의 개념체계에 상응한다는 것이다. 즉 이 세 단계의 구성요소들은 다음과 같다.

1) 정신 + 영혼
2) 정신 + 영혼 + 육체
3) 정신 + 영혼 + 육체 → 일자

그리하여 우리는 이 세 단계의 자기실현 과정을 플로티노스적으로 읽을 수 있다. 즉 첫째 단계는 정신으로부터 유출된 영혼이 정신과 소통하고 있는 단계이다. 둘째 단계는 정신으로부터 유출된 영혼이 육체 속에 편입된 단계다. 이 둘째 단계에서 영혼은 육체의 어둠을 경험하고 그 어둠의 필연성을 껴안으면서 사랑을 배운다. 셋째 단계는 영혼이 정신으로 회귀해서 일자에 다가가는 단계이다. 이처럼 정신의 원천인 일자에 다가갈 수 있는 것은 영혼이 육체적 악의 필연성을 껴안으면서 사랑을 배웠기 때문이다.

그렇다면 융이 영혼의 개념을 발전시키지 않은 것은, 그가 영혼을 이처럼 정신, 육체, 일자와의 관계 속에서 항상 사고했기 때문이 아닐까? 즉 융은 영혼을 결코 고립적 실체로 생각하지 않았다는 것이다. 영혼은 우선 1) 정신과 결합해 있는 것이고, 2) 이처럼 정신과 결합해 있는 영혼이 육체를 경험하고, 3) 그 다음 일자에 통합된다는 것이다.

그렇다면 융이 자기의 개념을 필생의 관건으로 삼은 것은 영혼을 1) 그것이 위치한 관계 속에서 사고하고 또 2) 그 편력의 과정 속에서 사고하기 위해서가 아니었을까? 나는 그렇다고 생각한다. 그리고 영혼과 정신 사이의 일종의 통일성을 설정할 수 있다면, 즉 정신이 영혼과 통일성을 이루는 우리 내면의 신이라면, 융의 그러한 이론적 노동은 정당성을 갖는다.

하지만 영혼에 대한 개념적 노동을 염두에 두고 있는 나의 관점은 융보다 훨씬 겸손하다. 나로서는 영혼의 원천으로서의 정신 — 플로티노스적 의미 — 을 사색할 수 있는 능력이 없고, 다만 사회과학에서 통용될 수 있는 영혼의 개념을 고립적으로 사고해보고 싶기 때문이다. 한마디로 융의 사고틀은 나에겐 너무 거창하다. 그러므로 나에게 실질적으로 도움을 주는 것은 밀턴 에릭슨의 경험들이다.

밀턴 에릭슨

자아와 비(非)자아적 주체

무의식에의 직접적 통로

밀턴 에릭슨은 융처럼 영혼에 대해 직접 말하지 않는다. 에릭슨은 종교에 대해서도 무관심하다. 그는 셋째 딸 록산나에게 다음과 같은 식으로 말한다. "태어나기 전에 있었던 것과 죽은 이후의 것은 우리의 정신이 포착할 수 있는 것을 훨씬 넘어선단다. 그러므로 규정할 수 없는 것을 규정하고 상상하는 것은 시간낭비야." 신에 대해선 다음과 같이 말한다. "신이란 무엇일까? 다른 사람에게 물어서 그걸 알 수는 없어. 네가 바라봐야 하는 것은 너 자신이야!"[1]

'나 자신'을 깊이 들여다보면 신이 드러날까? 에릭슨 자신은 아마도 그처럼 생각했던 모양이다. '자기 자신' 내부로 깊이 파고들면, 적어도 '신적인 어떤 것'을 만날 수 있으리라고 말이다.

하지만 에릭슨이 그러한 '만남'을 연구의 한 목표로 삼은 것은 결코 아니다. 게다가 에릭슨의 목적은 어떤 이론을 정립하는 것이 아니라 다만 실천일 뿐이다. 그는 실천 속에서 부딪히는 문제들을 따라서만 연구를 행한다. 하지만 그러한 문제들을 통해서 에릭슨은 엄밀한 과학적 인식대상 속으로 발을 들여놓는다.

에릭슨은 의사이다. 그의 전공은 정신치료이고, 그 가운데서도 최면치료다. 그러므로 그의 노동은 최면치료를 필두로 한 정신치료를 행하는 것뿐이다. 하지만 최면치료에서의 그의 기여는 혁혁하다. 즉 그의 기여에 따라 1) 최면유도의 새로운 방식들이 도입되고, 2) 이른

---

1. Roxanna Erickson Klein, "Souvenirs de mon père"(「아버지에 대한 기억」), Betty Alice Erickson et Bradford Keeney 편집, *Le Dr Milton H. Erickson*, Satas, 2008, 115쪽.

바 '최면감수성'과는 상관없이 모든 사람에 대한 최면유도가 가능해
지고,[2] 3) 새로운 최면현상들이 생산되고 정리된다.

아마도 일반인들은 최면유도의 새로운 방식들에 더 큰 관심을 갖
지 않을까? 만일 그들이 최면유도 자체를 신기한 것으로 여긴다면
말이다. 하지만 더욱 중요한 것은 최면현상들이다. 최면현상들을 통
해 무의식의 성격이 새롭게 드러나기 때문이다. 물론 최면유도의 새
로운 방식들도 의식의 층위들에 대한 새로운 통찰에 따라 가능해지
는 것일 것이다. 하지만 그럼에도 최면유도 그 자체는 기본적으로 테
크니컬한 것이 아닐까?

에릭슨은 새로운 최면현상들을 생산하고 정리하면서 무의식이라
는 과학적 인식대상 속으로 걸어 들어간다. 중요한 것은 현대 최면에
서의 무의식에의 접근과 정신분석에서의 무의식에의 접근 사이에
큰 차이가 있다는 것이다. 그 차이는 양적인 차이면서 동시에 질적인
차이다. 물론 현대 최면에서의 무의식에의 접근이 프로이트적 기여
에 입각하고 있음은 두말할 것도 없다. 하지만 현대 최면은 무의식
속으로 직접 걸어 들어가 그 속에서 체류하는 반면, 정신분석은 오로
지 외적 징후들을 통해 무의식 바깥에서 그 속을 들여다보려고 노력
할 뿐이다.

밀턴 에릭슨은 1939년의 「정신치료에서 최면의 적용」에서 다음과

---

2. 밀턴 에릭슨은 마가렛 미드에게 보내는 1939년 8월 3일자 편지에서 시간만 충분하다면
거의 모든 사람을 최면유도할 수 있다고 말한다. *Les lettres de Milton H. Erickson*, Satas,
2005, 29~31쪽. 이 서한집의 편집자들은 같은 책 32쪽의 편집자 노트에서 "에릭슨의 이러
한 입장은 당시의 관념과 절대적으로 대립하는 것"이었다고 말한다. 에릭슨은 1939년에
발표한 「정신치료에서 최면의 적용」에서는 "정상인이건 히스테리적 신경증 환자건 정신
분열증 환자건 간에 협조적인 모든 사람이 최면에 유도된다"고 한다(불어판 전집 4권 18
쪽). 또 1944년에 발표된 「의학에서의 최면」에서는 대부분의 정상적인 사람은 낮은 트랜
스(최면상태)를 손쉽게 발전시키고, 최소한 70%의 사람들은 깊은 트랜스에 유도된다고 한
다(불어판 전집 4권 35쪽). 1959년의 「최면의 기초들: 최면에 대한 논쟁」에서는 정상적인
사람의 100%가 최면가능하다고 한다(불어판 전집 3권 33쪽).

같이 말한다. "과거에는 무의식을 단지 그것이 등장한 이후에야 사후적으로만 알 수 있었다"(IV-27).[3] 이 말이 뜻하는 것은, 이제 최면에서는 무의식 속에 머무르면서 무의식을 탐구한다는 것이다. 또 에릭슨은 1945년의 「전쟁 상황에서 급성 정신질환들을 치료하기 위한 최면기법」에서는 "오직 최면만이 무의식에 대한 손쉽고 빠르고 폭넓은 접근을 제공한다"고 하고(IV-54), 1948년의 「최면 심리치료」에서는 "최면치료의 가장 큰 장점은 무의식과 더불어 독립적으로 노동하는 것을 가능하게 하는 것"이라고 말한다(IV-61~62). "무의식과 더불어 독립적으로 노동한다"는 것은 다른 어떤 것의 방해도 없이 무의식 속으로 들어가서 무의식과 함께 노동한다는 것이다.

바로 이것들이 최면에서의 무의식에의 접근을 특징짓는 것이다. 무의식 속으로 들어가서 무의식과 함께 노동한다는 것. 에릭슨의 동료인 앙드레 바이첸호퍼(André Weizenhoffer)가 에릭슨의 책 『최면의 실제』에 쓴 서문에서 "최면 하에 있다는 것, 즉 트랜스 상태에 있다는 것은 완전히 무의식 수준에서 움직인다는 것을 뜻한다"고 했듯이 말이다.[4]

반면, 정신분석에서의 무의식에의 접근은 다분히 외재적이다. 예컨대 라깡은 "프로이트는 무의식이 무엇인지 거의 알지 못했다"고 말한다.[5] 역시 프로이트가 무의식을 단지 바깥에서만 바라보았기 때

---

3. 앞으로 에릭슨 전집 불어판으로부터의 인용은 본문 내에서 권수(로마자)와 쪽수(아라비아숫자)를 표기한다. 에릭슨의 전집(Collected Papers)은 모두 4권으로 출판되어 있고, 그 불어판은 벨기에의 Satas 출판사에서 『밀턴 H. 에릭슨의 최면에 대한 논문들 전체(L'intégrale des articles de Milton H. Erickson sur l'hypnose)』라는 제목으로 1999년(1권), 2000년(2권), 2001년(3권, 4권)에 출간되었다. 이 책들은 Satas 출판사의 홈페이지를 통해 직접 주문해서 구입할 수 있다.
4. M. H. Erickson, E. L. Rossi, S. I. Rossi, *Traité pratique de l'hypnose*, Grancher, 2006, 24쪽. 이 책의 영어판 원제는 『최면현실들(Hypnotic Realities)』이다. 앞으로 이 책으로부터의 인용은 본문 내에 '실제'라고 표기하고 쪽수를 적는다.
5. 미출간 세미나 24집의 1977년 1월 11일자 세미나.

문일까? 프로이트는 꿈이나 말실수 또는 신경증처럼 무의식의 '존재'를 입증해주는 징후들을 연구하고 또 그 징후들의 생산을 무의식의 '존재'로부터 설명했다. 하지만 무의식의 '존재'를 입증한 것과 무의식의 내적 구조를 드러내는 것은 다른 것이다. 즉 프로이트가 무의식의 문을 열고 그 속에 들어가 무의식을 내부로부터 들여다본 것은 아니라는 것이다.

또 "프로이트는 무의식이 무엇인지 거의 알지 못했다"고 말한 라깡이 무의식을 그 내부로부터 들여다볼 수 있었던 것도 아니다. 우리가 제1장에서 보았듯이, 라깡의 형식주의는 그가 무의식의 바깥을 맴돌고 있음을 말해준다.

융은 무의식에 접근할 수 있는 다른 방법이 없어서 어쩔 수 없이 꿈을 연구한다고 고백한다.[6] 그렇다면 융이 4원론의 도식주의에 빠진 것이나, 영혼의 안쪽을 파고들기보다는 영혼과 그 바깥의 정신 또는 육체와의 관계에 몰두한 것은, 역시 내부로부터 무의식을 관찰할 수가 없어서였기 때문이 아닐까?

그렇다면 오직 에릭슨만이 최초로 무의식의 대륙 안으로 성큼성큼 걸어 들어갔던 것일까? 프로이트, 라깡, 융이 그 존재를 확신했지만 직접 발을 내딛고 그 흙을 만져보지는 못했던 그 대륙 속으로 말이다. 하지만 에릭슨적 무의식과 프로이트적 무의식은 같은 무의식일까? 에릭슨이 발을 들여놓은 그 대륙은 프로이트가 무의식이라고 지칭한 그 장소와 일치하는 것일까?

에릭슨은 무의식이란 용어를 사용하면서 종종 불편해한다. 하지만 이 사실이 에릭슨적 무의식과 프로이트적 무의식 사이의 불일치를 말해주는 것은 아닐 것이다. 그 사실은 다만, 양(量)의 특정한 한계를

---

6. C. G. 융, 「정신치료의 목표」, 『정신요법의 기본문제』, 기본저작집 1권, 솔, 2001, 45쪽.

넘어서면 새로운 질(質)이 등장하듯이, 무의식을 안쪽에서 들여다보면 그동안 흐릿했던 속성들이 보다 명확히 드러난다는 데서 비롯된 것이 아닐까?

에릭슨은 1954년에 『브리태니커 백과사전』의 항목으로 쓴 「최면」에서 최면상태는 "의식의 다른 수준에서 개인이 활동하는" 상태이고, "그 의식 상태를 손쉽게 개념화하기 위해 무의식 또는 하(下)의식(le subconscient)이라고 칭한다"고 한다(Ⅲ-23). 또 1962년의 「최면 연구에서의 근본적인 심리학적 문제들」에서는 최면상태를 "특별한 의식유형을 갖춘 매우 엄밀한 의식상태"라고 규정한 후, "피최면자들은 어떤 의미로건 결코 무의식적이지 않다"고 한다(Ⅱ-454). 1975년의 「이중구속의 상이한 유형들」에서는 "우리가 사용하는 무의식이란 용어는 프로이트의 무의식과는 다른 것"이라고 한 뒤, 오히려 "하의식 또는 공통(co-)의식이 더 적절한 표현"일 수 있다고 한다(Ⅰ-532).

결국 에릭슨에 따를 때, 최면을 통해 드러나는 상태는 의식의 또 다른 상태이다. 그 상태가 의식의 또 다른 상태인 한에서, '무'의식이란 표현은 그 상태를 지칭하기에 적절치 않다. 그리하여 에릭슨은 하의식이란 표현이 더 적절하다고 여기지만, 어쩔 수 없이 보다 대중화된 표현인 무의식이란 표현을 더 자주 사용한다. 하지만 무의식이 오히려 하의식 또는 상의식의 성격을 가짐은 라깡이나 융도 충분히 지적한다.

어쨌거나 에릭슨은 최면상태에서 1) 일상의 의식과는 상이한 또 다른 형태의 의식과 2) 그 또 다른 형태의 의식의 주체를 전제한다. 중요한 것은 에릭슨이 이 1)과 2)에 대해 라깡이나 융보다 훨씬 더 구체적으로, 즉 손에 잡히게, 접근한다는 것이다. 우리는 에릭슨의 이러한 접근들 속에서 새로운 '내면의 과학'의 토대를 발견할 수 있을까?

하지만 에릭슨 자신은 자신이 생산한 최면현상들의 인간학적 함의들을 파고들지 않는다. 그는 의사이고, 그의 목적은 단지 치료일 뿐이기 때문이다. 반면, 여기서 내 목표는 단 하나다. 에릭슨이 발견한 최면현상들의 인간학적 함의를 천착해서 '내면의 과학'의 다리를 놓는 것.

최면의 정세(情勢)와 에릭슨의 입장

에릭슨이 자신이 생산한 최면현상들의 인간학적 함의를 파고드는 데 열심이지 않았던 또 다른 이유가 있다면, 그것은 미국 의학계에서 최면의 어려운 입지 때문이었을 것이다. 결국 에릭슨의 결정적인 기여들에 힘입어 최면은 미국 의학계에서 완전한 시민권을 획득한다.[7] 하지만 최면을 의학계에 통합시키려는 에릭슨의 노력은 최면현상에 대한 해석을 의학적으로만 한정하는 효과를 갖는다.

최면을 의학에 통합시킨다는 것은 무엇을 뜻할까? 그것은 최면을 의사들이 적절히 통제할 수 있는 유효한 치료요법으로 정착시키겠다는 것이다. 즉 사나운 야생마처럼 날뛰는 존재를 '말 잘 듣는 얌전한 물건'으로 만들겠다는 것이다.

그러기 위해 첫째로는, 최면유도가 모든 환자들에게 가능해져야 한다. 에릭슨은 이와 관련해 결정적 기여를 한다. 둘째로는, 최면요법의 사용에서 위험요소들을 제거해야 한다. 위험요소의 제거는 위험의 가능성에도 대비하는 것이기 때문에, 실천적인 면뿐만 아니라

---

7. 설기문에 따를 때, 영국 의학회는 1955년에 최면을 정식으로 인정했고, 미국 의학회는 1958년, 미국 심리학회는 1960년에 최면을 받아들인다. 설기문, 『에릭슨최면과 심리치료』, 학지사, 2009, 92쪽.

이론적인 면에도 적용된다. 이때 이론적인 위험이란 무엇보다 의학의 기존 인식틀을 교란할 수 있는 위험일 것이다.

에릭슨은 여러 편의 글에서 최면의 위험이 전혀 없음을 힘주어 강조한다. 특히 그는 1932년에 발표한「실험최면의 위험한 효과의 가능성에 대하여」라는 논문에서는 일반적으로 얘기되는 최면의 네 가지 위험성을 논박한다. 그것들을 짧게 요약하면 다음과 같다. 첫째로, 손쉽게 암시를 수용하는 과잉-피(被)암시성의 문제에 대해선 "수백 번 최면을 받은 사람들도 문제가 없다"고 하며, 둘째로, 성격변화의 가능성에 대해선 "최면을 통해 성격을 변화시키려는 정신치료는 아무리 잘 준비된 것이더라도 실패한다"고 한다. 셋째로, 현실과 비현실을 잘 구분하지 못하게 될 가능성도 근거 없는 것이라고 하고, 넷째로, 피최면자가 불건전한 도피 메커니즘을 획득할 위험에 대해서도, "아무리 빈약한 인간 정신도 [최면상태가 아닌 일상적 상태에서] 훨씬 복잡한 도피 메커니즘을 만들어낼 수 있다"고 논박한다(I-617~620).

또 그는 최면을 통해 반사회적 행위를 유발할 수 있다는 주장에 대해서도 여러 편의 글에서 매우 공들여 반박한다. 예컨대 1939년 발표한「최면의 반사회적 활용가능성에 대한 실험적 연구」에서는 50명의 실험대상자들을 매우 공들여 최면유도한 뒤, 최면을 통한 반사회적 행위 유도가 근본적으로 불가능함을 세밀하게 실증한다(I-622~660). 만약 누군가가 최면으로 인해 나쁜 일을 하는 것처럼 보일지라도, 그 원인은 최면이 아닌 다른 요소라는 것이다(I-660).

에릭슨이 거의 유일하게 여기는 최면의 위험은 전문적으로 훈련받지 않은 '엉터리' 최면술사에 의한 최면시술이다. 그는 루이스 월버그(Lewis Wolberg)가 1955년 5월 26일에 보낸 질문지에 대한 답변에서, "교육받지 않은 자가 최면을 시술하는 위험"의 세 가지를 다음과 같이 지적한다. 첫째로, 잘못된 생각을 전파한다는 것, 둘째로, 치료 가능성에 대한 헛된 희망을 고취한다는 것, 셋째로, 최면의 현명한 사용을 늦춘다는 것.[8]

그 외에 에릭슨은 1962년에 발표한 「무대최면에 따른 등의 증상」에서 두 의자 위에 떠있는 무대최면을 행하고 나서 5~7개월이 지난 다음에 매우 심한 등의 통증을 호소한 약 20명의 사례를 보고하기도 한다(I-664~666).

하지만 최면이 진짜로 거의 아무런 위험이 없을까? 에릭슨은 1952년의 「깊은 최면과 그 유도」에서 "피최면자는 자유로운 표현을 못하고 수동적으로 행위하는 자동인형처럼 된다는, 잘못된 그러나 널리 퍼진 속설"을 반박한다(I-195). 이러한 반박은 에릭슨 자신의 입장에선 자연스런 것이다. 그에 따르면 최면은 "피최면자가 반대하는 행동들을 결코 촉발할 수 없기" 때문이다(I-415).

나는 최면의 위험에 대해 판단할 수 있는 실천적 경험을 전혀 갖추지 못하고 있다.[9] 하지만 에릭슨 자신의 수많은 최면치료 사례들을 통해 볼 때, 다음의 사실은 너무도 명백하다. 즉 최면치료가 인간의 내면을 새롭게 구조화한다는 것이다. 이것은 무시무시한 것이 아닐까? 다른 사람의 내면을 바꾸어놓는다는 것 말이다.

우리가 앞으로 세밀하게 살펴볼 것이듯이, 최면상태에서의 암시는 단순히 무의식을 변화시킬 뿐만 아니라 무의식을 새롭게 형성시키

----

8. *Les lettres de Milton H. Erickson*, Satas, 2005, 110쪽. 앞으로 이 서한집으로부터의 인용은 본문 내에서 '서한집'이라 표기하고 쪽수를 적는다.

9. 나는 최면에 관심을 가진 이래, 가족과 친구들을 대상으로 여러 차례 최면유도를 시도했었지만 모두 실패했었다. 그러다가 2009년도 2학기에 방법을 좀 더 가다듬어서 주로 나의 학생들을 대상으로 여섯 차례의 최면 유도에 성공했다. 그리고 마지막으로 한 최면유도에서 일종의 초자연적 현상을 경험한 이후 최면유도를 완전히 중단했다. 무엇보다 나는 최면유도를 하면서 나 자신의 비전문성을 절감했다. 나 자신이 에릭슨이 말한 엉터리 최면사에 해당함은 물론이다.

기도 한다. 그리하여 피최면자는 새롭게 변화되고 새롭게 형성된 무의식에 따라 행동한다. 최면치료의 원리란 다름 아닌 바로 이것이다. 그렇다면 최면은 그 자체가 다른 사람의 내면을 지배할 수 있는 끔찍한 위험성을 내포하고 있는 것이 아닐까? 물론 에릭슨은 통제된 상황에서 최면시술을 행한다는 조건 하에 이러한 위험을 부인한다. 게다가 나의 우려는 비전문적인 외부인의 관점에서 바라본 괜한 것일 가능성이 높지만 말이다.

한편, 에릭슨은 최면의 이론적 위험에 대처하기 위해 무엇보다 신비주의에 대해 거리를 둔다. 예컨대 그는 1946년 봄 레슬리 르크론(Leslie LeCron)의 책 『오늘날의 최면학』 초고를 읽고 다음과 같이 권유한다. "텔레파시에 대해 긍정적 언급을 함으로써 초래될 수 있는 모든 비판을 피하세요. 최면은 매우 어려운 시기를 통과하고 있습니다. 그리고 당신의 책은 텔레파시 때문에 퇴색되기에는 너무 좋은 책입니다"(서한집, 163쪽).

이러한 권고를 하고 있는 에릭슨의 태도는 과학적이지 않다. 과학적 태도란 어떤 현상의 실재 여부를 모든 외적 고려들을 배제하고서 탐구하는 것이므로 말이다. 즉 에릭슨은 텔레파시 현상의 유무에 대해 엄밀한 과학적 탐구를 하자고 말하지 않는다. 그는 다만 최면이 의학의 틀 내로 수용되기 위해선 텔레파시를 언급하면 안 된다고 말한다. 즉 그는 진리를 추구한다기보다는 정치적 고려를 하고 있는 것이다. 그가 텔레파시 현상을 실제로는 인정했건 아니면 그것을 "무의식의 탁월한 지각능력"(서한집, 163쪽)으로 여겼건 간에, 그는 진리의 무조건적 탐구보다는 의학 내에서의 시민권을 선택한다. 한마디로 그는 최면이 신비적인 것으로 여겨져 의학의 영역에서 축출되는 것을 두려워한 것이다.

또 에릭슨은 「깊은 최면과 그 유도」에서 최면에 의한 자궁 내의 태아 상태로의 퇴행을 세밀히 보고한 동료 의사를 "비판정신이 가장 어처구니없이 부재하는" 경우라고 하면서 비판한다(I-205). 그러나 에릭슨은 의학에의 안정적 통합을 위협하는 이른바 '신비적' 현상들에 거리를 둠으로써, 최면현상 탐구에 스스로 한계를 부여한 것이 아닐까?

흥미롭게도 1960년 5월에 에릭슨 자신도 태어난 지 3달째로 퇴행한 한 사례를 학회에 보고한다. 그리고 그는 일종의 전체주의적 분위기 속에서 무수한 비판을 받는다. 어떻게 세 달 된 아이가 자기가 태어난 지 세 달째임을 알 수 있느냐는 것이다(II-426~439). 에릭슨이 두려워한 것은 바로 그러한 비판들이 의학계에 초래할 수 있는 부정적 효과들이었을 것이다. 그러한 전체주의적 분위기는 우리로 하여금 에릭슨의 전략적 선택을 이해할 수 있게 해준다. 만약 우리가 오늘날 최면현상들의 인간학적 함의들을 아무런 정치적-이데올로기적 고려 없이 객관적으로 연구할 수 있다면, 그것은 전적으로 에릭슨의 선택 덕분인 것이다.

에릭슨은 최면은 '마술적'이라는 속설에 맞서기 위해 최면상태의 '정상성(正常性)'을 주장한다. 예컨대 에릭슨은 1970년에 발표한 「최면 ─ 치료방식으로서의 재탄생」에서 최면상태의 행동을 "특별한 유형의 행동이지만, 정상적인 행동"이라고 하고, "최면상태 속에서 우리는 일상생활의 다양한 행동 형태들을 만나는데, 그것들은 관계나 정도의 차이는 있지만 언제나 정상적인 범위 내에서 행해지는 것들"이라고 덧붙인다(IV-79).

하지만 최면 속에서 과거를 완벽히 기억하는 것이 '정상적'일까? 20초 만에 생애의 절반을 완벽하게 회고하는 것이 '정상적'일까(II-362~363)? 최면상태에서 깨어난 지 6개월이 지난 다음에 최면상태에서 지시받은 것을 그대로 고스란히 실행하는 것이 '정상적'일까?

한마디로, 일상적인 정상성과 최면의 '정상성'은 너무도 다르다. 최면의 정상성은 일상의 정상성을 완전히 벗어난다. 역설적인 것은, 그처럼 일상적인 정상성을 한참 벗어나는 최면현상의 생산과 정리에 결정적으로 기여한 것이 에릭슨 자신이라는 것이다. 상황을 다음과 같이 정리할 수 있을까?

1) 에릭슨은 최면을 의학에 통합시키기 위해 최면의 정상성을 강조한다.
2) 그러나 에릭슨은 일상적 관점에서는 정상적이라고 여겨지기 힘든 최면현상들을 생산한다.
3) 최면의 정상성을 강조한 에릭슨은 최면현상들의 '비정상성'(특히 그 인간학적 함의들)을 연구하는 데 스스로 제한을 둘 수밖에 없다.

에릭슨이 스스로 부과하는 자기 제한들은 그가 최면에 대해 내리는 정의들 속에서도 종종 발견된다. 예컨대 그는 1934년의 「최면에 대한 짧은 개관(槪觀)」에서 최면을 "단지 설득력 있는 암시기법일 뿐"이라고 한다(III-9). 또 루이스 월버그에게 보낸 1945년 8월 17일자 편지에서는 최면을 "상호개인적 관계들을 확립하는 수단"이라고 한다(서한집, 96쪽). 그는 또 1960년 학회에서 발표한 「최면 연구에서의 여러 탐구들」에서 최면을 "여러 성격의 자극을 제공하기 위한 수단"이라고 하고, "그 자극은 환자로 하여금 그에 대응하기 위해, 경험을 통해 획득한 특별한 학습들을 활용하게 하는 것"이라고 한다(II-415). 또 1960년경에 쓴 미발표 논문인 「트랜스 유도에서 호흡의 리듬」에서는 최면을 "언어적 수준과 비언어적 수준들에서의 상호 개인적 커뮤니케이션"이라고 규정한다(I-453).

최면에 대한 이러한 정의들은 신선하다. 그러나 핵심을 비껴간다. 최면이 단지 암시기법이거나 자극을 제공하는 수단일 뿐이라면, 또 최면이 단지 상호 개인적 커뮤니케이션일 뿐이라면, 피최면자가 일상적 의식을 철회하고 트랜스 상태(=최면상태)에 빠져드는 것이 어떻게 가능할까?

그러므로 최면은 피최면자를 '무의식' 또는 '하의식'으로 칭할 수 있는 전혀 다른 의식 상태로 빠트리기 위한 기법일 수밖에 없다. 바로 여기서부터 실마리를 풀어보자. 피최면자는 어떻게 해서 일상의 의식과는 전혀 다른 의식 상태로 빠져드는 것일까? 하지만 그에 앞서 숙고해야 할 것은 의식과 그러한 또 다른 의식 사이의 관계이다.

의식과 또 다른 의식

최면은 적어도 다음 두 가지의 의식 층위를 전제한다. 1) 일상적 의식의 층위와 2) 그것과는 전혀 다른, 또 다른 의식 층위. 또는 단순히 1) 의식의 층위와 2) 하의식 또는 무의식의 층위.[10]

최면은 의식의 층위를 제거하고, 무의식의 층위 속으로 들어가려는 것이다. 그 이유는 1) 무의식이 문제여서 무의식을 변화시키려는 것이거나, 2) 의식이 문제여서 무의식의 조명을 통해 의식을 변화시키려는 것일 것이다.

---

10. 우리도 에릭슨처럼 '하의식'과 '무의식'이란 용어를 동시에 같이 사용할 수밖에 없다. 하지만 '무의식'이라고 할 때는 역시 의식의 관점에서는 의식되지 않는다는 것에 강조점이 놓여진다. 또 '하의식'이라고 할 때는 이른바 무의식이 고유한 의식행위를 한다는 것에 강조점이 놓여진다. 하지만 함의들은 맥락에 따라 다양할 수밖에 없고, 그래서 용법들이 이 두 가지로 한정될 수는 없다.

에릭슨은 보다 자주 의식의 편협성과 무의식적 지성을 대립시킨다. 즉 문제는 대부분 의식이 일으키는데, 무의식을 통해 그것을 치료할 수 있다는 것이다. 그래서 에릭슨은 "환자가 환자인 것은 그들이 자신의 고유한 무의식과 관계를 맺지 못하기 때문"이라고 한다(실제, 355쪽). 이때 "무의식과 관계를 맺지 못한다는 것"은 의식이 지나치게 제한되어 자신의 내면적 요청을 받아들이지 못한다는 것이다.

에릭슨은 "환자가 환자인 것은 잘못된 정신적 틀 그리고 제한된 준거틀을 가지기 때문"이라고도 한다(실제, 275쪽). 환자의 잘못되거나 제한된 틀들은 부단히 스스로를 한계 속에 가두려는 의식의 편향성 때문에 생겨난다. 에릭슨에 따를 때, 의식은 "성공의 외적인 합의된 기준을 달성하기 위해 프로그램화된 것"이자 "뇌의 능력의 10%밖에 사용하지 못하는 것"일 뿐이다(실제, 49쪽). 그러므로 그에게서 치료는 "환자들로 하여금 의식적 태도의 제한을 벗어나서 무의식의 해결능력을 해방시키도록 돕는 것"이기도 하다(실제, 49쪽).

최면은 의식의 층위를 떠나 '무의식' 속으로 들어가려는 것이다. 에릭슨은 1948년의 「최면 정신치료」에서 최면유도를 "도시 속으로의 여행"으로, 최면상태를 "도시 속에서의 체류"로 표현한다(IV-57). 우리는 그 도시를 '무의식의 도시'라고 칭할 수도 있다. 하지만 최면의 보다 정확한 이해를 위해서는 그 도시를 '내적 현실의 도시'라고 칭하는 것이 더 올바를 것이다. 최면을 통해 우리가 진입하는 그곳은, 단순히 의식과의 대비를 통해 설정되는 '무'의식이라기보다는 너무도 풍부한 '내적 현실'이기 때문이다.

물론 의식은 외적 현실뿐만 아니라 내적 현실과도 관계한다. 아래의 도식처럼 말이다.

외적 현실 ←—— 의식 —— 자아 —— 의식 ——→ 내적 현실

프로이트와 융이 충분히 밝혀 놓았듯이 자아는 의식의 주체이다. 즉 의식은 자아에 상관적이라는 것이다. 자아는 한편으로 외적 현실을 '의식' 하고, 다른 한편으로 내적 현실을 '의식' 한다.

하지만 자아가 의식하는 내적 현실은 매우 제한된 것이다. 자아는 기껏해야 1) 현재의 생각들, 2) 전(前)의식적 기억의 대상들, 3) 현재의 감정 상태들만을 의식할 따름이다. 반면, 자아가 의식하지 못하는 엄청난 크기의 내적 현실이 존재한다. 바로 이것이 정신분석과 최면이 발견한 것이다.

자아는 그러한 엄청난 크기의 내적 현실을 의식하지 못한다. 즉 '무' 의식한다. 그러므로 무의식이란 용어는 전적으로 자아의 관점에서 만들어진 것이다. 이를 염두에 두고 위의 도식을 보완해보자.

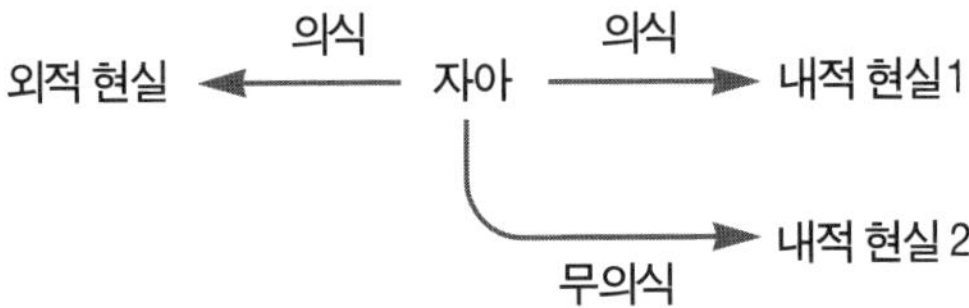

이 도식에서 내적 현실 1은 자아가 의식할 수 있는 제한된 내적 현실이다. 반면, 내적 현실 2는 자아가 접근할 수 없는 내적 현실이다. 그렇기 때문에 우리는 내적 현실 2에 접근하기 위해 최면의 도움을 받는다. 내적 현실 2에 접근하는 것이 우리 스스로의 힘으로는 너무 어려워서 최면의 도움을 받아야만 가능하다는 것은 무엇을 뜻할까? 그것은 우리의 자아가 내적 현실 2를 '무' 의식하는 데 그치는 것이 아니라, 더 나아가 내적 현실 2를 의식하는 것을 가로막고 있음을 함

의한다.

그렇다면 최면이 우리를 내적 현실 2에 접근시키기 위해 행하는 일은 그러한 접근에 장애물을 이루는 자아를 제거하는 것이다. 우리는 이 문제를 나중에 세밀하게 다룰 것이다. 어쨌거나 이러한 관점에서 위의 도식을 다시 포지티브하게 수정하면 아래와 같다.

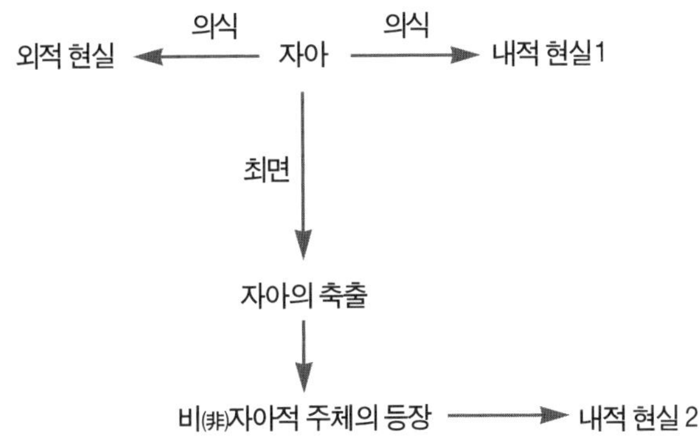

여기서 비(非)자아적 주체는 내적 현실 2를 의식하는 또는 '하' 의식하는 주체이다. 자아가 외적 현실과 내적 현실 1에 대한 의식의 주체라면, 내적 현실 2를 의식하는 또 다른 주체도 존재해야 한다. 우리는 그것을 잠정적으로 비자아적 주체라고 부를 것이다.

에릭슨은 최면 유도의 과정을 피최면자의 주의를 외적 현실로부터 내적 현실[11]로 이동시키는 것이라고 규정한다. 그는 1959년의 「최면의 기초들: 최면에 대한 논쟁」에서는 최면에서 행해야 할 모든 것은 "환자의 주의를 내적 과정으로 옮기는 것"이라고 한다(Ⅲ-33). 또

---

11. 위의 도식들에서 지칭된 내적 현실 1은 순식간에 스쳐지나가는 찰나적인 것이다. 심지어 전(前)의식적 기억이 의식되는 것도 그것이 외적 현실과의 연관 하에서 환기되는 순간 동안만인 것이다. 그러므로 의식의 대상으로서의 내적 현실 1은 구조적 짜임새를 가진 실체적인 내적 현실이 아니다. 따라서 앞으로 단순히 '내적 현실'이라는 표현을 사용할 때는 기본적으로 내적 현실 2를 지칭한다.

1970년의 「최면 ― 치료방식으로서의 재탄생」에서는 최면행위를 "피최면자를 직접적으로 의식되는 현실로부터 분리시켜 그의 주의를 자신의 내면으로 향하게 하는" 것이라고 규정한다(IV-83).

외적 현실에 대한 주의로부터 내적 현실에 대한 주의로의 이동은 어떻게 가능해지는 것일까? 물론 자아의 제거를 통해서이다. 만약 '제거'라는 표현이 너무 과격하다면, 자아의 잠정적인 '해제(解除)'라는 표현이 더 적합할 수 있겠다. 에릭슨은 『최면의 실제』에서 최면상태가 주는 "자유의 느낌"에 대해 말한다. 그러자 함께 대담을 하던 어니스트 로시는 그 자유는 바로 "의식적 관점들로부터의 자유"라고 덧붙인다. 의식의 주체가 자아인 한에서, "의식적 관점들에 대한 자유"가 자아의 해제를 통해 획득된다는 것은 물론이다(실제, 254쪽).

많은 최면 입문서들은 최면의 가장 기본적 원리를 '이완과 집중'으로 제시한다. '이완'이란 외적 현실에 대한 주의를 이완하는 것이고, '집중'이란 내적 현실로 집중하는 것이다. 하지만 최면유도가 단순한 이완만으로 행해질 수는 없다는 것은 물론이다. 이완만으로는 불충분한 바로 그 장소에서, 의식의 주체로서의 자아를 해제하기 위한 온갖 시도가 행해지는 것이다.

자아를 해제해야만 무의식적인 내적 현실로의 접근이 가능하다면, 자아는 오직 의식의 층위에서만 존재할 수밖에 없다. 즉 자아는 자신이 '무'의식하는 무의식의 층위에는 존재할 수 없다. 자아가 무의식적인 내적 현실을 '무'의식하는 것은, 그 자신이 그곳에 존재하지 않기 때문이다. 물론 자아는 오직 깊은 트랜스(=최면상태)에서만 완전히 해제된다. 이 말은 중간 단계의 트랜스까지는 자아가 이끄는 의식의 흐름이 어느 정도 잔존한다는 것이다.

우리는 망각의 문제를 성찰함으로써, 자아가 무의식의 층위에는 존재하지 않음을 확인할 수 있다. 우리는 만취한 상태에서 행한 일들을 술이 깬 다음 완전히 망각할 때가 있다(서한집, 140쪽). 꿈을 잊어 버리는 것, 어린 시절을 기억하지 못하는 것, 최면경험을 망각하는 것도 같은 형태의 망각들이다.

이러한 형태의 망각들을 특징짓는 것은 무엇일까? 그것은 바로 층위의 이동이다. 즉 무의식의 층위에 머물다가 다시 의식의 층위로 이동할 때, 무의식의 층위에서 행한 것을 망각한다는 것이다. 만취 상태, 최면상태, 꿈, 유아시절 등을 기억하지 못한다면, 그 이유는 그것들이 모두 무의식의 층위에 속하기 때문이고, 그리하여 의식의 층위에서는 기억될 수 없기 때문이다.

기억을 못한다는 것은 무엇을 뜻할까? 그것은 기억의 주체가 부재한다는 것이다. 기억의 주체가 없다면, 기억행위도 없다.

심리의 특정 층위에서 벌어진 일들을 기억하지 못한다는 것은 무엇을 뜻할까? 우리는 일단 다음과 같이 추정할 수 있다. 그 심리적 층위에는 기억의 주체가 존재하지 않는다고 말이다. 기억의 주체가 없는 층위에서 벌어진 일들은 기억의 대상일 수 없다는 것이다. 만약 무의식의 층위에서 벌어진 일들을 기억 못한다면, 무의식의 층위에는 기억의 주체가 존재하지 않는다는 것이다.

그렇다면 기억의 주체는 누구일까? 그것은 물론 자아이다. 융이 명쾌하게 지적했듯이, 의식은 자아에 상관적이다. 자아는 의식의 장을 지배하면서, 자신의 의식 활동에 필요한 것들을 기억한다. 그러나 방금 꾼 꿈을 까맣게 잊어버리는 것은, 또 방금 전 최면상태에서 행했던 것들이 하나도 기억나지 않는 것은, 어젯밤 만취 상태에서 한 일들이 전혀 떠오르지 않는 것은, 바로 그 장면들 또는 장소들에서 기억의 주체인 자아가 존재하지 않았기 때문이다. 또는 우리는 다음과 같이 말할 수도 있다. 기억의 주체인 자아는 그 장면들 속에서 '의식' 행위를 하지 않았다고.

하지만 무의식의 층위에는 또 다른 기억의 주체가 존재할 수 있다. 예컨대 3년 전에 꾼 꿈과 똑같은 꿈을 며칠 전 다시 꾸었다면, 그 꿈을 어떤 기억의 주체가 기억하고 있었다는 것이다. 그 주체는 무의식의 층위에만 존재하는 기억의 주체, 다시 말해 무의식적 기억의 주체일 것이다.

그러나 이 또 다른 기억의 주체는 의식의 장에는 존재하지 않는다. 의식의 장을 지배하는 것은 자아이고, 자아는 자신을 제외한 또 다른 기억의 주체를 의식의 장에서 축출하기 때문이다. 그 결과, 의식의 장에는 오직 자아가 기억한 것만이 기억으로 남는다. 이를 도해하면 아래와 같다.

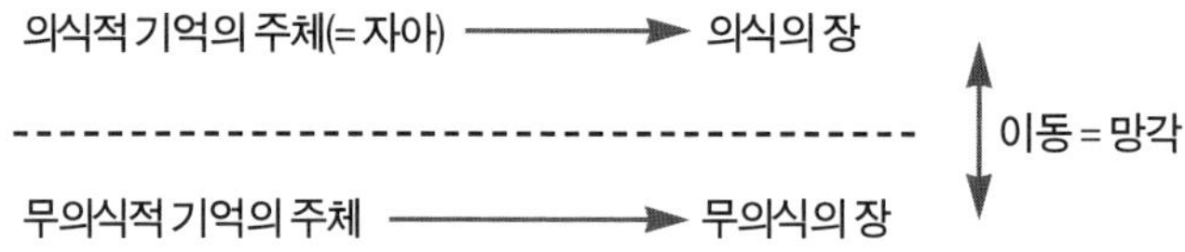

이 도식에 따르면 의식의 장에서 벌어진 것은 의식적 기억의 주체, 즉 자아가 기억하고, 무의식의 장에서 벌어진 것은 무의식적 기억의 주체가 기억한다. 그리하여 각각의 주체는 서로 다른 장에서 벌어진 것을 기억하지 못한다. 그들은 서로 다른 장에는 존재하지 않기 때문이다.

에릭슨에 따르면 최면이 깊을수록 피최면자들은 트랜스에서 벌어진 일을 기억 못한다. 즉 최면의 깊이와 기억은 반비례한다(Ⅲ-11). 그래서 피최면자들은 일반적으로 깊은 트랜스에서 벌어진 것을 깡그리 망각한다(Ⅲ-18, Ⅳ-36). 물론 예외도 존재해서 몇몇 사람들은 깊은 트랜스에서 벌어진 것을 기억하기도 하지만 말이다(서한집, 93쪽).

이러한 망각은 트랜스 상태에서 행해졌던 내적 경험이 기억 속에서 완전히 사라지는 것을 뜻한다. 그래서 피최면자들은 최면에서 깨어난 후, 시간이 흐른 것을 보고 깜짝 놀란다. 그 반응은 "나는 지금 막 시작하려고 했는데……??"와 같은 형태로 나타난다(I-12).

이런 현상은 심지어 자기최면에서도 벌어진다. 자기최면을 행하던 어떤 여성 의사는 시간이 아침 8시 반이었는데 갑자기 오후 4시가 된 경험을 한다(IV-265~266). 그 사이 자기최면에 빠져들었고, 그 기억을 완전히 망각한 것이다. 이러한 망각이 가능한 것은 그사이에 자아가 부재했기 때문이다. 오전 8시 반부터 오후 4시까지 자아가 부재했기 때문에, 오전 8시 반이었던 시간이 갑자기 오후 4시가 된 것이다.

에릭슨은 종종 최면경험을 일부러 망각시키려고 다음의 전략을 사용한다.[12] 즉 최면이 끝나갈 무렵, 최면유도 직전에 나누었던 대화로 되돌아간다는 것이다. 그러면 환자는 최면유도 직전에 나누었던 대화가 계속되고 있는 것처럼 여기고, 그 중간에 벌어졌던 트랜스 경험을 완전히 망각한다(II-422). 즉 1) 각성(의식) → 2) 최면(무의식) → 3) 각성(의식)의 시간적 경과 속에서 2) 최면(무의식)의 경험이 완전히 탈락하고, '1) 각성 → 3) 각성'의 경험만이 의식에 남는다는 것이다.

최면경험의 이러한 망각은 의식과 무의식 사이의 완전한 단절성을 드러내준다. 에릭슨은 그리하여 1948년의 「최면 정신치료」에서 "의식적 지각 수준과 무의식적(또는 하의식적) 지각 수준은 상호배타적"이라고 하고(IV-61), 『최면의 실제』에서는 "의식과 무의식은 진정으로 분리된 체계들"이라고 한다(개설, 345쪽). 최면의 기법이란 이처럼 의식적 층위와 완전히 분리된 무의식적 층위로 진입을 가능하게 해주는 기법이다. 그리고 그 기법의 비밀은 자아를 해제하는 것이다.

---

12. 최면경험을 이처럼 간접적으로 망각시키거나 또는 직접적인 지시를 통해 망각시키는 것은, 아무런 의식의 개입 없이 무의식적 동기가 행동을 지배하도록 하기 위한 것이다. 그래야만 치료효과가 확실히 나타나기 때문이다.

　의식과 무의식 사이의 단절성은 각각의 층위에 내재하는 연속성에 상관적이다. 즉 각각의 층위는 자체 내적으로만 이어지고 있기 때문에, 다른 층위와는 단절되어 있다는 것이다. 우리는 의식의 층위에서만 연속성을 확인할 수 있는 것이 아니라, 무의식의 층위에서도 연속성을 확인한다. 이러한 연속성을 보장하는 것은 각각의 층위에 존재하는 기억의 주체들이다.

　최면 망각은 반드시 일방향적인 것이 아니다. 즉 의식이 최면 경험을 망각하는 것만이 아니라는 것이다. 그 반대로, 트랜스 상태 속에 있는 하의식도 의식의 장의 일상적 경험을 망각한다. 즉 심리적 층위들 사이의 이동은 그 방향이 어떻건 간에 망각을 초래한다. 기억의 주체들이 다르기 때문이다.

　무의식의 층위에서 의식의 층위를 망각하는 것은 일종의 몰두 행위와도 비슷하다. 즉 내적 현실로 주의를 옮길 때 외적 현실을 망각하는 것처럼 말이다(I-109~112). 하지만 그 망각의 특성은 우리를 놀라게 하기도 한다. 에릭슨은 1950년대에 써놓은 미발표 논문 「최면 망각에 대한 임상적·실험적 관찰들」에서, 최면 상태에서는 "이름, 나이 등 일반적으로 잊어버리기가 불가능한 것들을 잊어버린다"라고 한다(III-63).

　이처럼 자신의 가장 기본적인 정체성을 망각하는 것은, 피최면자가 "의식의 일상적 상태와 아무런 연상적 연결이 없는 상이한 의식 상태"에 진입해 있기 때문이다(III-73). 그 "상이한 의식 상태"에는 의식의 주체인 자아가 존재하지 않는 것은 물론이다. 바로 자아의 부재로 인해 자기 이름마저 망각할 수 있기 때문이다. 에릭슨에 따르면 그러한 망각은 "의식의 변화된 상태의 자연스런 결과"이다(III-104~105).

　이처럼 양방향의 층위 이동이 모두 망각을 초래한다는 사실은 1)

두 가지 심리적 층위 사이의 단절성뿐만 아니라 2) 각각의 심리적 층위 내부의 연속성도 함의한다. 에릭슨은 1974년의 「최면 망각의 상이한 유형들」에서 이를 다음과 같이 정리한다(Ⅲ-87).

1) 트랜스 상태에서 트랜스 상태로의 기억의 연속성.
2) 각성 상태에서 각성 상태로의 기억의 연속성.
3) 트랜스 상태와 각성 상태 사이의 상호 망각.

트랜스 상태들 사이의 내적 연속성은 현재의 트랜스 상태에서 과거의 트랜스 경험을 완전히 기억하는 것에 의해 실증된다(I-32). 즉 각성 상태에서 완전히 망각하고 있던 최면 경험이 새로운 최면 경험 속에서 완전히 재생된다는 것이다. 망각된 과거의 최면 경험이 3년 전의 것이건(I-93) 아니면 15년 전의 것이건 말이다(I-100).

트랜스 상태의 내적 연속성을 실증해주는 또 다른 것은 후최면 암시의 사례들이다. 후최면 암시란 최면에서 깨어난 이후 특정한 조건 또는 신호가 도래하면 어떤 특별한 행위를 하도록 최면상태에서 암시[13]를 하는 것이다. 그러면 후최면 암시를 받은 자는 그 신호가 도래할 때 "자신이 왜 그처럼 행동하는지 이유도 모르면서 그 특별한 행위를 수행하게 된다"(Ⅲ-11).

에릭슨이 보고하고 있는 사례들에 따를 때, 후최면 행위는 후최면 암시를 받은 지 몇 달 후에도 행해지고(I-495), 또 3년 후에도 행해진다(I-496). 물론 더 긴 시간이 흐른 다음에도 행해질 것이다.

---

13. '암시'라는 용어는 영어와 불어에서의 'suggestion'을 번역한 것이다. 그러나 suggestion은 '제안' 또는 '지시'를 뜻할 뿐이고, 최면에서 행하는 suggestion도 실제로 제안 또는 지시일 뿐이다. 따라서 suggestion을 '제안'으로 옮겨주는 것이 더 좋겠다는 것이 나의 개인적 생각이다. 하지만 내가 고려하지 못한 요소들이 있을 수 있고 또 이미 정착된 용어법을 존중해야 하기 때문에, '암시'라는 용어를 그대로 사용하기로 한다.

최면에서 깨어난다는 것은 해제되었던 자아가 다시 복귀한다는 것이다. 자아가 복귀하면서, 트랜스 상태는 사라진다. 하지만 후최면 암시는 무의식에 계속 머무른다. 그래서 암시받은 신호가 도래하면 그것을 무의식이 포착하여 후최면 행위를 수행하는 것이다.

후최면 암시의 수행이 함의하는 것은 무의식의 부단한 활동이다. 즉 무의식은 부단히 활동하면서, 암시받은 신호의 도래를 주시한다. 신호가 도래하는 즉시 행동에 나설 수 있도록 말이다. 무의식의 이러한 활동이 무의식적 층위의 연속성을 전제한다는 것은 확실하다. 이를 도해하면 다음과 같다.

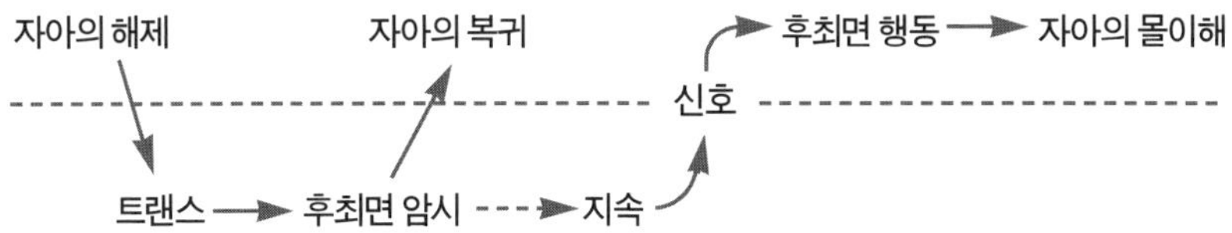

자, 트랜스의 층위 그리고 더 나아가 무의식의 층위에 내적 연속성이 존재한다. 우리는 무의식의 층위를 그것이 예외적으로 우리의 자아에게 드러날 때만 의식한다. 따라서 우리는 일반적으로 무의식의 층위가 오랜 기간 끊어졌다가 다시 이어지곤 하는, 불연속적인 것이라고 생각한다. 하지만 무의식의 층위는 우리의 자아가 의식을 못 할 때에도 부단히 활동을 하면서 이어진다. 트랜스 상태에서 과거의 트랜스를 기억하는 것이나 오랜 시간이 흐른 후에 후최면 암시를 실행하는 것에서 그것은 실증된다.

트랜스의 층위의 내적 연속성은 무의식의 층위의 내적 연속성의 한 예증(例證)이다. 무의식의 층위의 내적 연속성을 입증해주는 다른 증거들도 존재한다. 예컨대 10여 년 전에 꾼 꿈에서 등장했던 장면이

어젯밤 꾼 꿈에서 다시 생생하게 등장할 수 있듯이 말이다. 하지만 꿈들만 연속성을 갖는 것은 아니다.

에릭슨은 「최면 망각의 상이한 유형들」에서 망각했던 트랜스 경험을 꿈속에서 완전히 기억하는 두 사례를 제시한다(Ⅲ-90~92). 그 한 사례는 트랜스 경험이 꿈속에서 매우 생생하게 재생된 경우이고, 다른 한 사례는 한 차례 꿈속에서 트랜스 경험을 기억한 다음 다시 의도적으로 꿈을 꾸어 트랜스 경험을 반복적으로 체험한 경우이다. 결국 꿈과 트랜스 사이에도 연속성이 존재한다는 것이다. 이는 물론 그러한 꿈들[14]과 트랜스가 같은 무의식의 층위에 속하기 때문이다.

또 에릭슨은 같은 논문에서 피셔(Fischer)의 연구를 인용하면서, 술취한 상태에서 벌어진 일을 깨어나서는 기억 못하지만 다시 술에 취하면 기억한다는 것을 제시한다(Ⅲ-105). 이는 만취하여 빠져드는 무의식 상태들 사이에도 연속성이 있음을 시사해주는 것이다.

정리를 해보자. 각각의 심리적 층위들은 내적 연속성을 갖는다. 그리고 서로 간에는 단절되어 있다. 물론 서로 간에 일정한 방식으로 관계를 맺기도 하겠지만 말이다. 이처럼 층위 내 연속성과 층위 간 단절성이 가능한 것은 다음의 사실들 때문이다.

1) 각각의 층위에 고유한 주체적인 실체가 존재한다. 의식의 층위의 주체는 자아이고, 무의식의 층위의 주체는 앞서 우리가 '비자아적 주체' 라고 부르기로 한 것이다.

2) 그 주체들은 자신의 층위 내에서 벌어지는 일들을 지각하고 경험한다. 자아에 의한 지각을 우리는 '의식' 이라고 하고, 비자아적 주체에 의한 지각을 우리는 '하의식' 이라고 한다.

---

14. 물론 무의식의 층위에 속하지 않는 꿈들도 존재할 것이다.

3) 각각의 주체들의 지각과 기억이 각각의 심리적 층위의 내적 연속성의 근거를 이룬다. 즉 그 내적 연속성은 바로 지각과 기억의 주체의 연속성인 것이다.

4) 심리적 층위들 간의 단절성은 지각과 기억의 주체들 사이에 교류가 부재하기 때문에 생겨나는 것이다.

이를 도해해보면 다음과 같다.

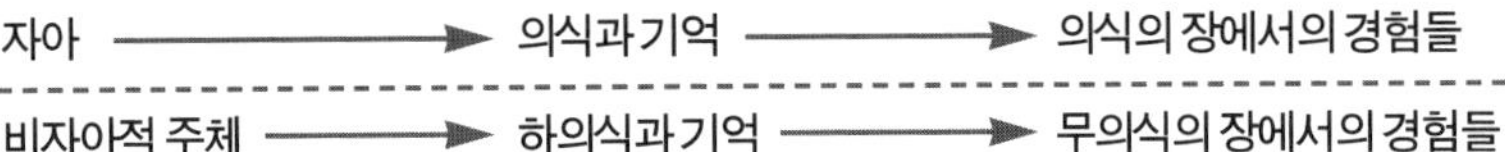

하지만 여기서 유의해야 할 것은 다음의 사실이다. 심리적 층위들이 먼저 존재하고 심리적 주체들이 생겨나는 것이 아니라, 심리적 주체들이 먼저 존재하고 그 다음에 심리적 층위들이 온다는 것이다. 심리적 층위는 오직 심리적 주체가 지각하고 기억함으로써만 존재할 수 있기 때문이다.

심리적 주체의 기억과 지각이 없다면, 심리적 층위는 우리에게 존재할 수 없다. 그렇다면 우리는 오직 심리적 주체의 활동들만이 존재한다고 말할 수 있다. 우리가 심리적 층위라는 표현을 계속 사용하는 것은 다만 분석적인 편리함 때문일 뿐이다.

심리적 층위들의 성격은 트랜스의 단계들을 통해서도 잘 드러난다. 이제 트랜스의 단계들을 살펴보자.

트랜스의 단계들

에릭슨은 트랜스의 단계들을 셋으로 나눈다. 낮은 트랜스, 중간 단계의 트랜스, 깊은 트랜스가 그것이다. 물론 이런 구분은 도식적이고 도구적인 것이다. 즉 트랜스의 실재는 구분되는 층들을 이루고 있는 것이 아니라, 낮은 상태로부터 깊은 상태로까지 그냥 쭉 이어진다는 것이다.

그는 어쩌다 "중간-깊은 단계의 트랜스"라는 표현을 사용하기도 하는데(예컨대 I-77~78), 내게는 그 의미가 명확치 않다. 나는 그것을 단지 중간 단계와 깊은 단계의 사이 정도로 파악할 따름이다.

「깊은 최면과 그 유도」에서 에릭슨은 깊은 트랜스를 다시 두 유형으로 제시한다. 몽유병적(somnambulique) 유형과 혼수상태적(stuporeuse) 유형이 그것이다(I-187~188). 몽유병적 유형은 "겉보기에는 깨어있는 것처럼 적절하고 자유롭고 올바르게 행동"하는 유형이다. 반면, 혼수상태적 유형은 "심리적 · 생리적으로 리듬이 늦춰진, 수동적 행위가 특징인" 유형으로, "자생적인 행위들과 주도권이 부재"하고 "불완전한 대답"이 행해진다. 이 혼수상태적 유형은 유도가 쉽지 않다. 따라서 에릭슨이 '깊은 최면'이라고 할 때는 대부분 몽유병적인 최면이다. 게다가 그는 '몽유병적인 상태'와 '깊은 트랜스의 상태'를 혼동해서 사용하기도 한다.

트랜스 상태를 특징짓는 것은 자아의 해제에 따른 외적 현실의 철회이다. 하지만 낮은 트랜스와 중간 단계의 트랜스에서는 자아의 해제와 외적 현실의 철회가 완전하지 않다. 에릭슨은 「깊은 최면과 그 유도」에서 트랜스의 가장 낮은 단계들에서는 "일정한 정도의 의식적 참여"가 존재한다고 한다(I-184). 즉 의식의 주체인 자아가 낮은 단계의 트랜스에서 일정하게 잔존한다는 것이다. 반면, 가장 깊은 단계들에서는 "피최면자는 완전히 무의식적 방식으로 움직인다"고 한다 (I-185). 즉 자아가 완전히 해제되고 그리하여 의식의 대상인 외적 현실도 완전히 철회된다는 것이다.

에릭슨은 또 같은 논문에서 깊은 단계의 트랜스에서는 매우 심각한 신경증 환자들이 "신경증적 행동의 각인으로부터 자유로워진다"고 보고한다. 그는 다음과 같이 덧붙인다. "신경증적 층위는 아무리 그것이 심각한 것이라 하더라도 인격의 중심적인 핵심을 변화시키지 못한다. 그것은 다만 인격의 표현들을 가리거나 마비시킬 뿐이다"(I-186). 이러한 연구결과가 우리에게 말해주는 것은 다음과 같다. 신경증을 일으키는 무의식적 작용은 무의식의 층위에서 단지 표층만을 차지한다는 것.

1967년에 발표한「최면에 대한 새로운 실험적 연구: 최면적 현실들과 비최면적 현실들」에서 에릭슨은 트랜스의 단계 문제를 다시 다룬다. 그는 이 논문에서 낮은 트랜스와 중간 단계의 트랜스에서는 "피최면자가 현실과 명백한 주체적 접촉을 유지한다"고 하고(I-78), 그리하여 "깨어있을 때의 행위가 일정 정도 허용"된다고 한다(I-36). "현실과 주체적 접촉을 유지"한다는 것은 자아가 완전히 해제되지 않았다는 것이고, "깨어있을 때의 행위가 일정 정도 허용된다"는 것은 의식적 행위가 완전히 소멸되지 않았다는 것이다.

또 그는 낮은 트랜스와 중간 단계의 트랜스에서는 "눈을 뜨고 있는 것이 어렵다"고 하고, "외적 사물과 관계된 일을 요구하면 최면에서 깨어나는 경향"이 있다고 한다(I-62~63). 눈을 뜨고 있는 것이 어려운 것은, 눈을 뜨면 외적 현실을 지각하게 되고 그리하여 최면에서 깨어나기 때문이다. 눈을 뜰 때 지각되는 외적 현실이 자아를 복귀시키고 그래서 최면에서 깨어난다는 것이다. 물론 자아가 아직도 일정하게 잔존하고 있기 때문에, 눈을 뜰 때 외적 현실이 지각되는 것이기도 하다. 따라서 정확한 순서는 다음과 같다. 1) 자아의 일정한 잔존 → 2) 눈을 뜬다 → 3) 외적 현실 지각 → 4) 자아의 복귀.

결국 낮은 트랜스에서 외적 현실의 철회는 완전하지 않다. 즉 낮은 트랜스에 빠져 있는 피최면자들에게는 외적 현실이 일정하게 지속되지만 "덜 중요하고," "각성 상태에서만큼 현실적이지 않다"(I-78). 그리고 트랜스의 수준이 깊어질수록, 외적 현실은 점점 더 "비현실적으로" 되고, "부재"하게 되고, "망각"된다(I-78). 에릭슨은 또 중간-깊은 단계의 트랜스에서는 "시선의 주위가 흐릿해지고 사물들이 안개에 쌓인 것 같아진다"고도 한다(I-78).

트랜스의 수준이 깊어질수록 외적 현실이 부재하게 되는 것은 실제로는 단순한 의식의 철회를 넘어서서 육체적 지각이 점점 소멸되기 때문이다. 육체적 지각의 소멸은 최면의 가장 기본적 현상이다. 하지만 육체적 지각은 스스로의 작용을 통해 저절로 사라지는 것이 아니다. 뒤에서 상세히 다루겠지만, 최면은 우리에게 다음의 사실을 드러내준다. 즉 육체적 지각이 소멸되는 것은 육체적 지각의 주체가 사라지기 때문이라는 것이다. 그리고 육체적 지각의 주체는 바로 자아이다.

일반적으로 깊은 트랜스에서는 최면사와의 관계만이 남고, 외적 현실은 완전히 사라진다. 하지만 에릭슨에 따르면, "몽유병적 피최면자들은 최면사를 자신들의 환각적 현실 속에 포함시키기도 한다"(I-55). 즉 깊은 트랜스에서는 최면사와의 관계마저도 환각적 변형의 대상이 될 수 있다는 것이다. 결국 내적 현실로의 침잠이 더욱 진행되면, 외적 현실로서의 최면사도 내적 현실의 요소로 변형된다는 것이다.

『멋진 신세계』의 작가 올더스 헉슬리(Aldous Huxley)는 1950년대 초에 에릭슨을 만나 거의 일 년 동안 실험최면의 상대가 된다. 둘은 같이 연구결과를 발표하기로 했지만, 헉슬리가 보관했던 자료들이 모두 불에 타는 사고가 벌어지고, 게다가 헉슬리가 먼저 사망한다. 그 후 에릭슨은 남은 자료만을 가지고 1965년에 「의식의 상이한 상태들의 성격과 특징들에 대해 : 올더스 헉슬리와 함께 한 연구」라는 제목의 논문을 발표한다.

이 논문에 보고된 헉슬리의 경험에 따를 때, 낮은 트랜스에서는 "외적 현실이 지각되긴 하지만 훨씬 흐릿한 방식으로 지각" 되고, 중간 단계 트랜스에서는 "지각이 훨씬 제한된다"(I-126). 반면, 깊은 트랜스에서는 "완전히 상이한 성격의 경험"으로 진입하고, 외적 현실이 포함되더라도 "완전히 새롭고 상이한 의미"를 갖는 "새로운 형태의 주관적 현실을 이룬다"고 한다(I-128).

또 헉슬리에 따를 때, 낮은 트랜스는 "외적 주의를 철회하고 내면으로 옮겨가는" 과정적인 것이다(I-112). 그 과정은 다음과 같이 정리된다. 1) 외적 현실이 증발되고 어두워지며, 2) 내적인 주관적 감각이 점점 더 실체적으로 된다. 3) 마침내 어떤 균형 상태에 이른다. 4) 아주 만족스럽기 때문에 더 깊은 트랜스로 가고 싶지 않다(I-112~113).

하지만 중간 단계의 트랜스도 "완전히 쾌적한 안락의 내적 느낌"을 준다. 낮은 단계의 트랜스에서도 상당한 만족감이 있어서 그 단계에 그냥 머물고 싶을 수도 있겠지만, 그럼에도 트랜스가 깊어질수록 쾌적감이 점점 더 상승하는 게 아닐까? 중간 단계의 트랜스에서는 "외적 현실이 존재했었다는 막연하고 흐릿하고 불완전한 의식이 존재하고, 외적 현실을 감지하려면 상당한 노력이 필요하다"(I-114).

또한 "중간 단계의 트랜스에서 주변 환경에 관심을 가지면 낮은 트랜스로 이동하고, 자신의 내적 편안함을 추구하면 깊은 트랜스로 이동한다"(I-114). 아래의 도식에서처럼 말이다. 어쨌거나 트랜스가 깊어질수록 우리는 더욱 내면의 심층으로 진입한다.

낮은 트랜스 ◀━━ **외부** ◀━━ **중간 단계의 트랜스** ━━▶ **내면** ━━▶ **깊은 트랜스**

헉슬리의 경험에 의하면, "마취, 망각, 시간의 비틀림, 기억의 강화는 낮은 트랜스에서도 가능하다"(I-116). 이 현상들은 전형적인 최면현상들로, 그것들이 가능하다는 것은 자아가 기능을 많이 상실했고, 비자아적 주체가 등장했음을 뜻한다. 즉 마취는 육체적 지각의 상실에 따른 것이고, 망각은 기억의 주체의 소멸에 따른 것이다. 또 시간 비틀림은 시간을 가늠하는 자아의 기능이 상실되었기 때문이고, 기억의 강화는 비자아적 주체의 등장에 따른 것이다. 이것들은 모두 자아의 해제에 상관적이다.

하지만 그러한 현상들을 강화하려고 하면, 깊은 트랜스로 빠져든다. 즉 부분 마취를 육체의 다른 부분으로 확장하려 하거나 완전한 망각을 얻어내려 하면, 깊은 트랜스로 진입한다는 것이다(I-116). 이 사실은 오직 깊은 트랜스에서만 자아가 완전히 해제된다는 것을 말해준다.

헉슬리는 깊은 트랜스에서 최면의 거의 모든 현상들을 경험한다(I-118~121). 특히 헉슬리는 23살로 퇴행한 다음 다시 그 시점으로부터 자신의 어린 시절을 상기하는데, "그의 최초의 23년간이 마치 책처럼 펼쳐져 있어서, 어떤 추억과 사건이건 모두 읽을 수 있었다"는 것이다(I-129).

또 에릭슨은 깊은 트랜스 상태의 헉슬리에게 헉슬리가 옛날에 읽었던 책들을 몇 줄씩 읽어준 적이 있다. 그랬더니 헉슬리는 몇몇 책에 대해 곧바로 그 쪽수를 말한 다음 그 뒷부분을 소리 내어 읽었다. 즉 헉슬리는 그 책들을 눈앞에 두고 읽던 바로 그 상황으로 고스란히 되돌아가서, 독서를 계속했던 것이다(I-123). 이것은 한편으론 놀라운 일이지만, 다른 한편으론, 뒤에서 상세히 다루겠듯이, 최면 퇴행의 한 '정상적인' 면모를 드러내준 것일 뿐이기도 하다.

이상에서 논의된 바에 따를 때, 트랜스의 각각의 단계들은 무의식의 여러 상이한 층위들을 구성하는 것이 결코 아니다. 낮은 트랜스와 중간 단계의 트랜스는 다만 무의식의 층위로 이동하는 과정적인 단계들일 뿐이다. 그 단계들에서는 비자아적 주체가 등장하지만, 자아가 완전히 해제되지 않고 배후에서 잔존한다. 그러다가 외적 현실로 관심이 쏠리면 자아가 다시 복귀해서 최면에서 깨어나는 것이다. 반면, 깊은 최면에서는 자아가 완전히 해제되고, 비자아적 주체가 의식의 장에서 축출되었던 이른바 무의식적 경험들과 다시 관계를 맺는 것이다.

다만 특기할 것은, 앞서 본「깊은 최면과 그 유도」에서의 에릭슨의 보고가 함의하듯이, 신경증적 층위를 무의식적 층위의 표층에 존재하는 것으로 설정할 수 있다는 것이다. 이것은 정신분석에서 강조하는 '성적 무의식' 또는 무의식의 성적 성격이 최면에서는 거의 부각되지 않는 것과도 관계된다. 그렇다면 정신분석에서 말하는 '억압된 무의식' 자체가 단지 무의식의 표층만을 구성하는 것일 수 있다. 프로이트가 강조하듯이 "억압을 유지하기 위해 부단히 힘을 소모"[15]해야 하는 것은 '억압된 무의식'이 단지 무의식의 표층에 존재하기 때문은 아닐까? 무의식의 깊숙한 곳에 존재하는 것들에 대해서는 억압을 유지하기 위해 그토록 힘을 쏟을 필요가 없을 것이므로 말이다.

정신분석은 주로 꿈을 대상으로 노동한다. 우리는 앞에서 꿈속에서 트랜스 경험을 기억하는 두 사례를 언급했다. 그 사례들이 함의하

---

15. S. Freud, "Le refoulement"(「억압」), *Métapsychologie*(『메타심리학』), coll. folio, 1990, 55쪽.

는 것은 특정한 꿈들과 트랜스가 같이 무의식의 층위에 속한다는 것이다. 하지만 모든 꿈들이 트랜스와 동일한 무의식의 층위에 속하는 것은 아니다.

에릭슨은 1952년에 학회에서 발표한 후 1977년에 다시 논문으로 발표한 「최면을 통한 생리적 기능들의 조절」에서 불규칙한 생리로 인해 두통, 구토, 소화 장애 등에 시달린 30대 여성의 사례를 소개한다. 에릭슨은 그녀를 트랜스 상태로 유도한 뒤, 생리로 인해 고통 받는 꿈을 압축적으로 꾸고 나서 개운하게 깨어나도록 암시한다. 그녀가 암시받은 대로 꿈을 꾸고 난 다음에, 현실 속에서는 생리의 고통이 사라진다(II-246).

이 사례는 트랜스가 대부분의 꿈들보다 심층에 위치함을 말해준다. 최면 암시를 통해 꿈을 꾸도록 할 수 있는 것은, 트랜스 상태가 꿈보다 심층에 위치해서, 그 심층으로부터 꿈의 내용을 규정할 수 있기 때문이다. 그렇다면 그러한 꿈들은 의식의 층위와 트랜스의 층위의 중간에 위치할 것이다. 1) 의식은 꿈에 대해 내적인 감정과 결합할 기억 흔적들을 제공하고, 2) 트랜스는 꿈의 내용을 심층으로부터 규정하기 때문이다.

에릭슨은 또 1950년에 린 쿠퍼(Linn Cooper)와 함께 발표한 「최면에서 시간의 비틀림 ― 제2부」에서 5명의 피실험자를 대상으로 최면 환각과 꿈의 차이를 조사한다. 이때 최면 환각이란 트랜스 상태에서 어떤 장면이나 상황을 보도록 암시하면, 그대로 그 장면 또는 상황을 보는 것을 말한다.

조사 결과, 피실험자들은 꿈의 속성들에 대해 "말이 안 된다," "종종 엉뚱하다," "부조리하다," "연속성이 부재한다," "비사실적이다," "한 주제에서 다른 주제로 비약한다," "불가능한 것이다"라고 응답한다. 반면, 최면 환각에 대해서는 "더 잘 조직되어 있다," "꿈보다 훨씬 현실적이다," "대단히 현실적이다, 현실에서 벌어지는 것과 똑같다," "행하고 있는 것을 의식하고, 상황을 더 잘 통제할 수 있다," "이치에 맞다, 그 반면에 꿈은 얼토당토않다"고 응답한다(II-336).

이 조사 결과에 따르면, 최면 환각을 생산하는 트랜스의 층위는 꿈보다 훨씬 심층에 위치할 수밖에 없다. 트랜스의 층위는 의식의 층위와 뚜렷이 구분되는 또 하나의 정합적인 체계로 드러나기 때문이다. 반면, 꿈에서는 전날의 파편적 이미지들이 부유하다가 부조리하게 결합할 뿐이다.

즉 트랜스 상태에서 행해지는 환각은 자아가 해제된 상태에서 암시에 따라 하의식적 관조를 하는 것이다. 반면, 일반적으로 꿈은 자아의 통제력이 약화된 상태에서 이미지들이 자기운동을 하는 것이다. 물론 꿈에는 무의식이 일정하게 개입할 수 있다. 그러나 그러한 개입은 부분적인 것일 뿐이다.

프로이트는 꿈의 부조리성을 통해 무의식을 보았다. 하지만 이것은 프로이트가 무의식 자체 속으로 충분히 발을 들여놓지 못 했음을 함의한다. 우리가 트랜스의 상태들을 통해서 드러나는 대로의 무의식을 볼 수 있다면, 무의식은 전혀 부조리하지 않은, 완전히 다른 것으로 등장한다.

물론 앞서도 보았지만, 트랜스 상태와 연속성을 갖는 꿈들이 있다. 「2월의 남자: 최면치료에서 새로운 정체성을 촉진하기」에서 에릭슨과 로시는 꿈에서 트라우마를 치료하는 사례들에 대해 토론한다(IV-673). 또 에릭슨은 최면 유도가 되지 않았던 환자가 꿈을 통해 치료를 행했던 사례를 언급하기도 한다.[16]

---

16. Sydney Rosen(편집), *Ma voix t'accompagnera, Milton H. Erickson Raconte*(『내 목소리가 너와 함께 할 거야 — 밀턴 에릭슨이 말하다』), Hommes et Groupes, 1986, 154~155쪽.

그렇다면 우리는 일단 두 종류의 꿈을 구분할 수 있다. 1) 트랜스보다 표층에 위치하는 꿈과 2) 트랜스와 같은 층위에 위치하는 꿈이 그것이다. 트랜스보다 표층적인 꿈들이 하나의 독자적인 무의식적 층위를 구성하는 것은 결코 아니다. 그러한 꿈들은 이미 보았듯이 의식과 무의식 사이의 중간적 위치를 차지하기 때문이다. 따라서 그러한 꿈들은 신경증적 층위보다도 더 표층적일 수밖에 없다.

이제 트랜스의 층위로의 진입이 어떻게 이루어지는지를 들여다보자. 자아가 어떻게 해제되는지에 초점을 맞추면서.

최면 유도와 자아의 해제

최면은 꿈과 다르듯이, 잠과도 다르다. 최면과 잠에서는 모두 외적 현실이 철회된다. 하지만 잠은 외적 현실을 떠나 휴식을 취하는 것인 반면, 최면은 외적 현실을 떠나 내적 현실에 집중하는 것이다.

에릭슨은 1944년 발표한 「의학에서의 최면」에서 최면과 잠의 차이를 다음과 같이 제시한다. 즉 최면은 기본적으로 심리적이고 부차적으로 생리적인 반면, 잠은 기본적으로 생리적이고 부차적으로 심리적이라는 것이다. 최면은 기본적으로 심리적 현상이고 그에 따른 생리적 변화를 수반하는 것인 반면, 잠은 생리적 현상인데 그에 따른 일정한 심리적 현상이 수반된다는 것이다. 결국 최면과 잠은 혈액순환, 근육긴장, 운동, 반사작용에서 모두 차이가 나고, 게다가 목적 자체가 다르다. 그리하여 에릭슨은 생리학적 관점에서 볼 때, 최면 상태는 잠보다는 오히려 각성 상태에 더 가깝다고 한다(IV-383). 에릭슨은 또 「정신치료에서 최면의 적용」에서도 최면은 생리적 현상인

잠과 아무런 관계가 없음을 강조한다(IV-18).

잠이 단지 외적 현실을 떠나 휴식을 취하는 것일 뿐이라는 사실은 다음의 것을 말해준다. 즉 잠속에서는 자아가 일정한 정도로 해제되지만, 새로운 (하)의식의 주체가 등장하지는 않는다는 것. 반면, 최면은 내면의 심층으로 깊이 침잠하는 것이므로, 잠보다 훨씬 더 깊은 상태일 수 있다. 또 최면이 내면의 심층과 관계한다는 것은, 내면의 심층과 그처럼 관계하는 비자아적 주체가 등장함을 함의한다.

우리는 깜빡하고 잠에 빠져든다. 육체적 피로에 따른 이완이 자아의 끈을 '툭' 하고 끊어놓는 것일까? 마찬가지로 우리는 깜빡하고 최면에 빠져든다. 최면사에 대한 신뢰가 자아의 끈을 '툭' 하고 끊어놓는 것일까?

흥미로운 것은 우리가 의식적 노력을 통해 잠에 들거나 최면에 빠질 수 없다는 것이다. 의식적 노력을 한다는 것은 해제되어야 하는 자아가 오히려 끈질기게 남아서 노력을 한다는 것이기 때문이다. 결국 잠에 들거나 최면에 유도된다는 것은 자아의 노력을 피해간다는 것이다. 그러므로 최면 유도의 방법은 자아의 의식을 피해나가다가 '문득' 자아를 해제하는 그런 방법일 수밖에 없다.

에릭슨의 결정적 기여 가운데 하나는 이른바 '최면감수성'과는 아무 상관없이 모든 사람을 최면에 유도할 수 있게 한 것이다. 그것을 가능하게 한 에릭슨적 방법의 핵심은 간접적 암시다.

간접적 암시와 대립되는 직접적 암시는 의식의 주체인 자아에게 직접적으로 말을 거는 것이다. 이것 또는 저것을 행하라고 말이다. 그렇다면, 그러한 암시를 경청하기 위해 의식적으로 주의를 기울이고 있는 자아가 그와 동시에 해제된다는 것은 어려운 일일 수밖에 없다. 결국 직접적 암시는 자아에게 직접 "당신을 해제하세요"라고 말하는 것과 마찬가지의 것이다. 그러나 자아는 결코 스스로의 힘으로 자신을 해제할 수 없는 것이다.

에릭슨은 1977년 로시와 함께 발표한「밀턴 H. 에릭슨의 자기최면 경험들」에서 자기최면의 역설을 다음과 같이 정리한다. 1) 의식적 목적을 실현하기 위해 자기최면을 한다. 2) 그러나 의식적 정신은 무의식에게 지시를 할 수 없다. 3) 의식적 정신은 단지 일반적 틀을 제공하거나 질문만을 던질 수 있을 뿐이다. 4) 그리하여 무의식이 완전히 독립적으로 결정하도록 내버려두어야 한다(I-150).

중요한 것은 의식의 힘으로는 무의식을 움직이기 힘들다는 것이고, 또 의식적 노력을 통해서는 최면 상태로 진입할 수 없다는 것이다. 그리하여 자기최면에서는 무의식의 독립적 결정에 맡겨야 하는 것이지만, 일반 최면에서는 최면사가 의식의 주의를 피해서 무의식에 곧바로 말을 걸어야 하는 것이다.

결국 간접적 암시란 자아의 시선을 따돌리고 무의식에 곧바로 말을 건네기 위한 방법이다. 에릭슨은 1976년과 1978년 사이에 작성한 미발표 논문인「팔 떠오르기에서의 간접적 암시들」에서 간접적 암시를 "의식적 정신에 의한 일상적 태도의 제한들을 피해나가면서, 무의식적 수준의 탐구과정을 촉발하는 것"이라고 하고, "의식적 정신은 간접적 암시와 반응 사이의 연관성을 알아차리지 못한다"고 한다 (I-597). 이때 '의식적 정신'이 자아에 의해 주도되는 정신임은 두말할 것도 없다.

또 그는 1976년에 부분적으로 학회에서 발표하였던「암시의 간접적 형태들」에서 "암시는 숨겨져 있을수록 더욱 강력하다"는 포렐(A. Forel)의 표현을 인용하면서(I-567), "간접적 암시는 의식적 비판을 피해간다"고 한다(I-568). "암시가 숨겨져 있다"는 것은 자아로부터 숨겨져 있다는 것이다. 또 "의식적 비판을 피해간다"는 것은 자아의 감시를 피해간다는 것에 다름 아니다.

또 에릭슨은 『최면의 실제』에서 간접적 암시는 "주체가 알아차리지 못하는 내적 과정들에 의해 매개된다"고 하고(실제, 357쪽), "트랜스의 진정한 행동"은 "응답의 비의지적 매개"에 의해 특징지어진다고 한다(실제, 358쪽). 이때 "주체가 알아차리지 못한다"는 것은 곧 자아가 알아차리지 못한다는 것이다. "비의지적 매개" 또한 자아의 의지가 개입하지 못함을 뜻한다. 그리하여 "내적 과정에 의해 매개된다"는 것은 간접적 암시가 하의식, 즉 비자아적 주체를 직접 호출한다는 것이다.

에릭슨은 「밀턴 H. 에릭슨의 자기최면 경험들」에서 "나는 의식의 다른 수준을 믿는다"고 자신의 입장을 강력히 개진한다. 이때 "다른 수준의 의식"은 대상적인 것이 아니라 주체적인 것이다. 즉 자아가 아닌 또 다른 의식의 주체가 무의식적인 내적 현실을 (하)의식한다는 것이다. 그러므로 이 "다른 수준의 의식"은 비자아적 주체일 수밖에 없다.

결국 최면은 다음 두 축(軸)을 갖는다.

1) 자아를 해제하는 것.
2) 비자아적 주체를 도래시키는 것.

에릭슨은 「최면에 대한 짧은 개관」에서 최면의 상태를 "의식이 잠자는 것처럼 조용해지고, 원래는 의식적이었던 개인적 기능의 주체적 통제가 '하의식'으로 이관되는 것"이라고 규정한다(III-9). 이 말은 곧 자아가 해제되고 비자아적 주체가 도래하는 것이 최면이라는 것이다. 그리고 그 두 가지를 실현하는 데 가장 적합한 방법이 간접적 암시이다.

최면에서 자아의 해제는 곧 비자아적 주체의 도래로 이어진다. 잠과는 달리 최면은 내적 현실에 대한 (하)의식을 발전시키는 것이기 때문이다. 마찬가지로 최면에서 비자아적 주체의 도래는 자아의 해제를 수반할 수밖에 없다. 자아와 비자아적 주체는 양립불가능하기 때문이다.

우리는 앞에서 에릭슨이 최면을 "언어적 수준과 비언어적 수준에서의 상호 개인적 커뮤니케이션"으로 정의한 것을 언급했다(I-453). 이 정의는 최면사가 비자아적 주체에게 언어적 · 비언어적으로 말을 건네는 행위를 함축한다. 그러한 행위의 목적은 물론 비자아적 주체를 도래하게 함으로써 자동적으로 자아를 해제시키려는 것이다.

우리는 이처럼 자아를 우회해서 비자아적 주체를 호출함으로써 최면을 유도할 수 있다. 하지만 에릭슨의 간접적 암시가 자아를 우회하는 것으로 한정되는 것은 아니다. 에릭슨의 간접적 암시는 여러 기법들을 통해 자아를 직접 무력화하기도 한다.[17] 예컨대, 혼란 기법, 이 중구속, 충격 기법, 새로운 틀의 부과, 예스–세트(yes-set) 등이 그런 기법들이다.

에릭슨은 최면 유도 자체를 '의식적 정신,' 즉 자아의 무력화와 동일시한다. 그것이 우회를 통한 것이건 공격을 통한 것이건 말이다. 『최면의 실제』에서 우리는 다음과 같은 표현을 읽는다. "자, 사태들은 스스로 벌어지는 것처럼 보인다. 의식적 틀은 점점 더 자신의 힘을 상실한다. 그리고 트랜스가 시작한다"(실제, 405쪽). 의식적 틀이 상실된다는 것은 자아가 해제되기 시작한다는 것이다. 어쨌거나 최면의 첫째 단계는 자아의 해제이다. 비록 자아가 낮은 트랜스와 중간 단계의 트랜스에서 일정하게 잔존하더라도 말이다.

---

17. 자아를 '직접적으로' 무력화시키는 것도 그 기법이 '간접적'인 한에서 간접적 암시이다. '직접적 암시'라는 표현은 다만 자아에게 직접적으로 '지시'를 내리는 것을 지칭할 뿐이다. 직접적인 지시를 통해 자아를 무력화하는 것은 실질적으로 불가능하므로, 무력화의 기법은 간접적일 수밖에 없다.

1976년에 발표된 「두 수준의 커뮤니케이션과 트랜스와 암시의 미세역학」은 에릭슨의 최면유도 사례에 대해 에릭슨 자신과 에릭슨 전집 편집자인 어니스트 로시가 대담을 하는 방식으로 구성된 논문이다. 이 대담에서 에릭슨은 주로 최면유도 과정에 대한 세밀한 설명을 제공하고, 로시는 주로 에릭슨의 설명에 입각해 나름의 개념화들을 시도한다.

우선 에릭슨의 설명이 진행되자 로시는 "트랜스 상황을 규정하는 것은 무의식이 전면에 나서는 것이군요"라고 정리한다(I-543). 즉 비자아적 주체가 등장한다는 것이다. 몇 마디를 나눈 후, 에릭슨은 "피최면자에게서 의식적 성찰을 요구하는 모든 것을 제거했습니다"라고 설명한다(I-543). 즉 자아가 작동할 수 있는 근거들을 제거했다는 것이다.

다시 몇 대목 뒤에서 로시는 "에고(ego=자아)의 지휘와 통제가 사라지면, 자동성이 자리 잡는 것이군요"라고 덧붙인다. "자동성이 자리 잡는다"는 것은 자아가 부재한 상태에서 무의식이 스스로 노동을 한다는 것이다. 하지만 엄밀히 말해 무의식의 그러한 자기 노동은 비자아적 주체가 무의식적 소여(所與)들에 대해 노동하는 것이다.

그 후 에릭슨은 의식에 말 건네는 방식과 무의식에 말 건네는 방식 사이의 차이 등을 설명하고, 로시는 다음과 같이 정리한다. "의식적 정신은 이해하지 못할 때 탈(脫)활성화되는군요"(I-552), 또는 "의식적 정신에 난센스처럼 보이는 것이 사실은 의식을 탈활성화하는 것이군요"라고 말이다(I-553). 이것들은 자아를 이해 불가능한 난센스와 마주치게 해서 무력화하는 방식을 해명한 것이다. 우리는 앞으로 이처럼 자아를 해제하는 기법들 몇 가지를 알아볼 것이다.

그 후 그들은 치료를 위한 최면 유도의 목표를 두 가지로 규정한다. 1) "내면으로 주의를 돌리는 것"과 2) "에고의 특정한 일상적 작동 도식들을 변형시키는 것"(I-559). 사실상 내적 현실로 주의를 집중시키는 것은 자아의 해제와 동일한 것이다. 외적 현실을 통제하는 것이 주된 임무인 자아로서는 일정한 정도를 넘어서는 내적 현실로는 결코 진입할 수 없기 때문이다.

또 그들은 최면 암시를 다음과 같이 규정한다. "자아의 통제영역을 벗어나는 방식으로 환자의 고유한 정신적 과정을 활용하는 것"(I-561). 즉 자아를 따돌리고 환자의 내밀한 무의식적 자원을 동원한다는 것이다. 이때 활용되는 정신적 과정이 환자에게 '고유한' 것이어야 하는 것은 환자에게 익숙한 것을 활용함으로써 새로운 것에 대한 자아의 예민한 반응을 피해가기 위함이다.

같은 맥락에서, 에릭슨이 1977년의 「치료에서 최면적 접근들」에서 "환자만이 유일하게 중요하다"고 하고, "환자가 상황을 완전히 지배하게 해야 한다"고 한 것(IV-110)은 한편으로 에릭슨의 삶의 태도 자체를 반영한 것이기도 하지만, 다른 한편으로는 환자의 자아를 불필요하게 일깨우는 모든 계기를 제거하려는 것이기도 하다. 환자의 자연스런 상태를 깨트리는 개입으로 인해 자아를 일깨워서는 안 된다는 것이다. 에릭슨은 1959년 발표한 「최면 유도의 한 사례의 기록과 주해」에서 "최면사의 목소리에서 긴장이 느껴지면 안 된다"고 강조하는데(I-285), 이것도 또한 자아의 방어를 피해나가기 위한 것이다.

다시 에릭슨과 로시는 「두 수준의 커뮤니케이션과 트랜스와 암시의 미세역학」에서 최면의 과정을 다음과 같이 다섯 단계로 나눈다. 1) 주의 집중, 2) 의식적 태도의 탈활성화, 3) 무의식의 촉발, 4) 무의식적 과정, 5) 최면응답(I-560). 이 가운데 2)는 자아를 해제하기 위한 것이고, 3)과 4)는 비자아적 주체를 호출하려는 것이다.

자아의 해제를 목표로 하는 2)의 단계에서 활용되는 기법들은 기본적으로 두 형태로 분류될 수 있다. 첫째는 '기분전환(distraction)'의 방법이나 '아무것도 하지 않기와 아무것도 알지 않기' 의 방법처럼 자아를 편안한 상태에서 잠시 휴식시키고 비자아적 주체를 등장시키는 것이다. 둘째 형태는 혼란 기법, 충격, 놀라게 하기, 이중구속처럼 자아를 직접 공격해서 무력화하는 것이다.

혼란 기법은 모순적 요구들이나 말놀이 등을 통해 혼란을 일으킨 뒤 급작스럽게 암시를 해서, 암시를 수용할 수밖에 없도록 하는 것이다. 그 과정을 순서대로 표시하면 다음과 같다. 1) 서로 모순되는 일련의 암시들을 연속적으로 제시하기, 또는 여러 형태의 말장난이나 농담을 행하기 → 2) 인지(認知)적 과부하(過負荷)로 인한 혼란 → 3) 논리적으로 적절한 반응을 하는 것이 불가능 → 4) 그러나 어떻게 해서든지 반응을 해야 할 필요 → 5) 바로 그 시점에서의 암시 → 6) 불가피한 수용(I-202, I-365). 이때 인지적 과부하로 인한 혼란의 상태는 최면사의 공격으로 인해 자아가 일시적으로 해제된 상태이다. 그리고 바로 그 순간에 무의식적 반응을 끌어내기 위한 암시를 행한다는 것이다.

충격 기법은 전혀 예상치 못한 과격한 요구를 함으로써 자아의 습관적인 연상도식을 깨트리는 것이다. 그래서 혼란 기법에서처럼 그 상태에서 암시가 행해진다. 하지만 자아의 습관적 연상도식을 깨트리는 것은 문제의 정확한 인식을 가로막는 자아의 욕망을 깨트리는 것이어서, 그 자체만으로도 효과를 갖는다. 즉 자아의 연상도식이 깨어지는 순간 새로운 출구가 자연스럽게 열린다는 것이다(IV-564, 581~582).

놀라게 하기는 기본적으로 충격 기법과 동일한 것이고, 피최면자로 하여금 놀라움 속에서 상황에 대한 통제를 포기하게 하는 것이다. 상황 통제를 포기한다는 것은 자아가 외적 현실과의 관계를 상실한다는 것이다. 이때 피최면자는 앞으로 도래할 쾌적함 또는 새로운 놀라움을 기대하면서, "무의식적 창조성의 자연적 도식을 이용하게" 된다(실제, 208쪽).

이중구속은 치료를 위해 어떤 선택을 할 수밖에 없는 상황에서 어떤 것을 택하든지 최면에 유도되거나 또는 적어도 최면사에게 복종할 수밖에 없는 선택지들을 제시하는 것이다. 예컨대 "지금 트랜스로 들어갈래요, 아니면 좀 더 나중에 들어갈래요?"와 같은 선택지가 바로 그것이다(I-530). 또는 밤마다 이불에 오줌을 싸는 소년에게 "다음주 수요일에 오줌을 안 쌀 거야, 아니면 목요일에 오줌을 안 쌀 거야?"라고 묻는 것이 그것이다(IV-297).

그리하여 그레고리 베이트슨(Gregory Bateson)은 에릭슨의 이중구속을 "복종하지 않으면서 복종하는 것"이라고 한다(서한집, 59쪽). 즉 선택의 외양을 부여하면서 복종하도록 한다는 것이다. 이런 이중구속은 자아의 논리를 이용해서 자아를 무력화시키는 것이기도 하다. '예스-세트'도 바로 그러한 성격을 갖는 것이다. 계속 자명한 질문을 해서 연이어 긍정을 하게 한 다음에, 최면을 유도하는 질문에 대해서도 긍정으로 대답하도록 하는 것이 그것이다.

「두 수준의 커뮤니케이션과 트랜스와 암시의 미세역학」의 마지막 쪽(I-563)에는 앞에 제시된 최면 과정의 다섯 단계에 상응하는 기법들 또는 상태들이 도표로 제시되어 있다.[18] 이 도표는 아마도 어니스트 로시가 작성하고 에릭슨의 허락을 받은 것인 듯하다. 에릭슨 자신은 기법들의 그러한 분류에 그다지 중요성을 부여하지 않았기 때문이다.[19]

---

18. 이 도표는 『최면의 실제』 312쪽에도 제시되어 있는데, 내용이 약간 차이가 난다. 예컨대 전집의 도표에서는 이중구속이 셋째 단계의 기법으로 제시되어 있는 반면, 『최면의 실제』에서는 둘째 단계의 기법으로 제시되어 있다.

19. 에릭슨의 최면 기법들에 대한 이해를 위해서는 설기문의 『에릭슨최면과 심리치료』(학지사, 2009)와 이윤주 · 양정국의 『은유와 최면』(학지사, 2008)을 참조할 수 있다. 이 두 권

사실상 에릭슨이 그때그때의 상황에 따라 사용한 여러 기법들을 분류해서 정형화(定形化) 또는 실체화하는 것은 심각한 오해들을 초래할 수 있다. 중요한 것은 그러한 기법들 밑에 깔려 있는 에릭슨의 경험과 자세이기 때문이다. 에릭슨은 자신의 치료경험들로부터 성립한 확고한 태도를 지니고 있고, 그의 여러 기법들은 이러한 태도가 구체적 상황들과 맞부딪혀 파생된 것일 뿐이다. 따라서 에릭슨의 기법들을 고정된 방법들인 것처럼 분류하는 것은, 상황에 따른 파생물들을 중시해서 원천을 망각하는 효과를 가질 수 있다는 것이다.

에릭슨의 4남4녀 중 둘째 아들인 앨런 에릭슨은 다음과 같이 말한다. "아버지의 설득양식에 대한 몇몇 전문가들은 그들이 무엇을 말하는지 모르면서 말을 한다. 아버지에 대해서 씌어진 것들의 대부분은 아버지가 실제로 행한 것을 담고 있지 않다."[20] 앨런 에릭슨이 말하려는 것은, 무리하게 분류된 에릭슨의 여러 외적 기법들에 초점을 맞추는 사람들은 에릭슨의 치료방식의 핵심을 놓치고 있다는 것이다.

이런 생각은 에릭슨의 다른 가족과 여러 제자들이 공유하는 것이기도 하다. 에릭슨의 둘째 딸인 베티 앨리스 에릭슨은 다음과 같이 말한다. "내 생각에 모든 것은 훨씬 단순했다. 아버지는 단지 인간적 결합과 진정한 사랑의 순간을 제공했을 뿐이다"(박사, 45쪽).

또 릭 랜디스(Rick Landis)는 다음과 같이 말한다. "에릭슨의 기법들은 연마했지만 그의 가슴은 결여한 임상의들은 에릭슨과 비교해볼 때 형편없는 실패들을 했다. 물론 기법들도 중요하다. 하지만 마술은 그의 가슴이었다. 에릭슨은 치료(thérapie)를 행하지 않았다. 그 자신이 치료였다. 그는 그 자신의 존재로써 사람들로 하여금 스스로를

의 책은 정신의학에서의 최면치료나 그 인간학적 함의보다는 최면 상담에 초점이 맞추어져 있다.

20. Allan Erickson, "Autres souvenirs"(「다른 기억들」), *Le Dr Milton H. Erickson*, Satas, 2008, 119쪽. 앞으로 이 책으로부터의 인용은 본문 내에 '박사'라고 표기하고 쪽수를 적는다.

치유(guérison)하고 내적으로 성장하게 했다"(박사, 324쪽).

최면치료의 관계를 다음과 같이 도해해보자.

치료자 ——— 환자 ——— 환자의 자기치유 능력

최면치료의 두 축은 치료자와 환자이다. 치료자와 환자의 관계는 단순한 물리적 관계가 아니다. 즉 환자는 단순한 물리적 존재로서 치료자 앞에 현존하고 있는 것이 아니다. 최면치료자가 만약 진정한 의미의 치유자라면, 그는 환자의 내면을 들여다보고 그의 영혼에게 말을 걸 줄 알아야 한다.

베티 앨리스 에릭슨은 환자에 대한 에릭슨의 청취의 특별함에 대해 말한다. 즉 "그의 청취는 참으로 심층적"이었고(박사, 26쪽), "특별하게 생생한 주의력과 사랑을 갖춘 지지의 태도"로 환자에게 귀 기울였다는 것이다(박사, 27쪽). 또 앨런 에릭슨은 에릭슨의 치료에서는 "무언가 매혹적이고 본질적인 것이 비언어적 수준에서 행해진다"고 한다(박사, 119쪽).

칼 해머슐랙(Carl Hammerschlag)은 에릭슨이 단순히 좋은 의사를 넘어서 치유자(guérisseur)였다고 하면서, "환자와 인격적 결합의 관계를 맺고, 영혼의 수준에서 환자를 건드렸다"고 한다(박사, 269쪽). 또 스티븐 랭크턴(Stephen Lankton)은 에릭슨의 능력이 "거의 영매적"이었다고 한다(박사, 293쪽). 즉 환자와 심층적인 내적 교류를 할 수 있었다는 것이다. 미셸 리터맨(Michèle Ritterman)은 이를 좀 더 '유물론적' 관점에서 본다. 즉 에릭슨이 "다른 사람의 생리학과 커뮤니케이션할 수 있었다"는 것이다(박사, 317쪽). 스티븐 길리건(Stephen Gilligan)은 에릭슨이 환자들과 '변연계 공명'[21]을 실천할 수 있었다고 하며(박사, 332쪽), 에릭슨과 행한 자신의 최면 경험에 대해 다음과 같이 말한다. "에릭슨은 의식의 내적 공간 속으로 들어와 나의 주위를 원을 그리고 돌면서 춤췄다"(박사, 334쪽).

에릭슨은 환자 앞에서 자신을 완전히 열고 환자를 받아들인다. 그래서 그는 환자의 내면으로 들어가고, 그 속에서 환자의 자기치유 능력들을 읽어낸다. 또는 자신을 완전히 받아들이는 에릭슨에 대해 환자는 자신의 자기치유 능력을 드러낸다(박사, 314쪽). 즉 에릭슨적 '치유'의 핵심은 환자의 내면을 읽고, 환자가 자신의 내면으로부터 자기치유 능력을 발휘하도록 돕는 것이다. 그의 여러 기법들은 이러한 치유과정에서 파생되어 나온 도구적인 것들일 뿐이다. 핵심은 환자의 내면으로 들어가 내면을 움직이는 것이다.

그렇다면 에릭슨에 의해 구현된 최면치료는 환자의 영혼이 자신의 자아를 치유하는 것일 수 있다. 한마디로 영혼이 자아를 치유하는 것.

이제 자아란 어떤 것인지 질문해보도록 하자. 에릭슨이 생산한 최면 현상들이 이 질문에 대해 새롭게 답할 수 있는 많은 자료들을 우리에게 제공해주었으므로 말이다. 이제 이 질문에 답할 시점이다.

자아에 대한 최면과학적 인식[22]

프로이트는 1923년의 「자아와 '그것'(이드)」에서 자아(Ich)의 개념

---

21. 두뇌의 변연계로부터 비롯되는, 상대의 내적 상태에 공명(共鳴)하는 능력으로, 토머스 루이스, 패리 애미니, 리처드 래넌이 『사랑을 위한 과학』(사이언스북스, 2001), 92쪽에서 발전시킨 개념.

22. 최면과학의 토대를 이루는 것은 1) 무의식의 새로운 인식에 따른 최면유도 기법의 발전과 2) 엄밀한 통제 하에서의 최면치료의 실천이다. 하지만 최면과학을 하나의 '과학'으로 성립시키는 것은 3) 최면현상들을 실재의 새로운 지표로 삼아서 인간 내면을 탐구하는

을 다음과 같은 식으로 제시한다.

1) 외적 현실을 대변하는 심리적 층위이다.[23] 이는 자아가 외적 현실과의 관계 속에서 개인의 자기보존을 실현해야 하기 때문이다.

2) 외적 현실과의 관계 하에서 심리적 과정을 조절한다. 특히 외적 현실과 초자아와 '그것'(이드) 사이에서 균형을 잡는다.[24]

3) 행위의 주체이다. 자아는 말을 모는 마부와도 같은데, 자기보다 힘이 더 센 말(즉 '그것'＝이드)을 제어해야 한다.[25] 자아는 또한 입헌 군주와도 같아서 그의 재가가 없이는 어떤 법도 시행될 수 없지만, 의회(초자아와 '그것')의 제안에 거부권을 행사하기에 앞서 많은 저울질을 한다.[26]

4) 삶의 경험들을 자기화한다.[27]

즉 프로이트적 자아는 외적 현실에 대한 의식의 주체이자 외적 현실과 관계하는 행위의 주체이고, 따라서 심리적 층위들 중에서 가장 전면(前面)에 나서는 것이다. 또한 프로이트적 자아는 외적 현실과의 관계 하에서 내적 현실을 의식하고 조절한다. 결국 프로이트에게서 자아란 자기를 보존하기 위해 외적 현실에 맞서서 내적 현실을 경영하는 주체적 존재인 것이다.

이론적 노동이다. 그러한 이론적 노동에 따라 최면과학이 심리공학(工學)이 아닌 심리과학, 즉 내면의 과학으로 성립한다.

23. S. Freud, "Le moi et le ça," *Essais de psychanalyse*, petite biliotheque Payot, 1990, 249쪽. 한글판으로는, 프로이트 「자아와 이드」, 『쾌락원칙을 넘어서』, 열린책들, 1997(큰 판형), 126쪽.

24. 같은 글, 불어판 271쪽. 한글판 153쪽.

25. 같은 글, 불어판 237쪽. 한글판 112쪽.

26. 같은 글, 불어판 271쪽. 한글판 152쪽.

27. 같은 글, 불어판 271쪽. 한글판 152쪽.

융은 프로이트적 자아(Ich) 개념을 그대로 물려받는다. 하지만 융은 의식이 자아에 상관적임을 보다 명확히 강조한다. 이미 제2장에서 한 차례 인용했듯이, 융은 다음과 같이 말한다. "심리는 자아와 관계를 맺는 때부터 의식이라 불려진다. 이 관계가 없을 때는 사실은 무의식이 된다."[28] 따라서 의식이란 곧 자아가 '의식'하는 것이다. 그러므로 자아가 없다면 의식도 없다. 의식의 주체가 없으면 의식의 대상도 없기 때문이다. 즉 자아는 의식의 주체이다.

마찬가지로 제2장에서 보았듯 융은 의식의 내용이 '문턱값'을 갖는다고 한다. 이 말은, 자아의 관심이 향해지는 대상은 일정한 에너지를 부여받아 의식이 되고, 그렇지 않은 대상들은 '문턱값' 밑으로 내려가 무의식이 된다는 것이다. 즉 융이 '문턱값'이란 용어를 통해 드러내는 것은 의식이 자아에 상관적이라는 사실이다.

라깡에게선 자아(moi)가 나르시스적 주체에 의해 경영되는 대상적 존재이다. 라깡에게서 자아는 항상 '이상적 자아'인데, 자기가 자신에 대해서 갖는 일종의 허구적(=이상적) 이미지에 불과한 것이기 때문이다. 라깡은 자아의 대상적 측면만을 강조함으로써, 자아의 주체적 측면을 완전히 놓친다. 이는 독일어의 '이히(Ich)'와는 달리, 불어의 '무아(moi)'가 '즈(je)'에 상응하는 대상적 성격을 갖기 때문이기도 할 것이다.

에릭슨의 자아(ego) 개념은 프로이트–융의 자아(Ich) 개념의 연장선상에 있다. 이는 에릭슨의 자아 개념이 프로이트–융의 자아 개념과 거의 동일한 이론적 위치를 차지한다는 것을 뜻한다. 하지만 에릭슨이 생산한 최면 현상들을 성찰할 때, 우리는 자아의 무척 놀라운 속성들과 새롭게 마주치게 된다. 그리하여 우리는 전혀 새로운 내포

---

28. C. G. Jung, "L'esprit et la vie"(「정신과 삶」), 370쪽.

(內包)를 가진 자아의 개념에 가닿을 수 있게 된다.

이미 보았듯 최면유도의 과정은 자아의 해제 과정이다. 이것이 핵심이다. 최면에서 자아의 해제는 여러 가지 부수적 현상들을 동반한다. 그 부수적 현상들은 일반적으로 자아의 해제에 상관적이다. 따라서 우리는 자아의 해제에 상관적인 최면현상들을 통해, 그동안 충분히 천착되지 않았던 자아의 속성들 속으로 파고들 수 있다. 그러한 최면현상들을 원인으로서의 자아의 해제와 연결시킴으로써 말이다.

우리는 자아의 해제에 직접적으로 상관적인 최면 현상들을 다음과 같이 정리해볼 수 있다.

1) 외적 현실에 대한 지각의 상실
   ― 시각의 제한 또는 상실
   ― 청각의 제한 또는 상실
   ― 공간으로부터의 이탈
2) 육체적 감각의 상실
   ― 팔 떠오르기
   ― 몸의 굳어짐(강직증)
   ― 무통각과 마취
   ― 육체로부터의 이탈
3) 시간에 대한 지각의 상실
   ― 시간의 늘어남
   ― 시간으로부터의 이탈
4) 트랜스 경험의 망각

이 가운데 4) 망각을 제외한 1), 2), 3)은 모두 지각(perception)의 상실과 관련된 것이다. 이 사실은 자아의 의식이 한편에서는 기본적으로 지각의 성격을 갖는 데서 비롯된다. 훗설에 따를 때 의식은 지향적(指向的) 성격을 갖는다. 즉 다른 무엇을 향해진 것이 의식이라는 것이다. 이처럼 지향적인 의식은 모두 지각이다.

또 프로이트는 의식의 찰나적인 성격을 강조한다. 항구적 성격의 무의식과는 달리, 의식은 의식행위가 벌어지는 바로 그 순간에만 존재한다는 것이다. 의식의 찰나적 성격은 한편으로는 상념의 스쳐지나가는 성격과도 연관된다. 하지만 다른 한편으로는 내가 '의식' 하고 있는 '그 무엇' 과 연관되는 한에서, 기본적으로 '그 무엇' 에 대한 지각의 성격을 갖는다.

이처럼 훗설-프로이트적 의미의 의식은 기본적으로 지각과 동일한 것이다. 물론 내적인 반성을 거쳐서 얻어진 일종의 '명증한' 의식은 지각에 비해 훨씬 더 매개된 성격을 갖는다. 하지만 그러한 '명증한' 의식은 일상의 보다 직접적인 의식과는 차이나는 오히려 예외적인 것이다. 이는 그러한 '명증한' 의식이 우리에게 곧바로 피로를 가져온다는 사실에 의해 입증된다. 게다가 지각은 결코 직접적인 것이 아니다. 우리가 앞으로 살펴볼 것이듯이, 순수 중립적인 지각이란 없다. 모든 지각은 자아의 각인을 받기 때문이다.[29]

육체적 감각의 상실도 기본적으로 지각의 상실로서의 성격을 갖는다. 육체적 감각은 우리 내부에서 생겨나는 것 같지만, 의식에 대해

---

29. *A Course in Miracles* (『기적수업』)(combined volume, Foundation for Inner Peace, 2007)의 "Workbook for Students"(「학생들을 위한 실습서」), 456쪽(레슨 312)에서는 "지각은 판단을 뒤따른다. 이미 판단을 했기 때문에, 우리는 보려고 했던 것을 볼 뿐이다" 라고 한다. 이 말은 우리가 길에서 전혀 모르는 사람들을 '지각' 할 때 그 사람들에 대해 이미 판단을 내리고 있다는 사실에 의해 실증된다. 1976년에 초판이 나온 *A Course in Miracles*는 미국 콜롬비아 의대 심리학 교수인 헬렌 슈크만(Helen Schucman)이 내면의 목소리를 받아 적었다고 하는 책이다. 따라서 헬렌 슈크만을 저자로 내세우기가 다소 불편하다. 저자의 불분명함에도 불구하고, 이 책의 심리 분석은 대단히 정밀하다. 나는 정치·경제 현상들을 심리적 원천으로부터 설명하는 『정치심리학의 기초 개념』이란 책을 준비 중이었는데, 이 책을 읽고서 단호하게 포기했다. 이 책으로 충분하다고 생각했기 때문이다.

서는 외부의 것이다. 최면현상을 통해 드러나듯이, 의식은 심지어 육체를 완전히 이탈할 수도 있다. 의식은 육체 속에서 존재하는 것이 아니고, 그리하여 육체에 대해 지각행위를 행한다. 다시 말해, 자아의 의식은 육체적 현실을 자신의 바깥에 있는 외적 현실로 지각한다.

우리는 이미 앞에서 트랜스 경험에 대한 망각이 기억의 주체로서의 자아의 해제에 따른 것임을 살펴보았다. 기억은 지나간 일을 안에서부터 '떠올린다'는 점에서 지각과는 다르다. 하지만 자아에 의한 기억은 융이 말한 바와 같은 '문턱값'을 갖는 것으로 하의식에 의한 기억과 일정하게 차이가 난다.

우리는 앞에서 1) 트랜스 상태에서 트랜스 상태로의 기억의 연속성과 2) 각성 상태에서 각성 상태로의 기억의 연속성에 대해 언급했었다. 이 두 가지 가운데 1)은 영속적으로 지속되는 것이다. 반면 2)는 그렇지 않다.

물론 우리는 중학교 때 배웠던 영어 단어를 아직도 기억한다. 하지만 3일 전에 점심으로 무엇을 먹었는지를 기억하는 것은 쉬운 일이 아니다. 이는 자아가 더 이상 관심을 갖지 않는 것들은 문턱값을 상실해서 망각되기 때문이다. 하지만 이처럼 망각된 것은, 앞으로 살펴볼 것이듯이, 우리의 내적 현실 속에 영원히 머물러서 하의식의 대상이 될 수 있다. 에릭슨은 "의식은 잊어버린다"고 말한다(I-575). 즉 문턱값 이하로 내려가는 것을 망각하는 것은 자아의 속성이라는 것이다. 반면, 무의식은 잊지 않는다.

문제는 트랜스 경험의 망각이 3일 전에 먹었던 점심에 대한 망각과는 달리, 방금 전에 일어난 대단히 중요한 일에 대한 망각이라는 것이다. 이러한 망각이 가능한 것은 트랜스 경험이 자아의 의식이 부재하는 층위에서 벌어졌기 때문이다. 즉 의식적 기억의 주체인 자아는 자신이 존재하지 않는 무의식적 장소에서 벌어진 일을 기억하지 못한다는 것이다.

젊은 시절의 에릭슨에게 실험최면의 대상이 되었던 O양은 각성 상태와 트랜스 상태를 부단히 왕복한다. 그리하여 새로운 트랜스 상태에서는 전번의 트랜스들을 기억하지만, 다시 각성 상태에 진입하면 트랜스의 경험들을 또다시 깡그리 잊어버린다(I-32). 아래의 도식에서처럼 말이다.

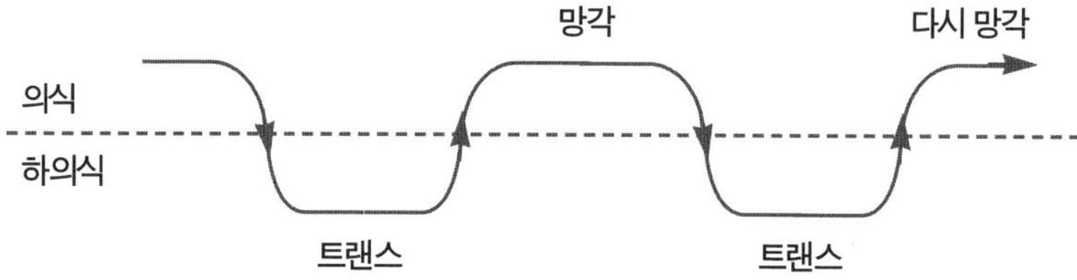

결국 자아는 '의식적 기억의 주체'이고, 비자아적 주체는 '하의식적 기억의 주체'다. 의식적 기억의 주체인 자아는 자신이 관장하는 의식이 부재하는 곳에서는 아무것도 기억하지 못하는데, 이것은 트랜스 상태에서 자아가 해제된다는 증거다.

의식적 기억이 지각과 구분된다면, 우리는 최면현상과 관련해서 자아를 1) 의식적 기억의 주체이자 2) 지각의 주체로 간주할 수 있다. 의식적 기억의 주체로서의 자아에 대해선 이미 앞에서 살펴보았으므로, 이제 자아가 지각을 어떻게 조직하는지 알아보자.

일반적으로 피최면자는 최면사를 제외한 외적 현실을 지각하지 못한다. 에릭슨은 1934년의 「최면에 대한 짧은 개관」에서 다음과 같이 말한다. "피최면자가 최면 상태에 빠져들면 그의 의식의 장은 축소되고, 최면사가 제시한 것을 제외하곤 외적 자극은 모두 의미를 잃는다. 결국 피최면자는 최면사를 제외한 외적 세계와의 접촉을 상실한다"(III-10). 또 그는 1944년의 「의학에서의 최면」에서 다음과 같이 말한다. "피최면자는 오직 최면사에게만 반응한다. 피최면자는 최면사로부터 명시적 지시를 받지 않는 한에서는, 듣지도 못하고 보지도 못하며 지각하지도 못하고 그 누구에게도 반응하지 못한다"(IV-35). 하지만 앞에서 이미 보았듯 최면이 깊이 진행되면 최면사마저도 피최면자의 환각 속에 통합될 수 있다.

최면 상태에서 외적 현실에 대한 지각의 상실 가운데 가장 먼저 부각되는 것은 시야의 제한 그리고 더 나아가 시각적 지각의 상실이다.

에릭슨은 동료 의사들이 청중으로 참석한 가운데 행하는 실험최면을 많이 한다. 그러한 실험에서 피최면자들의 시각 제한을 확인하기 위해 "무엇이 보입니까?"라고 물으면, 대답은 보통 "당신의 손이 보입니다"이다. "내 손 뒤엔 무엇이 보입니까?"라고 물으면, 대답은 보통 "당신의 반지의 한 부분이 손 뒤로 보이는군요"이다.[30] 다시 "더 뒤엔 무엇이 보입니까?"라고 물으면, 대답은 "아무것도 안 보입니다"이다(I-39~40).

에릭슨이 피최면자들로 하여금 그들이 위치해 있는 연단(演壇)을 보도록 암시한 뒤,[31] 연단 너머를 보게 하면 대답은 "아무것도 보이지 않습니다"이다. 그러므로 연단 너머에 있는 청중은 당연히 보이지 않는다(I-41).

실험최면의 한 대상자인 루시(Lucy)는 최면 상태로 진입하면서 다음과 같이 말한다. "아직 모든 청중들이 보입니다. 그러나 벽들은 사라졌고 모든 것이 더욱 고요해집니다. 청중들이 점점 작아집니다. 어떻게 이런 일이 일어나는지는 모르겠지만, 매우 천천히 모든 것이

---

30. 즉 손가락 뒤쪽으로 휘어진 반지의 부분만이 보인다는 것이다. 이러한 대답들은 피최면자의 시야가 최면사의 손 주변을 넘어서지 못한다는 것을 말해준다.
31. 에릭슨이 명시하고 있진 않지만, 이때 에릭슨의 암시에 따라 피최면자들이 보는 연단은 실재하는 연단이 아니라 환각일 가능성이 많다. 즉 최면에 들기 전에 보았던 연단을 머릿속에서 다시 떠올리는 것일 뿐이라는 것이다.

증발합니다. 당신과 나를 빼놓고 말입니다. 당신의 목소리와 내 목소리를 빼놓고는 말입니다"(I-46).

하지만 시야의 이러한 제한은 루시에게 아무 불편도 주지 않는다. 루시는 다음과 같은 식으로 말한다. "나는 좋아요. 아무런 걱정도 되지 않아요," "아주 쾌적한 느낌이에요. 그렇지만 야릇한 느낌이기도 해요"(I-43). '쾌적한' 것은 자아가 해제되어서일까? 그렇다면, '야릇한' 것은 아직 자아의 의식이 잔존하기 때문일 것이다.

이러한 것이 시야의 제한이다. 즉 시야의 한계를 넘어선 것에 대해서는 시각적 지각을 상실하는 것이 시야의 제한이다. 시야의 제한 그리고 제한된 시야 바깥의 것에 대한 시각적 지각의 상실은 피최면자가 1) 외적 현실에 대한 관심을 거의 완전히 철회하고, 2) 내적 현실로 깊이 진입했음을 뜻한다.

피최면자는 최면 상태에서 눈을 뜬 채로 외부의 아무것도 보지 못한다. 이는 피최면자가 외적 현실에 대한 관심을 거의 완전히 철회했고, 그리하여 시각적 지각을 상실했음을 뜻한다. 하지만 피최면자는 최면 상태에서 눈을 뜬 채로 환각을 본다(예컨대 I-428 이하를 참조할 것). 이는 피최면자가 내적 현실로 깊이 진입해서 관념을 생생한 현실로 착각한다는 것이다. 환각이 관념을 생생한 현실로 보는 것이라면 말이다.

이 두 가지 사실은 우리로 하여금 육체적 눈에 대해 의심을 갖게 한다. 그 의심의 내용은 다음 두 가지이다. 1) 육체적 눈이 보지 못할 수 있다는 것. 2) 육체적 눈을 통하지 않고서도 볼 수 있다는 것.

그리하여 우리는 다음과 같이 생각할 수 있다. 1) 외적 현실에 대한 관심이 완전히 철회되면, 육체적 눈이 보지 못할 수 있다. 2) 내적 현실 속으로 깊이 진입하면, 육체적 눈을 통하지 않고서도 볼 수 있다. 1)의 경우가 자아의 해제와 직접적으로 관계됨은 물론이다.

에릭슨은 환각을 긍정적 환각과 부정적 환각으로 나눈다. 긍정적 환각은 없는 것을 보는 것이고, 부정적 환각은 있는 것을 보지 못하는 것이다.

에릭슨은 실험최면에서 피최면자가 청중들을 보지 못하는 것을 부정적인 시각적 환상으로 간주한다(I-39). 하지만 내 생각에 그것은 '환각'이라기보다는, 단지 최면에 따른 시각적 지각의 상실일 뿐이다. 시각적 지각의 상실과 환각은 당연히 같은 것일 수 없다.

하지만 부정적 환각이라고 할 수 있는 것이 존재한다. 시각적 지각의 자연스런 상실이 아니라, 암시에 따른 시각적 지각의 상실이 그것이다. 즉 최면사가 눈앞에 실제로 존재하고 있는 x가 존재하지 않는다고 암시하면, 피최면자가 x를 보지 못하는 것이 그것이다. 바로 이것이 부정적 환각이다. 있는 것을 보지 못하는!

에릭슨은 1944년에 발표한 「자극을 무시할 수 있는 피최면자의 능력에 대한 실험적 연구」에서 그러한 부정적 환각의 두 사례를 제시한다. 이 두 사례는 모두 깊은 최면 상태에서 보통 때와 마찬가지로 자연스럽게 행동할 수 있는[32] '좁은 의미의 몽유병적 상태'의 피최면자들에 대한 것이다.

첫째 사례에서 에릭슨은 좁은 의미의 몽유병적 상태로 유도된 피최면자에게 방안에 있는 모든 사람들을 일일이 확인시킨다. 그 다음에 에릭슨은 A와 B가 방을 나갔다고 반복적으로 암시한다. 그 후 A와 B가 피최면자 앞에 나타나 그의 팔을 들어 올리고 악수를 한다. 하지만 피최면자는 두 사람과 악수를 했음에도 불구하고 A와 B를 전혀 인지하지 못한다. 최면유도 경험이 많았던 이 피최면자는 다만 악

---

32. 에릭슨은 이러한 상태도 또한 '몽유병적 상태'라고 지칭한다. 하지만 깊은 최면의 일반적 형태를 지칭하는 '몽유병적 최면 상태'와 이러한 상태를 구분해줄 필요가 있다. 따라서 여기서는 이러한 상태를 '좁은 의미의 몽유병적 상태'라고 지칭한다.

수하는 시늉을 하라는 후최면암시를 받은 것으로 생각했다고 한다
(Ⅱ-56~58).

둘째 사례에서 에릭슨은 좁은 의미의 몽유병적 상태로 유도된 또
다른 피최면자에게 방안의 사람들과 완전한 접촉을 유지하고 완전
히 깨어있는 것처럼 행동하라고 암시한다. 하지만 예정에 없이 E가
에릭슨을 방문한다. E가 피최면자의 팔을 들어 올리자 피최면자는
자신의 팔이 들어 올려지는 것을 인지한다. 하지만 E의 존재는 지각
하지 못한다(Ⅱ-62~69).

이 두 사례에서 피최면자들은 모두 자신의 팔이 들어 올려지는 것
을 보는데, 팔을 들어 올리는 사람은 보지 못한다. 이것은 모두 관념
의 힘으로 인한 것이다. 최면 상태에서 양파를 사과라고 암시하면,
사과처럼 생각하고 맛있게 먹는 것처럼 말이다. 암시받은 대로 A와
B 그리고 E가 부재한다고 생각했던 두 피최면자는 자신들의 관념대
로 현실을 본다. 즉 없다고 생각한 사람들은 보지 못하는 것이다. 이
것이 부정적 환각이다.

부정적 환각은 최면유도에 따른 시각적 지각의 자연스런 상실과는
다른 수준의 현상이다. 즉 부정적 환각은 관념에 따라 현실을 인식하
는 또 다른 수준의 최면현상이다. 그것은 외적 현실의 철회보다는 오
히려 내적 현실로의 진입에 따른 것이다. 관념을 통해 보는 것은 일
정 정도 이상의 내적 현실로의 진입에 의해서만 가능한 것이기 때문
이다.

부정적 환각은, 그것이 비록 '부정적'일지라도, '관념을 통해 보
는 것 = 육체적 눈을 통하지 않고서도 보는 것'에 속한다. 반면, 시각
적 지각의 상실은 '육체적 눈이 보지 못하는' 현상이다.[33]

33. 시각적 지각과 부정적 환각 사이의 이러한 구분은 에릭슨 자신의 구분이 아님을 다시
한 번 밝혀둔다. 상이한 원천을 갖고 그리하여 구조적 성격이 다른 두 현상을 동일한 명칭

그러므로 부정적 환각이 아닌, 시각적 지각의 상실만이 자아의 해제에 직접적으로 상관적이다. 자아가 해제됨에 따라 시각적 지각도 상실된다. 자아가 없으면, 육체적 눈이 온전히 기능하지 못하기 때문이다. 왜 그럴까? 그것은 놀랍게도 자아가 시각적 지각을 지배하기 때문이다. 자아가 보려고 하는 것을 육체적 눈이 본다는 것, 자아가 보려고 하지 않으면 육체적 눈은 볼 수 없다는 것이다. 물론 이것은 자아가 각인하는 한계까지이겠지만 말이다. 어찌됐건, 자아는 시각적 지각의 주체라는 것이다.

정리를 해보자. 최면 상태에서 피최면자는 최면사를 제외한 다른 사람들이나 주변 환경을 지각하지 못한다. 그것들을 지각하라는 특별한 암시를 받지 않는 한에서 말이다. 이러한 지각 부재(不在) 현상은 지각 주체의 부재에 따른 결과이다. 지각의 주체는 지각기관의 활동을 지배한다. 자아의 해제에 따라 지각 부재의 현상이 벌어진다는 것은, 자아가 지각기관의 활동을 지배한다는 것, 즉 자아가 지각의 주체임을 말해준다.

최면유도에 따라 외적 현실에 대한 지각이 상실된다는 것은, 시각적 지각과 더불어 청각적 지각도 상실된다는 것이다. 피최면자는 일반적으로 최면사를 제외한 다른 사람들이 말하는 것을 듣지 못한다(예컨대 서한집, 286쪽을 참조할 것). 올더스 헉슬리는 깊은 최면에 유도된 뒤, 에릭슨의 목소리뿐만 아니라 자기 자신의 목소리도 듣지 못한다.[34] 에릭슨이 두꺼운 책을 책상 위에 큰 소리가 나게 떨어트렸는데, 헉슬리는 전혀 놀라지 않고 다만 다리만 긁을 뿐이었다(I-119).

으로 불러주면 안 된다는 것은 개념적 노동의 가장 기초적이면서도 매우 중요한 전제이다.

34. 이것은 일반적인 경우가 아니라 예외적인 경우가 아닐까? 나 자신이 최면치료의 전문가가 아니므로 정확하게 알 수가 없다.

에릭슨은 최면유도에 따른 청각적 지각의 자생적 상실에 대해서는 별도의 조사연구를 하지 않는다. 청각적 지각의 자생적 상실은 최면 유도에 따른 매우 자연스런, 그리하여 당연한 것이기 때문이다.

그는 오히려 암시를 통해 완전한 난청 상태를 유도하는 실험들을 행하고, 1938년에 두 편의 논문을 발표한다. 이 실험들에서 그는 30 명의 피실험자들을 우선 혼수상태적 최면에 유도하고, 그 다음에 다시 좁은 의미의 몽유병적 상태로 유도한다(Ⅱ-115~119).[35] 즉 그는 매우 깊은 최면 상태의 피실험자들을 다시금 잘 들을 수 있는 상태로 되돌린 다음, 다시 암시를 통해 여러 형태의 난청 유도 실험을 하는 것이다. 따라서 그러한 실험들을 통해 얻어진 난청은 관념에 따른 현실 인식을 입증하는 것일 뿐, 자아의 해제에 직접적으로 상관적인 것은 아니다.

또 그는 1942년 발표한 「심신상관적 현상들에 대한 최면 연구: 실험최면을 통해 연구된 심신상관성」에서 암시에 따른 난청 유도가 또 다른 형태의 육체적 지각 상실을 가져온다는 사실을 제시한다. 즉 암시에 의해 유도된 난청 상태와 더불어 시각 장애, 색맹 현상, 강직증, 전신마취, 발성 장애 등이 동시에 나타난다는 것이다(Ⅱ-201~209).

이러한 상관적 변화들은 난청 현상을 앞서기도 하고 뒤따르기도 한다(Ⅱ-202). 난청 현상에 앞서는 변화들은 난청의 전제적 현상들이고, 난청 현상을 뒤따르는 변화들은 난청의 효과들이겠지만, 그러한 상관적 변화들은 규칙적이지 않고 개인마다 다르게 나타난다. 어쨌거나 이 연구 결과를 통해 우리는 육체적 지각들의 상호연관성을 확인할 수 있다.

---

35. 혼수상태적 최면을 유도하는 것은 매우 깊은 완전한 최면 상태를 유지하기 위한 것이고, 다시 좁은 의미의 몽유병적 최면 상태를 유도하는 것은 귀를 다시 잘 들을 수 있는 상태로 되돌려놓기 위해서이다.

자아가 지각의 주체라면, 자아는 눈과 귀를 비롯한 모든 지각기관의 활동을 지배할 것이다. 따라서 자아의 해제는 그러한 지각기관들의 활동의 일정한 중단을 동반한다. 만약 지각기관들이 부분적으로 활동을 계속한다면, 그러한 부분들은 1) 자아의 지배를 벗어나 있는 자율적 부분들[36]이거나, 아니면 2) 자아의 잔존을 반영하는 것들일 것이다.

최면유도에 따라 시각적 지각과 청각적 지각이 저절로 상실 또는 제한된다는 것은, 그 지각들이 자아의 지배를 받고 있음을 입증한다. 그 지각들은 일정하게 자아의 지휘에 종속된 것들, 즉 자아의 각인을 받은 것들이다. 자아가 보라고 하면 보고, 자아가 들으라고 하면 듣는다는 것이다. 따라서 자아의 해제는 그러한 지각 활동의 제한이나 상실로 드러난다.

자아의 해제에 따른 지각의 상실은 육체 바깥의 주위 환경에 대한 것으로만 국한되지 않는다. 자아의 해제는 육체 자체에 대한 지각마저도 상실시킨다. 때때로는 완전하게 말이다. 그 대표적 현상들이 강직증(몸의 굳어짐), 무통각, 마취이다.

강직증은 시각이나 청각의 제한 또는 상실처럼 최면유도에 따라 자생적으로 벌어지는 현상이다. 즉 별도의 암시를 행하지 않는데도, 최면유도에 따라 저절로 몸이 굳어진다는 것이다. 강직증은 어떠한 자세에서도 생겨날 수 있고, 피최면자는 몹시 불편한 자세에서 몸이 굳어져 똑같은 자세를 오랫동안 유지하는 데도 피곤을 전혀 느끼지 않는다(III-10).

예컨대 피최면자는 "팔을 들어 올린 상태에서 아무런 피로도 느끼

---

36. 나는 이러한 '자율적 부분들' 을 '추정' 할 뿐이지, 그 실재를 확인한 것은 결코 아니다. 그러한 부분들을 추정하는 것은 그래야지만 설명이 되는 현상들을 가끔씩 마주치기 때문이다. 하지만 과학의 역사에서 이러한 가설적 설명들은 거의 언제나 잘못으로 판명되어 왔으니, 그것들은 다만 인식의 공백을 잠정적으로 메우기 위한 상상적 설정일 뿐이다.

지 않고 그대로 있다"는 것이다(Ⅲ-18). 에릭슨은 강직증 현상을 드러내는 피최면자에 대해 "예외적으로 긴 시간 동안 어떤 피로의 감각적 반응도 보이지 않은 채로 같은 자세를 유지"한다고 한다(Ⅲ-25). 그는 또 한 시간 동안 똑같은 자세로 있었던 피최면자에 대해 언급하면서, 강직증은 "육체적 학습에 대한 우리의 이해의 경계선상에 위치한다"고 말한다(Ⅱ-419).

강직증이 뜻하는 것은 육체적 움직임 또는 육체적 운동능력의 상실이다. 이것은 물론 외적 현실의 철회와 내적 현실로의 진입에 따른 것이다. 내적 현실로 진입한 피최면자는 외적 현실을 지각하지 않고, 그래서 육체적 움직임도 멈춘다.

하지만 이 과정의 핵심적 계기는 외적 현실과 관계하는 피최면자의 자아의 해제이다. 즉 강직증은 근본적으로 자아의 해제를 뒤따르는 현상이다. 강조를 해두자. 단순히 외적 현실을 떠나거나 또 내적 현실에 몰두한다고 해서 우리의 온몸이 완전히 굳어져버리는 것은 결코 아니다. 강직증과 같은 몸의 완전한 굳어짐은 육체적 동작의 주체, 즉 육체적 운동능력의 주체의 증발에 따른 것이다. 그리고 육체적 운동능력의 주체는 다름 아닌 자아이다.

우리는 결국 강직증을 통해, 자아가 육체적 운동을 지휘함을 알 수 있다. 따라서 자아가 사라지면 육체적 운동도 사라진다.

하지만 강직증은 단순히 육체적 운동의 중단만을 뜻하는 것이 아니다. 굳어진 자세를 오랫동안 유지하면서 어떤 피로도 느끼지 않는다는 것은 육체적 감각의 상실을 전제하기 때문이다. 따라서 강직증에서의 육체적 운동의 중단은 육체적 감각의 상실에 따른 것일 수 있다.

무통각(analgésie)과 마취는 기본적으로 육체적 감각의 상실에 따른 것이다. 육체적 감각의 상실은, 육체적 운동능력의 상실과 마찬가지로, 단순한 외적 현실의 철회와 내적 현실에의 몰두로 얻어질 수 있는 것이 아니다. 즉 육체적 감각의 상실은 육체적 감각의 주체, 즉 자아의 해제에 따른 것일 수밖에 없다.

무통각은 최면상태에서 아무런 통증도 느끼지 못하거나 아니면 통증이 축소되는 것이다. 예컨대 최면상태에서 팔을 바늘로 찔러도 아무런 통증을 느끼지 못하는 것처럼 말이다. 에릭슨은 특히 말기 암 환자들의 통증을 비롯한 여러 형태의 통증들을 없애기 위해 최면을 많이 활용한다(IV-305~362). 마취는 무통각의 연장선상에 있는 것이다. 최면에 의한 마취는 특히 치과와 산부인과(IV-289~294)에서 많이 사용되지만, 외과 수술에서도 활용된다.

에릭슨에 따를 때, 통증의 제거나 마취를 직접적으로 암시하는 것은 그다지 유효하지 않다. 예컨대 통증 제거의 직접적 암시는 제한된 수의 환자에겐 "완전히 유효"하지만, "너무 자주 실패"하고 또 "지속기간도 짧다"는 것이다(IV-311). 에릭슨이 통증을 치료하기 위해 사용하는 간접적 방법들 가운데 대표적인 것들은 망각활용, 위치이동, 통증의 재해석, 퇴행, 해리, 시간수축 등이다.

망각활용은 환자의 주의를 다른 곳으로 돌려 통증을 망각하게 하는 것이다(IV-311~312). 에릭슨은 최면마취도 또한 기본적으로 망각의 원리에 따른 것으로 설명한다(II-416~417). 위치이동은 통증을 다른 곳에서 느끼게 하는 것이다. 예컨대 전립선암의 통증을 왼손으로 이동시키는 것이 그것이다(IV-313). 통증의 재해석은 통증을 다른 방식이나 다른 형태로 받아들이게 하는 것이다(II-417, IV-315). 퇴행은 통증이 작았던 병의 발생단계로 이동해서 그 단계의 통증만을 느끼게 하거나, 아니면 발병 이전의 상태로 이동해서 그 상태를 유지하도록 하는 것이다(IV-313-314).

해리는 환자의 의식 자체를 육체로부터 분리시켜 통증을 못 느끼게 하는 것이다. 예컨대 어떤 환자는 에릭슨에게 다음과 같이 말한다. "당신이 도착하기 전에 끔찍한 고통이 다시 시작됐어요. 그래서 나는 [자기최면을 통해] 트랜스 상태로 들어가서, 휠체어를 타고 휴게실로 가서 텔레비전 방송을 봤어요. 고통 받는 몸은 병실에 두고서 말이지요"(IV-314). 또 에릭슨은 통증이 심할 때 트랜스 상태로 들어가 "몸은 병실에 두고 머리와 다리만 일광욕실로 가서" 휴식을 취하는 사례를 소개한다(IV-314)

시간수축은 통증의 시간을 줄이는 것이다. 예컨대, 밤낮을 가리지 않고 20분 내지 30분 간격으로 5분 내지 10분간의 격렬한 고통을 받는 환자의 경우, 에릭슨은 우선 망각을 통해 앞으로 도래할 고통에 대한 걱정을 없앤 다음, 시간의 비틀림을 통해 통증의 시간을 5~10분에서 10~20초로 줄인다(IV-315).

이러한 방법들은 기본적으로 내적 집중이나 전환을 통해 육체적 감각을 제거하거나 축소하는 것이다. 하지만 중요한 것은 그것들이 트랜스 상태에서 암시를 통해 한 걸음 더 안쪽으로 들어가는 것이라는 점이다. 즉 단순한 내적 집중과는 다르다는 것, 다시 말해 자아의 해제가 전제된다는 것이다.

그 가운데 특히 해리는 육체 자체를 이탈하는 것이다. 과연 격심한 통증을 받는 가운데 단순히 정신력을 통한 내적 집중으로써 육체를 완전히 이탈할 수 있을까? 그렇지 않다. 중요한 것은 최면에 의한 매개이고, 최면에 의한 매개는 자아의 해제를 동반하는 것이다.

최면에서 (하)의식의 육체 이탈은 그다지 생소한 것이 아니다. 사실상 강직증조차도 단순히 육체적 감각이 사라지는 것이라기보다는, 의식의 육체 이탈로 설명될 수 있다. 팔을 든 상태에서 "예외적으로 긴 시간 동안" 아무 피로도 느끼지 않고 있을 수 있다는 것은 의식이 육체를 벗어나 있음을 뜻하는 것이다. 그렇다면 우리는 다음과 같은 정식을 제시할 수 있다.

육체적 지각의 주체인 자아의 해제 ──▶ 의식의 육체 이탈 ──▶ 육체적 감각의 소멸

자아의 의식이 육체를 지각함으로써 육체적 감각이 생겨난다면, 자아에게 육체적 감각은 내적인 것이라기보다는 오히려 외적인 것이다. 자아의 의식이 자신의 외적 현실로서의 육체 '에 대해' 지각행위를 함으로써 육체적 감각이 생겨나기 때문이다.

의식의 육체 이탈은 팔 떠오르기에서도 확인된다. 물론 최면유도 과정에서 활용되는 팔 떠오르기에서는 아직 자아의 의식이 현존한다. 하지만 깊은 트랜스 상태에서 떠오른 팔은 의식으로부터 완전히 이탈해 있는 것이다. 피최면자인 루시는 다음과 같이 말한다. "내 손이 공중에 있어요. 나는 그것이 내 손인 줄 알아요. 하지만 그 손을 그처럼 들고 있는 것은 내가 아니에요"(I-46).

상황은 다음과 같다. 나는 내 손을 바라보고 있다. 그 손은 육체적으로 나에게 속하는 나의 손이다. 하지만 나는 자아의 해제에 따라 육체적 지각을 상실했다. 나는 나의 육체를 빠져나와 있다. 그러한 내가 나의 손을 볼 때, 그 손은 더 이상 나의 것이 아니다. 즉 그처럼 들려져 있는 나의 손이 내 것이 아닌 것은, 지금의 내가 육체와 분리된 (하)의식의 '나'이기 때문이다. 그 손은 단지 팔을 든 채 굳어져 있는 육체에 속하는 것일 뿐이다.

또 다른 피최면자는 이를 보다 정확히 표현한다. 상황을 더 올바로 파악했기 때문이다. "그것은 내 오른손이 아니에요. 그건 무언가 이상한 거예요. 나로부터 분리된. 나와는 다른. 그건 심지어 나의 일부도 아니에요. 그건 그 자체로 완전한 어떤 거예요. 나는 그걸 전혀 통제할 수 없어요. 왜냐하면 그것이 나에게 달라붙어 있다는 느낌도 가질 수 없기 때문이에요"(I-94).

이 피최면자에게서 의식은 육체를 완전히 벗어나 있다. 육체는

(하)의식으로부터 버려져 바로 거기에 굳어져 있을 뿐이다. 육체는 그리하여 나 자신과는 상관없는 "그 자체로서 완전한 어떤 것"이다. 나는 의식이다. 나는 육체가 아니다. 하지만 오른손은 바로 그처럼 버려진 육체에 붙어있다. 따라서 내 오른손은 "나로부터 분리된," "나와는 다른" 것이고, 그리하여 심지어 "나의 일부도 아닌" 것이다.

최면과학의 관점에서 자아는 의식적 기억의 주체이자 운동의 주체이고 지각의 주체이다. 자아가 해제되면, 외적 현실에 대한 지각과 육체적 지각이 사라진다. 육체적 지각이 사라지면, (하)의식은 육체 바깥에 존재하게 된다.

외적 지각이 사라지면 공간에 대한 의식도 사라진다. 즉 자신이 어떤 공간에 있는지를 알 수 없게 된다는 것이다. 에릭슨이 피최면자인 루시에게 묻는다. "당신은 어디에 있나요?" 그녀가 답한다. "여기요." 에릭슨이 다시 묻는다. "여기가 어딘가요?" 그녀가 답한다. "당신 왼쪽에, 당신 앞에." 에릭슨이 또다시 묻고, 그녀는 "여기, 의자 위에"라고 한다. 에릭슨은 다시 묻는다. "의자는 어디에 있나요? 여기는 어딘가요?" 그녀가 다시 답한다. "음…… 나는 의자 위에 있고, 의자는 땅 위에 있어요." 에릭슨이 "땅은 어딘가요?"라고 다시 묻자 그녀는 "몰라요"라고 답한다(I-42). 바로 이런 식이다.

에릭슨의 딸은 최면 상태에서 방의 '저쪽'에 앉아 있는 환각에 빠진다. 그리하여 여기 '이곳'에 있는 그녀를 찔러도 전혀 느끼지 못한다(II-420). 어떤 피실험자는 자신이 세미나실에 있는 것이 아니라 에릭슨의 연구실에 있는 것으로 환각한다(III-243).

외적 지각이 사라지면 공간에 대한 지각도 더불어 사라진다는 것은 당연하다. 하지만 외적 지각이 사라지면 시간에 대한 지각도 마찬가지로 사라진다. 앞서 언급한 시간수축에 따른 통증 감소도 시간에 대한 지각의 상실을 전제로 하는 것이다.

시간에 대한 지각이 사라진다는 것은 시간이 지각의 대상임을 말해준다. 그렇기 때문에 자아의 해제에 따른 외적 지각의 상실은 시간에 대한 지각의 상실도 포함한다. 그러나 시간은, 우리가 그것을 지각하지 못할지라도, 우리의 외부에서 똑같은 리듬을 갖고 여느 때와 똑같이 규칙적으로 흘러가는 것이 아닐까? 아니, 그렇지 않은 것 같다. 단호하게 말하기에는 더 많은 연구가 필요하겠지만 말이다.

우리는 시간에 대한 지각을 상실하면서 시간 바깥으로 나온다. 즉 자아의 해제에 따라 공간을 이탈하듯이 시간마저도 이탈한다. 다시 말해, (하)의식은 시간 바깥으로 나온다. 하지만 그렇다고 해서 시간이 의식 바깥에서 객관적으로 존재하는 것은 아니다. 왜냐하면 시간 바깥으로 나온 의식에게 시간은 엄청나게 늘어나기도 하고 줄어들기도 하기 때문이다. 이것이 바로 시간의 비틀림이다.

시간의 비틀림이 뜻하는 것은 의식의 상태에 따라 시간의 길이가 엄청나게 달라진다는 것이다. 시간들 사이의 그러한 차이는 너무도 커서, 시간의 객관성을 말하는 것이 매우 곤란해진다. 이 사실은 결국 시간이 의식 속에서만 존재한다는 것을 시사한다. 우리가 의식 바깥에 존재한다고 여겼던 이른바 객관적 시간은 오히려 자아의 의식에만 상관적인 것이다. 즉 육체적 지각의 주체인 자아가 시간을 그처럼 지각했다는 것이다. 이른바 객관적 시간은 자아의 시간이다. 그리하여 자아가 해제되면, 그러한 시간도 동시에 사라진다.

에릭슨은 시간의 비틀림에 대한 연구를 린 쿠퍼(Linn F. Cooper)와 함께 행한다. 에릭슨 전집에는 시간의 비틀림에 대한 네 편의 논문이 실려 있다. 그 가운데 「최면에서의 시간의 비틀림 ― 제1부」(1948)는 린 쿠퍼의 단독 논문이고, 「최면에서의 시간의 비틀림 ― 제2부」(1950)는 에릭슨과 린 쿠퍼가 함께 쓴 것이며, 「시간 비틀림의 임상적 · 치료적 적용」(1954)은 에릭슨의 단독 논문이다. 그 외에, 시간의 줄

어둠을 다룬「시간의 비틀림에 대한 또 다른 고찰: 시간의 주관적 집중과 확장」(1958)은 에릭슨이 아내와 함께 쓴 것이다.

시간의 비틀림을 측정하기 위한 가장 간단한 방법은 피최면자로 하여금 수를 셈하게 하는 것이다. 린 쿠퍼는「최면에서의 시간의 비틀림 — 제1부」에서 여러 명의 피실험자를 대상으로 메트로늄 등을 활용하여 그런 실험을 한다. 그는 이를 위해 객관적 시간, 할당된 시간, 암시된 개인적 시간, 가늠된 개인적 시간을 구분한다.

'객관적 시간' 은 시계의 시간이다. '할당된 시간' 은 피최면자에게 실제로 부여된 시계의 시간이다. 즉 '할당된 시간' 은 '객관적 시간' 과 같은 것으로, 그 만큼의 '객관적 시간' 이 실험시간으로 피실험자에게 주어졌음을 뜻할 뿐이다.

'암시된 개인적 시간' 은 최면사가 피실험자에게 암시한 활동시간이다. 예컨대 3초의 객관적 시간을 주고서 "30분 동안 꽃을 셈 하세요"라고 암시한다면, 3초가 '할당된 시간' 이고, 30분이 '암시된 개인적 시간' 이다. 즉 객관적 시간 3초를 할당하고서 30분이라고 암시했다는 것이다. 이러한 암시는 피실험자들에게 오랜 시간 최면훈련을 시킨 다음 깊은 최면을 유도한 상태에서 행해진다.

'가늠된 개인적 시간' 은 피실험자가 최면 상태에서 느낀 시간의 흐름이다. 즉 최면 상태에서 그만큼 흘렀다고 주관적으로 느낀 시간이 그것이다. 다시 말해, '가늠된 개인적 시간' 은 피실험자가 스스로 가늠한 시간이다.

먼저 쿠퍼는 암시된 시간이 있는 경우와 없는 경우를 나누어 실험한다. 할당된 시간 동안 그가 요청하는 것은 소, 군인, 우유를 휘젓는 숫자, 목화씨 등을 셈하는 것이다. 실험 결과는 두 경우 사이에 그다지 큰 차이가 없다. 그러므로 암시된 시간이 있었던 경우의 결과만을 소개하면 다음과 같다(II-301).

	할당된 시간	암시된 개인적 시간	셈	가늠된 개인적 시간
소 셈하기	3초	30분	137마리	30분
군인 셈하기	3초	10분	112명	10분
우유 휘저은 횟수	3초	10분	114회	10분
목화씨 세기	3초	80분	862개	80분

피실험자들은, 표를 통해 알 수 있듯이, 모두 암시된 시간에 맞춰서 개인적인 시간체험을 한다. 실험 결과는 놀랍다. 3초 동안 소 137마리나 목화씨 862개를 세는 것은 불가능하기 때문이다. 특히 피실험자들이 전혀 서두르지 않았음이 중요하다. 예컨대 피실험자들은 소를 세기 위해 풀밭 위를 천천히 걸어 다녔다는 것이다(II-300).

반면, 할당된 시간이 3초 이하였던 또 다른 실험들에서는 피실험자가 임무를 마치지 못한다(II-301~302). 즉 적어도 3초의 시간은 있어야 시간의 내포를 늘릴 수 있다는 것이다. 하지만 3초가 할당된 경우에 10분에서 80분까지 활동을 한 것을 보면, 3초 이상이기만 하다면 할당된 시간 자체는 중요치 않음을 추정할 수 있다.

이어서 쿠퍼는 셈하기가 아닌 다른 활동들을 대상으로 실험을 한다. 그 실험 결과는 다음과 같다(II-304).

	객관적 시간	암시된 개인적 시간	가늠된 개인적 시간
걷기	65초	30분	30분
피크닉	130초	하루 종일	9시간
일상행위들	115초	낮 시간 동안	9시간 반
걷기	10초	없음	30분

이 실험 결과에 따르면, 피실험자들은 약 2분의 객관적 시간 동안 9시간 정도로 가늠되는 시간 체험을 한다. 최면 상태에서 9시간 정도 피크닉을 하고 돌아왔더니 2분 조금 넘게 지나있더라는 것이다. 이러한 현상은 피최면자가 최면상태에서 시간을 이탈함으로써만 가능한 것이다.

에릭슨과 쿠퍼는 「최면에서의 시간의 비틀림 ― 제2부」에서 실험을 이어간다. 우선 한 가지 사례를 들어보자면, 어떤 피실험자는 할당된 시간인 10초 동안 총 1003개의 비스킷을 포장한다. 가늠된 개인적 시간은 약 23분 정도이다. 흥미로운 것은 비스킷을 포장하는 사이 전화가 걸려와 벨이 계속 울렸고, 먼지 때문에 재채기를 했고, 상자가 넘어지는 사고가 일어났다는 것이다.

그를 퇴행시킨 다음 그 체험을 다시 회상하게 했더니, 그는 498개째를 포장할 때 전화가 걸려왔고 889개째를 포장할 때 전화벨이 멈췄음을 정확히 기억해낸다. 이는 한편으로 최면퇴행에 따른 기억의 엄청난 세밀함을 말해주는 것이지만, 다른 한편으로는 시간 확장의 체험이 갖는 생생한 현실성을 말해준다(II-320~321).

에릭슨과 쿠퍼는 또 최면상태에서 10초의 객관적 시간 동안 수많은 곡을 연주한 바이얼린 연주자의 사례를 제시한다(II-328~329, 346). 이처럼 확장된 시간 속에서의 연주는 실제의 연주와 똑같은 연습효과를 갖는다(II-329).

에릭슨은 「시간 비틀림의 임상적 · 치료적 적용」에서는 시간의 확장을 통해 성공적으로 치료를 마친 다섯 사례를 제시한다.[37] 그 가운데 한 사례(환자 B)는 억압으로 인해 8년 전으로는 퇴행이 되지 않던 사례다. 에릭슨은 저항을 없애기 위해 그 환자에게 단순히 시간의 비

---

37. 에릭슨이 제시하는 사례는 모두 여섯 사례인데, 그 가운데 한 가지(환자 E)는 시간 비틀림을 적용하지 못했던 사례이다.

틀림을 실험해보자고 한다. 단순히 시간의 비틀림을 실험하는 것이라고 생각한 그 환자는 저항을 해제하고 20초의 객관적 시간 동안 어린 시절로부터 현재까지를 완전하게 기억해낸다. 즉 그 환자는 20초 동안 20년이 넘는 세월을 생생하게 회상한 것이다(II-358~363). 이 사례는 최면에서의 시간 확장이 거의 무제한적인 것임을 실증해준다.

또 다른 사례(환자 C)는 항상 연습 시간이 없어서 어려움을 겪던 대학생 가수에게 후최면암시를 통해 약 10~20초의 시간 동안 충분한 연습을 할 수 있게 한 것이다. 그 시간 동안 그의 동료들은 그가 잠시 생각에 잠긴 것으로 여긴다. 그는 또 그 시간 동안 환각 속에서 녹음기를 이용해 자신의 노래와 연주를 다시 듣기도 한다. 그의 실력이 이에 따라 놀랍게 향상되었음은 물론이다(II-365~367).

트랜스 상태에서 육체적 지각을 상실한다는 것은 곧 (하)의식이 육체를 이탈한다는 것이다. 육체적 감각이 완전히 부재한다는 것은, 의식에게는, 육체가 부재하는 것과 실질적으로 동일한 것이다.

최면 연구가 우리에게 드러내주는 것은 육체적 지각을 상실하면 시간적 지각도 상실한다는 것이다. 그것은 시간적 지각이 육체적 지각의 일부이기 때문이다. 그렇다면 우리는 '객관적 시간＝육체적 시간' 임을 확인할 수 있다. 하지만 육체적 지각의 주체는 자아이므로, 보다 엄밀히 말해서 '객관적 시간＝자아의 시간' 이다. 육체적 지각의 주체인 자아가 해제된 최면상태에서 (하)의식은 자아의 시간을 이탈한다. 그리고 그처럼 자아의 시간을 이탈한 상태에서 우리는 전혀 다른 '시간' 체험을 한다.

최면유도에 따라 자아가 해제되면서, 1) 의식적 기억이 상실되고, 2) 외적 현실에 대한 지각과 육체적 감각이 상실되며, 3) 시간을 가늠하는 능력이 상실되고, 4) 육체적 운동의 능력도 상실된다. 이 사실들이 말해주는 것은, 자아가 1) 의식적 기억의 주체, 2) 지각(＝의식)의 주체, 3) 시간 가늠의 주체, 4) 운동의 주체라는 것이다. 이미 말했듯이, 이 가운데 3)과 4)는 2)에 포함되는 것들이다.

결국 최면과학의 관점에서 자아는 의식적 기억과 지각과 운동을 조직하는 존재다. 그렇다면 우리의 기억과 지각은 자아에 의해 왜곡된 환각일 수 있다. 최면상태의 하의식은 또 다른 방식으로 기억과 지각을 하고, 그것들이 훨씬 진실될 수 있기 때문이다. 어쨌거나 다음의 사실은 부인할 수 없다. 자아에 따른 기억과 지각은 사태 자체와 상이하다는 것.

자아의 해제와 탈(脫)인격화

자아의 해제를 입증하는 또 다른 한 현상은 탈인격화(dépersonnalisation)이다. 탈인격화란 최면 상태에서 피최면자가 자신의 이름 등을 망각함으로써, 정체성을 상실하는 것이다. 나이를 망각하는 것은 최면퇴행 중에 자연스럽게 벌어지는 흔한 일이다. 반면 피최면자가 자신의 이름을 망각하는 것은 일반적으로 최면사가 공들여 암시를 행함으로써만 가능한 일이다. 최면 상태에선 망각했던 기억을 환기하는 것도 가능하지만, 기억을 제거하는 것도 가능하다. 이름을 비롯한 정체성이 사라지는 탈인격화는 기억제거의 한 형태이다(III-290).

보통 최면유도에 따라 자아가 해제되었다고 해서, 이름을 망각하지는 않는다. 아마도 이름이 자아의 정체성의 가장 심층에 위치하기 때문일 것이다. 어쩌면 이름은 자아의 일부라기보다는 자아와는 층위를 달리하는 것일까? 나는 그렇게까지는 생각하지 않지만, 알 수 없는 노릇이다. 어쨌거나 이름을 망각했다는 것은 이미 자아가 완전히 해제되었음을 말해주는 것이다.

정체성이란 "나는 ……이다"라는 자기 이미지들의 전체이다. 그리고 "나는 ……이다"라는 의식의 중심에는 이름이 있다. 사실상 "나는 xyz(이름)다"가 가장 전제가 되는 기본적 정체성이고, 그 뒤에 "나, xyz는 친절하다, 똑똑하다, 거짓말을 안 한다……" 등등의 (상상적) 이미지들이 이차적 정체성을 형성하면서 뒤따르는 것이다.

내 이름을 잊어버린다는 것은 내가 누구인지 모른다는 것이다. 그래서 이름을 잊는다는 것은, 거의 불가능에 가까운, 무척이나 당혹스런 일이다. 더욱이 이름은 사회관계의 결절점(結節點)이다. 내가 맺는 모든 사회관계가 나의 이름을 중심으로 짜여진다는 것, 즉 나, xyz와의 관계로서 짜여진다는 것이다. 그 사회관계에서의 위치로부터 나는 나 자신에게 허구적인 자기 이미지들을 부여하고, 그리하여 정체성을 강화한다. 따라서 이름을 잊는다는 것은 나 자신의 정체성을 깡그리 날려버리는 일이다.

하지만 다른 한편으로, 최면 상태에서 이름을 망각할 수 있다는 것은, 내가 내 자신의 정체성의 근간으로 집착하고 있는 이름이 실제로는 아무것도 아닐 수 있음을 말해주는 것이기도 하다. 내 이름은 다만 사회가 나에게 부여한 명칭일 뿐이다. 내가 그러한 명칭으로 환원되는 존재일까? 그렇지 않다. 진정한 나 자신은 사회가 내게 부여한 그 이름과는 무관하게 존재할 수도 있다. 심층적인 내면으로서.

에릭슨은 리처드 브릭크너(Richard M. Brickner)와 함께 1943년에 발표한 「심신상관적 현상들에 대한 최면 연구: 최면 망각에 따른 실어증적 반응의 생성」에서 이름을 망각한 한 사례를 제시한다. 즉 에릭슨은 실험최면에서 한 여성 피실험자에게 이름을 망각하게 한다. 그리하여 그녀는 자신의 이름을 기억하지 못해 불안해한다. 에릭슨은 그녀가 연상작용을 통해 이름을 되찾을 수 있도록 다른 사람들의 이름과 도시들의 이름 등을 제시하고, 자동 글쓰기[38]를 시킨다.

하지만 야릇하게도 그녀는 자동 글쓰기를 하면서 이름들에 대문자를 전혀 사용하지 않는다. 그녀 자신도 자신의 글쓰기에서 뭔가 이상한 것을 느끼지만, 그것이 무엇인지를 알아차리지 못한다. 그리고 드디어 자신의 이름을 기억해냈을 때에야 다시 대문자를 사용한다(II-215~216).

그녀가 대문자 자체를 망각했다는 것은 무슨 뜻일까? 그것은, 이름 자체가 무엇인지를 망각했다는 것이 아닐까? 또는 적어도 이름의 어떤 중요한 속성을 망각했다는 것이 아닐까? 즉 이름에 대한 망각이 이름 자체의 특정한 기능에 대한 망각과 결합해 일어났다는 것이다.

하지만 최면에서의 탈인격화는 단순히 이름을 망각하는 것에 그치지 않고, 정체성의 변화 또는 교체로까지 이어진다. 에릭슨은 가끔 피최면자를 탈인격화시키고, 다른 사람의 정체성을 갖게 한다. 그리고 새로운 정체성에 따라 행동하게 한다. 피최면자가 스스로를 다른 사람으로 생각하고 행동하도록 한다는 것이다.

에릭슨이 1939년 발표한 「일상생활의 정신병리학의 실험적 시연(試演)들」은 1933년에 예일 대학 박사과정 세미나에서 행한 실험최면의 시연들을 기록한 내용들이 주를 이룬다. 그 시연에서 에릭슨은 D박사와 합의해서 피실험자를 D박사에 동일시하게 하고, D박사는 다른 사람의 역할을 맡도록 한다.

놀랍게도 피실험자는 D박사의 화법과 태도를 완벽하게 재현하고, D박사의 흡연방식마저도 고스란히 흉내 낸다. 그리고 피실험자의 진짜 정체성을 복원시키려 하자, 마치 스스로가 진짜 D박사인 것처럼 이에 저항한다(III-241~242).

---

38. 자동 글쓰기란 최면과정에서 피최면자의 무의식으로 하여금 글을 쓰게 하는 것이다.

만약에 정체성을 복원 안 했으면 어떻게 되었을까? 피실험자는 영원히 D박사의 정체성을 갖고 살았을까? 그럴 수는 없다. 시간이 흐르면 최면 상태에서 자연히 빠져나오게 되어 있기 때문이다.

진정한 의문은 피실험자가 어떻게 그처럼 완벽히 D박사를 흉내 낼 수 있었는지에 대한 것이다. 그것은 무의식들 사이의 상호소통 때문일까? 우리의 무의식이 타자를 공감적으로 이해하기 때문일까?

이 피실험자는 "D박사와 똑같은 감정적 반응"을 내보인다(III-242). 즉 피실험자는 D박사의 정체성을 가짐으로써, D박사의 내면을 산다(live)는 것이다. 그렇다면 우리는 최면 상태에서 다른 사람의 내면으로 들어가 그 내면을 살거나 체험할 수 있는 것일까?

무의식들의 상호소통에 대한 한 예시(例示)를 제시해보자. 최면 상태에서 무의식에 의해 씌어진 자동 글쓰기를 일반인들이 정확하게 해독하기는 매우 어려운 일이다. 하지만 에릭슨이 로렌스 큐비(Lawrence S. Kubie)와 함께 1940년 발표한「트랜스 상태와 유사한 해리 상태의 사람에 의한 피최면자의 수수께끼 같은 자동 글쓰기의 번역」에 따르면, 트랜스 상태의 피최면자는 "다른 사람의 신비롭고 수수께끼 같은 자동 글쓰기를 정확하게 해독하고 번역할 수 있는 능력"을 갖는다(III-211). 즉 트랜스 상태의 피최면자는 다른 사람의 자동 글쓰기에 대해 "마치 자신의 것인 것처럼 설명을 하고, 최면사가 조금이라도 잘못 해석을 하면 세밀하게 바로 잡아준다"(III-213). 하지만 그처럼 설명을 하던 피최면자는 일단 트랜스 상태를 벗어나면, 자동 글쓰기를 전혀 해독하지 못한다(III-221).

트랜스 사이의 연속성은 과거의 트랜스와 현재의 트랜스 사이에만 한정되는 것이 아니라, 나의 트랜스와 다른 사람의 트랜스 사이에도 존재한다. 즉 트랜스 상태의 나는 트랜스 상태의 다른 사람을 완전히 이해한다. 올더스 헉슬리가 깊은 최면 상태에서 "내가 그인가, 그가 나인가?"라고 말하듯이 말이다(I-125). 그렇다면 트랜스 상태의 나는 다른 사람의 내면을 충분히 공감적으로 이해할 수 있을 것이다.

에릭슨은 말한다. "무의식은 놀랍도록 동일한 언어를 말한다. […] 그 언어는 항상적인 규칙을 갖고, 그리하여 한 사람의 무의식은 다른 사람의 무의식을 이해한다"(III-221). 그렇다면 위의 사례에서 피실험자는 어쩌면 무의식들의 상호소통에 입각해서 D박사의 내면을 공감적으로 이해할 수 있었을 것이다.

최면 상태에서의 탈인격화와 정체성 교체는 우리의 정체성의 허약성을 드러내준다. 나는 놀랍게도 내가 누구인지를 문득 잊어버리고서, 스스로를 다른 사람으로 착각할 수 있다. 하지만 탈인격화는 또한 우리가 우리의 자아와는 전혀 다른 존재일 수 있음을 시사해주는 것이기도 하다.

에릭슨 전집에는 탈인격화와 정체성 교체의 사례를 담은 논문이 세 편 더 실려 있다. 1935년에 쓴 미발표 논문인 「잠재적 동성애: 최면 하에서 정체성에 대한 탐구」에서 에릭슨은 자기도 모르게 동성애적 성향을 지니고 있던 X양의 사례를 제시한다. X양은 자신이 겉으론 반감을 가지고 있던 직장 동료 Y양을 은밀히 사랑한다. 에릭슨은 X양을 탈인격화시키고 Y양에 동일시하도록 한다.

X양은 Y양에 동일시한 상태에서 자신(=X양)에 대한 반감을 표현한다. 최면이 끝나갈 무렵, 에릭슨은 X양의 최면기억을 망각시킨다. 그 후 X양에게서는 Y양에 대한 반감이 사라진다. 다음번 최면에서 X양은 Y양이 되었던 최면기억을 다시 떠올린다. 최면 상태에서 또다시 Y양이 된 X양은 자신의 진짜 정체성을 복원시키려 했을 때 매우 분노한다.

어쨌거나 최면치료를 모두 마친 뒤 X양은 행복한 삶을 되찾는다. 결론만 말하자면, X양이 최면에서 깨달은 것은 "자기를 사랑하지 않았다"는 것이다(IV-491~494). 즉 X양은 자신이 좋아하던 Y양을 닮고 싶어 했고, 최면에서 Y양이 된 상태에서 그것을 깨닫는다. 그리고 이 깨달음이 오히려 스스로를 받아들일 수 있게 해주었다는 것이다.

에릭슨은 또 1938~1939년 사이에 써놓은 미발표 논문인「열등의식의 극복」에서 두 사람의 정체성을 맞교환한 사례를 제시한다. 즉 에릭슨은 실험최면에서, 열등의식에 빠진 29살의 판매직원(C)과 의과대학의 한 학생(D)을 각각 탈인격화하고, 서로를 상대방에게 동일시하도록 한다. 그리고 C에 동일시한 D는 C의 부적절한 행동들을 재현한다. C는 D의 입장에서 이를 바라보고 평가한다. 나중에 정체성을 복원한 C는 퇴행과정을 거친 후 자신의 문제점을 수정한다(IV-619~625).

에릭슨은 또 1960년경에 써놓은 미발표 논문인「트랜스의 간접적 유도: 간접적 암시와 아주 작은 신호의 역할 그리고 흉내」에서 다음과 같은 정체성 교체의 사례를 소개한다. 에릭슨은 피실험자들인 A와 B에게 서로의 눈을 계속 쳐다보게 하고, 모든 것을 서로 보조를 맞춰서 똑같이 행하게 한다. 그 후 에릭슨은 상대의 정체성을 자기의 것으로 하라고 A와 B에게 암시한다. 그런 다음 A와 B는 깊은 트랜스에 머무른다.

잠시 후 B를 불러 깨우자, B가 아니라 A가 깨어난다. B에 동일시한 A가 자기를 B라고 생각하기 때문이다. 깨어난 A는 B가 자기 옷을 입고 있다고 화를 낸다. 이제 B가 된 A에게 B의 옷이 자기 옷이기 때문이다. A는 화가 나서 자기가 입고 있던 옷을 벗어 던진다(I-463~465). 이 사례는 A와 B의 정체성이 완전히 뒤바뀌었음을 명백하게 드러낸다. 에릭슨은 서로가 상대의 호흡에 맞춰 행동한 것이 정체성 교체에 도움이 되었다고 여긴다. 즉 무의식적 감응에의 길을 열어주었다는 것이다(I-467).

이 세 논문을 통해서도 우리의 정체성의 허약함은 명백히 드러난다. 어쩌면 우리의 정체성은 완전히 허구의 것일 수도 있다. 그렇다면 진정한 우리 자신은 그 정체성 아래에서 그 정체성을 바라보고 있는 존재일 것이다.

에릭슨이 이 세 논문을 발표하지 않은 까닭은 무엇일까? 아마도 두 가지를 피해나가기 위해서였을 것이다. 첫째는, 신비주의의 딱지. 둘째는, 최면의 위험에 대한 사람들의 두려움. 이 두 가지는 아직도 많은 곳에서 최면에 대한 지배적 태도를 이루고 있다. 하지만 이제는 과학적 엄밀성을 통해 이 두 편견을 벗어날 때가 되지 않았을까? 에릭슨의 현명함 가운데 한 가지는 차분하게 과학적 엄밀성을 위한 다리를 놓은 것이다.

어쨌거나 탈인격화는 자아의 해제를 전제한다. 자아가 해제되면 비자아적 주체가 등장한다. 비자아적 주체는 우리의 정체성 아래에 있는 또 다른 우리 자신이다. 이제 비자아적 주체의 문제에 가닿기 위해, 먼저 최면사가 어떤 존재인지 알아보도록 하자.

최면사란 누구인가?

최면상태에서 피최면자가 유일하게 관계하는 외적 존재는 최면사이다. 최면은 내적 현실로의 여행이다. 내적 현실로 여행을 떠나려면 외적 현실로부터 빠져나와야 한다. 그러나 피최면자 스스로의 힘으로는 외적 현실을 빠져나올 수 없다. 따라서 최면사가 존재한다. 피최면자가 외적 현실을 빠져나올 수 있도록 돕기 위해 말이다.

최면사는 피최면자의 자아를 해제시킴으로써 피최면자를 외적 현실로부터 빠져나오게 해준다. 하지만 문제는 최면사의 역할이 거기서 그치지 않는다는 것이다. 최면사는 피최면자가 트랜스 상태에서 찾아가야 할 내적 현실의 장소들을 지정하고, 또 그리로 가는 길을 안내한다. 게다가 최면사는 그 이상의 개입을 할 수도 있다.

최면이 내적 현실로의 여행이라면, 최면사의 역할은 무엇일까? 단순히 여행 안내자의 역할일까? 여행의 이유와 필요는 피최면자에게서 생겨난다. 또 여행의 목적도 기본적으로는 피최면자의 욕망에 의해 결정된다. 하지만 피최면자는 여행 장소들의 지리와 여행의 방법들에 대해 지나치게 무지하지 않을까? 그래서 최면사는 그 무지를 틈타 피최면자를 전적으로 지배하지 않을까?

에릭슨은 「의학에서의 최면」에서 "최면사와 피최면자의 관계는 의사와 환자 사이, 변호사와 고객 사이에 존재하는 관계와 유사하다"고 한다(IV-32). 과연 그럴까? 물론 병원에서 치료를 한다는 맥락에서는, 최면사는 의사이고 또 피최면자는 환자이다. 하지만 일반적인 의사들과 환자의 관계는 기본적으로 외재적이다. 즉 환자는 의사의 지시를 따르지만, 그 지시는 외적이다. 반면, 최면사는 피최면자의 심리를 치료한다. 물론 한 명의 의사로서. 하지만 최면사는 피최면자의 내면을 뒤바꾸어 놓을 수 있다. 이것이 문제의 핵심이다. 또 변호사가 고객의 문제를 해결해주겠지만, 그렇다고 변호사가 고객의 내면 깊은 곳으로 파고드는 것은 아니다.

최면상태에서 피최면자는 자신의 자아를 해제시킨다. 이것은 전적으로 최면사에 대한 신뢰로 인해 가능한 것이다. 아무리 피최면자가 최면사에 저항[39]하더라도, 최면사를 찾아와서 최면치료를 받는다는 사실 자체가 최면사에 대한 신뢰를 전제한다.

---

39. 정신분석에서의 저항과 유사한 의미. 즉 정신분석가가 피분석자의 무의식을 의식화하려 할 때 피분석자가 '저항'하는 것과 유사한 맥락에서의 의미이다.

그렇다면 해제된 피최면자의 자아를 대체하는 것은 무엇일까? 혹시 최면사의 암시가 피최면자의 자아를 대체하는 것은 아닐까? 최면이 자아를 해제하는 기법이라면, 그것은 또한 최면사가 자아를 대체하는 기법이 아닐까?

자아가 해제되었다는 것은 타자들에 대한 자아의 방어가 해제되었다는 것이다. 따라서 자아가 해제되면, 타자에 대한 수용성이 훨씬 넓어진다. 특히 그 타자가 자신의 자아를 없애준 타자라면, 그에 대한 수용성은 거의 전적이지 않을까?

에릭슨의 동료인 로렌스 큐비에 따르면, "트랜스 상태에선 최면사와 피최면자 사이의 구별이 없어진다. 피최면자는 최면사의 목소리를 자기 머리의 안쪽에서부터 들려오는 것처럼, 즉 자신의 목소리처럼 지각한다."[40] 그리고 이에 대해 시드니 로젠은 다음과 같이 덧붙인다. "에릭슨의 경우가 바로 그러했다. 그의 목소리는 당신의 목소리가 되었다. 그의 목소리는 당신을 뒤따른다. 당신이 어디를 가든 간에."[41]

만약 트랜스 상태에서 최면사의 암시가 피최면자 자신의 목소리처럼 내부에서부터 들려온다면, 그래서 피최면자가 최면사의 암시를 자신이 스스로에게 내리는 '내면의 명령'처럼 받아들인다면, 최면사는 피최면자를 완벽하게 지배할 수 있지 않을까? 즉 최면사의 암시가 피최면자의 자아를 대체한 것이 아닐까? 사실상 최면의 놀라운 치료 효과란 바로 이 사실에 기반하고 있는 것이 아닐까?

에릭슨은 1941년에 부인과 함께 발표한 「후최면 행동의 성격과 특징에 대하여」에서 후최면 암시의 여러 실험들을 제시한다. 그 가운데에는 특히 작은 조각상을 책상 위로 옮기라는 식의 아무 의미 없는

---

40. Sydney Rosen(편집), *Ma voix t'accompagnera, Milton H. Erickson Raconte*, 24쪽.
41. 같은 책 같은 쪽.

후최면 암시들에 대한 실험들이 있다(I-492). 흥미로운 것은 피최면자들이 그처럼 의미 없는 암시들을 곧이곧대로 실행한다는 것이다. 즉 피최면자들은 최면사의 지시를 일종의 거부할 수 없는 명령처럼 따른다는 것이다.

이러한 '내면의 명령'은 자아의 요청보다도 오히려 더 확고한 것이 아닐까? 그처럼 아무 의미 없는 후최면 암시들을 곧이곧대로 실행한다는 것은 피최면자의 수동성과 최면의 위험성을 말해주는 것이 아닐까?

최면사는 특히 최면상태에서 망각과 기억을 자기 마음대로 지배한다. 즉 피최면자는 최면사가 망각하라고 하면 망각하고 기억하라고 하면 기억한다. 예컨대, 일반적으로 깊은 트랜스의 경험들은 최면에서 깨어난 뒤 완전히 망각된다. 하지만 최면사가 그 가운데 특정한 것들을 선택해서 그것들만 기억하라고 암시하면, 피최면자는 그것들만을 정확하게 기억한다. 어떻게 된 것일까?

다른 어떤 소리에도 놀라지 않고 곤히 잠자던 젊은 어머니가 아이가 내는 작은 소리에도 깜짝 놀라 깨어나는 것처럼(I-53), 최면사의 암시는 피최면자에게 절대적 중요성을 갖는 것일까? 망각을 하라면 망각하고, 기억을 하라면 기억해야 하는?

최면사의 암시가 피최면자에게서 완전히 내면화된다는 것은 확실하다. 후최면 암시는 몇 년이 지난 다음에도 실행되기 때문이다. 이것은 후최면 암시가 '내면의 명령'으로 자리 잡지 않았으면 불가능한 것이다.

어쩌면 최면상태에서 1) 피최면자는 완전히 내적 현실 속에서 머무르고, 그리하여 2) 최면사도 그 내적 현실의 요소로서 존재하기 때문에, 3) 최면사의 목소리가 내면의 목소리로 받아들여질 수밖에 없는 것일까?

에릭슨은 한 실험최면에서 독일에서는 모든 남자가 자기보다 5cm 큰 여자와 결혼한다는 명제를 피최면자에게 강력하게 주입한다. 그러자 피최면자는 최면에서 깨어난 다음 다른 사람들에게 그것을 주장한다(Ⅲ-235). 이처럼 부조리한 내용을 피최면자가 그대로 수용한다는 것은 최면사에 의한 내면의 지배의 위험성을 말해주는 것이 아닐까?

에릭슨은 최면치료에서 종종 새로운 감정적 짜임새를 주입하기도 하고, 이전에는 피최면자가 감히 상상할 수도 없었던 용기를 불어넣기도 한다(예컨대, Ⅲ-388 이하와 Ⅳ-605 참조). 이것은 최면사가 피최면자의 감정마저도 마음대로 지배할 수 있다는 것을 뜻하는 것이 아닐까?

에릭슨에 따르면, 후최면 암시를 받은 피최면자는 "그 행위를 자발적인 것, 즉 스스로 결정한 것인 줄 알고 행한다"(Ⅳ-38). 이 말은 스피노자가 『윤리학』에서 말한 '자유의 착각'을 떠올리게 한다. 그렇게 할 수밖에 없게 이미 결정되어 있는 것을 스스로의 자유로운 선택에 따라 행한다고 믿는 착각이 그것이다. 다시 말해, 피최면자는 최면사가 결정해준 행위를 자신이 결정한 줄 알고 행한다는 것이다.

그렇다면, 최면사의 위치는 아주 좋게 말한다면 일종의 수호천사의 위치 또는 어떤 영적 존재의 위치와 같은 것이 아닐까? 누군가 위험에 빠져 있을 때, 수호천사가 그의 귓가에 대고 어떤 말을 속삭여서 그 위험에서 벗어난다고 해보자. 또는 어떤 작가가 글이 안 떠오를 때 수호천사가 그에게 몰래 영감을 불어넣어준다고 해보자. 수호천사는 아무도 모르게 그들의 내면에 개입해서 그들이 새로운 행동을 하게 한 것이다. 최면사도 정확히 그런 일을 하는 것이 아닐까?

최면사는 피최면자의 무의식에 새로운 내용을 삽입한다. 그러면 피최면자는 그처럼 삽입된 무의식의 새로운 내용에 따라 행동한다.

자발적으로 행동하는 줄 알면서 말이다. 최면치료의 이 원리는 수호천사의 개입 원리와 똑같다. 최면치료가 책임감 있는 의사의 신중함 아래, 엄격한 의료윤리에 따라, 피최면자를 철저히 존중하면서 행해진다면, 최면사의 역할은 몰래 우리에게 개입하는 수호천사의 역할과 똑같을 것이다.

하지만 모든 최면사가 의학적 전문성을 가진 것도 아니고, 모든 최면사가 충분한 신중성을 가진 것도 아니다. 그렇다면 수호천사의 역할은 언제든지 내면에 대한 자의적 지배로 이어질 수 있지 않을까?

하지만 에릭슨은 이러한 우려들을 전혀 받아들이지 않는다. 그러한 우려들은 최면의 원리에 대한 이해 부족에서 비롯된다는 것이다. 한마디로, 에릭슨은 최면사가 피최면자의 내면을 지배할 가능성을 전혀 인정하지 않는다. 그 이유는 두 가지다. 즉 1) 암시의 한계와 2) 부적절한 암시의 불가능성이 그것이다.

에릭슨은 「최면 정신치료」에서 "최면에서 전개되는 모든 것이 반드시 전적으로 암시의 결과라는 오해"를 비판하고(IV-58), **최면치료가 암시 자체에 의해서만 이루어지는 것이 아님을 명백히 한다**. 그는 직접적 암시가 "환자의 행동을 변화시킬 수 있고, 증상의 치료를 이끌 수 있음"을 인정하지만, 그러한 '치료'는 단지 일시적인 효과만을 가질 뿐이라고 지적한다(IV-59).

그와 반대로 지속적인 치료 결과를 갖는 것은 "과거 경험을 재결합, 재조직하는 내적 과정"이다(IV-60). 이 과정은 '내적'이다. 즉 환자가 스스로 주도해서 자신의 "경험을 재결합, 재조직"한다는 것이다. 다시 말해, 치료의 원천은 환자에게 있다는 것이다. 그리하여 에릭슨은 치료란 "환자 스스로가 자신의 행동을 내적으로 재–종합하는 것에서 비롯"된다고 한다(IV-59).

결국 진정한 치료는 환자의 내면이 새롭게 짜여짐으로써만 가능하다. 그러나 이것은 단순한 암시들을 통해 직접적으로 얻어질 수 있는 것이 아니다. 오직 환자 자신만이 자기의 과거 경험들을 되살리고 새롭게 조직할 수 있다. 암시는 이를 위한 계기만을 제공할 뿐이다. 최면사는 환자의 과거 경험이 어떤 것인지에 대해 전적으로 무지(無知)하기 때문이다. 에릭슨은 "행동의 변화는 환자의 과거 경험에서 비롯되는 것이지 치료자로부터 비롯되는 것이 아니다"라고 한다(Ⅳ-58~59).

그리하여 에릭슨은 치료의 자원이 환자 내부에 있음을 항상 강조한다. 최면사가 할 일이란 환자가 자기 자신과 새롭게 관계를 맺도록 옆에서 돕는 것뿐이다. 에릭슨은 말한다. "최면은 사람들을 바꾸지 않는다. 사람들이 과거에 겪은 경험들을 바꿀 수 없듯이 말이다. 최면은 사람들로 하여금 자신에 대해 더 많이 배우게 해주고, 더 적절한 방식으로 자신을 표현하게 해준다"(Ⅳ-59).

최면사가 피최면자의 내면을 지배하려들면, 피최면자는 자신의 무의식 속에 깊이 머물러 스스로를 재경험하고 재조직할 수 없다. 치료는 오직 내적 과정으로서만 가능하다. 최면사는 그러한 내적 과정에 개입할 수 있는 능력을 갖고 있지 않다. 최면사는 그러한 내적 과정에 대해 완전한 국외자이기 때문이다. 즉 그 내적 과정을 이끌 수 있는 유일한 사람은 환자 자신이다. 오직 환자 자신만이 자신의 "과거 경험을 재결합, 재조직"할 수 있는 (하)의식적 능력을 갖기 때문이다.

최면사가 피최면자의 내면을 지배하고 싶어도 할 수 없는 또 다른 이유는, 피최면자가 최면사의 부적절한 암시들을 거부한다는 데 있다. 에릭슨은 1939년 「최면의 반(反)사회적 이용 가능성에 대한 실험적 연구」를 발표한다. 이 논문의 동기는, 최면사에 의한 '내면의 지배'로 인해 피최면자가 반사회적 행위를 할 수 있다고 주장한 로랜드(Rowland)의 논문을 반박하는 것이다. 로랜드는 최면사에 대한 신뢰가 피최면자들에게 분별력을 잃게 한다고 주장한다(I-623). 반면, 에릭슨이 주장하는 것은 그 반대다. 최면사가 피최면자들에게 부적절한 암시를 할 경우, 오히려 최면사가 신뢰를 잃게 된다는 것이다.

에릭슨은 이 논문에서 50명을 대상으로 실험을 하는데, 그 누구에게서도 반사회적 행위를 이끌어내지 못한다(I-156~157). 그는 이 논문에서 35명의 사례를 일일이 제시한다. 놀라운 것은 피실험자들이 깨어있을 때보다 최면 상태에서 더 건강한 판단력을 가진다는 것이다. 에릭슨은 이를 "트랜스 자체가 일종의 보호받는 상태이기 때문"이라고 설명한다(I-628). 외적 환경과의 접촉이 차단된 깊은 '평화의 상태'인 트랜스 상태에서는 보다 정확한 판단력을 갖게 된다는 것이다.

실제로 피실험자들은 각성 상태에서는 행할 수 있는 가벼운 일탈행위도 트랜스 상태에서는 거부한다(I-655, 660). 평화의 상태에서는 그런 일탈행위가 아무런 가치도 없는 행위이기 때문일까?[42] 최면사에 대한 신뢰를 갖고 실험에 기꺼이 참여했던 피최면자들은 이제 반사회적 행위를 권하는 에릭슨의 인간성에 대해 의심을 갖기 시작한다(I-649, 655~659). 그래서 에릭슨은 평판이 바닥에 떨어질 위험에 처하기도 한다.

결국 피실험자들은 다른 사람들에게 모욕을 주거나 고통을 가하거나 피해를 입히거나 범죄를 행하라는 부적절한 암시들을 단호히 거부하고 또 분노한다. 어떤 피실험자는 최면에서 깨어나기도 한다(I-638). 이 논문을 마치면서 에릭슨은 피최면자들이 최면 상태에서 스스로를 보호할 능력을 갖는다고 한다(I-660). 만약 누군가가 최면을 통해 다른 사람에게 나쁜 일을 시킨 것처럼 보이더라도, 그러한 행위의 진짜 원인은 최면이 아닌 다른 요소라는 것이다(I-660).

---

42. 즉 평화의 상태에서는 라깡이 말한 '위반의 향유'가 아무런 가치도 갖지 않는다는 것이다.

에릭슨의 이 논문은 최면을 방어하려는 목적에서 씌어진 것일 수 있다. 하지만 에릭슨의 실험방법은 로랜드의 실험보다 훨씬 더 사려 깊고 체계적인 것처럼 보인다.[43] 또한 에릭슨의 피실험자들은 모두 매우 깊은 트랜스 상태로 유도되었다는 점이 중요하다(I-629).

정리를 해보자. 1) 최면 상태에서는 피최면자의 자아가 해제된다. 2) 자아가 해제된 상태의 피최면자는 최면사의 암시를 곧이곧대로 받아들인다. 하지만 에릭슨이 제시하는 실험결과는, 3) 피최면자는 최면 상태에서 정확한 판단력을 갖고, 그리하여 최면사의 부적절한 암시를 단호히 거부한다는 것이다.

그래서 우리는 다음의 명제를 제시할 수 있다. 즉 피최면자는 최면사의 암시가 적절한 한에서 그 암시를 수용한다는 것이다. 게다가 치료의 맥락에서 행해지는 최면사의 암시는 대부분 적절한 성격의 것일 수밖에 없다.

그렇다면, 최면사의 암시는 과연 피최면자의 자아를 대체하는 것일까? 어쩌면 일정하게 그렇다고도 할 수 있을 것이다. 여태까지 자아의 지시를 따르던 피최면자의 '마음'이 이제 자아가 해제된 최면 상태에서는 최면자의 암시를 따르기 때문이다. 하지만 후최면암시의 효과를 생각해보면, 최면사의 암시는 더욱 '무의식적인 마음'을 각인하는 것이 아닐까? 자아가 말을 거는 '마음'과 비교해서 말이다. 하지만 그것은 자아가 '마음'의 어떤 층위까지를 각인하는지 확인한 다음에야 명확히 답할 수 있는 문제이다.

중요한 것은 최면사의 암시를 수용하거나 거부하는 비자아적 주체가 존재한다는 것이다. 비자아적 주체는 최면사의 부적절한 암시를 거부하지만, 일반적으로는 최면사의 암시에 대해 수용적이다. 아마

---

43. 나는 로랜드의 실험 논문을 직접 참조하지 못했으므로, 이 판단은 부정확할 수 있다.

도 최면치료에서는 필요 때문일 것이고, 실험 최면에서는 최면사의 암시를 굳이 거부할 특별한 이유가 없어서일 것이다.

그렇다면 비자아적 주체는 최면사의 암시와 자아의 지시가 다른 것임을 알고 있을까? 비자아적 주체의 현명함을 염두에 둔다면, 그것은 너무나 당연하게 여겨진다. 그렇다면 최면사의 암시가 자아를 대체한다고 하기는 힘들 것이다. 그 둘에 반응하는 주체가 그 둘의 차이를 명확히 알고 있으므로 말이다.

자, 이제는 무의식적 관념이 갖는 힘의 문제를 다뤄보고, 그것을 통해 비자아적 주체를 사고해보자.

무의식적 관념의 힘

정신분석은 무의식의 '존재'를 밝혀냈지만, 무의식적 관념이 갖는 놀라운 힘을 발견한 것은 최면이다. 최면치료의 모든 원리는 무의식적 관념의 힘에 기초한다. 무의식적 관념의 힘이란 무의식적 관념이 믿는 그대로 현실이 형성된다는 것이다. 즉 양파를 무의식 속에서 진짜로 사과라고 생각하면 사과처럼 맛있게 먹게 되는 것이 무의식적 관념의 힘이다. 따라서 최면과학은 인식론적으로 객관주의적 유물론이 아니라 주관적 구성주의를 지지할 수밖에 없다.

이미 보았듯이 무의식적 관념의 힘은 후최면 암시에서 가장 강력하게 드러난다. 피최면자는 자신의 무의식 속에 기입된 최면사의 암시를 많은 시간이 흐른 다음에도 그대로 실행한다. 이것은 우리의 행동을 지배하는 동인이 무의식적 관념임을 말해준다.

무의식적 관념의 힘을 여실히 드러내주는 또 다른 최면 현상은 최면 환각이다. 최면 환각이란 한마디로, "본다고 생각하면 보는 것"이다. 즉 무의식적 관념에 따라 보는 것이다. 최면 환각을 위해선 우선 피최면자가 자아의 구속이 부재하는 무의식적 층위로 이동해야 한다. 그리고 그곳에서, 자아가 해제된 상태에서, 최면사가 암시하는 것을 본다는 것이다.

피최면자는 눈을 감고 내적으로 침잠한 상태에서 환각을 보는 것만은 아니다. 피최면자는 눈을 뜨고도 환각을 본다(서한집, 289쪽). 피최면자가 눈을 뜨고 환각을 본다는 것은, 그가 육체의 눈을 통해서 보지 않는다는 것이다. 피최면자는 오히려 관념의 눈, 또는 마음의 눈을 통해서 본다. 문제는 관념의 눈으로 본 환각이 육체의 눈으로 본 현실보다 더욱 생생할 수 있다는 것이다.

일찍부터 최면에 관심을 가졌던 에릭슨은 학부시절인 1923년에 이미 동료 학생 63명을 대상으로 최면 환각의 실험을 한다. 그는 이 실험의 결과를 41년 후인 1964년 발표한「최면의 성격에 관한 최초의 연구들」에서 소개한다. 그 실험의 방식은 극히 간단하다. 즉 한 쪽 분량의 타이핑한 짧은 텍스트를 읽게 하는 것이 전부다.

텍스트의 내용을 요약하면 다음과 같다. 1) 소파에 편안하게 앉아서 앞을 바라본다. 2) 눈을 뜨고서, 오른편에 작은 탁자가 있다고 상상한다. 3) 그 탁자 위에 사과, 배, 바나나, 살구, 오렌지 같은 여러 과일이 담겨 있는 바구니가 있다고 상상한다. 4) 손을 들어 그 과일들을 잡을 수 있다고 상상한다. 5) 자신의 바로 앞에 또 다른 탁자가 있다고 생각한다. 6) 순전히 머릿속에서만 다음의 것들을 하나하나씩 실행에 옮긴다. 즉 손을 들면서 팔과 어깨의 움직임을 느끼고, 과일을 만져서 촉감을 느끼고, 과일 하나를 선택해서 손가락들로 잡고, 그 무게를 느끼고, 그 과일을 자기 앞의 탁자 위로 옮긴다(I-8).

이것이 전부다. 이 텍스트를 단지 읽기만 하는 것. 63명의 실험대상자 가운데 18명은 아무런 반응도 보이지 않는다. 13명은 두려움을 드러내고 심지어는 전율하기도 한다(I-9). 즉 이들 31명은 실패한 사례다.

반면, 나머지 32명은 최면에 빠져든다. 이들은 최면유도의 지표가 되는 현상들을 드러내고, 손을 움직여 과일을 잡아 자기 앞의 탁자로 옮기는 동작을 취한다(I-10). 어떤 피실험자는 바나나의 껍질을 상상적인 휴지통에 버리는 시늉을 취한다. 어떤 피실험자는 탁자 위로 가져온 오렌지를 먹어도 되냐고 에릭슨에게 묻고, 껍질을 벗겨서 그 오렌지를 먹은 뒤 손수건을 꺼내 입과 손을 닦는다. 또 다른 피실험자는 커다란 붉은 사과를 집에 가져가도 되냐고 묻는다(I-11~12).

이 32명 가운데 몇몇은 깨어난 다음 환각의 경험을 부분적으로 망각하고, 또 다른 몇몇은 깨어난 다음에도 환각을 계속한다. 반면 12명은 환각 경험을 완전히 망각한다. 그러나 그 가운데 한 명은 입안에서 바나나 향내를 느낀다(I-12~13).

에릭슨은 1964년 발표한 「'놀라게 하기'와 '내 친구 존'이라는 두 가지 최면기법에 대하여」에서 최면 환각의 흥미로운 한 사례를 제시한다. 에릭슨은 최면 유도를 시연하는 자리에서 세 명의 지원자를 선택한다. 그 가운데 A양은 최면에 유도된 경험은 없지만 자신이 최면에 유도될 수 있다고 믿는다. B양은 최면에 유도된 경험도 없고, 또 절대로 최면에 유도되지 않을 거라고 확신한다. C박사는 수많은 시도에도 불구하고 최면 유도가 되지 않았던 의사이다(I-428).

에릭슨은 B양과 C박사에게 주의 깊게 관찰하라고 지시한 뒤, A양을 최면 유도한다. 에릭슨은 최면 유도된 A양에게 아무것도 없는 빈 곳을 가리키면서, "저기에 있는 개의 종류와 나이를 말해줄래요?"라고 묻는다. A양은 천천히 고개를 돌려 그곳을 바라본 뒤, "그 개는 스카치-테리어고 검은 색이에요, 내가 집에서 기르던 개를 많이 닮

았어요"라고 대답한다.

이 대답을 듣고 경악한 B양이 C박사를 바라보자, C박사는 다음과 같이 응답한다. "그 대답은 최면에서의 올바른 대답이 아니에요. 그 개는 스카치-테리어가 아니라 콜리(colley)예요. 그 개는 서있고 꼬리를 흔들고 있어요." 즉 C박사는 A양의 최면유도를 관찰하던 도중에 자신도 깊은 최면에 빠져들어, 자기 나름의 환각을 보고 있는 것이다 (I-430~431).

A양과 C박사는 그 개의 정체에 대해 계속 토론한다. B양은 다시 경악해서 에릭슨을 바라본다. 에릭슨은 B양에게 "무얼 보고 싶으세요? 개인가요?"라고 묻는다. 그녀는 웃으며 "저는 고양이를 좋아해요, 제가 기르는 고양이 이름은 스누키예요"라고 답한다. 그러자 에릭슨은 빈 곳을 가리키며 "저기, 장난감 쥐랑 놀고 있는 게 스누키 아니에요?"라고 묻는다. 이에 B양은 "장난감 쥐가 아니라 털실뭉치랑 놀고 있는데요"라고 하면서 최면 환각에 빠져든다(I-440~441).

이미 언급했듯이, 최면 환각에서 핵심적 문제는 최면 상태에서의 환각이 현실과 똑같이 또는 현실보다 더 생생하다는 것이다. 즉 피최면자들은 환각을 현실로 착각할 뿐만 아니라, 모두들 깨어나서도 환각의 생생한 현실성을 증언한다. 그렇다면 인간에게서 현실과 환각 사이의 차이는 없는 것일까? 만약 '환각 = 현실'이라면, '현실 = 환각'이라는 등식도 성립할까?

환각은 관념을 보는 것이다. 그 관념은 물론 심층적인 것, 다시 말해 무의식적인 것이다. 의식적인 관념으로는 환각을 볼 수 없기 때문이다. 최면사의 암시도 최면상태에 있는 피최면자의 무의식에 전달되는 것이기 때문에, 피최면자에게서 무의식적 관념을 구성한다.

무의식적 관념은 물론 기억과 연관되어 있다. 따라서 보다 분석적으로 말하자면, 환각은 일반적으로 무의식적 관념에 따라 무의식 속의 기억이미지를 보는 것이다. 그대로건 변형시키건 간에 말이다. 기억이미지를 보는 환각의 가장 간단한 예는, 깊은 트랜스 상태에서 피최면자에게 실재하는 의자를 보게 한 다음 그 의자를 치워도 피최면자가 의자를 계속 보는 것과 같은 것이다(I-188).

반면, 현실은 물질세계에 대한 자아의 지각이다. 즉 이 '지각' 은 '자아' 의 지각이다. 자아가 부재하면 물리적 현실(=물질세계)도 지각되지 않기 때문이다. 이미 앞에서 길게 분석했듯, 자아는 지각의 주체다. 자아는 외적 현실에 대한 지각, 시간의 가늠, 육체적 감각을 관장한다. 그리하여 최면에서 실증되듯이, 자아가 해제되면 지각도 멈춘다.

예컨대 자아가 해제되면 육체의 눈도 기능을 대부분 상실한다. 관념에 따른 환각은 육체의 눈이 아니라 관념의 눈으로 보는 것이다. 그리하여 자아가 부재하면, 최면에서 등장하는 것과 같은 또 다른 현실이 등장한다. 또 다른 현실이란 물론 관념에 따른 환각이다.

다음의 두 가지를 관조해보자.

1) 자아에 따른 지각
2) 관념에 따른 환각

1)에서 자아도 결국은 관념의 한 형태가 아닐까? 자아란 외적 현실로부터 자신을 보호하려는 노력들이 쌓여 직조(織造)된 일종의 관념 덩어리이다. 그 노력들은 결국엔 관념들로 정형화되는 것이기 때문이다. 그리하여 '자아=관념' 이라면, 결국엔 지각도 환각의 한 형태일 수 있다. '자아의 관념에 따라 환각하는 것' 이 자아의 지각이라는 것이다. 그렇다면, '자아의 지각=관념의 환각' 이다.

물론 자아의 지각에서는 외적인 물질적 현실이 지각 대상으로 존재한다. 하지만 자아는 자신의 지각 대상인 물질적 현실을 객관적으로 바라보지 않는다. 지각 주체로서의 자아는 자신의 관심에 따라 지각을 굴절시키기 때문이다.

따라서 우리는 다음과 같이 정리할 수 있다. 1) 자아는 자신의 관심에 따라 물질적 현실을 특정한 방식으로만 바라본다. 2) 그래서 자아는 현실 속에서 무엇인가를 항상 놓친다. 3) 그 결과, 자아가 지각하는 물질적 현실은 객관적 현실과 다르다. 4) 우리가 자아를 갖고 있는 한, 우리는 객관적 현실에 가닿지 못 한다.

결국 1) 자아에 따른 지각과 2) 관념에 따른 환각은 동일성과 차이를 갖는다. 동일성은 자아도 또한 관념의 한 형태임에서 비롯된다. 차이는 자아에 따른 지각이 외적인 물질적 현실을 전제한다는 것이다. 하지만 앞으로 살펴보겠듯이, 최면 퇴행에서 관조하고 재(再)체험하는 과거가 오히려 '현실'보다 더 생생하다는 사실은 외적 현실 자체에 대한 일정한 의문을 다시 제기하도록 해준다.[44]

어쨌거나, '자아에 따른 지각 = 관념에 따른 환각'일 수 있지만, 그 둘 사이에는 외적 현실의 존재와 부재라는 차이가 존재한다. 그렇다면 자아가 지각하는 '현실(=환각)'은 관념과 물질세계가 만나서 형성되는 것일 수밖에 없다.

이제 관념의 주체적 측면과 객체적 측면을 구별해보자. 환각을 생성하는 관념은 무의식적 관념이다. 환각을 생성시킬 수 있다는 사실은 무의식적 관념의 힘을 실증한다. 그 힘은 스스로를 '현실'로 상승

---

44. 물론 환각의 '현실성'에 대한 설명틀이 부재하는 한에서, 객관주의적 유물론은 아직 정당하다. 그리하여 우리는 객관주의적 유물론과 주관적 구성주의를 결합시킨 인식론적 입장을 가질 수밖에 없다. 하지만 이러한 인식론적 입장은 잠정적인 것이다. 우리가 이미 살펴본 시간의 문제, 지금 살펴보고 있는 환각의 문제, 그리고 앞으로 살펴볼 '과거의 존재'라는 문제는, 그것들에 대한 새로운 설명틀이 찾아지는 경우, 객관주의적 유물론의 입지를 매우 축소시킬 것이기 때문이다.

시키는 힘이다. 그 현실은 1) 환각(또는 지각) 자체에 의해서도 만들어지고, 2) 환각(또는 지각)에 따른 행위에 의해서도 만들어진다. 환각과 행위는 서로가 서로를 규정하고 또 서로가 서로를 확인해준다. 이러한 상승작용 속에서 환각과 행위가 만들어낸 현실은 결코 의심할 수 없는 확고한 성채(城砦)처럼 등장한다.

이러한 점에서 무의식적 관념은 주체적이다. 우리가 무의식적 관념에 따라 보고 행위하기 때문이다. 그렇다면 무의식적 관념은 "마음 깊숙한 곳"과 같은 것이다. '마음 깊숙한 곳'이 우리를 움직이기 때문이다.

하지만 '무의식적 관념 = 마음 깊숙한 곳'이라는 등식을 만들면, 무의식적 관념은 오히려 객체적인 것으로 드러난다. 마음을 규정하는 또 다른 주체들이 존재하기 때문이다.

1) 자아, 2) 최면사의 암시, 3) 비자아적 주체가 그러한 주체들이다. 하지만 3) 비자아적 주체가 1) 자아나 2) 최면사의 암시에 대해 판단 또는 검열의 행위를 한다면, 그들 가운데 최종 심급(審級)의 주체는 비자아적 주체일 것이다.

이미 보았듯 에릭슨에 따르면, 비자아적 주체가 최면사의 암시에 대한 수용과 거부를 결정한다는 것은 확실한 듯하다. 하지만 자아와 비자아적 주체의 관계는 어떨까? 오히려 자아의 각인은 지나치게 강렬해서, 비자아적 주체는 자아의 선택에 대해 검열 행위를 하기는커녕, 그 자체가 '질식'하는 것이 아닐까?[45] 결국 최면에서도 비자아적 주체는 자아의 해제에 따라 겨우 등장할 뿐이라면 말이다.

하지만 에릭슨과 융이 강조한 무의식의 현명함을 떠올려보면, 비자아적 주체는 자아의 선택들을 조용히 관조하면서, 단지 이따금씩

---

45. 우리는 이 문제를 제4장에서 다시 다룰 것이다.

만 신호를 보내고, 자아가 스스로 알아서 새로운 선택들을 하도록 기다려주는 듯하다. 비자아적 주체가 이처럼 오랫동안 기다려주지만 결국에는 자아의 변화를 유도한다면, 비자아적 주체는 여전히 최종 심급의 주체가 아닐까?

1) 자아, 2) 최면사의 암시, 3) 비자아적 주체가 무의식적 마음[46]에 대해 모두 동등하게 주체적으로 작용한다고 하면, 우리는 다음과 같은 도식을 그려볼 수 있다.

의식은 자아에 상관적이다. 하지만 자아의 지각과 선택이 완전히 의식적인 것은 결코 아니다. 그것들은 거의 자동적(自動的)이고, 따라서 오히려 무의식적이다. 더욱이 자아의 나르시스적 욕망은 무의식을 깊이 각인한다. 우리가 의식의 매개 없이 그것에 따라 행동하고 분노하고 좌절하도록 말이다. 그래서 우리는 문득 그러한 각인의 심층성에 깜짝 놀라기도 한다. 이것이 프로이트가 '자아의 무의식'이란 표현으로 말하려 했던 것이고, 라깡이 상상적 심급 — 이것은 궁극적으로 자아의 나르시시즘에 환원되는 것이다 — 에 의한 무의식의 규정성을 강조하면서 뜻했던 것이다.

최면사의 암시는 무의식에 새로운 내용을 불어넣고, 피최면자는 그러한 새로운 무의식적 내용에 따라 행동한다. 즉 최면사의 암시는

---

46. 나는 앞으로 '무의식적 마음' 또는 단순히 '마음'이란 표현으로 무의식적 관념의 객체적 측면을 지시한다. '마음'을 '무의식적 마음'과 같은 뜻으로 사용하는 것은 '마음' 그 자체가 우리의 생각과는 달리 이미 대부분 무의식적이기 때문이다.

그것을 받아들이는 무의식적 마음에 대해 주체적이고, 무의식적 마음은 최면사의 암시에 대해 객체적이다.

1958년 발표한 「최면에 따른 혈액순환의 변화」에서 에릭슨은 학생들 7명을 대상으로 한 실험 사례를 제시한다. 즉 에릭슨은 그들에게 5분 동안 왼손을 뜨겁게 오른손을 차갑게 하고 그 다음 5분 동안은 반대로 하라는 암시를 한다. 이 암시를 각성 상태에서 했을 땐 혈압에 아무 변화가 없다. 하지만 이 암시를 트랜스 상태에서 했을 땐 대상자들의 혈압이 변한다(II-260~261). 즉 왼손이 뜨겁다가 차가워지고 오른손이 차갑다가 뜨거워진다는 무의식적 관념에 따라 육체적 현실이 변한다는 것이다. 이 상황에서, 그러한 관념을 받아들인 무의식적 마음은 객체적이고, 그러한 관념을 주입한 최면사의 암시는 주체적이다.

비자아적 주체도 무의식적 마음에 대해 주체적이다. 하지만 비자아적 주체는 자아의 해제에 따라 무의식 내부로부터 등장한다는 점에서, 또 최면사의 암시를 무의식 내부로부터 판단한다는 점에서, 자아나 최면사의 암시와는 그 위치가 다르다. 즉 자아와 최면사의 암시가 오히려 외적 주체라면, 비자아적 주체는 내적 주체다. 그렇다면 우리는 위의 도식을 다음과 같이 수정해야 한다.

자아를 최면사의 암시보다 아래에 표시한 것은, 자아가 최면사의 암시보다 상대적으로 내적이기 때문이다. 또 이 도식에다 추가로 비

자아적 주체가 자아와 최면사의 암시에 대해 행하는 판단 또는 검열 행위를 덧붙여 표시할 수도 있겠다.

각성상태에서 마음을 지배하는 주체는 자아다. '무의식'이 우리의 마음을 움직인다면, 그 무의식의 대부분은 자아의 욕망에 의해 규정된다. 성적 욕망마저도 나르시스적 욕망에 상관적이다. 성적 본능의 성적 욕망으로의 전환에 특별한 상대를 자기 것으로 만들려는 나르시스적 욕망의 개입이 결정적이라면 말이다.

반면, 에릭슨이 누누이 강조하듯 트랜스 상태에서의 주체는 비자아적 주체다. 최면사의 암시는 비자아적 주체를 등장시키는 매개적 역할을 할 뿐이다. 비자아적 주체는 최면사의 암시에 부응하면서, 우리의 내적 현실을 관조하고, 그리하여 우리에게 치유의 길을 열어준다.

비자아적 주체가 관조하는 내적 현실의 핵심은 우리의 과거 경험이다. 우리는 최면 속에서 퇴행을 통해 우리의 과거 경험에 가닿는다. 그러니 이제 퇴행의 문제를 살펴보아야 한다.

퇴행과 과거의 존재

우리의 내적 현실은 어떻게 짜여 있을까? 우선 우리는 객체적 소여(所與)로서의 내적 현실을 생각해볼 수 있다. 아마도 그것은 1) 무의식적 관념들, 2) 무의식적 관념들의 정동(情動)적 토대를 이루는 감정적 콤플렉스들, 3) 그러한 감정적 콤플렉스들의 원천을 이루는 과거 경험들로 짜여있을 것이다. 이 가운데 1)과 2)는 기본적으로 3)으로 환원되는 것이다.

그리고 그러한 객체적 소여들을 바라보는 비자아적 주체가 존재한다. 트랜스 상태에서 비자아적 주체는 1) 무의식적 관념들과 2) 감정적 콤플렉스들을 관통해서 3) 과거의 경험들을 바라본다. 이것이 바로 퇴행이다.

하지만 퇴행은 단지 과거의 경험에 대한 관조로만 그치는 것이 아니다. 피최면자는 과거의 경험을 다시 체험하기도 하고, 또 육체적 지각과 행위가 과거의 것으로 바뀌기도 한다. 즉 퇴행은 다음 세 가지로 나뉜다.

1) 관조
2) 재(再)체험
3) 육체적 지각과 행위의 변화

과거를 관조할 수 있다는 건 무엇을 뜻할까? 과거를 관조하기 위해선 과거가 (육체가 아닌 관념의) 눈앞에 펼쳐져 있어야 한다. 만약 과거가 사라졌다면, 과거를 관조할 수 있을까? 사라지고 없는 것을 보는 것은 불가능하다. 아무리 관념의 눈으로 보는 것이라 하더라도 말이다.

따라서 과거를 관조하기 위해선, 과거가 어딘가에 존재해야 한다. 그 어딘가는 '기억'일까? 기억하는 행위로서의 '기억' 말고, 과거의 경험이 뇌 속에 담겨져 있는 장소로서의 '기억' 말이다. 하지만 기억은 불완전한 것이 아닐까? 그래서 기억은 자꾸만 잊혀지는 것이 아닐까? 그리고 그처럼 잊혀져가는 기억은 결국 완전히 사라지는 것이 아닐까?

하지만 최면에서의 기억은 너무도 정밀하다. 기억 속에 담겨 있었다고 말하기 어려울 정도로 말이다. 물론 '의식적 기억'과는 달리 '무의식적 기억'은 그 어떤 것도 잊지 않고 모두 기억한다고 말할 수도 있을 것이다. 하지만 최면에서 과거에 대한 관조는 마치 다른 어떤 곳에서 사라지지 않고 존재하던 과거가 다시 우리에게 밀려드는 듯한 느낌을 준다.

그 관조는 마치 임사체험에서의 삶의 회고와도 비슷하다. 임사체험에 대해 최초로 과학적 연구를 한 레이먼드 무디(Raymond Moody Jr)는 임사체험에서의 삶의 회고에 대해 다음과 같이 말한다. "무엇보다 놀랄 만큼 빠르게 진행된다. 체험자들은 하나의 기억이 시간 순서에 따라 신속하게 다른 기억을 뒤따른다고 표현한다. 어떤 이들은 시간 순서를 전혀 인식하지 못했다고 회상한다. […] 그러나 그들은 거의 항상 […] 그 반추가 믿을 수 없을 만큼 생생하고 현실감 있다는 데 동의한다."[47]

최준식은 임사체험 연구의 또 다른 전문가인 케네스 링(Kenneth Ring)을 인용해서 임사체험자 중 삶을 회고한 자는 12%에 달한다고 하고,[48] 또 다음과 같이 말한다. "매우 짧은 시간에 회고가 이루어지지만 많은 영상이 한꺼번에 나타나고 영상이 아무리 빨리 진행되어도 어느 한 순간도 놓치지 않는다고 한다. 그만큼 생생하기 때문이다."[49]

최면에서 과거의 관조는 임사체험에서의 삶의 회고와 다음 두 가지 유사점을 갖는다. 1) 기억의 정밀성과 2) 시간의 늘어남. 그렇다면 최면에서의 과거의 관조는 어떤 다른 곳에 존재하던 과거 속으로 다시 들어가는 것이 아닐까? 과거의 기억들을 그처럼 완전하게 두뇌 속에 기억하는 것이 두뇌의 효율성을 거스르는 것이라면 말이다.

우리는 앞에서 과거에 읽은 책을 최면 퇴행 중에 눈앞에 펼쳐놓은

---

47. 레이먼드 A. 무디 주니어, 『다시 산다는 것』, 행간, 2007, 73~74쪽.
48. 최준식, 『죽음, 또 하나의 세계』, 동아시아, 2006, 107쪽.
49. 같은 책, 147쪽.

듯이 다시 읽는 올더스 헉슬리의 사례를 언급했었다. 에릭슨은 또한 과거에 보았던 영화를 최면 퇴행 중에 완벽히 재생해서 다시 보는 사례들도 보고한다. 그 가운데 어떤 사례에서 에릭슨은 영화를 보고 있는 피최면자를 깨우기 위해 애를 먹기도 한다.

또 에릭슨은 1962년에 아들 앨런(Allen)과 함께 쓴 미발표 논문「최면 상태와 각성 상태에서 지나간 날의 요일을 맞추기」에서, 퇴행해서 관조하고 있는 날들의 요일을 맞추는 실험 사례를 제시한다. 에릭슨은 10명의 피실험자들을 과거의 특정한 날로 퇴행시켜 요일을 물어본다.

12살보다 더 많은 나이로 퇴행한 경우 대답은 두 가지다. 즉 1) 너무 바빠서 요일에 신경 쓸 겨를이 없다고 하거나 2) 무슨 요일인지 곧바로 대답한다는 것이다. 더 어린 나이로 퇴행한 경우에는 1) 요일을 기억하거나 2) 날짜를 기억한다. 이때 대답을 유도하기 위해선 전날 또는 다음날과 관련시켜 "오늘은 무얼 하냐"고 물으면서 추적하면 된다. 너무 어린 나이로 퇴행한 경우에는 요일을 잘 몰라서 "오늘은 그림 그리는 날"이라는 식으로 대답한다. 요일을 알지 못할 뿐이지 어떤 날인지는 정확히 안다는 것이다. 따라서 이런 대답도 요일을 맞춘 것으로 간주할 수 있다. 나이가 든 다음으로 퇴행한 경우에는 요일을 맞추지 못하는 경우가 많다. 요일에 신경을 쓰지 않기 때문이다(III-136~138).

결국 피실험자들은 세 번에 두 번 정도는 요일 또는 그에 상응하는 것을 정확히 제시한다. 이 실험이 말해주는 것은 퇴행의 정밀성이다. 즉 최면에서의 퇴행이 그냥 막연히 과거의 특정 장면들을 떠올리는 것이 아니라, 과거의 어떤 시점 속으로 고스란히 옮겨가는 것이라는 것이다.

최면 퇴행자는 지금 이 시점을 떠나 과거의 특정한 시점 속으로 고스란히 옮겨간다. 게다가 피최면자는 그 시점 속으로 들어가 그 시점을 완전히 다시 살기도 한다. 이는 마치 그 과거가 하나의 공간이나 연극무대처럼 고스란히 존재하고 피최면자가 그 속으로 육화(肉化)되어 들어가는 것과 유사하다. 에릭슨은 이를 "재등장한 과거의 직접적 현재를 사는 것"이라고 한다(III-126). 즉 과거인 줄 알았던 것이 다시 현재가 된다는 것이다.

에릭슨은 1937년 발표한 「최면 하에서 트라우마적 경험을 다시 사는 동안의 의식 상실의 출현」에서 19살 먹은 "정신분열증적 반응 유형의 급성 정신병" 환자를 치료한 사례를 제시한다. 에릭슨은 이 환자를 완전히 망각했던 2년 전의 트라우마적 사건 속으로 돌려보낸다. 그 사건에서 환자는 범죄자들의 정보를 경찰에 제공한 이유로 두 사람에게 납치되어 참혹하게 얻어맞은 뒤 진창에 버려진다. 모두 이틀 반에 걸친 이 사건을 환자는 최면 퇴행 속에서 당시의 공포와 고통들을 고스란히 느끼면서 약 4시간에 걸쳐 다시 겪는다. 그리곤 완전한 감정적 카타르시스를 통해 공포증을 극복한다(III-53~61).

에릭슨은 이 사례에 대해 "과거의 경험을 마치 지금 펼쳐지는 듯이 다시 살았다"고 한다(III-54). 즉 과거가 사라지지 않았고, 그리하여 그 과거 속으로 들어가 다시 살았다는 것이다. 환자는 특히 과거 속으로 들어가 과거와 똑같은 감정적 반응들을 반복한다. 그리하여 에릭슨은 환자가 "그것이 진짜로 처음 펼쳐지는 것처럼 그 경험을 다시 살았다"고 한다(III-62).

과거 속으로 들어가 그 과거를 다시 살았다는 것은 무슨 뜻일까? 피최면자의 몸이 과거 속으로 들어가서, 다시 공포, 전율, 고통, 처참함을 겪었다는 것일까? 그럴 수 없음은 물론이다. 몸은 여기에 그대로 있다. 몸은 기껏해야 피최면자의 무의식적 관념에 종속될 따름이다.

자아가 해제된 트랜스 상태에서, 과거 속으로 들어가 과거를 다시 체험하는 것은 피최면자의 비자아적 주체일 수밖에 없지 않을까? 하지만 비자아적 주체가 그처럼 공포, 전율, 고통, 처참함을 직접 다시 체험하는 것일까?

질문을 새롭게 던져보자. 과거가 사라지지 않고 거기 그대로 있다는 것은 어떤 뜻일까? 사라지지 않고 있는 그 과거는 어떤 과거일까? 과거가 있다. 그 과거는 나의 과거, 내가 체험한 과거다. 그렇다면 그 과거는 바로 과거의 체험이다. 즉 과거는 곧 체험된 과거이고, 그래서 과거와 체험은 분리되지 않는다는 것이다.

과거가 거기 그대로 있다는 것은 과거의 체험이 거기 그대로 있다는 것이다. 공포, 전율, 고통, 처참함이 거기 그대로 있다는 것이다. 체험은 누군가가 체험한 것이다. 체험은 체험하는 사람을 전제한다. 그러나 보다 분석적으로 말해서, 체험의 주체는 어떤 것일까? 바로 자아의 지각이다. ‘과거 = 과거의 체험’ 이라면, ‘과거의 체험 = 자아의 지나간 지각’ 이고, 따라서 ‘과거 = 자아의 지나간 지각’ 이다.

따라서 과거가 사라지지 않고 거기 그대로 있다는 것은 자아의 지나간 지각이 사라지지 않고 거기 그대로 있다는 뜻이다. 결국 과거를 다시 체험한다는 것은 자아의 지나간 지각을 다시 체험한다는 뜻이다.

그렇다면 자아의 지나간 지각을 다시 체험하는 것은 누굴까? 지금의 자아일까? 그렇지 않다. 트랜스 상태에서 지금의 자아는 해제되어 없다. 그렇다면 비자아적 주체일까? 우리는 여기서 두 가지 매개항(項)을 등장시킬 수 있다. 즉 ‘무의식적 마음’ 과 ‘몸’ 이 그것이다. 그 결과 우리는 다음과 같이 가설 1을 제시할 수 있다.

가설 1: 최면퇴행에서 과거의 재체험은 무의식적 마음이 자아의 지나간 지각을 다시 체험하는 것이다. 이때 무의식적 마음이 다시 체험하는 감정들은 ‘관념-지각 현상’ 에 따라 몸에 고스란히 전해진다.[50] 비자아적 주체는 무의식적 마음과 몸이 체험하는 자아의 지나간 지각을 관조한다.

이 가설 1에서 무의식적 마음이 과거를 다시 체험한다는 설정은 후최면 암시 등을 모델로 한 설정이다. 하지만 임사체험의 사례들은 가설 1을 반박한다. 육체를 떠난 상태에서 이루어지는[51] 임사체험의 주체는 비자아적 주체일 수밖에 없고, 게다가 임사체험에서 비자아적 주체는 과거의 경험을 현실처럼 생생하게 다시 체험하기 때문이다. 그렇다면 우리는 다시 가설 2를 다음처럼 제시할 수 있다.

가설 2: 최면퇴행에서 과거의 재체험은 비자아적 주체가 자아의 지나간 지각을 다시 겪으면서 또 관조하는 것이다.

이 가설 2에서 비자아적 주체가 자아의 지나간 지각을 단순히 관조할 뿐만 아니라 다시 체험한다는 설정은, 일상 속에서 비자아적 주체가 자아의 체험에 항상 연루되어 있다는 데에 따른 설정이다. 어쨌거나 나는 이 두 가설 가운데 어느 것이 올바른지 판단할 능력이 없다. 하지만 최면퇴행이 갖는 치료 효과가 비자아적 주체의 관조에 따른 것임은 두말할 것도 없다.

퇴행에 따른 과거의 재경험은 그야말로 전면적이다. 그것을 실증하는 것은 관념-지각 또는 관념-운동 현상이다. 예컨대 트랜스 상태에서 어린아이로 퇴행한 사람은 어린아이처럼 말하고 행동한다. 에

---

50. '관념-지각 현상' 또는 관념-운동 현상이란 앞서 본 최면 환각처럼 관념에 따라 현실을 지각하거나 또는 관념에 따라 몸이 움직이는 것이다.
51. 임사체험이 육체를 떠난 상태에서 이루어진다는 것은 임사체험의 첫 단계인, 영혼이 위로 떠올라 자신의 몸을 내려다보는 경험에 입각한 추정이다.

릭슨은 월버그에게 보내는 편지에서 유아로 퇴행해서 오줌을 싸고 울부짖었던 어떤 피최면자에 대해 말한다(서한집, 97쪽). 또 에릭슨의 젊은 시절 피최면자였던 O양은 7살로 퇴행하여 7살짜리의 언어를 구사한다(I-25).

이러한 관념–지각 현상은 놀랍게도 육체적 감각에도 적용된다. 에릭슨은 1942년의 「심신상관적 현상들에 대한 최면 연구: 실험최면을 통해 연구된 심신상관성」에서 퇴행에 따른 육체적 감각의 변화를 경험한 한 젊은 의사의 사례를 소개한다. 그 의사는 10살 때까지는 안경을 쓰지 않았고, 10살부터 14살까지의 시기에 첫 번째 안경을 꼈고, 14살 이후에는 도수가 낮은 두 번째 안경을 낀다.

에릭슨이 그를 8살로 퇴행시켰을 때, 그는 안경을 벗고서 편안하게 느끼고 안경을 끼면 두통을 겪는다. 반면 10살부터 13살 사이로 퇴행시켰을 땐, 그의 어머니가 보관했던 최초의 안경을 끼고서 편안함을 느끼고, 안경을 벗으면 두통이 생긴다. 또 14살 이후로 퇴행했을 땐, 최초의 안경을 끼면 두통이 생기고 두 번째 안경을 끼면 상대적으로 편안함을 느낀다(II-210~211).

이 사례가 말해주는 것은, 과거의 한 시점 속에 '존재하고 있다'는 무의식적 관념에 따라 육체적 감각마저도 그 시점의 것으로 변한다는 것이다. 그처럼 변화한 감각도 일종의 지각인 한에서, 이 현상도 앞에서 살펴본 것 같은 '관념에 따른 환각' 현상이다.

그렇다면 최면 퇴행의 세 형태인 1) 관조, 2) 재체험, 3) 육체적 지각과 행위의 변화는 트랜스 상태가 점점 더 깊어짐에 따라 벌어지는 계기적 현상들일까? 반드시 그렇지는 않을 것이다. 특히 최면에 따른 시력의 변화나 말투의 변화는 다만 2) 재체험을 수반할 뿐인 현상들이 아닐까? 그렇다면 3) 육체적 지각과 행위의 변화를 퇴행의 한 독립된 단계로 간주하기 어려울 것이다.

또, 유아로 퇴행해서 오줌을 싸고 울부짖는 경우에도 비자아적 주체의 관조가 존재하는 것일까? 이 사례에 대한 에릭슨의 기술(記述) 자체가 지극히 단편적이기 때문에, 정확한 판단을 내리기 어렵다. 하지만 심지어 3달째로 퇴행한 경우에도 관조에 따른 치료 효과가 생겨나는 것으로 보아(Ⅱ-426), 모든 퇴행에는 비자아적 주체가 관조가 수반되지 않을까? 즉 1) 관조가 2) 재체험을 항상 동반한다는 것이다.

그렇다면 우리는 오히려 다음처럼 퇴행의 단계를 나눌 수도 있을 것이다. 1) 관조 → 2) 재체험 + 관조 → 3) 재체험 + 육체적 감각 변화 + 관조. 물론 이때도 2)와 3)의 구별은 확실하지 않다.

퇴행에 따른 치료는 비자아적 주체의 관조로 인해 가능하다. 비자아적 주체가 퇴행의 경험을 반추하면서 스스로 자기 치유의 길을 찾아낸다는 것이다. 그렇다면, 에릭슨이 그토록 강조하는 피최면자 내부의 자기치유 능력은 비자아적 주체에 고유한 능력일 것이다.

비자아적 주체에 대한 몇 가지 덧붙임

『최면의 실제』에서 어니스트 로시는 어떤 사례를 두고 에릭슨과 대담하면서, 에릭슨의 입장을 다음처럼 정리한다. "치료자는 단지 무대만을 마련해줄 뿐이군요. 그래서 그는 환자가 창조적 노동을 할 수 있는 조건을 만들어주는 것이군요. 사실상 트랜스란 의식에 의해 지배받지 않는 무의식이 적극적으로 활동하는 능동적 과정이군요." 에릭슨은 대답한다. "바로 그것입니다"라고(실제, 203쪽).

최면치료는 어떻게 이루어지는 것일까? 치료자가 트랜스 상태에서 이것저것을 지시하고 교훈을 줌으로써 이루어지는 것일까? 그렇지 않다. 물론 최면사는 길을 안내한다. 하지만 치유를 떠맡는 것은 피최면자 자신이다.

그러나 피최면자는 평상시의 각성 상태에서는 자기치유를 행하지 못한다. 자아의 지배로 인해, 비자아적 주체가 활동을 하지 못하기 때문이다. 물론 그렇다고 해서 비자아적 주체가 완전히 활동을 중단한 것은 아니겠지만 말이다.

피최면자는 단지 특정한 상태에서만 자기치유를 할 수 있다. 그 특정한 상태란 "의식에 의해 지배받지 않는 무의식이 적극적으로 활동하는" 상태이다. "의식의 지배를 받지 않고 적극적으로 활동하는" 무의식이란 비자아적 주체일 수밖에 없다. 즉 피최면자의 자기치유는 자기치유 능력을 갖는 비자아적 주체의 활동으로 인해 가능한 것이다.

시드니 로젠은 다음과 같이 말한다. "에릭슨은 모든 개인에겐 정상적이고 건강한 핵심이 있다고 믿었다. 그 핵심은 어쩌면 카렌 호니(Karen Horney)가 '진정한 자기'라고 부른 것과 같은 것일 것이다."[52] 비자아적 주체는 바로 그러한 '핵심' 또는 '진정한 자기'일 수 있을 것이다. 문제는 그러한 '핵심'이 자아의 지배 아래 가려진다는 것이다.

비자아적 주체는 "의식의 지배를 받지 않는 상태," 즉 자아가 해제된 상태에서만 등장한다. 에릭슨은 「최면 연구에서의 근본적인 심리적 문제들」에서 트랜스 상태의 피최면자들은 "수많은 것들을 과도하게 의식하고, 또한 수많은 것들을 의식하지 못한다"고 한다(II-454). 이때 피최면자들이 "과도하게 의식"하는 것들은 그동안 자아가 의식하지 못했던 것들이고, 또 그들이 "의식하지 못하는" 것들은 그동안

---

52. Sydney Rosen(편집), 앞의 책, 40쪽.

자아가 의식했던 것들이다.

에릭슨에 따르면, 가장 깊은 트랜스에서 피최면자들은 "완전히 무의식적 방식으로 움직인다"(I-185). 이처럼 완전히 무의식적 방식으로 움직이는 상태가 바로 비자아적 주체가 적극적으로 활동하는 상태일 것이다. 그 상태는, 앞에서 보았듯, 육체적 감각을 포함한 외적 지각을 완전히 상실한 상태, 그리하여 (하)의식이 육체와 시공간을 이탈한 상태이다. 육체와 시공간을 이탈한 (하)의식이 바로 비자아적 주체이다.

에릭슨은 「최면 망각의 상이한 유형들」에서 트랜스 상태에서 잔존하는 "관찰하는 자아(ego)"에 대해 말한다. 최면사가 직접적 암시를 하면 이 '관찰하는 자아'가 주의를 기울인 다음 선택한다. 하지만 최면사가 간접적 암시를 하면 '관찰하는 자아'는 그것을 놓친다(III-89~90). 비자아적 주체는 바로 이 '관찰하는 자아'가 놓치는 간접적 암시에 대해 반응한다.

비자아적 주체가 자아에게 대립하는 분열적 주체인 제2인격과 다른 것임은 두말할 것도 없다. 제2인격은 자아가 급격하게 한쪽 방향으로 기울어짐에 따라 반동적으로 성립한 분열적 주체일 뿐이다.

에릭슨은 이베스 헨드릭(Ives Hendrik)에게 보낸 1940년 10월 11일자 편지에서 이중인격을 "한 가지 글로벌한 경험을 완전히 상이한 두 입장에서 해석하고 정리하고 조직해서 이용하는 것"이라고 정의한다(서한집, 148쪽). 이러한 두 해석이 한 개인 내부에 생성되는 것은 자아의 표면적인 입장이 지나치게 한쪽으로 기울기 때문이다. 에릭슨은 1940년에 써놓은 미발표 논문인 「인격의 이중화의 임상적 발견」에서 거의 5백 명의 환자 가운데 "잘 발달되고 조직된 제2인격"을 가진 사람을 4명 발견했다고 한다. 또 그 외에 그는 "상당히 견고한 하위 인격"을 가진 사람을 셋 만났고, "인격의 특정 측면들이 불완전하게 분리된" 사람 여섯 명을 만났다고 한다(Ⅲ-314). 즉 이중인격은 아주 드문 것도 아니지만, 모든 사람에게서 존재하는 것은 결코 아니다.

에릭슨의 전집에는 이중인격의 두 사례가 실려 있다. 우선 그는 로렌스 큐비와 함께 1939년에 발표한 「예기치 않은 제2인격과의 소통에 따른 강박적 공포증의 완치」에서 강박적 공포증에 시달리는 차분하고 소극적 성격의 데이몬(Damon) 양의 사례를 소개한다. 데이몬 양은 트랜스 상태에서 자동 글쓰기를 하는 과정에서 브라운(Brown)이라 불리는 제2인격을 발전시킨다. 브라운은 데이몬과 반대되는 확고하고 다혈질적인 성격의 소유자이다. 그러나 브라운은 데이몬의 유년 시절의 억압된 기억들을 환기시킴으로써 치료를 돕는다.

또 에릭슨은 「인격의 이중화의 임상적 발견」에서 소극적이고 두려움이 많은 성격인 엘렌(Ellen) 양의 이중인격 사례를 제시한다. 엘렌 양의 제2인격인 메리(Mary)는 엘렌 양과는 반대로 균형 잡히고 확신에 차고 극단적으로 능력 있는 여성이다(Ⅲ-320~325).

이처럼 제2인격들은 제1인격과 완전히 대립되는 성격을 갖는다. 이것은 제2인격이 자아에 대한 반동으로 성립했음을 말해준다. 자아와의 대립에 의해 규정되었다는 점에서, 제2인격의 무의식적 성격은 결코 심층적인 것일 수 없다. 어렵게 말을 하자면, 자아에 의한 부정(否定)적 규정성이 제2인격을 항상 각인하고 있기 때문이다.

물론 제2인격인 브라운은 억압된 기억의 환기를 통해 데이몬 양의 치료를 돕는다. 이것은 제1인격에는 억압된 무의식이 제2인격에는 전혀 억압되지 않고 의식되어 있음을 말해준다. 브라운이 환기한 억압된 기억은 프로이트적 정신분석에서 말하는 무의식의 성격을 전형적으로 갖는 것이다. 하지만 프로이트적 정신분석에서의 억압된 무의식은 최면치료에서 등장하는 무의식에 비해 매우 표층적인 것이다.

또한, 이중인격은 융이 얘기한 아니마-아니무스를 떠올리게 한다. 그러나 융에게서 아니마-아니무스는 하나의 심리적 층위를 이루는 것이다. 반면, 에릭슨이 발견한 이중인격은 병리적인 것이기 때문에, 제2인격을 하나의 항상적인 심리적 층위로 간주하기는 어렵다.

물론 자아와 비자아적 주체 사이에는 여러 형태의 매개적 층위들이 존재할 수 있다. 예컨대 자아와 비자아적 주체의 규정을 받는 객체적 존재인 무의식적 마음은 자아가 해제되는 과정에서 나름의 자율성을 갖고 움직일 수 있다. 이를테면 최면유도 과정에서 벌어지는 팔 떠오르기와 같은 매개적 현상들은 비자아적 주체의 등장에 따른 것이 아니라 무의식적 마음의 자동적 행위일 것이다. 하지만 자기치유 능력을 갖는 비자아적 주체는 단 하나일 수밖에 없다.

트랜스에서 드러나는 무의식의 고유한 특징 하나는 문자주의다. 피최면자는 최면사의 질문이나 지시에 대해 그야말로 '문자적으로' 반응한다는 것이다. 예컨대 "당신의 이름을 알아도 방해가 되지 않겠습니까?"라는 영어식 질문에 피최면자는 "방해가 되지 않습니다"라고 대답한다(III-110). 또는 "잠시 일어날 수 있겠습니까?"라는 질문에, 일어나는 대신 "네"라고 대답한다(III-114).

이러한 질문들에 대해 각성상태의 사람들이 이름을 말하거나 일어난다는 것은 물론이다. 하지만 피최면자들은 최면사의 질문을 문자 그대로 받아들인다. 그래서 피최면자들의 이름을 알려면, "당신의 이름은 무엇이지요?"라고 직접적으로 물어야 된다.

일상적인 완곡어법에서 질문은 1) 표면적인 내용과 2) 함의(含意)로 구성된다. 질문이 주어지면 피최면자는 2) 함의를 전혀 파악하지 못하고 1) 표면적 내용에만 대응한다. 이것은 피최면자가 일상적 언어생활에서 이탈한다는 것이다.

에릭슨은 이에 대해 "트랜스 상태에서는 생각보다 단어를 듣는다"

고 한다(III-120). 이것이 에릭슨의 입장이다. 하지만 그게 전부일까? 오히려 피최면자는 최면사의 질문을 전적으로 존중하는 것일 수도 있지 않을까?

피최면자는 "방해가 되지 않느냐?"는 질문에 "방해가 안 된다"고 대답한다. 그 대답이 가장 정확한 대답이기 때문이다. 그렇다면 피최면자는 현대적 언어생활의 타락을 이탈한 것이 아닐까? 다시 말해, 그는 일상적인 완곡어법의 위선과 거짓을 완전히 벗어나 있다는 것이다.

우리는 일상적 대화 속에서 상대의 언어들을 항상 우리의 언어로 바꿔서 듣는다. 그러나 타자에 대한 존중은 그의 언어에 대한 존중에서부터 시작해야 하는 것이다. 그렇다면, 피최면자의 문자주의는 타자에 대한 철저한 존중에 입각한 것이 아닐까? 다시 말해, 피최면자는 질문자가 거짓말쟁이일 수 없다고 생각하는 것이 아닐까? 즉 피최면자는 상대를 철저히 존중하기 때문에, 질문자가 거짓말을 하지 않을 것이라고 여기고, 그의 질문에 정확하게 대답해준다는 것이다. "방해하지 않는다"고.

비자아적 주체는 그런 존재가 아닐까? 상대를, 그리고 그와 더불어 피최면자 스스로를 철저하게 존중하는? 에릭슨이 언제나 강조하듯, 비자아적 주체는 정밀하게 그리고 매우 천천히 일한다. 피최면자가 준비될 때까지 기다리면서. 다음 장에서 볼 것이듯이, 엠마뉘엘 레비나스는 영혼의 수동성을 말한다. "행위의 모든 반(反)명제적 수동성보다 더욱 수동적인 수동성," "모든 수동성 밑에 있는 수동성"이 영혼의 태도라는 것이다.[53] 비자아적 주체는 바로 그런 수동적인 영혼이 아닐까?

---

53. Emmanuel Lévinas, *Autrement qu'être ou au-delà de l'essence* (『존재와는 다르게 또는 본질을 넘어서』), Le livre de poche, 1996, 116쪽과 160쪽.

한 가지 개념적 노동

영혼에 대하여[1]

한 가지 개념적 노동

실재의 새로운 지표

일반적으로 내적 정합성에만 만족하는 철학과 달리, 과학적 노동은 실재라는 지표를 갖는다. 즉 과학적 노동이 제시하는 명제들이 실재라는 지표에 부합해야만, 명제들의 체계인 이론이 과학적 지위를 갖는다는 것이다.

밀턴 에릭슨이 제시한 최면 현상들은 이제 새로운 실재를 구성한다. 그가 확립한 현대 최면이 최면 현상들을 규칙적으로 재생산할 수 있기 때문이다. 최면 현상들의 규칙적 재생산이 가능하다는 것은 최면 현상들의 실재성을 결코 부인할 수 없음을 뜻한다.

최면 현상들이 부인할 수 없는 실재로 확립되었다는 것은 다시 다음의 것을 뜻한다. 즉 여태껏 인간과학들과 사회과학들이 검증의 지표로 삼았던 외적인 물리적 세계의 객관적 실재성이 일정하게 의문에 부쳐지게 되었다는 것.

물론 최면 현상을 접하지 않은 과학자들이 여태껏 자신들이 준거해오던 물리적 세계의 객관적 실재성을 갑자기 부인할 수는 없다. 하지만 최면 현상들이 부인할 수 없는 실재로서 확립된 이상, 과학적 노동이 준거하는 실재의 지표가 언젠가는 바뀌리라는 것은 확실하

---

1. 나는 김인호 선생님의 고마운 권유로『현대 비평과 이론』제32호(2009년 가을·겨울)에 「엄밀한 과학의 대상으로서의 영혼 — 연구를 위한 노트」를 발표한 적이 있다. 2009년의 이 논문이 연구 노트 또는 연구계획서의 성격을 가졌다면, 지금의 이 글은 그때의 계획이 일정하게 실현된 것이다. 물론 두 글 사이에 겹쳐지는 부분도 약간 있을 것이다. 하지만 2009년도의 그 논문은 부정확하고 불충분할 뿐 아니라, 지금의 관점에서 볼 때 여러 면에서 방향이 잘못된 것이다. 따라서 참조를 권할 만한 글이 결코 아니다.

다. 비록 많은 시간을 요하더라도 말이다.

이제 최면 현상들은 모든 인간과학과 사회과학이 존중해야만 하는 실재의 한 지표를 이룬다. 물론 "존중해야만 하는"이란 표현은 현실이 아닌 당위를 뜻한다. 즉 최면 현상들이 실재로서 확립되었다는 것은 대부분의 과학자들이 수용하지 않는 고립된 사실일 뿐이다. 하지만 우리가 충실해야 하는 것은 사회적 일반성이 아니라 숨겨진 실재이다.

실재의 지표로서의 최면 현상들은 객관적 실재론을 일정하게 부인한다. 즉 우리가 '객관적'이라고 여겨왔던 물리적 실재가 결코 객관적이 아니라는 것이다. 최면 현상들은 기본적으로 주관적 구성주의를 지지한다. 자아의 욕망에 따라 현실이 다르게 구성된다는 것이다.

하지만 그것이 다가 아니다. 최면은, 현실을 자신의 욕망에 따라 주관적으로 구성하는 자아를 해제한다. 그리고 그 아래에서 비(非)자아적 주체를 드러낸다. 최면 현상을 통해서 드러나는 이 비자아적 주체는 최면 현상의 실재성 밑바탕에 깔린, 보다 심층의 숨겨진 실재이다.

비자아적 주체의 실재는 여태껏 신앙되어 왔던 물리적 세계의 객관적 실재성과 맞먹는 또 다른 객관적 실재성이다. 즉 보다 내밀한 주체성이 모든 인간에게 공통적으로 존재한다는 의미의 객관적 실재성이 그것이다. 비자아적 주체의 이러한 실재는 사람들이 여태껏 영혼이라 불러왔던 것의 실재를 말해주는 것이 아닐까?

내가 여기서 시도하려는 것은 영혼에 대한 새로운 개념적 노동이다. 이 개념적 노동을 지지해주는 것은 최면 현상들이라는, 새로 확립된 실재다. 이 '새로운' 개념적 노동은 영혼의 개념사(史)를 새롭게 노동하는 것이다. 즉 최면 현상들이라는 실재의 지표에 비추어서, 영혼의 개념사를 새롭게 읽어내겠다는 것이다.

영혼에 대한 새로운 개념적 노동이 위치하는 이론적–이데올로기적 정세는 다음과 같다. 다시 말해, 이러한 이론적–이데올로기적 정세는 영혼에 대해 새로운 개념적 노동을 행하도록 우리에게 요청하는 정세이다.

1) 정신분석의 발전
2) 현대 최면의 확립
3) 경험주의의 지배

이 가운데 1)과 2)는 인간의 내면에 대해 완전히 새롭게 접근할 수 있는 토대를 놓아준 것이다. 따라서 내면에 가닿는 방식은 1)과 2)를 전후로 해서 완전히 달라진다.

1)은 무의식의 개념을 통해, 내면에 대한 새로운 통로를 연다. 그리고 이미 보았듯이, 라깡은 자신이 마주친 한계를 통해, 융은 일정한 개념적 기여들을 통해, 영혼의 개념에 가닿기 위한 다리를 놓는다.

2)는 이제는 더 이상 부인할 수 없는 발견들을 통해, 우리로 하여금 영혼에 대해 말하도록 밀어붙인다. 2)에 따른 발견들은, 그 자체는 말해지지 않으면서도 다른 모든 말해지는 것들을 떠받치는 듯한 한 가지 개념적 공백을 우리의 턱밑에 들이미는 듯하다. 그 개념적 공백은 영혼 개념의 공백이다. 즉 2)는 영혼에 대해 말할 필연성을 우리 면전에 드러낸다.

반면 3)은 영혼에 대해 말하는 것을 단호히 거부할 뿐만 아니라 조롱한다. 경험주의에 따를 때, 우리가 인간들에게서 직접적으로 경험하는 것은 단지 육체일 뿐이기 때문이다. 즉 "인간은 단지 육체일 뿐"이라는 것이 경험주의의 입장이다.

경험주의가 인간을 마치 내면이 없는 존재처럼 취급한다고 말하면 너무 지나칠까? 그렇지 않다. 경험주의자들은 인간에게서 기껏해야 외적 자극에 대한 반응을 다루겠지만, 외적 자극에 대한 반응도 마찬가지로 외적인 것이다.

그리하여 영혼에 대해 말해야 할 필요가 존재하는 것은 바로 3) 때문이기도 하다. 3)이 세계에서 영혼을 축출했기 때문이다. 다시 말해, 3)이 세계에서 영혼을 쫓아냈기 때문에 영혼을 말해야 한다.

오늘날 경험주의적 사회공학들은 인간을 마치 내면이 없는 존재처럼 다룬다. 그로 인해 오히려 인간과학과 사회과학에서 영혼의 개념을 사용할 필요가 절실해진다. 경험주의의 폐해(弊害)들과 맞서야 하기 때문이다. 경험주의의 폐해들이란 다음과 같은 것들이다.

1) 인간의 내밀한 경험들을 체계적으로 무시하는 것.
2) 그리하여 인간의 형태를 취한 물질주의적 '마귀'들을 만들어내는 것.
3) 비정성(非情性)을 사회적 교류의 지배적 형식으로 확립하는 것.

물론 영혼의 개념을 노동해야 할 이유가 단지 윤리적인 것이어서는 안 된다. 윤리적 이유는 다만 부차적이어야 한다. 영혼의 개념을 노동해야 하는 이유는 기본적으로 과학적 문제제기로부터 비롯돼야 하기 때문이다. 이 말은 다음의 것을 뜻한다. 실재의 지표가 우리에게 영혼에 대해 말할 것을 요청해야 한다는 것. 그리고 영혼에 대해 말해야만 하는 것이 실재의 지표에 충실한 것이어야 한다는 것. 오늘날 최면 현상들은 그러한 실재의 지표를 우리에게 제시한다.

영혼의 과학적 용법에 대하여

엘리 뒤링은 "우리의 세기[20세기]는 더 이상 영혼을 믿지 않는다"고 한다.[2] 이 말은 과거에는 영혼이 '믿음의 대상'이었음을 전제한다. 그렇다면 "인간은 다만 육체일 뿐"이라는 오늘날의 생각은 '사실'일까 '믿음'일까?

믿음은 『순수이성비판』에서의 칸트의 표현에 따를 때, 주관적으로 확실하지만 객관적으로 불확실한 것이다. 과연 "인간은 다만 육체일 뿐"이라는 생각이 객관적으로 불확실할 수 있을까? "인간은 다만 육체일 뿐"임은 너무도 자명하게 여겨진다. 그러므로 그것은 결코 '믿음'일 수 없는, '자명한' 사실이 아닐까?

하지만 믿음의 속성은 그것이 주관성 속에서 자명성을 획득한다는 것이다. 그리하여 우리가 자명하게 여기는 대부분의 것은 실제로는 믿음에 불과한 것이다. 즉 믿음을 가진 자에게 그 믿음은 너무도 확고한 사실에 다름 아니다. 따라서 "인간은 다만 육체일 뿐"임이 자명하게 여겨진다면, 그것은 오히려 "인간은 다만 육체일 뿐"이라는 것이 믿음에 불과하기 때문일 수 있다. "인간은 영혼"이라는 '믿음'이 과거에는 너무도 자명한 '사실'로 여겨졌을 수 있듯이 말이다.

관건은 하나다. 인간에게서 육체를 넘어서는 어떤 것이 있느냐 없느냐 하는 것. 즉 인간을 육체로 완전히 환원시킨 다음에도 남는 그 어떤 것이 있느냐 없느냐 하는 것이다.

그렇다면 우리는 인간에게서 육체를 넘어서는 그 어떤 것이 존재하는지 아닌지를 어떻게 알 수 있을까? 그것은 물론 징후들을 통해

---

2. Elie During, "Introduction," *L'âme*(『영혼』), GF Flammarion, 1997, 9쪽.

서이다.

과학적 노동은 징후들로부터 출발한다. 징후란 그 자신이 아닌 다른 것의 존재를 말해주는 것이다. 징후란 바로 그 '다른 것'의 징후이기 때문이다. 그 '다른 것'은 징후의 원인이다. 바로 그 '다른 것'의 존재로 인해 징후가 생겨났기 때문이다.

과학적 노동은 징후들로부터 출발해서, 그 징후들의 원인이 되는 그 '다른 것'으로 거슬러 오르는 것이다. 그리하여 우리의 경우엔, 영혼의 징후들로부터 출발해서, 그 징후들을 생산해낸 원인인 영혼 그 자체에까지 가닿아야 하는 것이다.

그렇다면, 우리가 제일 먼저 해야 할 일은 영혼의 징후들을 식별하는 일일 것이다. 영혼의 징후들을 영혼이 아닌 것의 현상들[3]과 구별하는 것이 그것이다. 영혼의 징후들을 잘못 식별한다면, 그 징후들의 원인은 결코 영혼이 아닐 것이다.

중요한 것은, 영혼이 어디에선가 존재한다면, 영혼의 현상들이 지금 이곳에서 드러나기 마련이라는 것이다. 영혼에 대한 과학적 노동은 그러한 영혼의 현상들을 영혼이 존재한다는 징후로 포착한다. 그리고 그러한 징후를 통해 영혼이라는 원인적 실체에 접근하는 것이다.

엘리 뒤링은 "우리의 세기는 더 이상 영혼을 믿지 않는다"고 말한 다음, 오늘날 영혼이란 단어는 기껏해야 "감정 또는 감성의 정의될 수 없는 뉘앙스와 함께 내밀한 것 또는 사적인 것에 속하는 모호한 그 어떤 것을 언급할 때"에야 용인된다고 덧붙인다.[4]

이때 "감정 또는 감성의 정의될 수 없는 뉘앙스" 또는 "내밀한 것 또는 사적인 것에 속하는 모호한 그 어떤 것"은 영혼이 어디에선가

---

3. 징후들은 곧 현상들이다. 다만 x를 인식하고자 하는 사람에게는 x로부터 비롯된 현상들이 x의 징후를 구성한다.
4. Elie During, 같은 글 같은 쪽.

숨겨져 존재하고 있음을 말해주는 영혼의 징후일까? 그럴 수도 있겠지만, 오히려 일반적으로는 그렇지 않을 것이다. 영혼이란 단어가 그러한 것들을 언급하기 위해 사용됐다면, 그 용법은 오히려 '영혼의 은유'에 가깝다.

은유란 어떤 것을 지칭하기 위해 그것이 아닌 다른 것을 사용하는 것이다. 즉 A가 아닌 B를 통해 A를 지칭하는 것이다. 따라서 영혼의 은유란 영혼이 아닌 것을 영혼이라고 지칭하는 것이다. 이것은 영혼의 문학적 용법이다. 과학적 노동은 그러한 은유를 가급적 피해야 한다. 첫째로, 실체와 현상 사이의 인과관계가 교란되고, 둘째로, 현상들의 혼동이 벌어지기 때문이다.

엘리 뒤링은 '영혼의 은유'를 명확히 인식하기 때문에, 영혼이란 단어가 기껏해야 "정의될 수 없는 뉘앙스" 또는 "모호한 그 어떤 것"을 지칭하기 위해 사용된다고 한다. "정의될 수 없는 뉘앙스" 또는 "모호한 그 어떤 것"이란 표현될 수 없는 감성의 색깔들 또는 느낌들일 뿐이다. 물론 그러한 것들이 영혼을 표현해주는 것이 아니겠냐고 반문할 수도 있겠지만, 우리의 주변에서 언어로 표현될 수 없는 감성적 뉘앙스와 '모호한 그 어떤 것들'은 얼마나 많은가?

영혼의 용법을 다음 세 가지로 나누어보자.

1) 영혼의 은유
2) 영혼의 내재적 용법
3) 영혼의 초월적 용법

이 가운데 1) 영혼의 은유는 영혼에 대한 개념적 노동에서 완전히 제거되어야 할 것이다. 그렇다면 2)와 3)의 차이는 무엇일까?

2)는 영혼을 세계 내적인 존재로 다루는 것, 특히 개인의 실존 내

부로부터 다루는 것이다. 그리하여 2)에서는 영혼의 존재가 영혼의 현상들로부터 출발하여 가닿아질 수 있는 것으로 간주된다. 즉 영혼은 이 세계 내부에 있는 것이기 때문에, a) 영혼의 현상들로부터 출발해서 b) 그 매개적 고리들을 따라가다 보면 c) 영혼의 실체를 필연적으로 만날 수밖에 없다는 것이다.

2)가 영혼을 세계 내적으로 다룬다는 것은, 다른 한편으로, 영혼의 기원을 질문하지 않는다는 것이다. 이것은 2)가 오직 세계 내적 존재로서의 영혼에 대해서만 관심을 갖기 때문이기도 하고, 또한 영혼의 기원을 엄밀한 인식의 한계를 벗어나는 것으로 여기기 때문이기도 하다. 즉 2)가 영혼의 기원에 대해 질문하지 않는 것은 그것이 과학적으로 질문될 수 없는 것이라고 여기기 때문이다.

3)은 영혼이 세계 내부에도 존재하지만 기본적으로는 세계 외적인 존재라고 여기는 것이다. 그래서 3)은 한편으로는 영혼이 세계 내부에 존재하는 방식들에도 관심을 갖지만, 기본적으로는 영혼의 세계 외적 기원을 탐구한다. 영혼의 세계 내재성에 앞서 영혼의 세계 외재성을 설정하는 3)에서는 영혼의 현상들을 통해 영혼의 실체에 가닿으려는 노동이 불필요하게 여겨진다. 영혼의 존재가 이미 전제되었기 때문이다. 플라톤에서 플로티노스를 거쳐 수흐라와르디(Sohravardi)와 몰라 사드라(Molla Sadra)로 이어지는 영혼의 형이상학이 바로 3)을 구현한다.

내가 여기에서 시도하려는 것은 2)를 발전시키는 것이다. 하지만 그렇다고 내가 3)을 부인하는 것은 결코 아니다.

우리가 앞으로 자세히 살펴볼 플라톤, 플로티노스, 수흐라와르디, 몰라 사드라뿐만 아니라 『실천이성비판』에서의 칸트와 『유토피아의 정신』에서의 에른스트 블로흐도 영혼의 불멸성과 윤회를 믿었다. 게다가 서양사상사의 전통 속에서 윤회론의 신봉자들은 의외로 많다.

가깝게는 에머슨과 헬렌 니어링에 이르기까지 말이다.

하지만 내가 영혼의 실존 가능성을 받아들이게 된 것은 결코 그들을 통해서가 아니다. 그들은 비과학적인 형식 속에서 선험적으로 영혼의 존재를 말하기 때문이다. 플라톤이 『국가』를 끝맺으면서 팜필리아(Pamphylia)의 에르(Er)의 사례를 제시하고, 또 칸트가 '요청'이라는 형식을 취할지라도 말이다.

내가 영혼의 실존이 가능하다고 여기게 된 것은 임사체험에 대한 몇 권의 책들[5]과 전생을 기억하는 아이들에 대한 이언 스티븐슨의 책[6]을 통해서이다. 일정하게 과학적으로 통제된 형식을 취한 그 저서들이 부인할 수 없는 확고한 자료들을 제시하기 때문이다. 또 최면 치료에서의 전생 기억에 대한 브라이언 와이스(Brian Weiss)의 책은 대중적 형식을 취하고 있지만, 서술 방식의 진솔함이 나름의 신뢰성을 불러일으킨다.[7]

어쨌거나 2) 영혼의 내재적 용법은 3) 영혼의 초월적 용법으로부터 독립적인 것이다. 즉 2)가 3)을 전제하지 않는다는 것이다. 물론

---

5. 특히 레이먼드 A. 무디 주니어, 『다시 산다는 것』(행간, 2007)과 최준식, 『죽음, 또 하나의 세계』(동아시아, 2006)를 참조할 것.

6. Ian Stevenson, *20 cas suggérant le phénomène de réincarnation* (『환생 현상을 암시하는 20 가지 사례』), Aventure secrète, 2007. 이 책은 이미 오래 전에 한글로 번역되었다가 절판된 것이다.

7. 브라이언 와이스, 『나는 환생을 믿지 않았다』, 정신세계사, 2006. 하지만 이 책의 보고들이 엄밀한 과학성을 획득하려면, 최면유도 과정, 전생의 기억들이 환기된 계기들, 그 기억들의 형태들, 피최면자의 주관적·객관적 상태에 대한 보다 면밀한 기록이 필요할 것이다. 물론 브라이언 와이스 자신의 목표는 엄밀한 과학성의 획득이 아닌, 다른 것이었겠지만 말이다. 그의 책들은 두 권이 더 한글로 번역되어 있다. 나 자신의 체험을 말하자면, 2009년 겨울 즈음 내가 최면 유도를 행한 한 학생이 전생의 기억을 떠올린 적이 있다. 그 기억은 극히 단편적이었지만, 지금의 삶에 매우 중요한 의미를 갖는 것이었다. 그 학생은 그것이 전생의 기억임을 확신하는 듯 했지만, 나로서는 그것이 진실임을 확인할 수 있는 방법이 없었다. 세세하게 다그쳐 물을 수 있는 실험 최면의 상황이 아니었기 때문이다. 어쨌거나 나는 당시에는 그것이 진실일 것이라고 믿었다. 하지만 지금은 기억이 퇴색해서 확신이 없다.

2)가 3)으로부터 영감을 받을 수도 있지만, 그것은 어디까지나 영감에만 머무르는 것이다. 2)와 3)은 그 계열이 다르다. 2)가 과학적이고자 하는 것이라면, 3)은 계시적이고 투시(透視)적이거나 아니면 환상적이고 망상적인 것이다. 게다가 3)은 영혼의 기원이나 운명에 대해 말하고 싶어 함으로써, 2)를 가로막는 것이기도 하다. 2)는 영혼을 세계 내적인 존재로 다루기 위해, '알 수 없는 것'에 대해선 말하지 않는다는 윤리를 전제하기 때문이다.

과학적 노동은 인식의 공백지대에 접경해서 행해지는 것이다. 즉 어떤 것을 모르는데, 그것을 알고자 한다는 것이다. 하지만 인식의 공백지대에 접경하기 위해서는 그 어떤 것을 모르고 있음을 알아야 한다. 그것을 모른다는 것을 알아야만, 그것을 알고자 할 수 있기 때문이다.

반면 이데올로기는 모르면서도 안다고 하는 것이다. 실제로는 모르면서도 안다고 주장하는 것은, '안다'는 것이 어떤 것인지를 모르기 때문이다. 결국 이데올로기는 모르고 있음을 모르는 것이다. 반면, 모르고 있음을 아는 것이 과학적 노동의 출발점이다.

과학적 노동이 인식의 공백지대에 접하고 있음은 다음의 것을 뜻한다. 즉 과학적 노동이 아는 것과 모르는 것 사이의 경계에 놓여 있다는 것. 과학적 인식의 대상과 관련해서만 말을 하자면, 이때 아는 것은 현상들이고, 모르는 것은 그 현상들의 원인, 또는 실체이다.

과학적 노동은 알려진 현상들을 통해 알려지지 않은 실체(현상들의 원인)로 접근한다. 과학적 노동은, 그 어떤 것을 모르고 있음을 어떻게 알 수 있을까? 그것은 그 어떤 것의 현상들, 즉 드러남들 또는 표현들을 식별함으로써이다. 현상들의 존재를 식별함으로써, 그 현상들을 생산한 실체를 모르고 있었음을 깨닫게 된다는 것이다.

따라서 과학적 노동에서 무엇인가를 모른다는 것을 아는 것은 현상들을 안다는 것을 전제한다. 현상들의 식별은 그 현상들의 원인을 과학적 노동이 알아내야만 하는 인식대상으로 상승시킨다. 이에 따라 그 인식대상은 '알 수 없는 것'에서 지금은 모르지만 앞으로는 '알 수 있는 것'으로 인식론적 지위를 옮겨간다.

과학적 노동은 현상들을 통해서 인식대상에 대해 노동하는 것이다. 우리가 영혼의 현상들을 통해 영혼이라는 인식대상에 대해 노동하고, 그리하여 영혼의 개념을 획득하려고 시도할 것이듯이 말이다. 영혼의 현상들의 식별로부터 영혼이라는 인식대상의 성격 파악에까지 이르는 과정은 기본적으로 '추론'의 성격을 갖는다.

추론은 현상들로부터 현상들의 원인, 즉 실체에 이르기까지의 내적인 연결고리들을 추적하는 것이다. 중요한 것은 그 내재적인 연결고리들을 철저하게 존중함으로써 모든 비약의 위험을 제거하는 것이다. 데카르트는 『방법서설』의 제2부에서 추론의 이러한 방식을 과학적 인식의 넷째 규칙으로 제시한다. 즉 "모든 경우에 하나하나 철저히 살피고 전체에 걸친 재검토를 하여, 아무것도 빠뜨리지 않았음을 확신"해야 한다는 것이고, "진실이 아닌 어떠한 것도 진실로서 받아들이지 말고, 한 사항에서 다른 사항을 연역하는 데 필요한 순서를 항상 지키기만 하면, 아무리 멀리 떨어져 있는 것에도 결국은 도달할 수 있고, 아무리 감춰져 있는 것이라도 발견할 수 있다"는 것이다.[8]

스피노자가 『윤리학』 제2부 정리 29에서 "내부로부터의 인식"이 참된 인식이라고 한 것도 결국은 같은 것을 말하는 것이다. 즉 현상들의 생산이 "실체 → 속성 → 변용 → 양태들"의 인과계열을 따른다고 할 때, 올바른 인식은 "양태들 → 변용 → 속성 → 실체"의 순으로 인과계열을 거꾸로 거슬러 오르는 것이라는 것이다. 예컨대 다른 양

---

8. 데카르트, 『방법서설』, 범우사, 2005, 37~38쪽.

태들이나 다른 계열의 변용들에서 원인을 찾지 말라는 것이다.

헤겔은 또『정신현상학』에서 다음과 같이 말한다. "인내심이 없다는 것은 불가능한 것을 바란다는 것이다. 즉 수단들 없이 목적을 달성하려 한다는 것이다. 한편으로, 도정(道程)의 지루함을 견뎌내야 한다. 모든 계기가 필수적이기 때문이다. 다른 한편으로 그 계기 각각마다에 밀접하게 체류해야 한다."[9]

결국 영혼을 내재적으로 인식하려는 나의 개념적 노동은 데카르트-스피노자-헤겔을 거쳐 맑스-프로이트로 이어진 과학성의 이상(理想)을 따르는 것이다. 하지만 영혼의 징후들은 충분하지 않고, 또 영혼의 은유와 영혼의 징후를 명확히 구분하는 것도 손쉽지 않으며, 징후들과 원인 사이를 이어주는 매개들도 불투명하다. 이러한 어려움들은 징후들과 추론된 결과 사이의 논리적 정합성을 부단히 되새김으로써만 피해갈 수 있을 것이다. 따라서 나는 단지 과학성의 '이상'을 따르려고 할 뿐이지, "모든 계기들 각각마다에 밀접하게 체류"하기는 힘들 것이다.

유물론과 경험주의의 차이에 대해 한마디 덧붙이자. 경험주의는 현상들의 수준에만 위치한다. 그러므로 경험주의에는 시간적 인과성은 있어도 스피노자가 말한 것과 같은 내재적 인과성은 없다. 따라서 경험주의는 이데올로기적으로 뿐만 아니라 방법론적으로도 영혼의 인식에 대립할 수밖에 없다.

반면, 스피노자 이래의 현대적 유물론은 비록 그것이 종교적 지배에 대립해서 성립했다 하더라도 영혼의 인식 그 자체에 대립하는 것은 아니다. 물론 유물론은 한 가지가 아니다. 유물론이 전제하는 '물질'은 각각의 유물론마다 다르다. 즉 스피노자의 결정론적 유물론에

---

9. G.W.F. 헤겔,『정신현상학』, 한길사, 2005, 1권 68쪽.

서 최종적 물질은 실체, 즉 신(神)이고,[10] 포이어바흐의 유물론에서는 인간동물의 집합성, 맑스의 유물론에서는 오히려 물질의 생산을 둘러싼 사회관계다.

하지만 이러한 현대적 유물론들은 현상들을 넘어서서 원인적 실체에 가닿고자 하는 것이기 때문에, 영혼의 인식에 방법론적으로 대립하지 않는다. 또 포이어바흐나 맑스가 정치적–이데올로기적으로 대립한 것은 종교적 지배이지 영혼에 대한 과학적 인식이 아니다. 에크하르트 톨레가 말하듯, 사회적 제도로서의 종교는 영성과 무관하다.[11]

육체와 영혼의 대립에서 자아와 영혼의 대립으로

루카치의 스승이기도 한 짐멜은 1911년 논문인 「미켈란젤로 — 문화 형이상학을 위한 장(章)」에서 "육체를 아래로 끌어내리는 중력과 이 중력에 저항하는 영혼의 운동"에 대해 말하고, "우리의 육신은 양자가 만나 서로 타협을 강요당하는 투쟁장소"라고 한다.[12] 여기서 짐멜은 육체와 영혼의 대립에 대해 말하고 있지 않다. 그가 말하고 있는 것은 "육체를 아래로 끌어내리는 중력"과 "그 중력에 저항하는 영혼" 사이의 대립이다. 그리고 육체는 단지 그 두 힘이 대립하는 장

10. 따라서 스피노자의 결정론적 유물론은 결정론적 관념론일 수 있다. 원인적 실체가 신이기 때문이다. 내가 공부했던 알뛰세르의 학파에서는 스피노자가 무신론자임을 자명하게 여긴다. 하지만 나는 2007년 1학기에 성공회대 대학원의 '사회학 이론사' 수업에서 스피노자의 『윤리학』을 강의했을 때부터, 스피노자가 유신론자였을 가능성이 더 크다고 생각하고 있다.
11. 에크하르트 톨레, 『NOW』, 조화로운삶, 2008, 26~27쪽.
12. 게오르그 짐멜, 『예술가들이 주조한 근대와 현대』, 길, 2007, 27쪽.

소일 뿐이다.

하지만 육체는 그 자체가 무게를 갖고 있어서 다른 힘의 개입이 없어도 자연스레 중력의 작용을 받는 것이 아닐까? 또 영혼이 그 중력에 저항한다면, 영혼의 목적은 육체를 위로 끌어올리는 것일까? 짐멜의 표현은 정확하지 못하다.

하지만 우리는 그의 의도를 헤아려볼 수 있다. 그가 말하려 한 것은, 육체 그 자체와 영혼이 대립하는 것이 아니라, 육체를 지배하는 자아와 영혼이 대립한다는 것이 아니었을까? 또 그에 덧붙여 육체가 중립적인 도구에 불과함을 뜻하려 했던 것이 아닐까?

그러나 짐멜은 1914~15년 사이에 발표된 「렘브란트 연구」에서는 오히려 육체 그 자체와 영혼을 대립시키는 표현을 사용한다. 즉 그는 "우리는 인간을 곧바로 육체와 영혼이 인식론적으로 동등한 가치를 지니는 통일성으로 인지한다"고 말한다.[13] 다시 말해, 인간이란 통일체 속에서 육체와 영혼이 대립한다는 것이다.

물론 이러한 표현의 혼란은 심각한 것이 아니다. 육체 자체와 육체를 지배하는 자아 사이에 연속성이 있는 한에서 말이다. 하지만 대립은 진짜로 어떤 것들 사이에 존재할까? 육체와 영혼이 대립하는 것일까, 자아와 영혼이 대립하는 것일까? 이것을 식별하는 것은 영혼의 존재방식을 파악하기 위해 매우 중요하다.

플라톤에서 플로티노스를 거쳐 수호라와르디와 몰라 사드라로 이어지는 영혼의 형이상학의 전통에서는 육체와 영혼이 대립한다. 물론 '육체'는 단순한 물리적 존재로만 한정되는 것이 아니라 육체에서 파생되는 의식 형태들도 포괄할 수 있다.[14] 하지만 나중에 살펴보

---

13. 같은 책, 81쪽.
14. 자아도 육체에서 비롯되는 의식 형태의 한 가지일까? 이에 대해 나는 "그렇지 않다"고 단언할 수 있는 충분한 근거를 갖고 있지 않다. 사실상 대부분의 발생학적 논의는 추정에

겠듯이 플라톤과 플로티노스는 오히려 반대로 육체에서 비롯되는 의식 형태들을 영혼의 하급적인 부분으로 간주한다.

반면, 최면 현상들은 우리에게 다음의 것을 명확히 말해준다. 즉 영혼이 육체가 아닌 자아에 대립한다는 것이다. 일단 제3장에서 고찰했던 비자아적 주체를 영혼으로 설정해보자. 육체는 비자아적 주체의 등장에 어떠한 저항도 하지 않는다. 육체는 그저 거기에 있고, 비자아적 주체는 육체와는 아무 상관없이 자신을 드러낸다. 그 반면, 자아는 비자아적 주체의 등장에 완강하게 저항한다. 비자아적 주체는 자아를 거의 완전하게 해제하지 못하는 한에서, 등장할 수 없다. 따라서 서로 대립하는 것은 자아와 영혼이다. 서로에게 저항하고 서로에 대해 등을 돌리는 것이 서로 대립하는 것이라면 말이다.

최면 현상들에 따를 때 육체는 자아의 완전한 지배 아래 놓인다. 자아의 완전한 지배를 받는 육체는 비자아적 주체와 대립할 수 없다. 비자아적 주체와 대립하는 것은 육체를 지배하고 있는 자아의 '의지'이다.

최면 유도를 통해 자아를 해제하면, 피최면자의 내면에서는 육체도 더불어 사라진다. 물론 이때 '육체가 사라진다'는 것은 내면의 (하)의식에 대해 그렇다는 것이다. 이는 육체적 지각 및 그것과 결부

따른 논리적 구성의 성격을 가질 수밖에 없다. 그 누구도 그 시점으로 되돌아가 문제되는 '발생과정'을 직접 관찰할 수 없기 때문이다. 따라서 나도 최면현상 등을 비롯한 내 나름의 근거에 따라 자아의 발생을 추정할 뿐인데, 그 내용은 다음과 같다. 즉 1) 육체들 사이의 분리가 2) 자신의 육체를 보존할 필요성을 부각시키고, 그에 따라 3) 자아가 성립한다. 그처럼 성립한 자아는 4) 자기보존의 필요에 따라 생겨난 관념들의 집합체로 5) 육체적 지각과 운동을 완전히 규정한다. 이것은 최면현상들을 통해 드러난 무의식적 관념의 힘에 따른 것이기도 하다. 자아가 시간과 공간의 지각을 비롯한 육체적 지각과 운동을 완전히 지배하는 한에서, 6) 자아를 자기보존 '본능'에서 비롯되는 것으로 여기기도 곤란하다. 오히려 자기보존본능이 자아에서 비롯되는 것일 수도 있기 때문이다. 결론적으로, 나는 자아를 육체 그 자체에서 비롯되는 의식형태로 여기지 않는데, 하지만 이는 어디까지나 추정일 뿐이다.

된 공간적·시간적 지각이 소멸됨에 따라 생겨나는 자연스런 결과다. 지각되지 않는 것은 의식에게는 존재하지 않는 것이므로 말이다. 결국 육체의 그러한 '사라짐'은 지각의 주체인 자아의 해제에 따른 것이다. 게다가 자아의 해제에 따라 육체적 존재에 부여되어 있는 이름을 비롯한 정체성마저도 사라진다.

비자아적 주체는 오직 자아와 대립할 뿐, 육체의 존재와는 전혀 무관하게 작용한다. 그렇다면 자아의 해제와 더불어 등장하는 비자아적 주체는 '어떻게' 존재할까? 비자아적 주체는 놀랍게도 육체 바깥에, 공간과 시간 바깥에 존재한다. 이때 '바깥'이라는 것은 '무관하게'와 같은 뜻이다. 즉 비자아적 주체는 육체와 무관하게, 공간 및 시간과 무관하게 있다는 것이다. 이것은 참으로 놀라운 일이지만, 제3장에서 보았듯이, 규칙적으로 재생산이 가능한 최면 현상들을 통해 실증된 것이다.

육체와 무관하게, 공간 및 시간과 무관하게 있다는 것은 무슨 뜻일까? 그것은 비자아적 주체가 그 자체로써 존재한다는 것이다. 공간과 시간에 속하지 않은 채로, 육체에 속하지 않은 채로 말이다. 물론 누군가의 비자아적 주체는 그 사람의 육체와 어떻게든 '연결'될 수밖에 없다. 무관한 방식으로, 또는 바깥에 있는 방식으로 '연결'되어 있다고 말하는 것이 가능하다면 말이다. 그러니까 비자아적 주체가 육체·공간·시간과 무관하게 존재한다는 것은, 엄밀하게 말해서, 그 속성과 본질에서 그렇다는 것이다.

제3장에서 이미 보았지만, 에릭슨의 한 피최면자는 다음과 같이 말한다. "그것은 내 오른손이 아니에요. 그건 무언가 이상한 거예요. 나로부터 분리된. 나와는 다른." 그 오른손으로부터 분리된 '나'가 바로 비자아적 주체이다. 또 다른 피최면자는 일상적 시간 바깥으로 빠져나가, 20초 동안 20년의 기간을 회고한다. 게다가 최면에서의

탈인격화는 우리가 우리의 자아와는 전혀 다른 존재일 수 있음을 시사해준다.

우리는 이처럼 육체, 시간, 공간 그리고 정체성의 '바깥'에 존재하는 비자아적 주체를 영혼이라 칭할 수 있을 것이다. 즉 비자아적 주체가 육체, 시간, 공간, 정체성과 무관하게 그 자체로써 존재하는 '본질'을 갖는 한에서, 영혼이라 칭하겠다는 것이다.

그렇다면, 자아와 비자아적 주체, 즉 자아와 영혼은 무엇을 둘러싸고 대립하는 것일까? 짐멜이 말했듯이 육체를 둘러싸고 서로 투쟁하는 것일까? 그렇지 않다. 이미 제3장에서 보았듯이, 자아와 영혼은 오히려 무의식적 마음을 각인하기 위해 서로 대립한다. 자아는 무의식적 마음을 각인함으로써 육체를 지배한다. 반면, 영혼은 무의식적 마음으로 하여금 육체적 요구를 뛰어넘게 하려 한다.

즉 자아와 영혼이 대립하는 마당은 육체가 아니라 마음이다. 자아는 마음을 각인해서 육체를 보호하려 하고, 영혼은 마음을 각인해서 육체를 초월하려 한다. 자아가 육체를 보호하려 하는 것은 무엇보다도 자아가 육체들 사이의 분리로 인해 성립했기 때문이다. 육체들 사이의 분리가 육체를 보호할 필요를 만들어냈고, 그리하여 육체를 보호하기 위한 장치로서 자아가 성립했다는 것이다.

반면, 영혼은 육체들 사이의 분리를 지키려는 자아와 반대 방향으로 가는 것이다. 즉 영혼은 육체들 사이의 분리를 넘어서려는 것이고, 따라서 육체적 요구를 뛰어넘으려는 것이다. 이것은 영혼이 본질적으로 육체와 무관하게 존재하는 한에서 당연하다. 즉 영혼이 추구하는 것은 영혼들 사이의 소통이다.

베르크손은 최면 현상들이 실재의 새로운 지표로 등장하기 이전부터 육체에 대한 영혼의 외재성을 주장했다. 즉 그는 1896년의 『물질과 기억』에서 뇌에 대한 기억의 외재성을 입증하려고 하는데, 그 목적은 영혼이 육체 바깥에 존재한다는 것을 밝히는 것이다.

뇌에 대한 기억의 외재성이란 기억이 뇌에 저장되는 것이 아니라 뇌 외부에 있는 영혼 또는 정신 속에 존재한다는 것이다. 이는 다음의 것을 전제한다. 즉 한쪽 편에 영혼-정신이 존재하고 다른 쪽 편에 현실이 존재한다고 할 때, 뇌는 그 둘 사이를 매개한다는 것이다. 베르크손은 말한다. "뇌는 우리가 보기에는 일종의 중앙전화국과 다른 것일 수가 없다. 그것의 역할은 '연락을 보내거나' 연락을 기다리게 하는 것이다. 뇌는 자신이 받은 것에 어떤 것도 덧붙이지 않는다."[15]

"자신이 받은 것"이란 영혼으로부터 뇌가 받은 것이다. 뇌가 그것에 "어떤 것도 덧붙이지 않는다"는 것은 뇌가 중립적 도구일 뿐이라는 것이다. 주체성은 뇌 바깥에서 뇌에게 지시를 내리는 영혼 또는 정신에 있다. 물론 뇌가 거꾸로 현실의 상태를 영혼에 전달하기도 할 것이다. 하지만 그에 대한 반응을 결정하는 것은 역시 뇌 바깥의 영혼이다. 그는 다음과 같이 말한다. "우리가 보기에 대부분의 경우 심리적 상태는 뇌의 상태를 엄청나게 넘쳐난다."[16] 대부분의 심리적 활동이 뇌 외부에서 펼쳐진다는 것이다.

뇌 외부에서 펼쳐지는 대부분의 심리적 활동의 장소는 물론 영혼 또는 정신일 것이다. 그는 1912년에 행한 강연인 「영혼과 육체」에서 다음과 같이 말한다. "육체를 모든 면에서 넘쳐나는 이것, 행위들을 창조하고 또 자기 자신을 새롭게 만들어내는 이것은 자아이자 영혼이고 정신이다. 정신이란 자신이 내포한 것보다 더 많은 것을 자신으로부터 끌어낼 수 있는 힘, 자신이 받은 것보다 더 많이 돌려줄 수 있는 힘, 가진 것보다 더 많이 줄 수 있는 힘이다."[17]

---

15. 앙리 베르그손, 『물질과 기억』, 아카넷, 2005, 59쪽.
16. 같은 책 28쪽. 불어판 *Oeuvres*(『전집』)(PUF, 1991), 165쪽에 따라 번역을 수정했다.
17. Henri Bergson, "L'âme et le corps"(「영혼과 육체」), *Oeuvres*, 838쪽.

그는 이때 '자아＝영혼＝정신'이라는 표현을 하는데, 이것은 한편으로 그가 '자아'에 대한 정신분석 이전의 용법을 따르기 때문이다. 그는 『물질과 기억』보다 7년 앞선 1889년의 『의식에 직접 주어진 것들에 대한 시론』에서 자아의 표면 아래 진정한 자아가 존재한다고 하고, 그러한 진정한 자아를 영혼으로 간주한다.[18] 이때 영혼에 대한 그의 용법은 일정하게, 즉 부분적으로 은유적이기도 하다. 어쨌거나 베르크손에게서도 사회적 삶에 종속된 자아와 그것을 뛰어넘는 영혼 사이의 대립이 내용적으로 존재한다는 것이다.

다른 한편으로, 정신은 플라톤으로부터 출발하는 영혼의 형이상학의 전통에서 개별적 영혼들의 원천인 집합적인 영성을 지칭하는 것이다. 베르크손이 플로티노스를 매우 잘 알고 있었음에도 '영혼＝정신'이란 표현을 사용한 것은, 그러한 구별에 익숙하지 않은 대중들을 위해서였거나, 영혼과 정신의 근원적 동일성을 전제해서였을 것이다.

어쨌거나 정신이 "내포한 것보다 더 많은 것을 자신으로부터 끌어내고, 받은 것보다 더 많이 돌려주며, 가진 것보다 더 많이 줄 수 있다는 것"은 영혼 또는 정신이 자기 바깥의 어떤 것과 또다시 연결되어 있음을 암시한다. 플라톤에게서 영혼이 '세계 영혼'으로 이어지고, 플로티노스에게서는 지성(＝정신)과 일자로 이어지듯이 말이다.

베르크손은 뇌에 대한 기억의 외재성을 뇌 손상의 사례들을 통해 실증하려 한다. 뇌 손상은 단지 기억을 의식화하는 능력이 손상된 것일 뿐이고, 기억 자체는 손상되지 않는다는 것이다. 그는 다음과 같이 말한다. "이 손상들은 육체로 하여금 대상을 앞에 두고서 이미지

---

18. 앙리 베르크손, 『의식에 직접 주어진 것들에 대한 시론』, 아카넷, 2001, 207~210쪽. 이때 '진정한'이란 수식어 자체가 '자아'에 대한 정신분석 이전의 용법이 갖는 문제성을 드러낸다.

를 적절히 환기하지 못하게 할 수도 있고, 기억이 눈앞의 현실과 연결되는 것을 막을 수도 있을 것이다. 즉 기억이 떠오르는 마지막 단계를 제거하거나 행동의 단계를 제거함으로써, 기억이 현실화되는 것을 방해한다는 것이다. 그러나 어떤 경우든 뇌의 손상은 기억들을 진정으로 파괴하지는 못한다."[19]

결국 중립적인 도구에 불과할 뿐인 뇌가 손상되더라도 영혼 속에 담긴 기억은 손상되지 않는다는 것이다. 베르크손의 이러한 주장은 현대 뇌과학의 발달에도 불구하고 결코 낡은 것이 아니다. 물론 뇌과학에서야 당연히 뇌가 전부인 것으로 여길 것이다. 하지만 앞 장에서 보았듯이 최면과정이나 임사체험에서 생생하게 재생되는 삶의 기억들이 작은 단백질 덩어리인 해마 속에 모두 존재한다고 믿는 것도 쉽지 않은 일이다. 해마 속의 특정 장소 A 속에 있는 기억 B를 핀셋으로 끄집어내서, "여기 당신이 찾고 있던 그 기억이 있어요"라고 눈앞에 들이밀지 않는 한에서 말이다. 어쨌거나 뇌에 대한 기억의 외재성을 말하는 베르크손의 입장은, 최면 현상을 통해 우리가 추론할 수 있는 '육체 바깥의 영혼'의 존재가 황당한 것이 아님을 말해준다.

실재의 새로운 지표로서 최면 현상들은 육체와 영혼의 대립을 자아와 영혼의 대립으로 이동시킨다. 그렇다면 자아와 영혼은 어떻게 구체적으로 대립할까? 이제 이 질문에 대답하기 위해 노력해보자. 그 과정 속에서 우리는, 한편으로, 육체와 영혼이 아니라 자아와 영혼이 대립한다는 것을 다시 새롭게 확인할 수 있을 것이고, 다른 한편으로, 영혼의 개념에 한 걸음 더 가깝게 접근할 수 있을 것이다.

---

19. 『물질과 기억』, 174쪽. 불어판 245쪽에 따라 번역을 수정했다.

영혼의 수동성에 대하여

앞서 보았듯이 짐멜은 「렘브란트 연구」에서 육체와 영혼을 "인식론적으로 동등한 가치를 지니는" 것으로 여기겠다고 한다. "인식론적으로 동등한 가치를 지닌다"는 것은 우선 그 둘이 동일한 인식론적 층위에 위치한다는 것이다. 또 더 나아가 그 둘이 서로 대등한 지위(＝가치)를 가진다는 것이다.

동일한 인식론적 층위에서 서로 대등한 지위를 갖는다는 것은 무슨 뜻일까? 그것은 그 둘을 서로 같은 성격을 지니면서 관계를 맺는 것으로 '인식' 하겠다는 것이다. 즉 그 둘이 형식적으로 동일한 운동 논리를 갖는 것으로 여겨진다는 것이다.

운동의 논리가 같다고 여겨진다면, 내용에서의 차이는 비본질적인 것으로 간주되기 쉽다. 그리하여 짐멜에게서 육체 또는 그것을 아래로 끌어내리는 중력의 논리와 영혼의 논리는 실질적으로 동일한 것이 되어버린다.

짐멜은 실제로 「미켈란젤로 ― 문화 형이상학을 위한 장(章)」에서 다음과 같이 말한다. "삶의 형식은 사물과 관계, 자연과 사회가 우리에게 가하는 압력에 대항해 우리의 자유가 벌이는 반대운동으로 규정된다."[20] 이때 "사물과 관계, 자연과 사회가 우리에게 가하는 압력"은, 우리의 육체가 관계와 사회 속에서 자아를 형성시킨다는 점에서, 기본적으로 육체와 자아의 압력이다. 또 그러한 "압력에 대항해 반대운동을 벌이는 우리의 자유"는 한마디로 영혼을 지칭하는 것이다. 즉 육체와 자아의 압력에 맞서 영혼이 반대운동을 한다는 것이

----

20. 게오르그 짐멜, 앞의 책, 27쪽.

다. 그리하여 짐멜은 곧이어 다음과 같이 말한다. "이러한 대립되고 적대적으로 내리누르는 것에 직면해 영혼에게 주어진 유일한 가능성은 말할 나위 없이 자신을 증명하고 창조하며 작동하는 것이다."[21]

과연 영혼이 이처럼 육체와 자아에 직접적으로 맞서는 것일까? 물론 육체를 벗어나려는 영혼과 육체를 보존하려는 자아는 서로 반대 방향으로 움직일 것이다. 하지만 그러한 움직임들이 서로가 직접적으로 맞서는 '반대운동'인 것일까? 짐멜에 따를 때, 육체와 자아는 영혼에게 압력을 가하고, 영혼은 그 압력에 직접적으로 맞서 자신을 표현하려고 한다. 그가 다시 다음과 같이 말하듯이 말이다. "중압에 대해 그와 똑같이 강력한 힘이 저항한다. 이 힘은 영혼의 가장 깊은 곳에서 분출되는 자유와 행복, 구원을 향한 열정적인 갈망이나 다름없다."[22]

그러나 영혼은 이처럼 육체와 자아의 압력에 대해 "똑같이 강력한 힘으로 저항"하는 것일까? 자아와 영혼의 운동논리는 똑같은 것일까? 여기서 짐멜이 말하려는 것은 미켈란젤로의 예술적 활동이다. 즉 미켈란젤로의 내면 깊은 곳에서, 자연과 사회관계의 압력에 맞서서 스스로를 표현하고자 하는 영혼의 열정이 존재한다는 것이다. 따라서 그 맥락에서 짐멜은 그다지 틀린 얘기를 하고 있는 것은 아닐 것이다.

하지만 최면 현상들에 따를 때, 영혼은 오히려 자아의 활동들을 조용히 관조하는 듯하다. 물론 영혼은 때가 되면 자신을 표현할 것이다. 다소 부적절한 비유를 하자면, 마치 후최면 암시가 적절한 때가 되면 스스로를 실현하듯이 말이다. 물론 후최면 암시는 영혼보다 훨씬 표층에 위치하는 것이다. 어쨌거나 영혼의 움직임은 자아의 움직

---

21. 같은 책 같은 쪽.
22. 같은 책, 29쪽.

임보다 훨씬 느리고 조용한 것처럼 보인다. 즉 자아의 압력에 맞서 영혼이 직접적으로 저항하지는 않는다는 것이다.

그러나 짐멜은 한 걸음 더 나아간다. 그는 육체와 자아의 압력을 영혼의 존재조건처럼 간주한다. 즉 육체와 자아의 압력에 맞섬으로써만 영혼이 존재한다는 것이다. 그는 다음과 같이 말한다. "영혼은, 만약에 무제한으로 자유를 따른다면, 무한에서 자실(自失)할 것이며 공허함으로 타락할 것이다. 마치 견고한 대리석의 저항이 없다면, 조각가의 망치질이 그렇게 될 수밖에 없듯이."[23]

물론 짐멜의 이 말은 외적 압박이 존재해야만 그에 맞서 영혼의 열정을 표현하는 예술이 가능하다는 것이다. 즉 육체와 자아의 압력이 없이는 예술도 없다는 것이다. 하지만 단지 그것일 뿐이다. 우리는 짐멜의 이 말을 일반화할 수 없다. 예술만이 전부가 아니기 때문이다.

육체와 자아의 압력이 없다면, 영혼은 "무한에서 자실(自失)하고 공허함으로 타락"할까? 아마도 영혼의 예술적 표현이란 잣대를 가졌던 짐멜에게는 그렇게 보였던 모양이다. 하지만 영혼이 "공허함으로 타락"하지는 않을 것이다. 영혼은 "무한에서 스스로 소멸"하는 듯한 외양을 갖고서 작용할 수도 있다. 조건이 성숙할 때를 조용히 기다리면서. 이것이 영혼의 '수동성'일까?

엠마뉘엘 레비나스는 영혼의 수동성을 말한다. 그 수동성은 자아의 수동성과는 전혀 다른 성격의 수동성이다. 즉 레비나스는 영혼의 수동성이 "행위의 모든 반(反)명제적 수동성보다 더욱 수동적인 수동성," "모든 수동성 밑에 있는 수동성"이라고 한다.[24]

---

23. 같은 책, 27~28쪽.

24. Emmanuel Lévinas, *Autrement qu'être ou au-delà de l'essence* (『존재와는 다르게 또는 본질을 넘어서』), Le livre de poche, 1996, 116쪽과 160쪽.

행위의 수동성은 능동적인 것에 맞선 수동성, 능동적일 수 없어서 어쩔 수 없이 취하는 수동성이다. 반면, 영혼의 수동성은 그 자체가 수동성 속에서 움직이는 원천적으로 수동적인 것, 자아의 욕망의 논리에서 완전히 벗어난 수동적인 것이다.

레비나스에 따를 때, 이처럼 근원적으로 다른 것인 영혼의 수동성은 "타자를 위한 수동성"이다. 그는 이를 다음과 같이 표현한다. "타자를 향한 노출로서의 영혼의 깃들임(animation), 감성이 의미하는 것인 모성(母性)으로까지 거슬러 오르는 상처받기 쉬움 속에서 타자를 위한 수동성."[25] 이때 "상처받기 쉬움 속에서"라는 표현의 의미는 타자가 상처를 주더라도 타자를 위한다는 뜻일 것이다.

레비나스는 감성을 "타자에의 노출," "관성적인 수동성이 결코 아니고, 또 휴식이건 운동이건 한 상태에 머무는 것도 아닌 것으로, 그 상태를 벗어나게 하는 원인 자체를 감당할 수 있는 받아들임"이라고 한다.[26] 이때 "그 상태를 벗어나는 원인 자체를 감당"한다는 것은 자신의 상태를 깨트리면서 상처를 주는 것들을 받아들일 수 있다는 뜻이다.

즉 레비나스적 감성은 어머니가 자식들에 대해 그러듯 상처를 받으면서도 타자의 행위 자체를 받아들이는 것이다. 그에게서 "상처받기 쉬움"이란 "어떤 유보도 없이 스스로를 완전하게 제공하는 것"이고,[27] 그래서 모성적 감성을 특징짓는다. "어떤 유보도 없이 스스로를 완전하게 제공하는 것"은 자아의 수동성일 수 없다. 모성적 감성으로서의 영혼의 수동성은 매우 적극적인 수동성이다. "스스로를 완전하게 제공하는 것"은 단호한 적극성을 전제하기 때문이다.

---

25. 같은 책, 114쪽.
26. 같은 책, 120쪽.
27. 같은 책 같은 쪽.

레비나스는 이처럼 영혼의 수동성과 자아의 수동성을 명확히 대립시킨다. 자아의 수동성이 육체를 지키기 위한 방어적 수동성이라면, 영혼의 수동성은 육체의 요구를 초월해서 상대를 받아들이는 적극적인 수동성이라는 것이다. 그러므로 자아의 운동논리와 영혼의 운동논리는 다르다.

하지만 한 가지 의문이 든다. 영혼은 "상처받기 쉬움 속에서 타자를 위할" 수 있을까? 우리는 상처를 받을 때, 상처를 준 상대를 공격한다. 어떤 성찰에 의한 저지(沮止)가 없다면, 이러한 반응은 자동적이고 즉각적이다. 상황 때문에 즉각적으로 반응할 수 없더라도, 공격욕은 사라지지 않는다. 원한이 되어 남는 한이 있더라도 말이다.

우리는 보통 다음처럼 생각한다. 상처는 상대의 공격에 따른 것이니까 그에 대한 정당한 대응으로 상대를 공격해야 한다고. 또는 마음에 새겨진 흉터인 상처를 지우기 위해선 그 상처의 원인인 상대를 공격해야 한다고. 하지만 이러한 생각들이 개입하기 이전에 이미 상처는 우리에게 요구를 한다. 자신을 아물게 하기 위해 상대에게 공격을 되돌려주라고.

그렇다면 영혼이 타자를 위할 수 있는 것은 "상처받기 쉬움 속에서도" 상처를 받지 않아서가 아닐까? 상처를 받으면서도 상처를 준 상대를 위하는 것은 자기억압에 따른 가식(假飾)이거나 완전한 무력함에 따른 전략적 선택일 수밖에 없다. 그렇다면 우리의 선택지는 다음 둘이다.

1) 상처를 받으면 상대를 공격해야 한다.
2) 상처를 받아야 하는 상황에서 상처를 받지 않는다면 상대를 위할 수 있다.

 나는 영혼의 경우는 2)일 것이라고 생각한다. 왜냐하면 상처를 받는 것은 자아이기 때문이다. 즉 상처는 자아의 범주이다. 오직 자아만이 상처를 받을 수 있다는 것이다.

 자아는 자신의 정체성을 향유하고, 그 정체성을 부인하는 타자들에 의해 상처를 받는다. 결국 모든 사람에게 자아는 우상인데,[28] 타자들은 그 우상을 파괴함으로써 자아의 지배를 받는 마음에 상처를 준다는 것이다. 또 자아는 자신의 세계관과 생활양식을 부인하는 타자들에 의해 상처를 받는다. 자신의 세계관 및 생활양식과 결부되어 있는 우월함과 특별함의 느낌이 더불어 부인되기 때문이다. 그렇다면 사실 상처의 원인은 타자의 공격이 아니라 자아의 환상일 것이다. 자아는 자신의 환상에 대한 타자의 평가에 존재를 걸지만, 자아가 환상 그 자체인 한에서, 타자의 평가는 언제나 상처로 귀결될 수밖에 없는 것이다.

 반면, 영혼은 상처받지 않는다. 영혼은 육체·공간·시간과 본질적으로 무관하게 존재하고 또 정체성의 바깥에 존재한다. 따라서 세계관, 생활양식, 정체성 등의 파괴에 따른 상처는 영혼에겐 불가능하다. 즉 영혼은 상처받을 수 없는 층위에 존재한다.

 따라서 영혼이 "상처받기 쉬움 속에서 타자를 위할" 수 있는 것은 상처받아야 하는 상황에서 상처를 받지 않기 때문이다. 물론 레비나스 그 자신은 영혼이 상처를 받음에도 불구하고 타자를 위한다고 사고하는 듯하다. 그렇다면 레비나스는 자아의 운동논리와 영혼의 운동논리를 명확히 구별하면서도, 영혼의 속성과 자아의 속성을 일정하게 동일시한 것이다. 하지만 현대최면의 성립 이전에 레비나스가 자아의 운동논리와 구별되는 영혼의 운동논리를 사고했다는 것 자

---

28. *A Course in Miracles* (combined volume, Foundation for Inner Peace, 2007), "Workbook for Students," 467쪽. 이 책의 저자와 관련해선 제3장의 각주 29를 참조할 것.

체가 매우 감동적인 일이지 않을까?

상처는 자아의 범주이므로, 영혼은 상처받을 수 없다. 영혼은 자아의 삶을 관조하고 필요할 때 도움을 줄 뿐이다. 자아가 때가 되면 스스로를 벗어나 타자를 만날 수 있도록 말이다. 영혼의 수동성이 "행위의 모든 반(反)명제적 수동성보다 더욱 수동적인 수동성," "모든 수동성 밑에 있는 수동성"일 수 있는 것은, 영혼이 상처받는 층위 바깥에 있기 때문이다.

레비나스는 다음과 같이 영혼을 규정한다. "자기-입-속에-있는-빵을-타자에게-내어줌-속에서-또는-타자를-위해-자신의-영혼을-건네주는-능력-속에서-타자를-위해-자신으로부터-뿌리째-뽑혀-나와-존재함."[29]

하지만 이러한 규정은 불편하다. "자기 입속에 있는 빵을 타자에게 내어준다"고 하기 때문이다. 빵이 이미 자기 입속에 들어왔을 때, 육체는 이제 허기를 채울 수 있겠다는 기대를 한다. 따라서 그 빵을 다시 타자에게 내어준다는 것은 육체로서는 참혹한 일이다. 레비나스는 바로 이 의미에서 위의 규정을 내린다. 하지만 영혼은 이처럼 육체에게 폭력을 가하는 것일까? 영혼은 자신이 '연결'된 육체에게 이처럼 폭력을 가하면서 타자를 위하는 것일까?

레비나스의 위의 규정은 희생의 논리를 내포한다.[30] 자기가 원했던 것을 포기하고 타자에게 내어주기 때문이다. 희생이란 어떤 것일까? 희생이란 자기가 원하지 않는 것을 하는 것, 자기가 싫어하는 것을 하는 것이다. 바로 그래서 '희생'이다. 그리고 이처럼 희생한 사

---

29. Emmanuel Lévinas, *Autrement qu'être ou au-delà de l'essence*, 126쪽.
30. 레비나스는 타자를 위한 희생은 인간의 가장 성스러운 행위라고 하면서 그 중요성을 강조한다. *Entre nous*(『우리들 사이』)(Bernard Grasset, 1991)에 실린 "Mourir pour"(「위해서 죽다」)와 "Dialogue sur le penser-à-l'autre"(「타자에-대해-생각하기에 관한 대화」) 등을 참조할 것.

람은 희생의 대가를 반드시 상대에게 치르게 한다.[31] "내가 너를 위해 그처럼 희생했는데, 너는 나를 위해 그 정도는 해줘야 해"라는 식으로 말이다.

레비나스의 위의 규정에 따르면 영혼은 그 자체가 타자를 위해 스스로를 희생한다. 하지만 영혼은 스스로를 희생하는 속성의 것도 아니고, 자신이 연결된 '육체'를 희생시키는 속성의 것도 아니다. 희생이란 욕망하는 것 또는 지켜야 할 것을 '희생'하는 것이다. 따라서 희생은 욕망하는 것이 있고 지킬 것이 있는 자아에게나 가능한 것이다. 이 육체의 공간에서 지킬 것이 없고 욕망하는 것이 없는 영혼에게는 희생이 불가능하다.

결국 레비나스는 자아의 논리와 영혼의 논리를 명확히 구분하면서도, 자아의 속성과 영혼의 속성을 동일한 것으로 여긴다. 속성이 동일하다면 운동논리가 어떻게 다를 수 있겠는가?

레비나스에 따를 때, 속성이 동일함에도 불구하고 자아를 뛰어넘는 것이 영혼이다. 그렇다면 영혼으로 존재하기는 불가능에 가까운 너무 힘든 일일 것이다. 그래서 레비나스를 읽는 것은 간혹 부담스럽다. 무리한 것을 요청하기 때문이다.

영혼의 속성은 자아의 속성과 같을 수가 없다. 최면에서 자아와 비자아적 주체가 속성을 달리하듯이 말이다. 속성이 다르면 운동논리도 자연히 다르다. 따라서 영혼이 자신을 뛰어넘는 무리(無理)를 해야 할 그 어떤 이유도 없다.

그럼에도 레비나스의 공헌은 명백하다. 적어도 현상적인 면에서는 자아의 논리와 영혼의 논리의 차이를 명료히 드러낸 것이 그것이다. 그는 영혼을 "거꾸로 된 코나투스" 또는 "코나투스와 반대되는 것"

---

31. *A Course in Miracles*의 곳곳에서는 이러한 입장이 제시되어 있다.

이라고 한다.[32] 영혼은 자기보존본능(코나투스)과 반대 방향으로 움직인다는 것이다. 자아는 자기보존본능에 상관적인 것인 반면, 영혼은 자기보존본능을 완전히 벗어난 층위에 존재한다.

레비나스는 그래서 영혼을 "동일자 속의 타자성"이라고 한다.[33] 동일자란 곧 자아다. 자아는 항상 자신을 타자에게 부과하려 한다. 이것이 '동일자의 제국주의'다. 제국주의적인 동일자로서 자아는 항상 자신과 같은 것만을 타자에게서 본다. 이것이 '타자 속의 동일자'이다. 즉 자아는 있는 그대로의 타자, 다시 말해 '타자의 타자성'을 받아들이지 못한다.

하지만 바로 그러한 동일자 자체 속에 타자가 존재한다. 즉 자아보다 깊은 층위에 자아와 전혀 다른 영혼이 존재한다는 것이다. 따라서 엄밀히 말하자면 '동일자 속의 타자'가 아니다. 둘이 서로 다른 층위에 속하기 때문이다. 동일자(자아)를 해제해야 타자(영혼)가 드러나듯이 말이다.

레비나스에 따를 때, '동일자 속의 타자'인 영혼은 타자의 타자성과 관계 맺는다. 하지만 타자의 어떤 타자성일까? 타자의 자아일까 아니면 타자의 영혼일까? 아니면 타자의 자아를 만나 그것을 거슬러 올라가면, 그 너머에서 빛나고 있는 영혼을 만나는 것일까? 청년 루카치를 읽으면서 이 문제를 다시 다루기로 하자.

---

32. Emmanuel Lévinas, *Autrement qu'être ou au-delà de l'essence*, 114쪽과 127쪽.
33. 같은 책, 109쪽과 111쪽.

동경에 대하여

짐멜은 영혼을 "그 자체로 존재하는 무엇이며, 그 내부에서 사실 개념에 따라 표현할 수 있는 내용을 초월"하는 것이라고 한다.[34] "그 자체로 존재"한다는 것 그리고 "사실들을 초월"한다는 것은 짐멜이 자아에 대립하는 엄밀한 의미의 영혼을 말하는 듯한 느낌을 준다. 하지만 그에게선 영혼의 은유와 영혼의 징후가 충분히 구별되어 있지 않다. 예술적 창작 속에서 표현되는 그 무엇에선 자아의 욕망과 영혼의 동경이 뒤섞여 있기 때문이다.

청년 루카치는 영혼에 대해 말하기를 열망한다. 그러고 보니 엘리 뒤링의 말과는 달리, 20세기 전반만 해도 사회과학과 철학에서 영혼에 대해 말하는 것이 전혀 낯선 일은 아니었던 듯하다. 경험주의의 지배가 아직 완전히 실현되기 이전이었기 때문일 것이다.

루카치는 1911년에 출간한 『영혼과 형식』에 실린 「에세이의 본질과 형식」에서 "예술은 영혼과 운명을 제시한다"고 한다.[35] 이 표현은 감동적이다. 예술이 다루는 것이 영혼이 아니라면 다른 무엇일 수 있을까? 예술이 다루는 것은 영혼이 아닐 수가 없지 않을까? 그 예술이 진정한 예술이라면? 특히 진정한 문학이 다루는 것은 영혼의 삶일 수밖에 없다. 그냥 주어진 육체의 삶을, 그리고 그 육체로부터 비롯되는 자아의 욕망의 삶을 문학이 특별히 다룰 필요는 전혀 없어 보이기 때문이다. 문학은 자아의 욕망의 삶을 거슬러 올라가서, 그 너머에서 빛을 비추고 있는 영혼의 아픔을 만나려는 것이 아닐까?

루카치는 『영혼과 형식』에 실린 「삶에 부딪쳐 발생한 형식의 파열

---

34. 게오르그 짐멜, 앞의 책, 61쪽.
35. 게오르그 루카치, 『영혼과 형식』, 심설당, 1988, 8쪽.

— 쇠렌 키르케고르와 레기네 올젠」에서 "영혼들이 지닌 근거들의 영역"이란 "내적으로 아무런 토대가 없는 것과 공기처럼 붙잡을 수 없는 것"이라고 한다.[36] 다시 말해 물질적 세상에선 영혼의 근거를 발견할 수 없다는 것이다. "공기처럼 붙잡을 수 없다는 것"은 영혼의 비(非)물질성과 비(非)육체성을 말하는 것이고, "내적으로 아무런 토대가 없다"는 것도 물질적 또는 육체적 토대를 발견할 수 없다는 것이다.

이처럼 영혼을 규정하는 루카치가 육체를 초월하는 영혼의 실존을 확고하게 믿었음은 물론이다. 그는 플로티노스와 에크하르트에 심취했었고, 그의 '짝패'라고도 할 수 있을 에른스트 블로흐와 함께 영지주의적 인식을 공유했으며, 또 유대 신비주의, 특히 발 셈(Baal Shem)의 하시디즘에 깊이 탐닉했었다.[37] 그러니 루카치가 영혼에 대해 말하는 것은 단순한 문학적 은유가 아니다.

루카치는 1909년과 1913년 사이에 썼다고 추정되는 「도스토예프스키의 영혼 현실」에서는 "영혼 현실을 유일한 현실로 정립하는 일은 인간에 대한 사회학적 입장에서 하나의 근본적인 전환을 의미하는 것"이라고 한다.[38] 이때 루카치는 도스토예프스키를 주해하고 있을 뿐, 영혼의 현실을 유일한 현실로 여기자고 주장하고 있는 것은 아니다. 하지만 그가 도스토예프스키에게 보내는 전폭적인 지지는, 영혼의 현실을 유일한 현실로 여겨야 한다는 입장을 그 자신도 열렬히 공유하고 있음을 시사한다. 물론 이러한 입장은 소외, 즉 객체적 세계의 자립화 현상에 골몰하던 맑스주의자 루카치의 입장은 아니다.

---

36. 같은 책, 70쪽.

37. Philippe Despoix, "Mystique et tragédie, la rencontre des mondes spirituels de E. Bloch et G. Lukacs(1910~1918)"(「비의(秘儀)와 비극, 블로흐와 루카치의 정신세계의 만남」), *Ernst Bloch & György Lukács, un siècle après*(『블로흐와 루카치, 한 세기 후』), Actes Sud, 1986, 31쪽.

38. 게오르크 루카치, 『소설의 이론』(김경식 옮김), 문예출판사, 2007, 190쪽.

영혼의 현실이란 "사회적 지위, 계급, 출신 따위와 결부짓고 있는 그 모든 속박이 […] 떨어져나가고, 영혼과 영혼을 결합하는 새롭고도 구체적인 관계들이 그 자리를 대신"한 현실이다.[39] 즉 영혼의 현실이란 외적인 것으로 결코 환원될 수 없는 영혼의 존재 형태 자체 그리고 영혼들 사이의 관계이다. 루카치가 말하려는 것은, 바로 그것만이 진정한 문학이 표현해야 할 유일한 현실이라는 것이다.

하지만 루카치는 『영혼과 형식』에 실린 「비극의 형이상학 — 파울 에른스트」에서 다음과 같이 말한다. "현실과 역사의 여러 신들은 너무 조급하고 또 너무 고집이 세다. 순수한 계시의 힘과 아름다움은 그들의 야심을 만족시키지 못한다."[40] 여기서 "현실과 역사의 여러 신들"이란 자아들 사이의 역사적 관계들을 말하는 것이다. 또 "순수한 계시의 힘과 아름다움"이란 무엇보다 우리 내면에 존재하는 영혼의 요청을 지시한다. 그러므로 루카치가 말하려는 것은 다음과 같은 것이다. 즉 자아들 사이의 역사적 관계는 영혼의 요청에 등을 돌린다는 것.

따라서 영혼이란 항상 우리 내면에서 깨어있는 것이 아니다. 루카치에 따를 때, 영혼은 일반적으로 우리 내면에서, 자아의 압박으로 인해 잠들어 있다. 짐멜이 생각한 것과는 반대로 말이다. 심지어 루카치는 다음처럼 말하기도 한다. "자연과 운명이 오늘날과 같이 이토록 끔찍하게 영혼을 상실한 적은 일찍이 없었기 때문에, 또 인간의 영혼이 그들의 버림받은 길을 이처럼 고독하게 걸어간 적은 일찍이 없었기 때문에, 바로 그런 이유에서 우리는 다시 하나의 비극을 희망할 수 있다."[41]

---

39. 같은 책 같은 쪽.
40. 게오르그 루카치, 『영혼과 형식』, 262쪽.
41. 같은 책, 262~263쪽.

즉 그 자신이 속했던 역사적 시대 전체가 영혼의 상실에 의해 특징 지어진다는 것이다. 칸딘스키가 같은 해인 1910년에 쓴 『예술에 있어서 정신적인 것에 대하여』에서 자신의 시대를 "영혼이 물질주의적인 세계관과 불신, 또 거기에서 나온 투철한 실천적 노력 등에 의해 마비되고 게으르게 되는 시대"라고 규정짓듯이 말이다.[42] 루카치는 '영혼의 상실'을 얘기하고, 칸딘스키는 '영혼의 마비'를 얘기한다. 어떤 표현이 더 실재에 가까울까? 영혼이 존재하지만 자아의 압박에 눌려서 자신의 전언(傳言)을 전달할 수 없는 상황에 있다면, 오히려 '영혼의 마비'란 표현이 더 적합하지 않을까?

루카치에 따를 때, 영혼은 잠들어 있다가 다시 깨어나는 것이다. 물론 어떤 역사적 시대는 다른 시대보다 영혼이 깨어나기 더 힘든 시대일 수 있겠지만 말이다. 영혼은 언제 잠들었다가 언제 다시 깨어나는 것일까?

영혼이 잠드는 것은 자아의 욕망들이 첩첩이 쌓여가면서 영혼이 숨 쉴 수 있는 공기가 점점 줄어들기 때문일 것이다. 그리하여 자아가 해제되지 않는 한, 영혼이 드러날 수 없게 되는 것이다. 이것을 영혼의 질식 또는 침식이라고 할 수 있을까?

반면, 영혼이 잠에서 깨어나는 것은 '영혼의 사건들'을 통해서이다. 그 사건들은 정치적이라기보다는 오히려 일상적일 것이다. 즉 연인이나 가족의 죽음, 이혼, 치명적인 병, 몰락, 정체성의 결정적 훼손, 뜻밖의 사랑 등등이 그것일 것이다. 그 사건들은 자아의 욕망의 허구성을 한순간에 드러내주고 자아의 욕망의 힘겨움으로부터

---

42. 칸딘스키, 『예술에 있어서 정신적인 것에 대하여』, 열화당, 1998, 129쪽. 루카치의 「비극의 형이상학 — 파울 에른스트」도 1910년에 쓰여진 것이다. 하지만 그 이후로 사람들이 '영혼의 상실'이나 '영혼의 마비'에 대해서 말하지 않는 것은 왜일까? 영혼이 그야말로 완전히 마비되고 상실되어서일까? 그렇지는 않을 것이다. 그것은 무엇보다 영혼에 대해서 말하는 것이 점점 더 금기시되었기 때문일 것이다.

뒷걸음질 치게 하는 사건들이다. 즉 자아를 해제하는 사건들이다.

루카치는 『영혼과 형식』에 실린 「시민성과 '예술을 위한 예술' — 테오도르 슈토름」에서 다음과 같이 말한다. "가장 강한 영혼의 힘과 가장 아름다운 영혼의 풍요로움은 예외 없이 운명의 타격으로 인한 상처로부터 흘러나온다."[43] 그는 "예외가 없다"고 한다. "운명의 타격으로 인한 상처" 없이는 자아의 욕망의 성채(城砦)로부터 이탈할 수 없다는 것이다. 그 상처는 그냥 상처가 아니라 '운명의 타격'으로 인한 상처이다. '운명의 타격'이란 어떤 것일까? 그것은 어떠한 형태로건 우리의 존재 전체를 뒤흔드는 것일 것이다. 그래서 우리가 살아남더라도 더 이상 과거의 자신일 수 없도록 말이다.

루카치는 「비극의 형이상학 — 파울 에른스트」에서 비극적인 한계 체험을 "영혼이 의식에로, 자기의식에로 각성됨에 다름 아니다"라고 한다.[44] 그 '한계'란 바로 자아와 영혼이 접경하고 있는 곳으로서, 영혼의 사건을 통해 마주치는 곳일 것이다. 우리를 자아의 근저 너머로까지 데려가는 그 한계적 체험 속에서, 우리는 우리의 영혼을 만난다는 것이다. 루카치는, 외적 관점이 아닌 일깨워진 영혼의 관점에서 보자면 "한계란 진정으로 자신에게 속하는 것이 무엇인가를 깨닫는 것"이라고 한다.[45] 물론 이때 "진정으로 자신에게 속하는 것"이란 영혼 자체이다.

하지만 영혼의 깨어남이 반드시 비극적인 사건을 거쳐야만 하는 것일까? 영혼의 사건은 반드시 비극적이어야만 할까? 반드시 그렇지는 않을 것이다. 우리 자신이 자아의 욕망 속으로 완전히 빨려 들

---

43. 게오르그 루카치, 『영혼과 형식』, 116쪽.

44. 같은 책, 273쪽.

45. 같은 책, 274~275쪽. 한글판에서 이 문장만 떼어내어 인용할 때 맥락이 잘 전달될 수 없어서, 불어판(*L'âme et les formes*, Gallimard, 1974, 258쪽)을 참조해서 번역을 약간 고쳤다.

어가 도저히 그것으로부터 빠져나올 수 없는 상태에 있지 않다면 말이다.

　루카치는『영혼과 형식』에 실린「새로운 고독과 그 고독의 시 ─ 슈테판 게오르게」에서 게오르게의 시에서 "단어들이 갖는 울림들"이 "한 사람 한 사람의 영혼 속에서" 잠자고 있는 것을 깨워낼 수 있다고 한다.[46] 즉 시로써도 영혼을 깨워낼 수 있다는 것이다. 하지만 시가 영혼의 진정한 사건을 구성하는 것은 아무래도 드문 일이 아닐까? 시가 아무런 준비도 되어 있지 않은 사람의 존재 전체를 갑자기 뒤흔들어 놓을 수 있는 폭발적인 그 어떤 것이 아니라면 말이다.

　사랑은 매우 특별한 정황 속에서 생겨나는 경우, 영혼의 사건을 구성할 수 있을 것이다. 루카치는『영혼과 형식』에 실린「동경과 형식 ─ 샤를르 루이 필립」에서 샤를르 루이 필립의 소설『마리 도나되』를 주해한다. 그 소설에서 마리는 두 남자를 동시에 '사랑' 하는 것처럼 등장한다. 두 남자란 서로 친구 사이인 라파엘과 쟝이다. 루카치에 따를 때, "쟝은 사랑을 이해하지만 라파엘은 여자를 이해한다."[47] 도대체 무슨 뜻일까? 쟝은 진정으로 여자를 위해주려 하지만, 라파엘은 시대적 일반성 속에서의 여성의 속성을 잘 알고 있다는 것일까? 어쨌거나 루카치는 이 표현을 통해 "사랑을 이해"하는 쟝이 "여자를 이해"하는 라파엘의 뒤로 물러설 수밖에 없음을 시사한다.

　그리하여 "라파엘은 마리를 소유하고 그녀는 완전히 그에게 속한다. 단지 그가 없을 때에 한해서만 마리와 쟝 사이에 사랑이 생길 수 있을 뿐이다." 하지만 마리가 쟝과 함께 있을 때, 라파엘이 나타나 마리에게 "나랑 같이 가자"고 하면, 마리는 지체 없이 라파엘을 따라나선다는 것이다.[48]

---

46. 같은 책, 152쪽.
47. 같은 책, 169쪽.

과연 마리는 쟝을 사랑하기나 하는 것일까? 루카치는 그렇다고 한다. 그러면 마리는 서로 다른 방식으로 두 남자를 사랑하는 것일까?

사랑의 형태들을 나누어보자. 우리가 사랑에 빠지는 계기는 다음 두 가지가 있을 것이다.

a) 성적 욕망
b) 이유를 알 수 없는 내적인 끌림

물론 대부분의 경우 이 둘은 동시에 존재한다. 둘 가운데 a)가 지배적인 경우, 즉 성적 집착에 의해 관계가 지속되는 경우를 '육체적인 사랑'이라고 해두자.

b)가 지배적인 경우는 다시 둘로 나뉜다. 그 일반적 형태는 사랑을 받으려는 자아의 욕망이 상대의 지배로 이르는 경우이다. 물론 그러한 '지배'가 사랑일 수 있겠느냐고 할 수 있겠지만, 대부분의 사랑은 실제로 지배의 형태를 갖는다.[49] 다른 한편, 또 다른 한 형태는 상대의 영혼의 빛을 사랑하고, 그래서 상대의 타자성을 받아들이는 형태일 것이다. 그렇다면 우리는 다음과 같이 사랑의 세 형태를 제시할 수 있다.

1) 육체적인 사랑
2) 사랑을 받으려는 자아의 욕망에 따른 지배
3) 사랑 받으려고 하기보다 사랑하는 것

나는 『마리 도나되』를 직접 읽지 못해서 신뢰할 만한 얘기를 할 순

---

48. 같은 책, 170쪽.
49. 이종영, 『사랑에서 악으로』, 새물결, 2004, 1장과 3장을 참조할 것.

없지만, 라파엘과 마리의 사랑은 아마도 1)과 2) 사이에 속할 것이다. 그렇다면 쟝에 대한 마리의 사랑은 어떤 것일까? 그것은 과연 3)에 속하는 것일까? 마리는 쟝을 열렬히 사랑한다기보다는, 단지 쟝에 대한 일종의 사랑의 느낌만을 갖고 있는 것이 아닐까?

하지만 루카치에 따를 때, 쟝에 대한 마리의 사랑은 몹시도 간절한 것이다. 그 사랑은 잠자고 있던 마리의 영혼을 깨우는 사랑이다. 루카치는 다음과 같이 말한다. "그러나 그녀는 늘 라파엘을 기만했다. 반면 쟝에 대한 그녀의 사랑은 그녀에게 순수함을 가져다주었다. 이로 인해 이전에는 전혀 알지 못했던 영혼의 영역이 그녀에게 펼쳐진다. 쟝이 그녀의 삶에 나타나기 전에는 그녀는 금발을 한 변덕이 심한 조그만 짐승이었다."[50]

마리가 라파엘을 기만했다고 해서 라파엘을 사랑하지 않는 것은 아닐 것이다. 상대에게 강렬하게 집착하면서도, 그 상대의 성격으로 인해 어쩔 수 없이 그를 부단히 기만하는 사랑도 있다. 그러한 사랑도 절절한 사랑일 수 있다.

반면, 쟝은 마리의 내면에서 잠자고 있던 그 무엇을 불러일으킨다. '조그만 짐승' 마리가 오랫동안 잊고 있던 것이 그것이다. 그것은 마리가 뒤쫓고 또 간직해야 할 소중한 빛이다. 비록 여태까지의 삶에서 각인된 내면의 짜임새가 그 길을 실제로 걷도록 허용하지 않더라도 말이다. 루카치는 그것을 영혼이라고 한다. 그리고 영혼의 성격을 동경으로 정의한다.

루카치는 다시 다음과 같이 말한다. "그는 그녀의 영혼을 일깨웠다. 아니다. 그는 그녀에게 영혼을 주었다. 이렇게 해서 퍼덕거리는 날갯짓을 그만두고, 그녀의 영혼은 조용하고 아름답게 나래를 편다.

---

50. 게오르그 루카치, 『영혼과 형식』, 170쪽.

그는 그녀에게 순수와 동경을 주었고, 이러한 동경은 […] 그녀가 잃어버린 소유물을 향해 날아간다."[51]

'순수'란 어떤 것일까? 우선 도구적 욕망의 완전한 부재를 생각할 수 있다. A가 그 자체로서 절대적 가치를 갖기 때문에 다른 어떤 것에 A를 종속시키지 않는 것, A를 그 자체로서 좋아하는 것이 바로 그것이다. 하지만 순수는 그 이상의 것일 수도 있다. 즉 순수는 자아의 욕망의 세계에는 부재하는 그 무엇, 또 다른 세계에 속하는 그 무엇일 수 있다.

이처럼 순수함이 생겨나면서 영혼이 깨어나는 것일까? 그리고 영혼은 그처럼 순수함을 가져다준 존재를 동경하는 것일까? 하지만 마리가 동경하는 것은 쟝 자신일까? 마리가 동경하는 것은 쟝 자신이라기보다는, 자신에게 순수함을 가져다준 쟝이 속하는 그 어떤 세계가 아닐까? 결국 두 가지 가설이 가능하다. 마리의 일깨워진 영혼이 동경하는 것은 1) 쟝 자신이라는 가설과 2) 쟝이 속하는 그 어떤 세계라는 가설.

만약 가설 1)이 맞다면, 쟝에 대한 마리의 동경은 단지 환상에 불과할 것이다. 그것은 멀리 떨어져 있는 사람, 가까이 할 수 없는 사람, 거리가 있는 사람에 대한 환상과 똑같은 것이다. 그 사람과 같이 살게 되면, 그 환상은 이내 박살난다.

반면 가설 2)가 맞다면, 그것은 과거의 경험에 대한 이상화나 멀리 떨어진 것에 대한 환상이 아닌 진정한 동경일 수 있을 것이다. 내가 지금 속해있는 이 세계와는 전혀 다른 새로운 세계가 있다거나 가능하다는 동경이 그것이다.

우리는 앞에서 사랑의 세 형태를 제시했었다. 이제 사랑을 과정적

---

51. 같은 책, 171쪽.

으로 이해해보자. 사랑의 과정은 일반적으로 1) 동경 → 2) 만남 →
3) 좌절 → 4) 교통의 단계를 거친다. 이를 무한 및 유한과의 관계 속
에서 설명하면 다음과 같다.

1) 동경은 어떤 무한을 그리워하는 것이다. 하지만 이때 종종 유한
   을 무한으로 착각한다. 멀리 떨어진 어떤 장소를 그리워하는 것
   에서처럼.
2) 만남은 무한으로 착각한 유한을 만나는 것이다.
3) 좌절은 무한으로 착각했던 유한의 유한성에 좌절하는 것이다.
4) 교통은 유한성 속에서 다시 무한을 발견하는 것이다.

이를 사랑의 구체적 과정 속에서 말해보자.

1) 우리는 영원한 사랑을 동경한다.
2) 나는 타자에게서 영혼의 빛을 보고 사랑에 빠진다. 이때 상대는
   천사처럼 드러난다. 첫째로는 내가 상대의 영혼의 빛에 이끌렸
   기 때문이고, 둘째로는 상대도 나의 영혼의 빛에 이끌려 천사처
   럼 행위했기 때문이다. 물론 상대는 오직 나에게만 천사이다.
   오직 나만이 그의 영혼의 빛을 목격했기 때문이다. 천사와의 사
   랑 속에서 육체적 일상의 세계는 죽음의 세계처럼 드러난다.
3) 성행위를 하고 생활을 같이 꾸리면서 나는 상대에게서 오직 육
   체와 자아의 행위만을 보고 좌절한다. 상대는 천사에서 인간동
   물로 전락한다. 그리고 나는 다시 죽음의 세계인 자아의 행위의
   세계로 추락한다.
4) 우리는 그러나 서서히, 어쩌면 오랜 시간이 지난 후, 상대의 육
   체 속에서 영혼의 삶을 발견한다. 천사들의 사랑은 인간동물들

의 사랑으로 변하면서 '뼈저리고 몸서리치는 그 무엇,' '눈물겹
고 절절한 그 무엇'을 갖게 된다. 즉 우리는 자아의 행위들의 이
유들을 발견하면서, 그것들을 거슬러 올라가서, 서로의 초라함
속에서 빛을 밝히는 상대의 영혼을 발견하게 된다.

사랑의 이 과정에서 1) 동경은 환상에 불과한 것이다. 반면 진정한
사랑은 3) 좌절을 거친 뒤 자아의 행위의 이유들을 발견하면서부터
시작한다. 그리고 4) 교통은 자아의 행위들 너머에 있는 서로의 영혼
을 만나는 것이다. 따라서 4) 교통은 진정한 소통이다.

만약 마리의 영혼이 동경한 것이 개인으로서의 쟝이라면, 그 동경
은 환상에 불과하다. 쟝과의 거리로 인해, 그의 유한성을 무한으로
착각한 것일 뿐이므로 말이다. 물론 쟝의 유한성 속에는 무한이 숨겨
져 있다. 하지만 그 무한은 단지 다가올 좌절을 거쳐서만 발견할 수
있는 것이다. 따라서 마리의 동경은, 그것이 진정한 동경이라면, 자
신에게 순수를 일깨워준 쟝이 속해있는 그 다른 세계에 대한 동경이
어야 한다.

루카치는 「삶에 부딪쳐 발생한 형식의 파열 ─ 죄렌 키르케고르와
레기네 올젠」에서, 올젠에 대한 키르케고르의 배신을 설명한다. 즉
"한 여인의 이상적인 상(像)을 향한 희생의 불길"이 그에게서 불타올
랐지만, 결국은 "무한을 향한 모든 동경과는 완전히 정반대"되는 것
을 올젠에게서 발견했을 뿐이라는 것이다.[52]

즉 키르케고르는 위의 사랑의 과정에서 1) 동경 → 2) 만남 → 3)
좌절의 과정을 거친다. 그는 단지 환상으로서의 동경에 속아 넘어갔
을 뿐이다. 더욱이 그는 3)을 인내해서 4) 교통의 과정에 이르지 못

---

52. 같은 책, 63쪽.

한다.

대신 그가 선택하는 것은 '무한을 향한 또 다른 동경'인 신의 길이다. 그는 신의 길 위에서 무한을 발견했을까? 무한은 우리가 타자의 자아를 거슬러서 영혼과 만났을 때에만 가닿을 수 있는 게 아닐까? 다시 말해, 신의 길은 타자를 거쳐야 하는 게 아닐까?

『영혼과 형식』에서 루카치는 영혼을 동경 그 자체로 정의한다. 그는 「동경과 형식 — 샤를르 루이 필립」에서 다음과 같이 말한다. "영혼의 가장 깊숙한 곳, 즉 순수한 동경은 냉엄한 현실 속에서, 비록 알려지지 않은 낯선 순례자처럼 방황할지라도 일종의 숭고한 진실이며 기적이다."[53]

영혼의 동경은 자아의 욕망에 의해 지배되는 '냉엄한 현실' 속에서 '알려지지 않은 낯선 순례자'처럼 방황한다. 즉 이 세계는 영혼에게 '낯선' 것이고, 그래서 영혼의 동경은 '순례자처럼' 방황한다. 이 세계는 영혼의 고향이 아닌 것이다. 루카치가 다시 "진정한 동경은 한 번도 고향을 갖지 못하였다"고 말하듯이 말이다. 하지만 그럼에도 이 세계에서 영혼이 존재한다는 것은 "일종의 숭고한 진실이며 기적"인 것이다.

청년 루카치의 영혼의 친구였던 에른스트 블로흐는 괴테의 『빌헬름 마이스터의 수업시대』에서 동경을 구현하는 인물인 미뇽에 대해 "미뇽은 오로지 영혼일 뿐"이라고 말한다.[54] 미뇽은 영혼의 동경 속에서 이 세계를 벗어나 있기 때문이다. 미뇽이 지금 이곳의 육체를 떠나 오직 동경으로서만 존재하는 한, 그녀는 오직 영혼일 뿐인 것이다. 그래서 "미뇽은 침묵을 지키고 있다. 마치 먼 곳을 향해 떠나고 있는 것처럼 보인다."[55]

----

53. 같은 책, 182쪽.
54. 에른스트 블로흐, 『희망의 원리』제4권, 열린책들, 2004, 2085쪽.

하지만 미뇽의 동경은 이 '낯선' 세상에선 존재하지 않는 영혼의 고향을 바라보는 것일까? 꼭 그렇지는 않을 것이다. 그녀의 동경은 어린 시절의 행복에 대한 그리움과 결합해 있다. "아주 어려서 줄타기꾼 곡예단에 유괴"되기 이전의, 따뜻한 이탈리아에서의 행복의 경험에 대한 그리움이 그것이다.[56] 즉 그녀는 언제나 무언가를 동경하고 있지만, 그것은 지난 시절에 대한 그리움을 실질적인 내용으로 갖는 것이다.

물론 오랜 시간이 흘러 과거의 경험이 흐릿해질 때, 그에 대한 그리움은 막연한 동경으로 전환된다. 어려서 유괴당한 미뇽의 경우는 말할 것도 없다. 하지만 그러한 동경은 과거의 현실에 대한 환상적 재구성에 입각한다. 『기적수업』에서는 이에 대해 다음과 같이 말한다. "당신의 육체의 어린 시절과 그 은신처에 대한 기억은 이제는 너무도 왜곡되어서, 당신은 결코 존재한 적이 없었던 과거의 그림만을 가지고 있을 뿐이다."[57]

예컨대 미뇽은 "레몬 꽃이 피고/짙은 초록잎 그늘에 황금빛 오렌지가 불타고/산들바람이 푸른 하늘에서 불어오고/미르테[銀梅花]가 조용히, 월계수가 높다랗게 솟아있는 그 나라를 아십니까"라고 노래한다.[58] 하지만 그처럼 아름다운 곳에서도 인간들 사이의 지배관계와 착취관계가 존재할 수밖에 없다면, 미뇽의 노래는 단지 이상화(理想化)에 불과한 것이다.

이제 우리는 동경의 세 형태를 다음과 같이 나눠볼 수 있다.

---

55. 같은 책, 2084쪽.
56. 괴테, 『빌헬름 마이스터의 수업시대』, 예하, 1995, 612쪽.
57. *A Course in Miracles* (combined volume), "Workbook for Students," 339쪽.
58. 괴테, 앞의 책, 172쪽.

1) 과거의 경험의 이상화(理想化)와 뒤섞인 동경
2) 가까이 접할 수 없는 것에 대한 환상
3) 영혼의 신호

1)은 물론 미뇽과 같은 경우이다. 2)는 이성(異性)에 대한 환상을 포함해서, 가까이서 접하지 못하는 모든 것에 대해 갖게 되는 동경이다. 3)은 자아의 욕망에 사로잡힌 사람들의 내면에서 영혼이 보내오는 신호이다. 이 신호는 막연한 동경의 형태를 취할 수도 있고 보다 구체적인 미래상(像)의 형태를 취할 수도 있다.

루카치가 동경의 개념을 통해 말하려는 것은 3)에 가깝다. 그는 「에세이의 본질과 형식」에서 다음과 같이 말한다. "[…] 동경은 실현을 바라는 그 어떤 것 이상의 것, 다시 말해 가치와 그 자체의 존재를 지니는 영혼이기 때문이다. 동경은 또한 삶의 전체에 대해 취하는 근원적이고도 심원한 태도이자, 체험가능성의 더 이상 지양될 수 없는 궁극적 범주이다. 그러한 동경은 그러니까 자신을 지양하게 될 실현뿐만 아니라, 자신을 영원한 가치로 구제하고 구원하는 형식을 필요로 한다."[59]

동경이 "실현을 바라는 그 어떤 것 이상"인 것은, 루카치적 동경이 영혼의 현상 형태이기 때문이다. 루카치적 동경은 가닿으려는 목표에 환원되지 않는다. 중요한 것은 동경을 밀어붙이는 영혼의 작용이기 때문이다. 따라서 목표로서의 동경은 지양되어야 하는 것이지만, 영혼의 작용으로서의 동경은 지양될 수 없다. 즉 영혼은 "자신을 영원한 가치로 구제하고 구원하기 위해" 동경을 불러일으킨다. 하지만 동경은 '구원'을 위한 신호일 뿐이다. 그리고 신호들은 스스로를 지

---

59. 게오르그 루카치, 『영혼과 형식』, 32쪽.

양하면서 이윽고 구원에 이르러야 한다.

우리는 자아의 이유(理由)들을 들으면서 동경을 읽어낼 수 있을까? 또 그 동경을 통해 영혼을 읽어낼 수 있을까? 이것은 바로 영혼의 소통의 문제이다.

영혼의 소통에 대하여

「에세이의 본질과 형식」에서 루카치는 "비평가의 운명적 순간"을 "영혼과 형식이 합쳐지는 순간"이라고 한다.[60] 영혼과 형식이 합쳐진다는 것은, 형식을 통해 영혼이 드러난다는 것이다. "형식이 간접적으로 또 무의식적으로 자체 속에 감추고 있는 영혼의 내용"이 비평가의 눈에 읽힌다는 것이다.[61]

루카치에 따를 때, 한 역사적 시대의 운명들의 집합적 궤적은 시대적 문학의 형식을 결정한다. 그리고 그러한 형식들을 통해 역사적 인간의 영혼들이 드러난다. 자아의 운명들을 바라보고 그로 인해 아파하는 영혼들이 그것이다.

같은 글에서 루카치는 1) 삶이라는 보편적 형식과 2) 살아감이라는 구체적 현실을 나눈다. 1)은 비평(=에세이)의 대상이고, 2)는 문학의 대상이다. 그래서 비평은 의미(Bedeutung)를 붙잡으려 하고, 문학은 이미지(Bild)를 통해 노동한다.[62]

하지만 "어떤 이미지에 의해서도 완전히 표현될 수 없는 투명한 그

---

60. 같은 책, 17쪽.
61. 같은 책, 16쪽.
62. 같은 책, 11쪽.

어떤 것"이 존재한다.[63] 바로 영혼이다. 예술가들이 그려내려 하는 것은 이 영혼의 삶이다. 영혼의 삶이란 "어떠한 몸짓에 의해서도 표현될 수 없으면서도 그래도 표현을 갈망하는 체험"이기 때문이다.[64]

결국 영혼은 "어떤 이미지에 의해서도 완전히 표현될 수 없는"것이면서도 "이미지의 저편으로부터" 빛을 비춘다.[65] 비평가는 "이미지의 저편으로부터" 빛을 비추는 영혼들을 읽어내려 한다. 물론 그러기 위해서는 능력이 필요하다. 타자의 영혼과 소통하는 능력. 이 능력은 비평가가 자신의 영혼에 대해 노동함으로써만 얻어질 수 있다.

루카치는 마찬가지로 『영혼과 형식』에 실린 「플라톤주의, 시와 형식 — 루돌프 카스너」에서 비평가의 모범으로서의 플라톤주의자를 "영혼을 분석하는 사람"이라고 한다. 또 "영혼을 분석하는 사람"인 플라톤주의자는 "자기 영혼의 가장 깊이 숨겨진 내밀한 것에 도달"해야만 한다고 말한다.[66] 자신의 영혼에 가닿은 사람만이 타자의 영혼을 분석할 수 있기 때문이다. 한 사람의 영혼과 소통하는 것은 또 다른 사람의 영혼이라는 것이다.

루카치는 『영혼과 형식』을 출간한 다음인 1911년 말에 처음 발표한 「마음의 가난에 대하여」에서 영혼의 소통 문제를 본격적으로 다룬다. 이 글에서 루카치는 타자의 영혼을 귀담아들을 수 있는 능력을 '선(善)'이라고 칭한다. 하지만 이 선은 "선하고자 해서" 얻어지는 것이 아니다.[67] "선하고자 해서" 얻어지는 선은 단지 자아의 선[68]으로

---

63. 같은 책, 12쪽.
64. 같은 책, 15쪽.
65. 같은 책, 13쪽.
66. 같은 책, 44쪽과 46쪽.
67. 게오르크 루카치, 「마음의 가난에 대하여 — 한 편의 대화와 한 통의 편지」, 『소설의 이론』(김경식 옮김), 206쪽.
68. 여기서 '자아' 는 이 책의 다른 모든 곳에서와 마찬가지로 정신분석과 현대최면 이후의

서, '위선'이자 '독선'일 뿐이기 때문이다.

타자의 영혼을 들을 수 있는 선은 '은총'에 의해 주어지는 선, '신적인' 선이다.[69] 이러한 선은 사회적 삶의 형식과 윤리를 넘어서 있다.

루카치는 다음과 같이 말한다. "생생한 삶은 형식들 저쪽 편에 있는 반면, 통상적인 삶은 형식들 이쪽 편에 있습니다. 선이란, 이러한 형식들을 부수어버릴 수 있는 천부적 자질입니다."[70] 여기서 '형식'이란 사회적 삶의 형식이다. 즉 자아들 사이의 관계를 유지하기 위한 형식이 그것이다. 중요한 것은 자아들 사이의 관계에선 타자의 영혼을 들을 수가 없다는 것이다. 자아가 듣는 것은 단지 자기 자신일 뿐이기 때문이다.

루카치는 말한다. "그것[형식]은 분리시키는 다리입니다. 우리가 그 위를 이리저리 건너다니지만 항상 우리 자신에게 도착할 뿐 서로 만나는 일은 결코 없는 그런 다리 말입니다."[71] 그렇다면 형식은 자아를 지키기 위해서만 존재할 뿐이다. 그 형식 속에서 자아들은 그것들이 속한 육체들처럼 안전하게 분리되어 있고, 자신의 세계에만 갇혀 있을 것이다.

루카치에게 '생생한 삶'이란 영혼의 삶이고 '통상적 삶'이란 자아의 삶이다. 선이 형식들을 부순다는 것은, 영혼이 자아를 벗어나고 또 깨트린다는 것이다. 그는 다시 다음처럼 말한다. "선은 윤리를 떠나는 것입니다. 다시 말해서, 선은 윤리학적 범주가 아니며, 당신은 논리 정연한 그 어떤 윤리학에서도 그것을 찾을 수 없을 것입니다."[72]

용법을 일관적으로 따른 것이다. 하지만 루카치 그 자신에게서 자아의 용법은 정신분석 이전의 것이고, 따라서 비판적이지 않다.

69. 같은 글, 198쪽과 201쪽.
70. 같은 글, 199쪽.
71. 같은 글 같은 쪽.
72. 같은 글, 202쪽.

즉 루카치는 이제 '영혼의 선'과 '자아의 윤리'를 대립시킨다. 자아의 윤리는 겉으로는 윤리인 것처럼 보이지만, 실제로는 하나의 '형식'일 뿐이다. 그래서 그 윤리 속에서는 단지 '형식적으로만' 타자를 들을 뿐 진정으로 듣지 못한다.

따라서 루카치는 다음과 같이 말한다. "모든 인륜적 규율에 따라서 보자면 나는 아무런 잘못도 저지르지 않았지요. 아니, 반대로 내 모든 의무[…]를 성실하게 수행했습니다. […] 하지만 […] 나는 아무것도 보지 못하고 듣지 못했습니다. 그녀의 침묵에 담긴 목소리, 도와달라고 외치는 그 목소리를 들을 귀가 내게는 없었습니다."[73]

루카치는 자아의 형식적 윤리에 충실했지만, 타자의 영혼의 소리는 결코 들을 수 없었다는 것이다. 자아의 윤리 속에서 영혼의 눈이 감겨 있었기 때문이다. 그리고 그녀는 죽음에 이른다.

루카치는 타자의 영혼을 읽지 못해 죽음에까지 이르게 한 자신과 '선한 인간'을 대립시킨다. '선한 인간'이란 상대의 영혼과 소통할 수 있는 인간이다. 루카치는 말한다. "선한 인간은 더 이상 타자의 영혼을 해석하지 않습니다. 그는 마치 자기 자신의 영혼을 읽듯이 타자의 영혼을 읽습니다. 그가 타자로 된 것입니다. 그렇기 때문에 선은 기적이요 은총이자 구원입니다. 천상의 것이 지상으로 하강한 것이지요."[74]

'해석'을 하는 것은 '해석'이 필요하기 때문이다. 어떤 것에 대해 '해석'이 필요한 이유는 그것을 직접적으로 알 수 없기 때문이다. 하지만 영혼들 사이의 소통에는 해석이 개입될 수 없다. 영혼은 영혼을 알아보기 때문이다. 한 영혼에게 다른 영혼은 그 자신과 같은 것이고, 그래서 루카치가 말하듯 그가 타자와 같아질 수 있는 것이다.

---

73. 같은 글, 197쪽.
74. 같은 글, 202쪽.

루카치에게서 '선한 사람'의 대표적 존재 가운데 한 사람은 아시시의 프란체스코다. 루카치는 말한다. "타자들의 은밀한 생각이 아시시의 성 프란체스코에게 어떻게 개시(開示)되는지 생각해 보세요. 그는 그런 생각들을 추측하지 않습니다. 그렇게 하는 것이 아니라, 그 생각들이 그에게 개시(開示)됩니다. […] 그의 앎은 기호와 해석 저편에 있습니다. 그는 선합니다. 그러한 순간에 그는 타자입니다."[75]

누군가가 타자들의 영혼에 직접 가닿는다면, 그것은 그의 영혼이 깨어있기 때문이다. 그가 타자의 영혼에 직접 가닿는다면, 타자는 해석되어야 할 기호가 아니다. 타자는 단지 하나의 영혼으로서 그의 앞에서 '개시(開示)' 될 뿐이다. 이는 그 자신이 타자의 영혼에 직접 가닿을 수 있는 영혼이기 때문이다. 그래서 "그러한 순간에 그는 타자"이다. 이것이 영혼들의 소통이다.

하지만 영혼의 선이 특별한 사람에게만 선택적으로 주어지는 "천부적 자질"일까? 영혼의 선은 '은총'에 의해서만 주어지는 것일까? 그럴 수 없다.

어쩌면 루카치는 이르마 셰이들러(Irma Seidler)의 죽음 이후, 자신으로서는 도저히 건너뛸 수 없는 어떤 절대적인 벽 같은 것을 느낀 것일까? 그래서 그는 '영혼의 카스트들'을 나눈다. 그 자신은 상대의 영혼을 읽을 수 있는 카스트에 속하지 못한다는 것이다. 그는 "선은 나의 카스트보다 고차적인 카스트의 의무이며 덕"이라고 말한다.[76]

「마음의 가난에 대하여」는 영혼의 소통 문제를 다룸으로써 『영혼과 형식』보다 한 걸음을 더 앞으로 나아가는 듯이 보인다. 하지만 「마음의 가난에 대하여」는 실제로는 뒷걸음질 치고 있는 게 아닐까? 영혼을 '은총'에 의해 주어지는 외재적인 것으로 만들어버리면서 말

---

75. 같은 글, 198쪽.
76. 같은 글, 218쪽.

이다.

영혼의 선은 선별적으로 주어지는 '천부적 자질'일 수도 없고 은총의 결과일 수도 없다. 우리가 상대의 영혼을 읽을 수 있는 내재적 통로는 언제나 존재하기 때문이다.

영혼의 선은 다만 자아의 욕망에 의해 짓눌려 있을 뿐이다. 하지만 '영혼의 사건들'은 자아의 욕망들을 해제시킨다. 그리고 다시 숨쉬기 시작하는 우리의 영혼은 타자의 영혼들에 보다 손쉽게 가닿을 수 있다. 밀턴 에릭슨의 실험에서 탈(脫)인격화된 피실험자들이 서로의 상태를 공유하듯이 말이다.

누구에게나 영혼이 있다면, 즉 누구에게나 자아 아래 영혼이 내재한다면, 영혼의 선을 행하기 위한 '천부적 자질' 같은 것은 불필요하다. 또 은총은 다른 사람에게는 결여된 그 무엇을 누군가에게만 특별히 가져다주는 것일 수 없다. 앞으로 볼 것이듯이 운명에도 불구하고 은총은 평등해야만 하고 또 실제로 평등한 것이기 때문이다. 따라서 은총은 다만 다음과 같은 것일 수밖에 없다. '영혼의 사건들'처럼 등장해서 자아의 욕망들을 해제하고 질식 상태의 영혼에게 빛을 되찾아주는 것.

이제 질문을 던져보자. 소통이란 어떤 것일까? 사람들은 입장이 다른 상대에 대해 항상 "소통해야 한다"고 요구하지만, 대부분의 경우 그 스스로가 소통할 준비가 안 되어 있다. 자기의 생각이 옳다고 이미 확신하고 있거나 더 나아가선 상대의 입장을 벌써 배척하고 있기 때문이다. 루카치가 말하듯이 대부분의 경우 소통이란 그저 자신들의 관점을 서로 천명하는 것에 불과하다.

하지만 진정한 소통이란 어떤 것일까? 내가 누군가와 진정으로 소통했다면, 그것은 내가 그의 자아의 욕망들을 거슬러 올라가 그의 영혼의 목소리까지를 들었다는 것이 아닐까? 그렇다면 진정으로 소통한다는 것은 상대의 영혼에까지 가닿는 일일 것이다.

칼 로저스는 『사람-중심 상담』에 실린 「의사소통 경험」이란 글에서 "누군가가 자신의 말을 깊이 들어주고 있다고 느낄 때, 사람들은 거의 항상 눈물을 흘립니다. […] 그는 다시 사람이 됩니다"라고 한다.[77] 이 말은 무슨 뜻일까?

사람들은 자신에 대해 온전히 말할 수 있는 기회를 거의 갖지 못한다. 게다가 사람들은 자신에 대해 온전히 말하기 전에는 자기 자신을 제대로 알지도 못하는 법이다. 하지만 눈물은 왜 흘리는 것일까?

가슴 깊이 켜켜이 담겨 있던 얘기들을 하면서 자기 삶을 되돌아보아서일까? 그 때문만은 아닐 것이다. 자신의 삶을 누군가에게 말할 수 없다는 것이 세상에 홀로 내버려진 느낌을 주었고, 그래서 누군가와 자신의 얘기를 나눌 수 있기를, 자신도 모른 채, 절절히 바랐던 것일까? 아마도 어느 정도 그럴 것이다. 하지만 군더더기 없이 말하자면, 누군가가 자신의 얘기를 듣고 이해할 준비가 되어 있다는 그 간단한 사실이야말로 그에게 진정한 기쁨을 주었던 게 아닐까? 즉 사람에겐 다른 사람과 진정으로 소통하는 것이 그만큼 중요한 일이라는 것이다.

로저스는 놀랍게도 "그는 다시 사람이 된다"고 말한다. 도대체 무슨 뜻일까? 그가 여태까지는 사람이 아니었단 말인가? 로저스의 그러한 발언은, 사람은 다른 사람과 진정으로 소통함으로써만 온전한 사람이 될 수 있음을 암시한다. 소통하지 못하고 있을 경우 자기 파괴에 이른다는 것, 그래서 존엄성을 상실한다는 것이다. 결국 "다시 사람이 된다"는 것은 세상의 압박으로 인해 침식되었던 영혼을 다시 회복한다는 뜻일 것이다.

---

77. 칼 로저스, 『사람-중심 상담』, 학지사, 2007, 30쪽. 이 책의 영어판 원제는 *A Way of Being*(존재의 한 방식)이다.

로저스는 자신의 경험을 말한다. "그들은 이야기를 들어는 주되 판단하거나 진단을 내리거나 평가하거나 분석하려 하지 않았습니다. […] 그럴 때마다 나는 마음의 긴장이 풀려서 내가 경험하고 있던 두려움, 감정, 죄책감, 절망감, 혼란감을 털어놓을 수 있었지요. […] 누군가 귀 기울여주면 해결이 불가능해 보이던 것들이 해결할 수 있게 되고, 누군가 들어주면 돌이킬 수 없어 보이던 혼란스러움이 비교적 분명하게 정리가 되는 것은 정말 놀라운 일입니다."[78]

들는 사람이 판단이나 분석을 하지 않으면, 말하는 사람은 완전히 편안한 상태에서 아무것도 방어하지 않고 말할 수 있게 된다. 방어하면서 말한다는 것은 자아를 지키려는 욕망이 진리를 가린다는 것이다. 반면, 방어를 하지 않는다는 것은 있는 그대로의 자신을 드러낸다는 것이다.[79]

있는 그대로의 자신을 드러낼 수 있음은 무엇을 의미할까? 그것은, 다소 놀라운 일일 수도 있지만, 그 자체로 이미 어느 정도 치유가 이루어졌음을 뜻하는 것이 아닐까? 있는 그대로 자신을 드러낸다는 것은, 첫째로, 자기 자신에게 가닿아야 한다는 것이고, 둘째로는, 그처럼 가닿은 자신을 이해해야 한다는 것이고, 셋째로, 그처럼 이해한 자신을 남에게 전달할 수 있다는 것이다. 이것은 로저스가 말하듯이 '자신의 경험을 경험'하는 것, 자신과의 일치(congruence)를 경험하는 것이다.[80]

놀라운 것은 들는 사람이 판단이나 분석을 하지 않으면 이러한 일들이 순식간에 저절로 벌어진다는 것이다. 이때 자신의 경험과 새롭

---

78. 같은 책, 32쪽.
79. *A Course in Miracles*에서는 "아무것도 방어할 필요가 없는 것(Defenselessness)"을 진리의 한 성격으로 규정한다.
80. 칼 로저스, 앞의 책, 34쪽.

게 관계를 맺는 것은 비(非)자아적 주체, 즉 영혼이 아닐까? 그리고 영혼의 그러한 작용으로부터 자기치유가 비롯되는 것이 아닐까? 최면치료를 하는 사람들이 늘상 경험하듯이 말이다.

들는 사람, 즉 치료자로서의 로저스는 다음과 같이 말한다. "다른 사람 안에 있는 진심을 만날 때, 그때가 바로 반짝이는 순간입니다. […] 누군가가 겉모습 뒤에 감추는 것 없이 깊은 속마음을 이야기할 때는 분명하게 느낄 수 있습니다. 그런 일이 일어나면 나는 기쁨으로 펄쩍 뛰며 그를 맞이합니다. 진짜 그 사람을 만나고 싶은 것입니다."[81]

"반짝이는 순간"이라는 것은 상대의 영혼에 가닿는 순간, 즉 자아의 욕망의 궤적들을 바라보는 그의 영혼과 만나는 순간이다. 로저스는 그것을 "분명하게 느낀다." 즉 상대의 영혼에 가닿는 순간이면, 그것을 안다는 것이다. 그의 영혼이 상대의 영혼을 감지하기 때문일 것이다. 그가 "기쁨으로 펄쩍 뛰는" 것은, 상대가 아무런 방어도 하지 않고 "진짜 그 사람," 즉 영혼을 내보여주기 때문이다. 상대가 어떠한 이해관계나 욕망도 개입시키지 않고 자신의 영혼을 드러내주는 것이 그처럼 큰 기쁨을 준다는 것이다.

로저스는 『사람-중심 상담』에 실린 다른 논문 「사람-중심 접근법의 기초」에서는 다음과 같이 말한다. "내가 나의 내면의 직관적인 자신에 가장 가까울 때, 내가 내 안에 알려지지 않은 부분과 어떻게든 접촉할 때, 아마도 약간 변형된 의식 상태에 있을 때, 내가 하는 일이 매우 치료 효과가 있는 것 같았다. 그럴 때는 내가 함께 있어 주는 것만으로도 상대방을 편안하게 해주고 도움을 준다. […] 내 내면의 영혼이 상대방의 내면의 영혼에게 다가가서 어루만져 주는 것 같다."[82]

결국 로저스의 말은 스스로의 영혼이 열려있을 때 상대도 자신의

---

81. 같은 책, 36쪽.
82. 같은 책, 143~144쪽.

영혼을 연다는 것이다. 소통을 한다는 것은, 그것이 진정한 소통이라면, 나의 영혼이 상대의 영혼에 가닿는 것일 수밖에 없지 않을까? 그것이 아니라면 어떤 것이 소통일 수 있을까? 자아들 사이에선 진정한 소통이 불가능하다. 자아는 실제로는 오직 자기의 얘기만을 듣는다. 하지만 타자의 영혼에 가닿기 위해선 나 자신의 영혼에 먼저 가닿아야 한다. 루카치는 그것이 '은총'이라고 성급하게 말했지만, 그것은 오직 자아의 욕망을 내재적으로 해제할 때에만 가능할 것이다.

선(善)의 문제와 영혼의 질식

루카치는 영혼의 선을 말했다. 영혼의 선은 "선하고자 해서" 얻어지는 것이 아니다. 그것은 오히려 "죄와 기만과 무자비함 속에서 순수하게 머무는 능력"이다.[83] "죄와 기만과 무자비함 속에서 순수하게 머문"다는 것은 영혼의 선이 스스로를 선으로 내세우지 않는다는 것이다. 스스로를 선으로 내세우는 것은 자신을 악과 대비되는 선으로 내세우는 것이기 때문이다.

영혼의 선은 우리 내면에 존재하는 근본적인 선이다. 이러한 근본적인 선의 존재를 실증해주는 것은 '악에의 불가능성'이다. 그렇다면 '악에의 불가능성'은 실증될 수 있는가?

악들은 도처에 존재한다. 살인이 행해지고, 온갖 형태의 폭력들이 행사된다. 공장에서는 착취가 행해진다. 또 아주 평화로운 모습을 하고서도 상대에게 치명적인 상처를 주는 공격을 은밀히 행하기도

---

83. 게오르크 루카치, 「마음의 가난에 대하여 — 한 편의 대화와 한 통의 편지」, 207쪽.

한다. 나 자신의 얘기를 하자면 여태껏 내가 행한 악들은 하늘을 찌른다. 악들이 이처럼 도처에 존재하는데, 악이 불가능하다니 무슨 말인가?

하지만 그럼에도 불구하고 '악에의 불가능성'이 존재한다. 이것은 모든 사람이 자신의 영혼을 찬찬히 들여다보기만 하면 알 수 있는 것이다. '악에의 불가능성'이 실재한다는 한 가지 지표는 다음 사실이다. 우리는 악을 행하면서 항상 영혼의 상처를 받는다는 것. 그 누구도 예외 없이 말이다. 즉 '악에의 불가능성'은 어떤 예외도 허용하지 않는 보편적 사실이다.

물론 나는 악을 행하면서, 내 영혼이 상처 받고 있음을 깨닫지 못할 수 있다. 하지만 그때에도 마음속에는 느낌이 전해진다. 어떤 아릿하거나 묵직한 느낌 또는 나를 뒤로 밀쳐내는 것 같은 느낌 말이다. 그러한 느낌들은 마음속에 켜켜이 쌓였다가, 어느 날 문득 나를 불러 세운다. 이것은 나만의 주관적 사실일까? 그렇지 않을 것이다. 상담의 모든 사례들은 그 누구도 이러한 불러 세움에서 예외가 될 수 없음을 드러내주지 않을까?

칸트는 그것을 '양심의 가책'이라고 한다. 물론 이제는 '양심의 가책'이란 말이 종종 너무 가볍게 사용되고, 그래서 영혼과는 완전히 무관한 것으로 들리기도 하지만 말이다. 어쨌거나 칸트는『실천이성비판』에서 다음과 같이 말한다. "일찍이 저지른 행실에 대해 그것이 떠오를 때마다 하는 후회도 여기[양심의 가책]에 기초해 있다. 후회는 고통스런, 도덕적 마음씨에서 생긴 감각으로서, 그것이 일어난 일을 일어나지 않은 것으로 만드는 데에 아무런 소용이 없는 한에서 실천적으로는 공허한 것이고, 불합리한 것이기조차 하겠다. [⋯] 그러나 고통으로서 후회감은 아주 정당한 것이다."[84]

'공허하고 불합리한 것'임에도 불구하고 후회를 한다는 것, 이것이 중요하다. '공허하고 불합리한 것'은 자아의 관점에서 그런 것이고, 후회를 하는 것은 영혼에 원천을 둔 것이기 때문이다.

우리는 자신이 악을 행한다는 사실을 잘 견디지 못한다. 따라서 우리는 자신이 악을 행했다는 사실을 열렬히 부인한다. 이러한 부인(否認)은 대외적으로도 행해지지만, 무엇보다 자신에 대해 행해진다. 즉 이처럼 자신의 악행을 부인하는 것은 반드시 타자의 시선 때문만이 아니다. 자기 스스로 그것을 감내하지 못하기 때문이다.

모든 '정당화'도 이러한 부인의 한 형태이다. 정당화는 대외적으로도 자주 행해진다. 하지만 정당화는 특히 자신에 대해 행해진다. 우리는 부단히 자신을 설득하고 또 위로해야 하는 것이다. 상대가 악했기 때문에 어쩔 수 없었다거나, 책임은 그에게 있다거나, 의도는 선했다거나, 언젠가는 선한 결과를 가져올 것이라거나, 세상이 악하다거나 하는 식으로 말이다.

결국 악의 주체들은 악을 행하면서 의식적-무의식적으로 고통을 받는다. 자신이 악을 행하고 있다는 사실 때문이다. 이 고통은 초자아의 위반에 따른 것일 수 있다. 라깡은 초자아가 우리에게 불러일으키는 감정이 무엇보다 두려움임을 강조하는데, 역시 초자아의 위반에 따른 심리적 고통은 몸의 위축이나 불안에 의해 매개될 것이다.

그러나 다른 느낌의 고통, 보다 원천적인 고통이 있다. "하지 말았어야 할 것을 했다"는 내면의 목소리에 따른 고통, 영혼에서 비롯되는 고통이 그것이다. 우리가 그 고통을 의식적으로 감지하건 불투명한 느낌으로 감지하건, 영혼은 나의 행악(行惡)으로 인해 상처받는다. 그 상처에 따른 고통은, 초자아의 위반에 따른 '생물학적' 고통에 비해, '존재론적'이다.[85]

---

84. 칸트, 『실천이성비판』, 아카넷, 2002, 215~216쪽.

‘악에의 불가능성’이 실재한다는 또 다른 지표는 다음 사실이다. 즉 자신의 악행으로 인해 고통 받는 자들이 그 고통을 이겨내기 위해 오히려 ‘위악(僞惡)’을 행한다는 것이 그것이다. 위악이란 일부러 악을 행하는 것이다. “나는 이처럼 악을 행하면서도 아무렇지도 않다”고 과시하기 위해서 말이다. 왜일까?

위악은 타자들에 대해서도 행해지고, 자신에 대해서도 행해진다. 타자들에게 보이려는 위악은, 남들이 감히 행하지 못하는 악을 행함으로써 타자들을 일거에 제압하려는 것이다. 반면, 자신에게 보이려는 위악은 자기기만이자 자기포기이다. “나는 악을 행해도 괜찮다”는 자기기만, “이왕 저지른 것, 끝까지 간다”는 자기포기가 그것이다.

하지만 더 깊은 동기가 있다. 상처받은 자신의 영혼과 대결하려는 것이 그것이다. 그 대결은 영혼에 대해 자아가 벌이는 것이다. 자아는 자신이 영혼의 상처에도 아랑곳하지 않음을 보여주려 한다. 하지만 그럴수록 마음[86]은 더욱 고통 받는다. 영혼의 상처가 더욱 커지기 때문이다.

위악은 ‘악에의 불가능성’의 지표이다. 자신의 행악으로 인해 고통받지 않을 수 있음을 과시하려는 것이기 때문이고, 그러한 과시는 이미 자신이 그러한 행악에 따라 고통 받고 있음을 전제하기 때문이다.

결국 악에의 불가능성은 영혼의 관점에서의 불가능성이다. 우리 내면의 근본적인 선이 영혼의 선이듯이 말이다. 악은 자신의 집인 육체를 지키려는 자아[87]에 의해 행해지는 것이다. 반면 영혼은 자아가

---

85. 이러한 표현은 납득이 잘 안 될 수 있겠지만, 오히려 매우 엄밀한 것일 수 있다. 초자아와 관계하는 자아가 육체들 사이의 분리라는 ‘생물학적’ 사실로부터 비롯되는 반면, 영혼의 존재야말로 진정하게 ‘존재론적’인 것이라면 말이다.
86. 이때 마음은 자아와 영혼에 의해 동시에 각인받는 것이다.
87. 육체가 자아의 집이라는 사고는 *A Course in Miracles*의 여러 곳에서 등장한다. 그 가운데 한 군데가 “Workbook for students”의 382쪽이다.

행하는 악에 의해 상처받는다.

하지만 다음의 사실이 중요하다. 자아는 악을 드러내놓고 행하지는 않는다는 것. 육체를 보존하는 데 불리하기 때문이다. 첫째로, 자아는 악을 행하면서 그것을 선이라고 한다. 즉 자아는 선의 이름으로 악을 행한다. 둘째로, 자아는 영혼이 행하는 선에 편승하여, 그것을 자신의 선이라고 과시한다. 사실상 자아는 영혼이 행하는 모든 것에 편승한다. 그것을 통해 자신을 장식하기 위함이다.

루카치는 「마음의 가난에 대하여」에서 '영혼의 선'과 '자아의 윤리'를 대립시켰다. 하지만 '선(善)'은 자아의 윤리 내부에도 존재한다. 즉 자아의 윤리는 자신이 선으로 여기는 덕목들의 목록을 갖고 있다. 그러나 자아의 윤리에서의 선의 목록들은 '영혼의 선'과는 완전히 무관하다.

자아의 윤리에서의 선들은 단지 사회적으로 필요한 선들일 뿐이기 때문이다. 더욱이 그것들을 필요로 하는 사회들이 계급지배적 사회들임을 감안하면, 두말할 것도 없다. 라깡은 정신분석 경험에서 도출되는 윤리적 원칙을 다룬 『세미나』 7집에서 선의 사회적 용법을 비판한다. 그에 따를 때, 사회에서 '선'이라 칭해지는 것은 언제나 지배자가 지배를 위해 사회에 부과하는 것이다. "이것이 좋은 것이니 이것을 행하라"고 지배자가 타자에게 부과하는 것이 선이라는 것이다. 따라서 사회에서 선이라고 말해지는 것을 행하면 지배질서에 종속될 수밖에 없다. 선이 지배 이데올로기를 구현하기 때문이다. 그래서 라깡은 "선을 위해 뭔가를 해야 할 때 우리는 언제나 그것이 누구를 위한 선인지를 물어봐야 한다"고 말한다.[88] 지배자를 위한 선의 추구는 자신을 위한 선을 포기하는 것으로 귀결되기 때문이다.

---

88. J. Lacan, *Le séminaire*, VII, Seuil, 1986, 368쪽.

계급지배는 계급적 선의 부과뿐만 아니라, 지배계급을 선으로 분류하고 피지배계급을 악으로 분류하는 방식으로도 행해진다. 즉 계급적 선악분류에 따른 지배가 그것이다. 이러한 지배는 역사적 일반성을 갖는 것이다.

예컨대 6세기 말부터 7세기 초에 걸쳐 살았던 세빌리아의 주교 이시도르는 다음과 같이 말한다. "비록 모든 신자들이 세례의 은총에 의해 원죄를 용서받는다 해도, 의로운 하느님께오서는 인간들 존재 안에 차별을 두시어 어떤 자들은 노예 되고 어떤 자들은 주인 되게 하셨으니, 이는 악한 짓을 하는 자유가 지배하는 자의 권능에 의해 억눌림 당하도록 하기 위함이라. 모든 이들이 아무것도 두려울 게 없다면 어찌 악을 막을 수 있겠는가?"[89] 이때 '악'이 무엇보다 우선 피지배계급의 불만과 저항, 교양의 결여, 조야한 생활양식을 지칭한다는 것은 물론이다.

하지만 루카치가 '영혼의 선'과 대립시킨 '자아의 윤리'에서 선이 반드시 계급지배의 형태로만 존재하는 것은 아니다. 선악을 판단하는 것 그리고 악에 대해 선을 부과하려는 것은 일상적 삶에서 언제나 벌어지는 일들이다. 그러나 선악의 일상적 분류와 선의 부과는 항상 자기중심적으로 행해진다.

즉 우리의 자아는 언제나 스스로를 선으로 설정하고 타자들을 악으로 분류하려는 경향성을 갖는다. 이것은 자기 보존이라는 관점에선 지극히 당연한 것이다. 자기 보존을 위한 자신의 노력은 선일 수밖에 없고, 자기 보존을 위협한다고 여겨지는 타자들의 행위는 악일 수밖에 없기 때문이다.

하지만 자기중심적 관점에서 스스로를 선으로 설정하는 것이 기본

---

89. 조르주 뒤비, 『세 위계: 봉건제의 상상세계』, 문학과지성사, 1997, 133쪽.

적으로 ‘위선’일 수밖에 없음도 명백하다. 물론 이때의 ‘위선’은 행위 속에서 드러나는 위선, 선을 거짓으로 행하는 위선과 다르다. 하지만 위선은 위선적 행위로만 국한되는 것이 아니다. 스스로의 행위를 ‘선’이라고 여기는 것은 그 자체가 이미 원리적으로 ‘위선’을 구성한다. 자기중심적 관점에서 설정된, 기본적으로 거짓된 선이기 때문이다.

생각을 해보자. 나는 내가 ‘선’하다고 생각하면서 ‘선’을 행한다. 하지만 이 사실은 독립적인 사실이 아니다. 이 사실은 타자와의 관계 속에서 존재한다. 즉 나는 그렇게 ‘선’을 행하면서 타자들을 ‘악’으로 몰아넣는다. 나는 ‘악’한 타자들과는 달리 ‘선’을 행한다는 것이다. 그리고 더 나아가 나는, 타자들과는 달리 ‘선’한 내가 더 좋은 사회적 위치를 차지하거나 더 나은 사회적 보상을 받아야 한다고 믿는다. 이처럼 타자들을 ‘악’으로 몰아넣는 ‘선’은 위선일 수밖에 없다. 나를 ‘선’으로 제시하기 위해 타자들을 악으로 몰아넣는 악행을 하는 것이므로 말이다.

물론 자아의 선은 위선에 그치지 않는다. 자아의 선은 또한 독선(獨善)이다. 자아의 선은 타자들의 악에 대립해서 성립한 것이다. 타자들의 악에 대립하는 자아의 선은 스스로를 보편적 선으로 상승시키고, 그 선을 모든 타자에게 부과하려 한다. 즉 보편적 선으로 상승한 자아의 개별적 선은, 자신의 선만을 진정한 선으로 믿는 독선이 된다. 그 결과 자아는 스스로의 독선성(獨善性)에 입각해서 세계를 지배하려 한다.

루카치가 말했듯이 ‘영혼의 선’은 “선을 행하고자 하는” 것이 아니다. ‘영혼의 선’은 “죄와 기만과 무자비함 속에서 순수하게 머문”다. 즉 ‘영혼의 선’은 스스로를 선으로 여기지조차 않는다.

반면 자아의 독선은 자신의 선만이 진정한 선이기 위해 타자들의 악을 필요로 한다. 독선은 자신만이 선할 것을 욕망하기 때문이다. 즉 독선은 자신만이 결과적으로 선해서 독(獨)선인 것이 아니라, 자신만이 선하기를 욕망했기 때문에 독선이 된 것이다.

하지만 독선이 존재할 수 있기 위해서 전제된 타자들의 악은 진정한 악일까? 타자들의 자아들이 오직 자기 보존을 위해 노력할 뿐이라면, 그것은 그다지 악한 것일 수 없다. 그러한 악은 중립적인 자연일 뿐이기 때문이다.

오히려 독선은 자아의 자연적이고 중립적인 악에 비해 더욱 악하다. 왜냐하면 자신의 '위선'을 통해 타자를 지배하려 하기 때문이다. 또 그것을 위해 타자의 악들을 조작하고 확대하기 때문이다.

스스로를 선으로 드러내기 위한 자아의 중요한 방법은 영혼의 노동에 편승하는 것이다. 즉 자아는 진정한 선을 추구하는 영혼의 노동에 편승해서 자신을 선한 자로 제시한다. 또 자아는 진리를 추구하는 영혼의 노동에 편승해서, 자신을 진리를 추구하는 자로 제시한다. 영혼의 모든 노동이 근본적인 선으로 귀결하는 것이라고 한다면, 자아는 영혼이 무엇에 대해 노동하든 간에 그것을 이용해 자신을 장식하고 타자와의 차별화를 시도한다.

플라톤은 『파이드로스』에서 "날개가 부러진 영혼의 아홉 형태"를 말한다.[90] 그 아홉 형태는 육체 속에서 다음과 같은 위계적 순서에 따라 구현된다. 1) 지식과 아름다움을 동경하는 사람, 2) 법에 복종하고 전쟁과 지휘의 재능을 가진 왕, 3) 자신의 소유지를 관리하고 축재를 하는 정치인, 4) 육체적 활동을 좋아하는 사람, 5) 점쟁이나 입사식(入社式) 주관자, 6) 시인 또는 모방자, 7) 농부, 8) 궤변론자나 선동가, 9) 압제자.

---

90. Platon, *Phèdre*, GF Flammarion, 1989, 248d.

이 아홉 가지 가운데 1)과 8)은 둘 다 지식인이고, 2)와 9)는 똑같이 왕이다. 이는 다음의 것을 뜻한다. 진리의 추구에 편승한 자아가 영혼을 질식시키면, 학자가 궤변론자나 선동가로 전락한다는 것. 또 선의 추구에 편승한 자아가 영혼을 질식시키면 왕이 압제자로 전락한다는 것. 1)과 8) 그리고 2)와 9)는 출발점이 같다. 하지만 영혼의 노동이 자아의 욕망에 의해 장악되면, 1)로 향하던 것이 8)로 전락하고 2)로 향하던 것이 9)로 전락한다는 것이다.

이러한 전락의 이유는 자아의 욕망의 강렬성에 있다. 제1장에서 보았듯 라깡은 우리가 오이디푸스 콤플렉스를 통과하면서 가지게 되는 '존재에의 결여'에 대해 말한다. 즉 그 어떤 것으로 '존재'해야 하는데, 아버지의 등장으로 인해 더 이상 그럴 수 없다는 것이다. 그 어떤 것은 남근이다. 남근은 어머니의 사랑을 끌어들일 수 있는 그 어떤 것이고, 남근으로 존재했다는 것은 어머니의 전적인 사랑을 받았다는 것이다.

하지만 오이디푸스 콤플렉스를 통과한 욕망의 주체는 더 이상 남근으로 '존재'할 수 없다. 이제 그는 아버지가 가진 것과 같은 남근을 '소유'하기 위해 노력할 뿐이다. 라깡은 이처럼 소유대상이 되는 남근을 '남성의 성기 + 언어'라고 한다. 나는 이 정식에서의 '언어'를 사회적 질서 내부의 권력으로 이해한다. 즉 '남성의 성기 + 언어'로서의 남근은 성적 권력을 획득하기 위한 수단으로서의 사회적 권력이라는 것이다.

이제 자아의 욕망은 성적 권력을 얻기 위한 수단인 사회적 권력을 향한다. 권력이란 "폭력을 통해 사랑을 받는 수단"이다.[91] 나는 선행 연구인 『사랑에서 악으로』에서 이를 길게 설명했었다. 물론 권력은

---

91. 이종영, 『사랑에서 악으로』, 새물결, 2004, 195쪽.

일반적으로 직접적 폭력의 형태를 취하진 않는다. 하지만 권력의 행사가 가능한 것은 그 원천에 폭력이 자리 잡고 있기 때문이다. 한편으로, 권력이 직접적 폭력의 형태를 취한다면 자아는 권력을 욕망하지 않을 것이다. 직접적 폭력을 통해서는 사랑을 받을 수 없기 때문이다. 하지만 다른 한편으로 자아가 권력을 욕망하는 것은, 그것이 타자들을 굴복시킬 수 있는 폭력을 내포하고 있기 때문이다.

자아가 욕망하는 것은 사랑을 받는 것이다. 첫째로, 눈앞에 있는 개별적 상대들로부터, 둘째로, 미래의 예기치 못할 가능성에 대비해서 익명의 타자들로부터, 셋째로, 사회적 권력을 유지하고 물질적 삶을 보장받기 위해 사회 전체로부터. 결국 자아가 욕망하는 사랑은 다분히 총체적인 사랑이다.

그렇다면 우리는 다시 다음과 같이 말할 수 있다. 자아가 욕망하는 것은 사랑의 사회적 분배구조 속에서의 이상적인 위치라고.[92] 물론 이때의 '이상적인 위치'란 각각의 자아들의 기준에 따른 것일 수밖에 없다. 자아가 자신의 정체성을 향유하는 것은 사랑의 사회적 분배구조 속에서의 자신의 위치를 향유하는 것이고, 그것은 기본적으로 사랑의 자원(資源)들을 향유하는 것이다.

그리하여 자아의 욕망은 성적 '본능'에서 성적 '욕망'으로의 상승에도 개입한다. 즉 성적 욕망은 자아의 욕망에 의해 규정된다. 첫째로, 자아는 자신의 정체성에 부응하는 상대를 성적 욕망의 대상으로 선택하기 때문이다. 게다가 자아는 자신을 '특별하게' 장식하기 위해, '특별한' 상대를 욕망한다.[93] 둘째로, 성적 욕망을 촉발하는 개별자적 특징들 — 라깡의 용어로는 대상 a — 은 모두 자아가 관계한 대상들의 역사에서 비롯되는 것이기 때문이다.

---

92. '사랑의 분배구조'의 개념에 대해선 같은 책, 199~202쪽을 참조할 것.

93. 이는 *A Course in Miracles*에서 제시된 견해이다.

어쨌거나 사랑의 사회적 분배구조 속에서의 자아의 욕망은 일종의 총체적 성격을 갖는다. 즉 자아의 욕망은 성적 욕망으로부터 사회적 지위와 명예를 거쳐 물질적 삶에 이르기까지의 전체적 연관구조를 겨냥한다. 그래서 자아는 곧잘 자신의 욕망에 모든 것을 건다. 자신의 존재 전체를 욕망을 위해 내던진다는 것이다.

결국 자아의 욕망은 종종 생명을 거는 강렬성을 갖는다. 그 욕망이 좌절되면, 자신의 존재 전체가 무너진다고 여기기 때문이다. '자신의 존재 전체'란 무엇일까?

자아는 영혼과 더불어 우리의 마음을 규정한다. 그리고 자아에 의해 규정된 마음은 다시 육체를 지배한다. 따라서 자아의 관점에서 볼 때 '자신의 존재 전체'란 '자아 → 마음 → 육체'의 규정 계열에 의해 각인된 '나 자신'이다. 자아는 오직 그것만이 '나'라고 생각한다. 즉 자아에게 그것은 '나의 전체'이다.

하지만 또 다른 규정 계열이 존재한다. '영혼 → 마음 → 육체'로 이어지는 계열이 그것이다. 영혼은 본질적으로 육체 바깥에 존재하더라도, 마음을 통해 육체를 지배할 수 있다. 자아는 자신의 욕망을 실현하기 위해 이러한 규정 계열의 작용에 항상 편승하지만, 그것이 또 다른 규정 계열임을 명확히 인식하지 못한다.

자아의 욕망이 생명을 거는 강렬성을 가질 때는, 그것이 나를 완전히 장악할 때이다. 자아의 욕망이 나를 완전히 장악한다는 것은 무엇을 뜻할까? 그것은 자아가 마음의 각인을 완전히 독점한다는 것이다. 다시 말해, 영혼이 마음을 각인할 수 있는 여지가 거의 완전하게 사라진다는 것이다. 이것이 바로 자아의 욕망의 강렬성에 따른 영혼의 질식이다. 물론 질식한 영혼은 오랫동안 잠들어 있다가 다시 깨어날 것이지만 말이다.

자아의 욕망은 1) 영혼의 노동에 편승해서 영혼을 질식시키기도 하지만, 2) 그 자체의 강렬성으로 영혼을 질식시키기도 한다. 이때 마음은, 자신의 욕망에 모든 것이 걸려 있다고 생각하는 비장한 자아에 완전히 사로잡힌다. 그리하여 그 마음속에는 영혼이 고개를 내밀 공간이 존재할 수 없게 되는 것이다.

영혼의 차별성과 동일성

영혼의 노동에 대한 자아의 편승은 플라톤이나 수흐라와르디 같은 영혼의 형이상학자들에게서도 예외가 아니다. 즉 그들이 진리를 추구할 때 그들의 자아가 뒤따라와, 진리에 대한 그들의 노동을 왜곡시킨다. 그들에게서 자아의 이러한 편승은 특히 그들이 영혼의 진리에 대해 영혼의 노동을 할 때 벌어진다. 그 결과는 다음과 같다. 자기중심적 관점에서 영혼의 위계를 설정하는 것.

이미 영혼의 위계를 설정한다는 것 자체가 당혹스런 일이다. 그것은 영혼에게 자아의 논리를 적용하는 것이고, 특히 인간사회의 계급적 위계를 투사(投射)하는 것이기도 하다. 물론 윤회론자인 플라톤이나 수흐라와르디가 영혼의 위계에 관심을 갖는 또 다른 이유가 있다. 즉 누가 윤회를 마치고 저세상으로 완전히 회귀하는가, 라는 질문에 답하려는 것이 그것이다. 다시 말해, 영혼의 위계가 제일 높은 사람이 윤회를 마치리라는 것이다.

그러나 플라톤이나 수흐라와르디에게서 영혼의 위계는 계급적 지배질서를 고스란히 반영한다. 우리는 앞에서 계급지배를 영혼의 선악에 따른 것으로 정당화하는 세빌리아의 주교 이시도르의 입장을 보았다. 하지만 그런 입장의 원천을 이루는 사람이 플라톤이다. 게다가 플라톤은 훨씬 체계적이고 집요하다.

자, 계급지배가 존재한다. 피지배계급이 이에 대해 묻는다. "왜 계급지배가 있어야 하느냐?"라고. 그에 대한 대답은 "너의 영혼이 악하기 때문"이다. 이것만큼 말문을 완전히 틀어막는 대답이 어디 있겠는가? 하지만 그러한 대답에 당황해서는 안 된다. 질문을 계속해야 한다. "너는 나의 영혼이 악한 것을 어떻게 알았냐?"고.

지배계급은 이에 답하기 위해 거의 틀림없이 신을 팔 것이다. 하지만 그의 솔직한 대답은 마땅히 다음과 같은 것이어야 한다. "나의 자아가 너의 영혼이 악할 것을 욕망한다. 그리고 나는 나의 욕망에 따라 상상할 뿐이다."

플라톤은 『국가』에서 영혼의 성분을 금, 은, 동 셋으로 나눈다.[94] 금은 이성, 은은 격정, 동은 욕망에 각각 상응한다.[95] 또 육체적으로는 각각 목 윗부분, 목과 횡경막 사이, 횡경막과 배꼽 사이에 상응한다.[96]

플라톤은 『파이드로스』에서 인간의 영혼을 좋은 말과 나쁜 말로 이루어진 두 마리 말이 이끄는 마차의 마부에 비유하는데,[97] 불어판 번역자의 「서문」과 역주에 따를 때, 마부는 이성적 성분, 좋은 말은 격정적 성분, 나쁜 말은 욕망의 성분에 해당하는 것이다.[98]

또 플라톤은 『티마이오스』에서 영혼의 이성적 성분을 신적인 부분으로, 영혼의 격정적 성분과 욕망적 성분을 사멸하는 부분으로 분류

---

94. 플라톤, 『국가·정체』, 서광사, 2003, 415a. 그리고 그는 이 책의 445d에서 금, 은, 동 사이의 관계에 따라 영혼의 다섯 유형이 존재한다고 하고, 그 각각을 다섯 가지 정치체제에 상응시킨다.
95. 같은 책, 436a와 439d.
96. 플라톤, 『티마이오스』, 서광사, 2000, 69d에서 70e까지.
97. Platon, *Phèdre*, 246a~b. 플라톤, 「파이드로스」, 『플라톤 전집』 제4권, 상서각, 1973, 114~115쪽.
98. Platon, *Phèdre*, 42쪽.

한다.[99] 이러한 분류는 그가 영혼과 심리를 뒤섞고 있음을 말해준다. 이 뒤섞임은 플라톤이 영혼을 자아에 대립시키지 않고, 육체에 대립시키기 때문에 비롯된다.

즉 영혼을 육체에 대립시키기 때문에, 자아에 속하는 심리의 특정 영역들이 영혼에 속하는 것으로 여겨지게 된다는 것이다. 그래서 플라톤에게서 '사멸하는 영혼'의 범주가 성립한다. 그러나 만약 '영혼의 신적인 부분'만이 엄밀한 의미의 영혼으로 간주될 수 있다면, 플라톤에게선 오직 '이성적 성분'만이 엄밀한 의미의 영혼일 수 있다.[100]

플라톤에게서 "영혼의 성분들 사이의 위계＝몸의 부분들 사이의 위계"는 그의 이상(理想) 국가에서의 계급적 위계로 곧바로 이어진다. 즉 금, 은, 동이라는 영혼의 성분들이 혼합된 상태에 따라 통치자계급(＝철학자계급), 전사계급, 경제활동계급이 정해져야 한다는 것이다.[101] 플라톤에 따를 때 정의(正義)는 각각의 계급들이 "서로를 참견"하지 않고 자신의 일을 하는 것이다.[102] 또 그에 따를 때 "가장 훌륭한" 나라는 "한 사람에 가장 가까운 상태에 있는 나라"이다.[103]

플라톤은 "한 사람에 가장 가까운 상태에 있는 나라"라는 표현을 시민들 사이의 합의가 일종의 친애(親愛), 즉 마음의 교류를 통해 이루어진 상태를 지칭하기 위해 사용한다. 즉 여럿의 마음이 마치 한 사람의 마음과 같다는 것이다.

그렇다면 플라톤이 "한 사람에 가장 가까운 상태에 있는 나라"라

---

99. 플라톤, 『티마이오스』, 69d.
100. 영혼과 육체의 대립에 따른 영혼과 심리의 혼동은 플로티노스에게도 이어진다. 수흐라와르디와 몰라 사드라는 영혼과 육체, 즉 빛과 바르자흐(barzakh)의 대립구도를 유지하면서도, 상상의 범주를 통해 자아의 활동의 고유성을 인정한다.
101. 플라톤, 『국가 · 정체』, 415a~444d.
102. 같은 책, 443c~444d.
103. 같은 책, 462c.

는 표현을 사용한 동기는 나쁜 것이 아닐 수 있다. 그것은 어쩌면 '영혼의 동기'였을 수도 있을 것이다. 하지만 플라톤은 그러한 나라의 조건을 철학자에 의한 계급지배로 사고한다. 그러한 계급지배 하에서 모든 사람이 한 사람의 마음처럼 교류할 수 있을까? 결코 그럴 수 없다. 만약 플라톤의 동기가 '영혼의 동기'였다고 한다면, 여기서 그러한 동기에 '자아의 욕망'이 편승한다. 철학을 통해 세계를 지배하려는 플라톤의 '자아의 욕망'이 그것이다.

플라톤이 욕망한 "한 사람에 가장 가까운 상태에 있는 나라"란 실제로는 철학자 왕의 철학이 완벽하게 부과되는 나라일 것이다. 그 나라에서 철학자 왕은 신이 되려는 자신의 무의식적 욕망을 국민을 철학적으로 현혹함으로써 완전히 실현할 것이다. 이때 '현혹'이란 표현은 올바르다. 철학은 프로이트와 라깡이 말했듯 편집증적 허구에 불과하기 때문이다. 즉 철학은 대단히 불완전한 것이고, 그처럼 불완전한 철학으로 나라를 지배하는 것은 오직 '현혹'을 통해서만 가능하다는 것이다. 게다가 철학의 지배를 욕망하는 플라톤의 철학은 그 자체가 지배에의 욕망의 관념적 구현물에 불과한 것이다.

"한 사람에 가장 가까운 상태에 있는 나라"에서 각각의 계급들은 "서로를 참견"하지 않고, 자신들의 계급적 노동만을 행한다. 그것이 플라톤적 '정의'이다! 왜냐하면 각각의 계급구성원들의 영혼들이 그렇게 계급적 노동만을 행하도록 짜여 있기 때문이다! 그렇다면 플라톤에게서 영혼이란 어떤 것일까? 그에게서 영혼은 진리를 향해 열려 있는 것도 아니고, 타자의 타자성을 향해 열려 있는 것도 아니며, 단지 한 가지 성향의 압도적 지배 아래 허덕이고 있는 것일까?

플라톤은 『국가』의 여러 곳에서 철학자계급의 지배를 정치적으로 정당화한다. 하지만 내가 보기에 플라톤이 철학자계급의 지배를 주장하는 진정한 이유는 『파이드로스』에서 드러난다.

『파이드로스』에서의 플라톤에 따르면, 신들의 영혼은 축제를 벌일 때 하늘의 천장 바깥으로 나가 그곳에서 진리를 관조한다. 진리의 이러한 관조는 신들의 영혼에게 양식을 제공한다.

반면 인간의 영혼들은 날개가 무거워 하늘의 천장에 가닿기가 너무 힘들다. 무거운 날개로 인해 '영혼의 피로'를 쉽게 느끼기 때문이다. 따라서 대부분의 인간의 영혼들은 하늘을 향해 올라가려다가 추락해서 불구가 되고 깃털을 상한다. 다만 인간들 가운데 가장 뛰어난 영혼들만이 "하늘의 천장 바깥에 있는 것을 향해 마부의 고개를 내밀려 한다." 하지만 그들도 "말들의 요동으로 인해 눈을 그곳으로 향하기가 너무 힘들다." 그럼에도 인간의 영혼들이 이처럼 "진리의 평원"을 보기 위해 노력하는 이유는 영혼의 가장 뛰어난 부분이 필요로 하는 양식이 그 목초지에서 주어지기 때문이다.[104]

결국 플라톤이 말하려는 것은 두 가지이다. 1) 인간에게서 진리 인식의 힘겨움. 2) 오직 철학자들만이 진리를 약간 들여다보았다는 것. 따라서 플라톤이 철학자의 지배를 주장하는 것은 진리의 이름으로이다. 즉 진리를 엿본 철학자가 통치를 해야 한다는 것이다.

하지만 왜 철학자만이 진리에 가닿을 수 있을까? 게다가 철학자만이 가닿았다는 '진리'가 진정으로 진리일까? 철학자들은 이론의 편집증적 '진리'를 추구하면 할수록 삶의 진리로부터 더욱 멀어지는 것이 아닐까? 플라톤은 항상 교육을 지나치게 강조한다. 수학, 기하학, 변증론 등에 대한 교육이 그것이다. 하지만 수학, 기하학, 변증론을 통해서 진리에 가닿을 수 있을까? 그러한 교육을 통한 배움보다는 오히려 삶을 통한 배움이 훨씬 중요하지 않을까? 적어도 나는 그렇게 확신한다.

---

104. Platon, *Phèdre*, 247a~248b.

진리의 노동에 대한 자아의 편승의 플라톤적 사례는 다음과 같이 요약된다. 오직 철학자의 영혼만이 진리에 가닿을 수 있고, 그러므로 철학자가 통치해야 한다는 것. 플라톤적 윤회론에 따라 사고하자면, 우리는 오히려 거꾸로도 말할 수 있다. 공부는 윤회를 가장 적게 한 영혼들이 하는 것이고, 윤회를 많이 한 영혼들은 힘든 노동을 행하면서 자신을 단련시킨다고.

그러나 '무엇'을 하느냐가 중요한 게 아니라 '어떻게' 하느냐가 중요한 게 아닐까? 또 인간적 위계들을 설정해서 영혼들 사이를 가로막기보다는, 영혼들이 서로 소통할 수 있는 조건을 사고하는 게 중요하지 않을까? 그러나 서로 소통하는 영혼들은 완전히 동등하고 또 동일할 수밖에 없지 않을까?

앞서 보았듯 밀턴 에릭슨은 무의식의 전체적 앎으로부터 등을 돌린 의식의 단편성을 모든 문제의 원천으로 간주한다. 밀턴 에릭슨의 이런 입장은 '지행합일'이나 '이론과 실천의 통일'에 대한 거부로까지 이를 수 있다. '행동'이나 '실천'은 무의식의 전체적인 앎에 기초하는 반면, '지식'이나 '이론'은 언제나 일면적일 수밖에 없기 때문이다. 특히 대부분의 사람들이 실재에 따라서가 아니라 욕망에 따라 사고하듯이, '지식'이나 '이론'이 '자아의 욕망'에 입각한 것이라면 말이다.

그렇다면 철학자의 영혼은 오히려 지식의 갑옷 아래 질식당하고 있는 것이 아닐까? 게다가 그 지식이 플라톤에게서처럼 다른 영혼들을 차별하기 위한 도구로 사용된다면 말이다.

수흐라와르디는 플라톤처럼 사회적 계급들을 영혼의 계급들과 일치시키지 않는다. 따라서 "당신이 피지배계급인 것은 영혼이 악하기 때문이야"라는 식으로, 계급지배를 영혼의 위계에 따라 정당화하지는 않는다.

『조명학파 예지의 서』[105]에서 수흐라와르디는 인간의 영혼들 사이의 위계를 다만 실천적·이론적 성숙의 정도에 따라 사고한다. 예컨대 그는 "예지의 등급"을 "신비적 경험과 철학적 인식, 둘 사이의 관계"로부터 설정하고, "그 둘 모두에 깊이 파고든 자"를 "신의 칼리프"라고 한다.[106] 이때 신비적 경험은 실천적인 것이고, 철학적 인식은 이론적인 것이다. 또 신비적 경험은 철학적 인식보다 더 중요한 것이다.

수흐라와르디는 이러한 위계를 단지 단편적으로만 제시한다. 하지만 그를 주해(註解)하는 쿠트봇딘(Qotboddin, 1237~?)은 그러한 단편들로부터 약간의 체계화를 행한다. 즉 실천적·이론적으로 모두 앞선 자로부터 둘 중 하나에 앞서거나 뒤떨어진 자 등등을 거쳐 둘 모두에 뒤떨어진 자까지의 위계를 설정하는 것이 가능하다는 것이다.[107]

하지만 그러한 앞서고 뒤섬을 누가 판단할 수 있을까? 게다가 그런 앞서고 뒤섬이 과연 존재하기나 하는 것일까? 만약 그것이 존재하지 않는다면, 존재하지 않는 것을 존재한다고 판단하는 자들은 어떤 자들일까? 혹시 우리 모두가 그러하지는 않을까?

그러나 수흐라와르디가 본격적으로 위계적 사고를 행하는 것은 인간의 영혼들에 대해서가 아니다. 그가 위계적 사고의 진정한 대상으로 삼는 것은 오히려 인간의 영혼들이 위치하는 빛의 질서이다. 즉 빛의 질서에 대한 수흐라와르디의 사고는 전적으로 위계적이다. 마

---

105. 이 책은 수흐라와르디의 대표작이다. 이 책의 불어판 제목(Le livre de la sagesse orientale)은 문자 그대로 번역하면 '동방적 지혜의 책'이다. 하지만 김정위 선생님이 번역한 『이슬람 철학사』(H. 코르방, 서광사, 1997)에 따르면, 이 책의 원제(Kitab Hikmat al-Ishraq)에서 '이쉬라크(Ishraq)'는 '동방적 인식' 뿐만 아니라 '존재의 조명'과 '신지학'을 뜻한다. 나는 김정위 선생님의 번역을 따라 이 책을 『조명학파 예지의 서』로 지칭한다.
106. Shihaboddin Yahya Sohravardi, *Le livre de la sagesse orientale*, Gallimard, folio 문고판, 2003, 90쪽.
107. 같은 책, 403쪽. 이 책의 뒷부분에는 쿠트봇딘과 몰라 사드라의 주해가 실려 있다.

치 위계적 사회에 길든 사람이 모든 것을 위계적으로 바라보듯이 말이다.

수흐라와르디는 우선 비(非)물질적 빛과 바르자흐(barzakh)를 대립시킨다. 바르자흐란 암흑과도 같은 몸체이다. 즉 "빛이 사라졌을 때 암흑의 상태에서 존속하는 모든 것"이다.[108] 빛이 없다면 바르자흐는 단지 암흑 물질일 뿐이다. 바르자흐들은 최초의 바르자흐인 전체적 천구(天球)에서 출발해서, 하위의 천구들과 천체(天體)들을 거쳐, 인간을 비롯한 모든 생명체의 몸들을 포괄한다.[109]

이러한 바르자흐들에 생명을 불어넣는 것이 섭정(攝政)적 빛들이다. 이 섭정적 빛들이 비물질적 빛들임은 두말할 것도 없다.[110] 그것들은 영혼들과 다름없는 것이기 때문이다. 즉 천구를 섭정하는 빛은 플라톤이 말한 바의 '우주 영혼'이고, 인간을 섭정하는 빛은 인간의 영혼이다.

하지만 섭정적 빛들은 가장 낮은 등급의 빛들이다. 섭정적 빛들이 가장 낮은 등급의 빛들인 것은, 그것들이 바르자흐들과 관계하기 때문이다. 즉 빛들의 위계의 가장 하층에 있는 빛들이 질료들과 관계한다는 것이다. 그리하여 섭정적 빛들의 상위에는 바르자흐들과 어떤 연결성도 없는 비물질적 빛들의 위계가 존재한다.

비물질적 빛들의 위계의 정점에 있는 빛, 다시 말해 모든 빛들의 최종적 원천을 이루는 빛은 '빛들의 빛(La Lumière des Lumières)'이다. 그것이 '빛들의 빛'인 것은, 그 빛으로부터 다른 모든 빛들이 유출되

---

108. 같은 책, 98쪽.
109. 같은 책, 125~128쪽.
110. 수흐라와르디는 이 섭정적 빛들을 '에스파흐바드(Espahbad) 빛'이라고 칭하기도 한다. '섭정적 빛'과 '에스파흐바드 빛'이 완전히 같은 것인지 아니면 차이가 있는지는 명확치 않다. 그는 주로 인간을 섭정하는 빛을 에스파흐바드 빛이라고 하지만, 또 천구를 섭정하는 빛에 대해 같은 명칭을 사용하기도 한다.

기 때문이다. 따라서 '빛들의 빛' 너머에는 더 이상의 빛이 없다. 즉 '빛들의 빛'은 완전히 자족적이다.[111]

'빛들의 빛'으로부터 유출되는 빛들은 우선 대천사(大天使)적 빛들이다. 이 대천사적 빛들은 종적(從的)인 아홉 등급을 갖는다. 첫 번째 하늘에서부터 아홉 번째 하늘까지. 그리고 다시 횡적 관계를 갖는 대천사적 빛들이 존재한다. 이 빛들은 플라톤의 이데아들과 같은 것들이다. 그리고선 섭정적 빛들이 존재한다.[112]

섭정적 빛들이 가장 낮은 등급의 빛들인 것은, 그것들로부터는 더 이상 다른 빛들이 유출되지 않기 때문이다. 반면, 섭정적 빛들보다 상위에 위치한 모든 빛들은 보다 하급의 빛들을 유출한다. 유출하는 상급의 빛과 유출된 하급의 빛 사이의 관계는 어떠한 것일까?

수흐라와르디는 그 관계를 지배와 사랑의 관계 그리고 자립과 빈곤의 관계라고 한다. 즉 상급의 빛은 자립적 성격을 갖고 하급의 빛을 지배한다는 것이다. 반면, 하급의 빛은 상급의 빛에 비해 빈곤하고 그래서 상급의 빛을 사랑한다. 따라서 상급의 빛에 대한 하급의 빛의 사랑은 지배자에 대한 사랑의 성격을 갖는다.[113] 과연 그런 사랑이 순수한 사랑일 수 있을까? 자립적 존재에게 빈곤한 존재가 바치는 사랑이 말이다.

물론 수흐라와르디는 "모든 원인적 빛은 자신으로부터 유출된 빛(son causé)에 대해 사랑을 느끼고 지배하는 힘을 갖는다"고 말하기도 한다. 즉 상급의 빛이 하급의 빛을 지배하기만 하는 것이 아니라 사랑하기도 한다는 것이다. 하지만 이때의 '사랑'은 단지 '지배하는 사랑,' 즉 지배자가 복종자에 대해 행하는 사랑일 뿐이다. 그가 곧바

111. 같은 책, 112~113쪽.
112. 같은 책, 133~142쪽.
113. 같은 책, 127~132쪽과 141~144쪽.

로 "유출된 빛(cause)은 원인적 빛에 대해 복종을 내포하는 사랑을 느낀다"고 하면서 대응관계를 설정하듯이 말이다.[114]

'지배하는 사랑'도 사랑일 수 있을까? 아니다. 현상적으로는 피지배자의 복종을 전제로 한 시혜에 불과할 뿐이고, 내적으로는 복종을 받으려는 욕망이 초래한 불안에 따른 집착일 뿐이기 때문이다. '복종하는 사랑'도 사랑일 수 있을까? 아니다. 지배자가 자기에게 무엇인가(특별한 정체성이나 하급의 권력)를 줄 수 있는 우상인 한에서 사랑하는 것이기 때문이다. 이처럼 조건을 전제로 한 것은 사랑이 아니다.

게다가 위의 발언은 오히려 예외적이다. 수흐라와르디의 기본 입장은, 자립적인 상급의 빛은 다만 자기사랑을 할 뿐이라는 것이기 때문이다. 예컨대 그는 다음과 같이 말한다. "빛들의 빛은 다른 모든 존재를 지배한다. 그것은 다른 것은 결코 사랑하지 않고, 오직 자신만을 사랑한다. […] 왜냐하면 그 자신의 완전성은 스스로에게 명확하기 때문이다."[115] 그리고 하급의 빛은 상급의 빛의 완전성을 욕망하고 사랑한다는 것이다.

결국 수흐라와르디에 따를 때, 존재하는 것들 사이의 모든 관계는 상급 위계의 지배와 하급 위계의 '욕망하는 사랑'에 의해 특징지어진다. 즉 그는 "존재하는 것의 총체성은 사랑과 지배에 의해 정렬(整列)된다"고도 하고,[116] "존재하는 것 전체는 빛과 어둠의 분할, 사랑과 지배의 분할에 의해 배분된다"고도 한다.[117] 그리하여 성립하는 것은 권위주의적으로 위계화된 우주이다. 물론 그 우주는 물질적 우주가 아니라 영적 우주이다.

---

114. 같은 책, 143쪽. 프랑스어 '꼬제(cause)'를 '피원인자(被原因者)'로 옮길 경우 오히려 뜻이 잘 안 통할 것 같아 '자신으로부터 유출된 빛' 그리고 '유출된 빛'으로 옮겼다.
115. 같은 책, 130~131쪽.
116. 같은 책, 131쪽.
117. 같은 책, 143~144쪽.

자, 수흐라와르디에게서 인간의 영혼들은 이처럼 권위주의적으로 위계화된 우주 속에 위치한다. 그 우주 속에서 인간들은 신과 어떤 관계를 맺을까? 수흐라와르디는 인간에 대한 신의 관계를 지배와 징벌의 관계로밖에 사고하지 못한다.[118] 그렇다면, 신에 대한 인간의 관계는 공포에 따른 복종 또는 분열적 저항의 관계일 수밖에 없다.

수흐라와르디는 "하늘들이 땅에 대해 징벌을 내릴 것"이고 "[지상의] 억압자들은 먼지가 될 것"이라고 한다. 또 그는 "신을 중상하는 자들"은 "자취조차 사라질 것"이고, "뒤집혀져서 오욕 속에서 악의 경기장으로 던져질 것"이라고 한다.[119] 도대체 이러한 증오의 신을 누가 진정으로 사랑할 수 있을까? 사실 이러한 발언들은 그다지 새로울 것이 없다. 하지만 나는 그러한 발언들이 오직 다음의 것에서 비롯된다고 생각한다. 자신을 공격했던 타자들에게 상상적 신을 통해 복수를 행하는 판타즘이 그것이다.

또 수흐라와르디는 "완전한 마음의 겸손 속에서 신을 추앙하는 자들"은 "빛의 지성소로 들어올려질 것"이라고 하고, "신의 힘을 두려워하는 자"는 "신으로부터 해방의 소식을 들을 것"이라고 한다.[120] 이 발언들 또한 새로울 것이 없다. 나는 이 발언들 속에서 오로지 다음의 면모만을 읽는다. '신의 선별적 사랑'이라는 구원재(救援財)를 판매하는 종교권력자의 면모.[121]

수흐라와르디에게서 신에 대한 사랑은 징벌의 공포에 따른 복종일 뿐이다. 신과의 관계가 이렇다면, 인간의 영혼들 사이의 관계는 어떨까? 그 관계의 기본 형태는, 수흐라와르디에게서, 신의 추종자와

---

118. 수흐라와르디에게서 신이란 '빛들의 빛'인지 아니면 '대천사적 빛들'인지 나로서는 정확하게 알 수 없다.
119. 같은 책, 224쪽과 225쪽.
120. 같은 책, 224쪽과 226쪽.
121. 이와 관련해선 이종영, 「권력으로서의 신」(『진보평론』 19호, 2004년 봄)을 참조할 것.

신으로부터의 이탈자 사이의 관계이다.[122] 신의 추종자의 영혼과 신의 이탈자의 영혼은 동등하거나 동일할 수 없다는 것이고, 그래서 영혼들 사이의 차별성은 필연적이라는 것이다.

물론 영혼들 사이의 그러한 차별성은 권위주의적 지배관계의 투사에 따라 상상된 허구다. 지배자의 관점에선 복종자와 반항자가 동일할 수 없다. 그러한 관점을 신에게 투사함으로써 영혼의 차별성이 설정되었다는 것이다. 결국 수흐라와르디의 독트린은 그가 살았던 위계적 사회로부터 자유로울 수 없었던 것이다.

하지만 영혼의 형이상학자들 모두가 플라톤이나 수흐라와르디처럼 영혼의 차별성을 말했던 것은 아니다. 특히 플로티노스의 입장은 이 둘과 명확한 차이를 갖는다. 비록 그가 플라톤을 흠모하고 그래서 언제나 플라톤을 주해했더라도 말이다. 또 그가 『이른바 아리스토텔레스의 신학』을 통해 수흐라와르디에게 영향을 미쳤더라도,[123] 빛들의 위계 그리고 그에 따른 영혼들의 차별성이라는 수흐라와르디의 입장은 플로티노스와 무관하다.

플로티노스에 따를 때, 영혼은 하나이자 다수이고, 나뉘어질 수 없는 것이자 나뉘어진 것이며, 통일된 것이자 분할된 것이다. 즉 영혼은 육체들이 존재하지 않는 예지계에서는 하나로, 다시 말해 통일된 것으로 존재한다. 그리고 그처럼 존재하던 영혼은 예지계를 떠나 육

---

122. Shihaboddin Yahya Sohravardi, 앞의 책, 224쪽.
123. 플로티노스의 『엔네아데스』는 중세 이슬람 세계에서 『이른바 아리스토텔레스의 신학』이란 제목으로 유통된다. 『이른바 아리스토텔레스의 신학』은 『엔네아데스』의 제4권~제6권을 풀어쓴 것이라고 한다(도미니크 J. 오미라, 『플로티노스, 엔네아데스 입문』, 탐구사, 2009, 222~223쪽). 『조명학파 예지의 서』 154~155쪽에서 수흐라와르디는 『이른바 아리스토텔레스의 신학』을 플라톤의 저서로 여긴다. 조명학파에서 수흐라와르디의 전통을 이어받은 몰라 사드라는 『부활에 대한 논설(Traité de la résurrection)』(Fata Morgana, 2000)에서 『이른바 아리스토텔레스의 신학』을 진정한 준거로 삼는다. 하지만 그는 그 책의 저자가 누구인지는 몰랐던 듯하다.

체들 속으로 들어오면서 나뉘어진다는 것이다.

하지만 중요한 것은, 이처럼 육체들 속에서 나뉘어진 영혼들이 그럼에도 하나로, 통일된 상태로 존재한다는 것이다. 그 이유는, 영혼들은 그 본질에 있어서 '나뉘어질 수 없는 것'이기 때문이다. 즉 육체들 속에서의 분리에도 불구하고 실제로는 분리되지 않는 것이 영혼이라는 것이다. 이에 대해 플로티노스는 영혼은 "전체성의 성격을 보존한다"고도 하고, "영혼은 몸들 전체에 대해 주어지는 것"이라고도 한다.[124]

따라서 우리는 플로티노스에게서의 영혼의 구성을 다음과 같이 제시할 수 있다.[125]

1) 예지계의 통일된 영혼
2) 여기 이곳의 영혼들의 통일성
3) 여기 이곳의 영혼들의 분리

'여기 이곳'이란 예지계로부터 분리된 물리적 우주이다. 여기 이곳에서 영혼들이 통일되어 있다는 것은, 영혼들이 육체에 따른 외적인 분리에도 불구하고 실질적으로는 하나를 이루고 있다는 것이다. 실질적으로 하나를 이루고 있다는 것은 무슨 뜻일까? 그것은 영혼들 사이에 아무런 차이도 없다는 것, 모든 영혼은 동일하다는 것이다. 즉 플로티노스는 다음과 같이 말한다. "동일한 영혼은 동시에 유일한 영혼이자 각각의 영혼들이다."[126]

자, 모든 영혼은 동일하다. 그러므로 영혼들 사이에는 아무런 차이

124. Plotin, *Ennéades*, Les Belles lettres, 2003, IV권 1장 1절.
125. 같은 책, IV권 1장 1절.
126. 같은 책, IV권 3장 2절.

도 있을 수 없다. 하지만 그럼에도 플로티노스는 '영혼들의 차이' 에 대해 말한다. 어떻게 된 것일까? 사실상 영혼들 사이에는 아무런 차이도 없다. 따라서 플로티노스가 말하려는 것은 육체와 결합한 영혼들의 존재형태에서의 차이일 뿐이다. 그러한 차이는 영혼들의 위치에 따라서도 존재하고, 같은 위치의 영혼들 내부에서도 존재한다.

플로티노스가 영혼의 존재형태들의 차이에 대해 사고하는 방식은 두 가지다. 즉 1) '지성' 과의 거리에 따른 차이와 2) 육체적 · 사회적 조건에 따른 차이가 그것이다.

플로티노스에 따를 때, 영혼은 예지계의 지성으로부터 유출된다. 그 지성은 물질적 요소로부터 완전히 독립적인 순수 지성, 다시 말해 신적 지성이다. 플로티노스는 『엔네아데스』 4권 3장에서 플라톤을 주해하면서, 신적 지성과의 거리에 따라서 영혼들의 등급을 제시한다. 즉 그것들은 1) 지성과 실질적으로 연결된 첫째 등급의 영혼, 2) 지성과 인식을 통해 연결된 둘째 등급의 영혼, 3) 지성과 욕망에 의해 연결된 셋째 등급의 영혼이다.[127]

하지만 영혼의 이러한 등급들은 영혼의 '위치' 들과 관계하는 것이다.[128] 즉 물리적 우주 전체에 깃들어 그것을 주재(主宰)하는 우주 영혼은 첫째 등급일 것이고, 인간 영혼은 아마도 둘째 등급, 그리고 어쩌면 마귀의 영혼들과 같은 것들은 셋째 등급일 것이다. 이러한 차이들은 물론 영혼이 깃든 물질적 존재조건의 차이에서 비롯되는 것이다.

다른 한편, 플로티노스는 '지상의 영혼들' 사이의 차이에 대해 다음과 같이 말한다. "그들 사이의 차이는 그들이 들어가는 육체들에서 비롯되는 것이거나, 또는 조건들, 제도들, 성격들에서 비롯되는 것이다."[129] 플로티노스가 여기서 '지상의 영혼들' 이란 표현을 통해

----

127. 같은 책, IV권 3장 8절.
128. 이것은 IV권 3장의 맥락에서도 그러하고, IV권 8장과 대조를 해볼 때도 명확해진다.

특히 인간의 영혼들을 염두에 두고 있다면, 그는 인간의 영혼들의 존재형태의 차이를 1) 육체적 조건 또는 성향의 차이, 2) 사회적 제도나 규범들의 차이에서 비롯되는 것으로 간주하고 있는 것이다.

육체 또는 사회란 우리에게 일종의 원죄(原罪)와 같다. 우리는 어쩔 수 없이 우리의 영혼이 깃든 육체의 성향에 따라, 또 그 육체가 속한 사회의 규범에 따라, 타자들에게 상처를 입히며 살아간다. 어쨌거나 플로티노스가 영혼들의 존재형태의 차이를 육체와 사회적 조건에서 찾고 있다면, 그는 다음의 두 가지를 설정하고 있는 것이다.

1) 영혼의 동일성
2) 조건의 차별성

그렇다면, 조건의 차별성에 따라 달라지는 것은 무엇일까? 그것은 자아일까? 플로티노스는 플라톤과 마찬가지로 영혼과 육체의 대립을 설정한다. 그리하여 플로티노스에게서도 육체에 의해 규정받는 심리, 그리고 더 나아가 자아는 일종의 하급 영혼으로 간주된다.

그렇다면, 플로티노스에게서 자아를 포괄하는 하급 영혼은 동일성을 갖는 것일까 아니면 차별성을 가질까? 플로티노스의 입장은 명확치 않다. 다만 그는 진정한 영혼이라 할 수 있을 상급 영혼은 변화하지 않는 것인 반면, 육체와의 결합의 산물인 하급 영혼은 부단히 변화한다고 한다.[130] 그렇다면, 육체적 성향에 따라 하급 영혼은 차이가 날 수밖에 없는 것이 아닐까?

물론 자아는 차이가 난다. 하지만 자아의 법칙은 동일하다. 자아가 육체들의 분리에서 비롯되는 심리적 결정체(結晶體)라면, 그것은 자

129. 같은 책, IV권 3장 15절.
130. 같은 책, IV권 4장 17절 이하를 참조할 것.

연이고, 자연은 항상 자연법칙의 지배를 받기 때문이다. 헤겔이 『정신현상학』 「정신」 장 마지막 부분에서, 또 다른 조건에서 자란 자신을 타자 속에서 보는 화해에 대해 말한 것은 기본적으로 '자아의 법칙'의 동일성에 입각한 것이다.[131]

칼 로저스는 『사람-중심 상담』에서 "누군가를 진실로 듣는 것"은 "천상의 음악을 듣는 것과도 같다"고 한다. '천상의 음악'처럼 아름답다는 것보다는 '우주적인 규칙'에 종속된 그 무엇을 듣는다는 것이다. 즉 "모든 사람의 이야기 뒤에는 질서 정연한 심리적 규칙들이 숨겨져 있는 것 같다"는 것이고, 그 "규칙들은 우주에서 전반적으로 발견하게 되는 똑같은 질서의 양상"을 띤다는 것이다.[132]

'천상의 음악'과도 같은 그러한 질서는 바로 자아의 동일한 법칙의 질서이다. 즉 자아는 동일한 조건에 대해 동일한 방식으로 대응한다는 것이다. 맑스가 존재가 의식을 결정한다고 했듯이 말이다. 그러므로 조건의 설계에 따라 워하는 의식형태를 얻어낼 수 있다고 생각한 스키너(Skinner)가 원칙적으로 틀린 것은 아니다. 다만 모든 조건을 통제할 수 있다는 생각이 완전한 환상일 뿐이다. 물론 '천상의 음악'을 듣는다는 것은 자아의 법칙의 동일성을 넘어서 영혼의 동일성에까지 가닿는 것이겠지만 말이다.

이제 우리는 다음 세 가지를 제시할 수 있다.

1) 영혼의 동일성

2) 자아의 법칙의 동일성

3) 조건의 차별성

---

131. G. W. F. 헤겔, 『정신현상학』, 한길사, 2005, 2권 232~236쪽.
132. 칼 로저스, 앞의 책, 28쪽.

그렇다면 인간 세상의 모든 차이들은 육체적 · 사회적 조건들의 차별성에서 비롯되는 것일 것이다. 하지만 모든 영혼이 진정으로 동일할까? 보다 성숙한 영혼과 보다 미숙한 영혼이 존재하지 않을까? 예컨대 대천사의 영혼은 인간의 영혼보다 훌륭하지 않을까? 간디의 영혼은 스탈린의 영혼보다 훌륭하지 않을까?

하지만 적어도 최면 현상들에 따를 때, 인간들의 영혼이 서로 간에 차이가 난다는 것은 이해하기 어렵다. 육체를 이탈해서 자아의 삶을 관조하고 회고하는 영혼들이 서로 차별성을 가질 수 있을까? 탈인격화를 통해 서로 소통하는 영혼들이 서로 차별성을 가질 수 있을까? 내 생각에 영혼들은 서로를 구별 짓는 자아의 논리 그 너머에 있는 것 같다. 차별성이 소통과 사랑에 일종의 장애처럼 존재할 수밖에 없는 것이라면, 서로 차이 나는 영혼들이 서로 소통하고 공감하고 사랑할 수 있을까?

만에 하나 가정을 해보자. 간디의 영혼이 스탈린의 영혼보다 자아의 압박에 더 잘 저항을 했다고 말이다. 만약 그렇다고 하더라도, 그것은 차별성의 문제라기보다는 일종의 강도(强度)의 문제, 즉 '동일성에도 불구한 양적 차이'가 아니었을까?

자아는 모든 것을 비교하고 또 차별 짓는다. 영혼들 사이에 차별성을 설정하는 것은 그 자체가 자아의 논리이다. 플라톤에게서처럼 말이다. 그렇다면 영혼들의 존재는 자아의 관점이 아닌 또 다른 관점에서 바라봐야 하는 것이 아닐까?

마이스터 에크하르트는 "하나의 덕을 다른 덕보다 더 많이 평가하거나 사랑하지 말라"고 말한다.[133] '특별함의 의식'이 '차별의 의식'에 이르기 때문이다. 자아는 언제 어디서나 스스로를 '특별한 존재'

---

133. 마이스터 에크하르트, 『독일어 설교 1』, 누멘, 2010, 207쪽.

로 여긴다. 따라서 '자아의 논리'가 해제되어야만 영혼의 존재에 가 닿을 수 있다고 한다면, 영혼의 성격을 이해하기 위해선 "특별함의 완전한 부재"가 필요하다.[134]

에크하르트에 따를 때, "신 가운데서는 어떠한 피조물도 다른 피조물보다 더 고귀하지 않다."[135] 즉 "신은 모든 사물 가운데 똑같이 존재"하고, 그리하여 우리는 "모든 사물 가운데서 신을 똑같이 볼 수 있어야 한다"는 것이다.[136]

나는 에크하르트의 이러한 진술을 판단할 능력을 갖고 있지 않다. 다만 확실한 것은 다음의 것이다. 즉 누군가가 영혼의 차별성을 설정한다면, 다시 말해 어떤 영혼이 다른 영혼보다 고귀하다고 생각한다면, 그는 자아의 논리에 따라 영혼을 생각하고 있다는 것이다. 그리하여 여기서 한 걸음 더 나아가서, 우리에게 징후적으로 드러나는 영혼의 현상들을 자아의 논리를 벗어나 숙고해본다면, 우리는 매우 온당하게도 영혼의 동일성을 설정할 수밖에 없지 않을까?

영혼의 순례에 대하여

영혼의 형이상학의 전통을 대표하는 플라톤, 플로티노스, 수흐라와르디, 몰라 사드라는 모두 윤회론자들이다. 그리고 윤회론이 누가 윤회를 벗어나는가라는 질문에 답해야만 하는 것이라면, 거기에 자아가 편승해서 영혼들의 위계를 설정하라고 유혹하는 것은 자연스

---

134. *A Course in Miracles*, "Text"의 제24장.
135. 마이스터 에크하르트, 앞의 책, 37쪽.
136. 같은 책, 53쪽.

럽다. 윤회를 멈추는 영혼은 붓다의 영혼처럼 '발전'된 영혼이라는 식으로 위계를 설정하라는 유혹이 그것이다. 하지만 그처럼 위계를 설정할 때, 영혼은 자아와 다를 것이 없는 것으로 전락한다. 그것이 문제다.

사람들은 칸트나 에른스트 블로흐가 윤회론자라는 것, 베르크손이 영혼의 실재를 포착하기 위해 노력했다는 것 등을 말해주면 종종 깜짝 놀란다. 그것들이 마치 치욕적인 사실이기나 하듯이 암묵적으로 숨겨졌기 때문이다. 그것들에 대해 말하지 않는 것은 과학적 태도가 아니라 '과학에 대한 두려움'이다. 또한 유물론적 입장이 아니라 경험주의 이데올로기에 대한 종속일 뿐이다. 맑스의 유물론이 자아의 법칙의 동일성과 조건의 차별성에 대한 확고한 인식에 기초했던 것이었다면 말이다.

다시 말하지만, 과학은 언제나 인식의 공백지대에 접경한다. 과학은 지식의 쳇바퀴 속에 안주하는 것이 아니다. 이 말은 과학적 노동이 종종 금기의 벽을 뚫고나간다는 것을 시사한다. 프로이트가 성욕과 마주치고, 맑스가 부르주아적 잔혹성과 마주치듯이.

과학은 '무엇'이든 말할 수 있다. 그것은 완전한 자유다. 하지만 중요한 것은 그 '무엇'에 대해 신뢰할 수 있는 충분한 논거를 체계적으로 제시하는 것이다. 바로 이 사실로 인해 과학은 그 자체가 해방적이다. 자유이면서도 주관성의 함정을 벗어나기 위해 노력하기 때문이고, 욕망에 따라 말하면서도 객관적 실재에 합치하려 하기 때문이다. 그래서 알뛰세르가 말했듯이 이데올로기는 사람들을 가르는 반면, 과학은 사람들을 모은다.

결국 윤회에 대해서도 단 하나만이 필요하다. 그 징후들에 대해 엄밀한 과학적 노동을 차분히 해나가는 것. 앞에서 언급한 이언 스티븐슨이 그 모범을 이루듯이.

영혼의 형이상학자들이 제시한 윤회의 이론들은 오히려 부정적인 편견들을 만들어낼 수 있고, 그리하여 윤회의 가능성을 과학적으로 검증한다는 것 자체를 허황된 일로 여기게 할 수 있다. 하지만 그것들을 숙고함으로써, 영혼의 성격에 대한 나름의 통찰을 얻을 수도 있지 않을까? 어쨌거나 그것들을 간략히 살펴보자.

윤회에 대해 플라톤이 말한 것들 가운데 많은 부분은 상상적(＝인간적)으로 구성된 것임이 너무 명확해서 우스꽝스러운 느낌을 준다.[137] 예컨대『티마이오스』에서 남자로 태어나서 올바로 살지 못하면 여자로 태어나고, 여자로 태어나서 올바로 살지 못하면 짐승으로 태어난다는 얘기가 그렇다.[138] 또『파이드로스』에서 윤회의 주기를 일만 년으로 설정한 것이나, 인식에 헌신하는 자들이 세 차례 그러한 삶(인식에 충실한 삶)을 살면 예외적으로 3천 년만에 윤회의 출발점으로 되돌아올 수 있다고 한 것도 그렇다.

즉 플라톤은 인간사회의 일시적 척도들을 함부로 투사해서 상상적인 얘기들을 만들어낸다. 아무런 논거도 제시하지 않으면서 말이다. 물론 그가『국가』의 끝부분에서 제시한 팜필리아 부족 에르의 임사체험 이야기는 당시 떠돌던 이야기를 변형시켜서 수록한 것일 것이다. 하지만 그것마저도 많은 부분이 명확히 허구적이다. 다만 다음 생에서 평범한 사인(私人)의 삶을 선택하고서 기뻐하는 오디세우스의 이야기는 감동적이지만 말이다.[139]

플로티노스는 플라톤을 흠모하지만, 그의 윤회 이론은 플라톤의 이론과 전혀 다르다. 플라톤의 윤회 이론이 다분히 신화적이라면, 플로티노스의 윤회 이론은 순수 이론적이다. 플라톤의 윤회 이론이

---

137. 이런 우스꽝스런 느낌과는 무관하게, 플라톤의 윤회론의 원천에 대해서는 장영란, 『영혼의 역사』, 글항아리, 2010, 제4장의 2~3절을 참조할 것.
138. 플라톤,『티마이오스』, 42b~c.
139. 플라톤,『국가 · 정체』, 620c~d.

자기중심적 관점을 투사해서 상상적으로 구성한 것이라면, 플로티노스의 윤회 이론은 오히려 영혼의 관점에서 육체를 내려다본 듯한 느낌마저 준다.

플로티노스에 따를 때, 영혼은 여기 이곳의 물리적 세계에 '추락'한 것이다. 하지만 플로티노스는 그 이유를 제시하지 않는다. 이처럼 알 수 없는 것에 대해 무리한 설명을 하려 하지 않는다는 점에서, 플로티노스를 읽는 것은 편안하다.

물론 플로티노스는 선뜻 받아들이기 힘든 단언(斷言)들을 한다. 예컨대 "영혼들은 전혀 시간 속에 있지 않다"는 단언이 그러하다.[140] 하지만 그러한 단언은 오히려 최면 현상에 부합하는 것이기도 하다. 시간 속에 있는 것은 오직 자아이고, 비(非)자아적 주체는 시간 밖에 있는 것이라면 말이다.

자, 플로티노스에 따를 때, 영혼은 여기 이곳의 물리적 세계에 '추락' 해서 육체 속에 갇힌다. 물론 플로티노스는 영혼이 몸속에 있는 것이 아니라, 오히려 몸이 영혼 속에 있음을 강조한다. "영혼은 담기기보다는 오히려 담는 것"이라는 것이다.[141] 하지만 그럼에도 불구하고 그는 영혼이 "육체 속에 갇힌다," "사슬에 묶여 있다," "감옥 속에 있다"는 것과 같은 표현을 자주 사용한다.[142]

플로티노스에 따를 때, 인간의 영혼은 다음 세 상태에서 존재할 수 있다.

1) 예지계에서 지성과 결합한 상태
2) 죽어서 육체를 떠났지만, 예지계의 지성과 결합하지는 못한 상태

---

140. Plotin, *Ennéades*, IV권 4장 15절.
141. 같은 책, IV권 3장 20절.
142. 같은 책, IV권 8장 4절.

3) 인간의 육체와 결합한 상태

3)의 상태에서 인간은 애초에는 여러 가지 전생의 사건들을 기억하지만, 시간이 지나면 망각한다. 이것은 이언 스티븐슨의 연구 결과에 일정하게 부합한다. 결국 세상사에 대한 관심과 집착이 망각을 가져온다는 것이다. 덧붙이자면, 최면에서의 기억 환기는 한편으로, 이완에 따른 집착의 해제의 결과이다. 이것은 5세 이전의 기억들에 대한 망각이 성적 억압 때문이라는 프로이트의 입장이나 지각틀의 변화에 따른 것이라는 어니스트 샤흐텔(Ernest Schachtel)의 입장[143]을 부정하는 것이다.

어쨌거나 사람이 죽어서 2)의 상태로 돌아가면 전생의 기억들이 다시 나타난다. "기억의 방해물"인 육체가 더 이상 존재하지 않기 때문이다. 하지만 더 나아가 영혼이 예지계의 지성과 완전히 결합하면, 기억은 완전히 사라진다. 왜냐하면 기억들은 시간 속의 육체 속에서 겪은 기억들일 뿐이고, 시간을 완전히 벗어나 있는 지성은 기억이 불필요하기 때문이다. 지성은 단지 자신을 "순수 관조"할 뿐이다.[144]

최면에서의 놀라운 기억 환기는 플로티노스의 이러한 단언들과 모순되지 않는다. 플로티노스의 단언들은 최면에 의한 기억 환기의 현상들을 포괄하는 성격의 것이다. 다만 최면의 기억 환기를 뛰어넘는 플로티노스의 단언들에 대해서는, 나는 판단능력을 갖지 못한다.

플로티노스에 따르면, 예지계를 떠나 '추락'한 인간의 영혼은 다시 3) → 2) → 1)의 단계를 거쳐 상승한다. 이것이 영혼의 순례 여행이다. 하지만 2) → 1)의 과정은 손쉬운 것이 아니다. 따라서 일반적

---

143. William C. Crain, 『발달의 이론』, 중앙적성출판사, 1995, 제10장을 참조할 것.
144. Plotin, *Ennéades*, IV권 3장 25절 ~ IV권 4장 3절.

으로 펼쳐지는 것은 3) → 2) → 3) → 2) → 3)……의 반복이다. 이것이 바로 윤회이다.

2) → 1)의 과정이 지난(至難)한 것은 육체 속에 갇힌 영혼들이 육체적 삶에 대해 애착을 갖기 때문이다. 그러한 영혼들은 "너무 열정적으로 이 세계에 빠져들어, 완전히 자신으로 있지 못하고,"[145] 그리하여 나중엔 "저항할 수 없는 매혹의 마술적 힘에 끌린 듯이," "스스로 알아서 몸을 찾아온다"는 것이다.[146]

이처럼 육체적 삶에 애착을 가진 영혼의 상태는 "더럽혀진" 상태이다. 하지만 플로티노스에 따를 때, "영혼은 결코 부패할 수 없는 것"이다. 따라서 "부패할 수 없는" 영혼이 "더럽혀졌다"는 것은, 단지 영혼이 외적으로만 더럽혀졌다는 것을 뜻할 뿐이다. 즉 영혼은 "진흙으로 둘러싸인 금"인데 "스스로가 금인지 모른다"는 것이다.[147]

그리하여 플로티노스에게서 영혼의 순례란 결코 파괴될 수 없는 영혼이 외적인 더러움들을 통과하는 과정이다. 이러한 순례의 목적은 우리가 자유롭게 여러 가지로 짐작해볼 수는 있겠지만, 결코 올바로 알 수는 없는 것일 것이다.

플로티노스에 따르면 그러한 더럽혀짐을 제거하는 과정이 바로 '순화(純化)'이다. 즉 지성에 대한 관조 속에서 육체적 삶에 대한 애착을 완전히 포기하는 것이 순화일 것이다. 그처럼 순화를 거친 영혼은 "신적이고 영원한 성격"을 되찾는다.[148] 다시 말해, 오직 순화에 의해서만, 2) → 1)의 과정이 가능하다는 것이다.

순화는 모든 영혼의 동일성을 전제한다. 순화란 영혼의 원래의 상태를 되찾는 것일 뿐이고, 그처럼 되찾아진 원래의 상태에서는 모든

---

145. 같은 책, IV권 8장 7절.
146. 같은 책, IV권 3장 13절.
147. 같은 책, IV권 7장 10~12절.
148. 같은 책, IV권 7장 10절.

영혼의 동일성이 다시 확인되기 때문이다. 하지만 더러움을 제거하고 새롭게 순화된 영혼과 원래 상태의 영혼과는 '차이'가 있지 않을까? 그리고 바로 그 '차이'가 영혼의 순례의 목적이 아닐까? 하지만 그 차이는, 언제나 모든 것을 비교하고 차이 짓는 자아의 관점에서 생각하듯이, 영혼의 동일성을 파괴하는 것은 결코 아닐 것이다. 오히려 그것은 영혼의 동일성을 강화하는 것일 수도 있다.

언제나 위계적 사고를 하는 수흐라와르디는 윤회의 중단을 영혼의 순화와 더불어 강화(强化)를 필요로 하는 것으로 제시한다. 그에게서 순화란 섭정적 빛인 에스파흐바드 빛이 바르자흐의 얼룩으로부터 벗어나는 것이다.[149] 즉 그에게서 순화의 용법은 플로티노스와 거의 동일하다. 다른 한편으로, 강화란 보다 상급의 빛에 대한 섭정적 빛의 사랑이 더욱 강렬해지는 것, 그리하여 대천사적 빛과 결합할 수 있는 상태에까지 이르는 것이다.[150]

결국 수흐라와르디에게서 윤회의 중단은 두 가지 관계에서의 변화를 전제한다. 1) 바르자흐와의 관계의 단절과 2) 대천사적 빛과의 유대의 강화가 그것이다. 이때 2)가 1)보다 더 결정적일 것이다. 대천사적 빛을 향한 사랑이 강화되어야만 바르자흐의 얼룩으로부터 벗어날 수 있으므로 말이다.

수흐라와르디에 따를 때, 섭정적 빛이 육체적 삶에 애착을 갖는 것은 그 빛이 빈곤한 것이기 때문이다. 그 빈곤성은 상급의 빛들의 자립성과 대조되는 빈곤성이다.[151] 따라서 섭정적 빛이 강화된다는 것은, 자신의 빈곤성을 벗어나서 보다 자립적인 빛으로 성장한다는 것이다.

---

149. Shihaboddin Yahya Sohravardi, 앞의 책, 211쪽.
150. 같은 책, 208~211쪽.
151. 같은 책, 203쪽.

결국 수흐라와르디에게서 강화의 논리는 비(非)물질적 빛들의 차별성, 다시 말해 영혼의 차별성을 전제로 하는 것이다. 즉 보다 높은 등급의 빛으로 성장해야만 윤회를 멈출 수 있다는 것이다. 수흐라와르디의 이런 입장은 마치 윤회의 목적을 제시하는 듯 여겨진다. 하지만 그의 입장은 앞서 살펴보았듯이 영혼들의 지배-복종의 위계라는 전제부터 잘못된 것이다.

강화를 말하는 것에도 여러 방식이 가능하다. 강화가 영혼의 등급을 전제할 필요는 전혀 없다. 그러나 수흐라와르디가 말하는 강화는 영혼의 등급의 상승이다. 하지만 수흐라와르디가 인간적 지배관계를 투사해서 설정한 영혼의 등급 같은 것은 존재할 수 없다.

수흐라와르디에게서 윤회와 관련한 위계적 사고는 강화의 논리에만 그치지 않는다. 그는 빛들의 위계뿐만 아니라 바르자흐들의 위계도 설정하는데,[152] 섭정적 빛이 깃드는 육체 가운데 인간 '성채'(城砦＝육체)가 가장 완전하게 창조된 것이라고 한다. 또 인간 성채는 숫자가 부족해서, 섭정적 빛은 인간의 육체를 거친 후 등급이 더 낮은 "침묵의 성채들," 즉 동물의 육체로 윤회한다고 한다.[153] 이러한 설정은 플라톤으로부터 이어받은 것일까? 아마도 그 설정은 징벌의 가학증적 논리에 따른 것이 아닐까?

다른 한편으로, 수흐라와르디는 신으로부터 징벌을 받은 자들이 윤회를 하는지는 확실치 않다고도 한다.[154] 우리가 이 언표 속에서 읽어내야 할 것은 단 한 가지다. 즉 상상적 투사는 또 다른 상상적 투사를 낳는다는 것. 다시 말해, 증오와 징벌의 신이라는 허구는 또 다른 허구로 이어진다는 것.

---

152. 같은 책, 179쪽.
153. 같은 책, 204~205쪽.
154. 같은 책, 214쪽.

몰라 사드라는 기본적으로 수흐라와르디의 관점을 그대로 이어받는다. 다만 그는 플로티노스로부터 깊은 영향을 받아 보다 순수 이론적인 경향, 보다 실존적인 경향을 갖는다. 그가 수흐라와르디적 관점을 그대로 이어받았다는 것은, 그 또한 위계적 사고를 한다는 것이다.

몰라 사드라에 따를 때, 영혼을 유출하는 지성은 "완전성과 불완전성, 강도와 약함에 따라" 차이가 난다.[155] 즉 완전성과 강도에서 차이가 난다는 것이다. 완전성에서의 차이는 물론 질적 차이이고, 강도에서의 차이는 양적 차이일 수 있다. 지성들 사이의 이러한 차이는 수흐라와르디에게서의 대천사적 빛들 사이의 위계에 상응하는 것이다.

몰라 사드라에게서 인간 영혼은 "사고하는 영혼들"에 속한다. '사고하는 영혼들'은 "지적으로 완전하거나 또는 결함을 갖는다."[156] 그는 '사고하는 영혼들'을 1) 천상의 영혼들과 2) 인간 영혼들이라는 두 범주로 나눈다. 천상의 영혼들은 다시 a) 천구(天球)의 몸체들 속으로 들어가는 활성적 형태들과 b) 신 옆에 영원히 체류하는 지성적 형태들로 나뉜다.[157]

반면, 인간 영혼은 처음에는 "결함의 극한적 한계"에 위치한다. 그것은 "비(非)존재의 정점의 상태,[158] 순수한 잠재성의 상태"이다. 하지만 인간 영혼은 현실들을 거쳐나가면서 완전화의 과정을 밟고, 그 결과 수흐라와르디가 말한 일곱 번째 하늘에까지 가닿을 수 있다. 결국 "완전성의 역능의 지위에서 추락한 인간 영혼"은 윤회를 통해 완전화의 과정을 밟고, 그리하여 지성으로 회귀한다는 것이다.[159]

---

155. Molla Sadra Shirazi, *Traité de la résurrection*, Fata Morgana, 2000, 123쪽.
156. 같은 책, 131쪽.
157. 같은 책, 131~132쪽.
158. 여기서 몰라 사드라가 '비존재'를 어떤 뜻으로 사용했는지 명확히 알 수 없다. 그는 다만 물질적이고 사회적인 존재들을 '구체적 비존재'라 하고, 존재에 대한 잘못된 관점을 '추상적 비존재'라 한다(같은 책, 123~124쪽).
159. 같은 책, 132~133쪽.

몰라 사드라는 또 육체들에 대해서는 정밀성(subtilité)과 밀도(密度)에 따라 등급들을 나눈다.[160] 결국 차이 나는 지성에서 유출된 차이 나는 영혼들이 차이 나는 육체들 속으로 들어와 온갖 변화들이 산출된다는 것이다.

하지만 이런 변화들의 목적 속에는 또 다른 목적이 존재한다. 즉 '목적들의 목적' 또는 '최종적 목적'이라고 할 수 있는 그것은 모든 존재자들에게 일종의 자연적 성향처럼 내재해 있는 것으로, 바로 신을 향한 열망이다.[161] 신을 향한 이러한 열망은 우리의 영혼을 윤회 속에서 완전화의 과정으로 이끄는 것이다.

몰라 사드라에게서 윤회는 "실체가 그 실존의 국면들 속에서 점점 더 높은 단계로 올라가는 운동"이다. 이것은 이 물리적 세계가 사라지면서 이 세계의 바깥으로 나가는 과정이고, 그리하여 "일자의 현존"에까지 이르는 과정이다.[162]

결국 몰라 사드라에게서 윤회의 과정은 한마디로 완전화의 과정이다.[163] 그리고 이 완전화의 과정은 영혼의 등급들에서의 상승 과정이다. 몰라 사드라의 이러한 독트린은 수흐라와르디의 독트린과 마찬가지로 윤회의 목적을 설명해주는 듯하다. 하지만 그가 설정한 영혼

---

160. 같은 책, 140쪽.
161. 같은 책, 121쪽.
162. 같은 책, 161쪽.
163. 크리스띠앙 장베(Christian Jambet)는 몰라 사드라의 『부활에 대한 논설』을 주해하는 『불사의 존재가 되기(Se rendre immortel)』(이 책은 몰라 사드라의 책과 합본合本으로 출간되었다)에서, 이 '완전화의 과정'을 강도의 등급을 높여가는 과정으로 해석한다. 장베의 그런 해석은 충분한 설득력을 갖는다. 다만 몰라 사드라의 책에서는 '강도'라는 표현이 그다지 자주 등장하지 않는다. 내가 수흐라와르디와 몰라 사드라를 읽게 된 것은 라깡적 혁명주의자였던 장베의 주해들을 통해서였다. 하지만 장베의 주해는 종종 텍스트의 '실재'에 따르기보다는 자신의 '욕망'에 따른다. 이것은 특히 알뛰세르와 라깡에게서 대표적으로 드러나는 프랑스적 전통일 수도 있겠다. 또 장베가 수흐라와르디의 『조명학파 예지의 서』를 헤겔의 『정신현상학』에 비견한 것은 다소 지나친 것으로 여겨진다.

의 등급들이 결국은 모든 것을 비교하고 구별짓는 자아의 관점을 투사한 것이라는 점에서, 그의 설명은 허황되고도 위태로운 것이다.

만약 '영혼의 성숙'이란 표현이 가능하다면, 즉 우리가 '영혼의 성숙'이란 표현을 모든 것을 비교하고 차별하는 자아의 관점을 벗어나서 사용할 수 있다면, '영혼의 성숙'은 오직 다음 한 가지만을 뜻할 수 있다. 모든 영혼의 동등성을 바라볼 수 있는 능력을 기르는 것. 이것은 동시에 자아의 관점을 벗어나는 것이기도 하다. 비교와 차별이 존재하는 곳에서는 영혼의 소통과 사랑이 불가능하므로.[164]

따라서 윤회의 목적과 관련해선, 그것을 영혼들 사이의 차이라는 관점에서 바라보아선 안 된다. 그러한 차이는 실질적으론 자아들 사이의 허구적 차이에 불과하다. 만약 윤회가 존재한다면, 그 목적이 타자 속에서 나를 보는 사랑과 소통의 능력의 '강화,' 다시 말해 근원적 동일성의 '강화'가 아니면 무엇이겠는가?

내가 공부한 좁은 한계 내에서, 영혼의 형이상학을 다음 두 계열로 나누어보자.

1) 플라톤 → 수흐라와르디 → 몰라 사드라
2) 플로티노스 → 마이스터 에크하르트

이러한 계열 분류는 실제의 영향사와는 무관하다. 1)의 계열은 영혼의 차별성에 입각한 계열이고, 2)의 계열은 영혼의 동일성에 입각한 계열이다. 1)의 계열은 자아의 관점에서 영혼을 바라보고, 2)의 계열은 영혼의 관점에서 자아를 내려다본다. 1)의 계열은 명확히 허구이고, 2)의 계열은 실재의 지표들을 일정하게 포섭한다.

---

164. "비교를 할 때에는 사랑할 수 없다"는 것은 *A Course in Miracles*에서 제시된 생각이다. 즉 상대를 있는 그대로 받아들이는 것이 사랑의 전제라는 것이다.

영혼의 개념

이제 영혼의 개념을 사고해보자. 하지만 그것이 가능할까? 기껏해야 영혼의 불명확한 징후들만을 가지고 있을 뿐인 우리가 영혼의 개념을 규정할 자격이 있기나 할까?

플로티노스는 『엔네아데스』에서 다음과 같은 체험을 고백한다. "종종 나는 육체에서 빠져나와 나 자신에게로 깨어난다. 다른 모든 것에 이방적(異邦的)인 나 자신의 내밀함 속에서 나는 놀라운 아름다움을 목격한다. 이때 나는 확신한다. 내 운명은 더 높은 존재와 연결된 것임을. 내 행위는 지고(至高)한 생명의 것임을. 내가 신적 존재와 결합해 있음을. […]"[165] 플로티노스는 이러한 체험들을 했기 때문에 어쩌면 영혼을 그 내부로부터 들여다볼 수 있었을 지도 모르겠다. 하지만 우리는 그렇지 못하다.

물론 최면에서도 비자아적 주체는 육체를 이탈해서 과거의 삶을 관조하거나 다시 산다. 하지만 그러한 최면현상들이 "더 높은 존재와 연결된 나 자신에게로 깨어나는" 체험은 아니다. 또 누군가가 플로티노스적인 신비체험을 하고선 학회에서 세밀하게 보고한다고 하더라도, 그 체험이 객관성의 근거를 갖추지 못한다면 과학의 재료로 사용될 수 없다.

도대체 나는 왜 영혼의 개념에 가닿으려고 할까? 물론 나의 욕망 때문이다. 즉 나는 루카치와 블로흐의 시대처럼 영혼이란 용어가 사회과학에서 다시 통용될 수 있기를, 그러나 보다 객관적이고 엄밀한 방식으로 통용될 수 있기를 욕망한다. 이 욕망의 명분은 사회과학이

---

165. Plotin, *Ennéades*, IV권 8장 1절. 이 장은 플로티노스, 『영혼 정신 하나』, 나남, 2008에도 실려있다.

인간을 내면이 없는 존재처럼 다루는 상태에서 벗어나야 한다는 것이다. 이 욕망은 다른 모든 욕망처럼 허황되고 환상적일까? 아마도 그럴 가능성이 높다. 그래서 나는 여기서 머뭇거린다. 하지만 여태껏 논의해온 것들은 일말의 가치가 있지 않을까? 그렇다면 그것들을 토대로 삼아서, 새롭게 사고를 한 번 해볼 수밖에 없다.

우리는 어차피 영혼의 실체적 개념을 가질 순 없다. 영혼의 실체가 눈앞에 놓여 있어서 우리가 그 속으로 들어가 그 내부 구조를 확인할 수 없는 한에서 말이다. 그렇다면 우리가 발전시킬 수 있는 영혼의 개념은 하나의 '약속' 으로서의 조작적 개념에 불과할 것이다. 하지만 아무리 조작적 개념이라 하더라도 '약속' 을 함부로 정할 수 없음은 물론이다. '약속' 이 오래 지켜지기 위해선 나름의 '근거' 가 있어야 한다는 것이다.

우리가 이 책에서 여태껏 논의한 것이 바로 그 근거들이다. 물론 나는 영혼의 징후들을 샅샅이 뒤져 파헤치지는 않았다. 사실상 그러한 작업은 그다지 의미 있어 보이지 않았다. 왜냐하면 그 징후들은 대부분 서로 겹쳐질 것이고 또 대단히 피상적일 가능성이 높기 때문이다. 그래서 내가 선택한 것은:

1) 최면과학에까지 이르는 논리적 과정을 드러내고,[166]
2) 몇 가지 핵심적 최면현상들을 영혼의 징후로 간주하고,
3) 그러한 징후들에 입각해서 영혼의 이론사(史)를 재해석하는 것이었다.

우리는 3)의 결과로서 여태까지 영혼과 자아의 대립 그리고 영혼

---

166. 즉 내가 드러내려 했던 것은 '시간적' 순서와는 무관한 '논리적' 과정이다.

의 속성으로서 수동성, 동경, 소통, 악에의 불가능성, 동일성 등을 살펴보았다. 그리고 바로 이것들이 영혼의 개념을 잠정적으로 사고하기 위한 우리의 재료들이다.

사회과학적으로 통용될 수 있는 영혼의 개념을 사고하겠다는 것은 영혼을 비(非)형이상학적으로, 세계-내(內)-적으로 사고하겠다는 것이다. 이 말은 영혼의 초월적 원천을 질문하지 않고, 오직 영혼의 세계-내적 현상들에만 입각해서 영혼의 개념을 발전시키겠다는 것이다.

우리는 영혼의 현상들 사이의 관계를 포착하고 그 관계로부터 어떤 짜임새, 즉 구조를 드러낼 수 있을까? 그 구조가 개념의 밑바탕을 이룰 수 있도록 말이다. 하지만 우리가 아는 영혼의 현상들은 결코 충분하지 않다. 그러므로 어쩔 수 없이 여기저기를 더듬으면서 몹시도 어설프게 앞으로 나갈 수밖에 없는 딱한 노릇이다.

또 우리가 영혼의 초월적 원천을 질문하지 않는다고 하더라도, 플로티노스나 마이스터 에크하르트의 정합적이고도 견실한 논의들을 섣불리 부정할 필요는 없고 또 그럴 근거도 없다. 따라서 우리가 영혼의 개념을 세계-내적으로 사고한다고 할 때, 플로티노스와 마이스터 에크하르트의 정합적 논의들과 충돌해야 할 아무런 이유도 없다.

여태껏 우리가 살펴본 영혼의 속성들 가운데, 특히 동경과 소통은 관계의 성격을 갖는다. 영혼이 타자와 '소통'하고 다른 어떤 것을 '동경'한다는 것이다. 수동성, 악에의 불가능성, 동일성은 기본적으로 내재적 속성의 성격을 갖는 것이지만, 다른 것과의 관계를 마찬가지로 함축하는 것이다. 즉 수동성은 자아와 타자를 관조하는 수동성이고, 악에의 불가능성은 자아의 행위에 의해 고통 받는 것이며, 동일성은 영혼들 사이의 동일성이다.

이러한 수동성, 악에의 불가능성, 동일성은 자아와 근원적으로 대립하는 내재적 속성으로 인해 또 다른 감수성을 형성한다. 하지만 어쩌면 자아는 원천적으로 감수성을 결여하고 있는 것이 아닐까? 그렇다면 감수성 그 자체가 영혼에 속하는 것일 수 있다.

『당시』를 편집한 이원섭 선생님은 이백(李白)의 한 일화를 다음과 같이 평한다. "당신이 주무신 집 가난한 노파가 지어 올리는 고미반(菰米飯)을 앞에 놓고, 당신은 그 인정의 고마움에 차마 수저를 들지 못하셨습니다. 제왕과 술을 마셨고 사십만 금을 순식간에 탕진한 당신이, 가난한 사람의 정성을 그처럼 존경할 수 있었다는 것은, 무엇보다도 나를 감동시킵니다."[167] 이것은 무엇일까? 황제의 선물을 기꺼워하지 않은 이백이 노파의 마음을 그토록 고마워했다는 것은? 반면, 제왕의 선물에 감격하는 사람들은 그 초라한 "인정의 고마움"을 느낄 수 없었을 것이다.

이원섭은 다시 이백에 대해 말한다. "황제는 당신에게 황금을 주었습니다. 당신은 그에게 시를 주었건만……. 이것으로도 명백하듯 그들은 속세의 사람이며, 선연(仙緣)이 없었던 것입니다."[168] 황제의 황금이 자아의 선물이라면 이백의 시는 영혼의 선물이었을까? 어쨌거나 이백이 황금을 좋아했다면 시를 쓸 수 없었을 것이다. 자아는 감수성을 결여하므로 말이다. "극히 작은 것, 극히 평범한 것이라도 이백의 손에 닿기만 하면 다 생생한 생명력을 나타"내었던 것은, 두 말할 것도 없이, 이백이 자아의 욕망보다 영혼의 감수성을 택했기 때문이다.[169]

영혼의 수동성은 기다리는 것, 기다리면서 자아와 타자의 행위들을 관조하는 것이다. 이 말은 영혼이 자아와는 전혀 다른 논리에 따라 움직인다는 것을 함의한다. 즉 영혼은 자아의 행위로부터 빠져나

---

167. 이원섭, 「이백」, 『당시』, 현암사, 2007, 173쪽.
168. 같은 글, 166~167쪽. '그들'이란 물론 황제와 그 측근들이다.
169. 같은 글, 167쪽.

와 있고, 그래서 자아를 관조할 수 있는 것이다. 또 영혼이 타자들의 행위를 관조할 수 있는 것은, 이미 보았듯이, 타자들의 행위로 인해 상처받지 않기 때문이다. 상처받는다면 관조할 수 없고 곧바로 개입해야 하기 때문이다.

물론 악에의 불가능성은 영혼이 자아나 타자의 행악(行惡)으로 인해 고통 받는다는 것을 함축한다. 특히 자아의 행악은 영혼의 입지를 축소시켜 결국에는 숨을 못 쉬게 할 수도 있다. 영혼이 자아나 타자의 행악으로 인해 고통 받는다는 것은 영혼의 관조가 일정하게 관여(關與)적인 관조임을 뜻한다. 하지만 영혼은 단지 고통 받을 뿐 상처받지는 않는다. 고통 받지 않는 관조는 무의미하고, 상처받는 관조는 불가능하기 때문이다.

하지만 영혼들의 동일성으로 인해 영혼은 자아가 타자들에게 가하는 공격을 마치 자신에게 가하는 공격처럼 아파한다. 타자들에게 가하는 공격은 자기 자신에게 가하는 공격과 다를 바가 없으므로 말이다. 그 아픔은 뼈저린 것이다. 그 공격이 자신의 자아에 의한 것이라는 점에서도 그렇고, 그 공격으로 인해 자신의 '마음'이 사슬에 묶이기 때문이기도 하다. 즉 자아가 공격할 때, 공격을 받는 것은 단지 타자만이 아니고, 자아가 각인하는 마음도 마찬가지로 공격받는다는 것이다.[170]

결국 상처받지 않으면서도 고통 받고 아파하는 것. 이것이 영혼이 갖는 감수성의 성격이다. 영혼은 그러한 감수성으로 자아와 타자들을 관조한다. 자아와 타자들의 꿈들을 말이다.

자아의 욕망은 라깡이 강조했듯[171] 타자들의 사랑을 받으려는 욕망이다. 그래서 자아는, 라깡의 표현에 따르면, 타자의 사랑을 끌어들

---

170. 이것은 *A Course in Miracles*에서 제시된 생각이다.
171. 물론 이때 '자아의 욕망'이라는 표현은 라깡적 용법이 아니라 프로이트-융적 용법이다.

일 수 있는 '남근'을 갖고 싶어 한다. 그렇다면 남근은 자아에게 우상(偶像)이다. 자아는 한편으로 자기 바깥의 우상을 섬기고, 다른 한편으로 스스로를 자신의 우상으로 구성한다. 이 둘 가운데 나중의 것이 더 중요하다. 즉 자아는 이상적인 자아상과 자신을 일치시키고 스스로를 우상으로 삼는다. 자아가 자기 바깥의 우상을 섬기는 것은 자기 자신도 그러한 우상이 되려 하거나 그 우상의 권력을 자기도 나누어가지려 하기 때문이다.

결국 자아의 삶은 스스로를 우상으로 삼는 삶이다. 즉 자아의 삶은 일종의 꿈이다. 우상인 자신이 주인공으로 등장하는 꿈이 그것이다. 하지만 그 꿈은 나쁜 꿈이다. 우상은 자아의 실재와 다르고 그래서 언젠가는 추락할 수밖에 없기 때문이다. 게다가 타자들에 대해서도 우상으로 존재하려면 부단히 자신을 속여야 하는 고통을 받아야 한다. 그 과정에서 자신을 우상으로 섬기는 타자들이 거꾸로 우상이 되어버리기도 하는데, 그 타자들의 평가에 완전히 종속되어 그들을 두려워하게 되기 때문이다. 물론 자아는 우상을 바꾸고 새로운 꿈의 주인공이 된다. 하지만 그 꿈도 마찬가지로 나쁜 꿈이다.

자아가 꿈의 주인공이라면, 그 꿈을 관조하는 자는 영혼이다. 즉 영혼은 자아가 주인공으로 등장하는 나쁜 꿈을 꾸면서(=관조하면서), 고통 받고 아파한다. 하지만 영혼은 마찬가지로 타자들의 꿈도 관조할 수 있다. 게다가 영혼은 타자들의 꿈을 거슬러 올라가, 그 꿈을 꾸면서 고통 받고 아파하는 타자들의 영혼마저도 이윽고 관조할 수 있지 않을까? 그렇다면 영혼이 관조하거나 관조할 수 있는 것은 다음 셋일 것이다. 1) 자아의 삶. 2) 타자들의 자아의 삶. 3) 그들의 자아의 삶을 관조하는 타자들의 영혼들.

우리들은 모두 나쁜 꿈을 꾸고 있는 영혼들일까? 그럴 수 있다. 하지만 그럼에도 우리의 영혼들은 이 세상이 '꿈꾸는 영혼들'의 세상임을 관조할 수 있을까? 만약 그렇다면 거기서 영혼은 진리와 관계하는 것이 아닐까? 왜냐하면 바로 그곳에서 영혼은 이 세상을 벗어날 수 있을 것이므로 말이다.

하지만 영혼이 자신의 자아와 세상을 단지 관조하기만 하는 것은 아니다. 영혼은 자신의 감수성으로써 세상과 관계를 맺는다. 소통과 동경을 통해.

앞에서 칼 로저스의 말들을 통해 보았듯이, 누군가와 진정으로 소통한다는 것은 그의 자아의 욕망들을 거슬러 올라가 그의 영혼의 목소리까지를 듣는 것이다. 그러므로 진정한 소통은 영혼의 소통일 수밖에 없다. 영혼이 타자와 갖는 관계는, 그 관계가 영혼의 관계로서 '진정한' 것일 수밖에 없다면, 기본적으로 타자의 영혼과의 관계로 귀착되는 것이다.

이미 보았듯 루카치는『영혼과 형식』에서 진정한 문학이 추구하는 것은 자아의 욕망들 너머에서 타자의 영혼과 만나는 것임을 암시한다. 내가 타자와 소통을 하려는 것은 무엇 때문일까? 그것은 단지 그의 자아의 욕망들을 알기 위해서일까?

자, 내가 늦은 밤까지 친구의 방에서 그의 삶의 얘기들을 듣는다고 상상해보자. 내가 듣는 것은 그의 자아의 욕망들일까? 그렇지 않다. 나는 그것들을 듣기 위해 시간을 허비할 만큼 한가롭지 않다. 그것들은 단조롭고 지루하다. 내가 듣는 것은 자신의 욕망들을 관조하는 그의 영혼의 얘기들이다. 물론 그의 영혼은 흔들리는 촛불처럼 가물거린다. 나는 그의 영혼을 잡았다 놓치기를 반복한다. 어쩌면 나는 단지 그의 영혼을 간헐적으로 엿보기만 할 뿐이다. 하지만 그의 영혼이 나에게 자신을 열어놓는 반짝이는 순간들이 있는 것이고, 나는 바로 그 순간들을 위해 그와 소통하기를 계속하는 것이다.

어떤 심리학자들은 인간들 사이의 정서적 유대를 종(種)의 재생산을 위한 필요로부터 설명한다. 뇌과학자들은 그러한 정서적 유대를 두뇌의 변연계에 프로그램화되어 있는 것으로 여긴다.[172] 또 정신분석가들은 인간들 사이의 도덕적 연대를 초자아로부터 설명한다. 하지만 그런 모든 것 너머에서 영혼의 소통이 존재한다. 나의 영혼은 종의 재생산을 위한 필요와는 아무 상관없이, 두뇌 변연계의 프로그램과는 아무 상관없이, 타자의 내면에서 반짝이는 영혼을 바라볼 수 있다.

초자아를 통한 도덕적 연대는 영혼에 관계하는 것이 아니라 자아의 욕망에 따른 것이다. 자아는 자신의 욕망을 실현하기 위해 초자아에 복종한다. 초자아가 존재하는 것 자체가 자아의 욕망을 효율적으로 실현시켜주기 위한 것이기 때문이다. 이런 의미에서 초자아는 종의 재생산을 위한 정서적 유대를 매개하는 것이기도 하다.

종의 재생산을 위한 정서적 유대가 존재한다는 것은 명확하다. 인간이란 종(種) 자체가 다른 동물 종들과 마찬가지로 공동존재적 종이기 때문이다. 인간의 공동존재성은 인간들 사이의 정서적 결합과 애착을 필연적으로 도출시킨다.

그리하여 인간들 사이의 그토록 애달프고 절절한 성적 사랑도 종의 재생산을 위해 프로그램화된 것이다. 플라톤의 『향연』에서 디오티마가 미(美)를 종의 재생산을 위해 성교에 이르도록 하려는 미끼라고 말했듯이 말이다.[173] 우리가 성적 사랑을 하면서 느끼는 그토록 절실한 감정들도 사실은 인간 종에게 공통되는 유(類)적인 감정, 종의 재생산을 위해 프로그램화된 감정에 불과한 것이다.

하지만 그러한 성적 사랑이 사라진 뒤 새로운 사랑이 싹틀 수 있

---

172. 토머스 루이스 · 패리 애미니 · 리처드 래넌, 『사랑을 위한 과학』(사이언스북스, 2001)을 참조할 것.
173. 플라톤, 『향연』, 을유문화사, 1999, 206d~e.

다. 앞에서 우리가 1) 동경 → 2) 만남 → 3) 좌절 → 4) 교통이라는
사랑의 단계를 통해서 보았듯이 말이다. 이때 4) 교통이 바로 새로운
사랑의 형태이다. 타자의 동물적 초라함 너머에서 영혼의 빛을 발견
하고 그것을 사랑하기에 이르는.

　물론 이 4)마저도 노부부의 정서적 애착과 같은 것일 수 있다. 하
지만 내가 말하려는 것은 성적 사랑과는 무관한, 타자의 영혼의 빛에
대한 사랑이 존재한다는 것이다. 영혼의 빛에 대한 그러한 사랑은 오
직 그 자체로서 아무런 이유 없는 기쁨과 희망을 준다. 즉 종의 재생
산의 필요나 변연계의 프로그램을 뛰어넘어 있다는 것이다.

　문제는, 자아의 욕망이 마음을 완전히 지배하는 사람들은 타자에
게서 영혼의 빛을 볼 수 없다는 것이다. 그들의 영혼이 자아의 욕망
으로 인해 질식했기 때문이다. 그들의 관점에선 영혼의 소통을 말하
는 것은 또 다른 이데올로기적 입장일 뿐이다. 그렇다면 오직 이데올
로기들만 존재하는 것일까? 그렇지 않다. 실재한다는 것이 입증될
수 있는 사실들이 한편에 있고, 실재와 부합하지 않는 허구들이 다른
한편에 있기 때문이다.[174]

　이제 동경에 대해 생각해보자. 앞서 보았듯이 영혼의 동경은 과거
경험의 이상화(理想化)나 가까이 접할 수 없는 것에 대한 환상과는 다
른 것이다. 물론 모든 동경은 무엇인가 알 수 없는 것에 대한 그리움,
아직 도래하지 않은 것에 대한 기다림, 여기 이곳에 없는 것에 대한
이끌림의 성격을 갖는다. 그리고 과거 경험의 이상화나 가까이 접할

---

174. 한 가지 확실한 것은 최면의 현상들이 언제든지 재생산 가능하다는 것이다. 이는 최
면 현상들의 실재를 말해준다. 하지만 1) 최면에서의 탈인격화를 통한 영혼의 소통을 2) 영
혼들 사이의 소통 그 자체의 근거로 삼는 것은 비약이 아니냐는 질문이 가능하다. 중요한
것은 과학적 노동은 언제나 인식의 공백지대에 접경하고 있다는 것이다. 따라서 필요한
것은 더 많은 과학적 노동이다. 최면 현상에서의 비자아적 주체를 과연 영혼으로 여길 수
있는지, 영혼들 사이의 소통이 최면 현상을 비롯한 여러 현상들 속에서 실제로 벌어지고
있는지, 문학은 진정으로 영혼의 삶을 다루는지에 대해 더 많이 노동해야 한다.

수 없는 것에 대한 환상은 그것들에 은밀하게 스며들 수 있다.

하지만 영혼의 동경에는 그러한 이상화나 환상이 스며들지 않는다. 물론 영혼의 동경도 아직 도래하지 않은 어떤 것에 대한 이끌림의 성격을 갖지만, 그것은 오히려 순수한 내적 압력에 따른 것이다. 내면을 끌어당기는 어떤 힘을 은유적으로 '빛'으로 표현한다면, 영혼의 동경은 마치 빛을 향한 이끌림과도 같은 것이다.

앞서 보았듯이 마음은 자아와 영혼에 의해 동시에 각인을 받는 것이다. 영혼의 동경은 마음에 대해서는 영혼이 보내오는 신호처럼 다가온다. 그 신호는 일종의 구원을 위한 신호이다. 무엇으로부터의 구원일까? 자아의 욕망으로부터의 구원이다. 그런데 그 구원은 자아의 욕망을 벗어나 어디로 향하는 것일까? 즉 그 구원은 우리를 어디로 데려가는 것일까?

영혼의 동경은 마음을 밀어붙인다. 자아의 욕망과 결별하고 여기 이곳에 없는 그 어떤 것을 향해 걸어가도록. 이러한 밀어붙임은 원인을 찾을 수 없는 순수한 내적 압력임으로 해서, 마치 운명에의 이끌림처럼 드러난다. 즉 운명이 동경의 형식을 통해 우리를 빛처럼, 별처럼 이끈다는 것이다.

운명이란 무엇일까? 윤회론에서 말하듯이 미리 예정되어 있는 삶의 여정일까? 아니면 유전과 조건들에 의해 필연적으로 규정된 삶의 직조(織造)일까? 운명이 신의 계획에 의해 미리 예정된 삶의 여정이 아니라 할지라도, 유전과 조건들 자체가 이미 우리의 운명적 원죄를 구성하고, 게다가 삶에서 온갖 관계의 착종도 단호하게 운명적이다. 어쩌면 "운명이 없다"는 주장이야말로 가장 허구적인 이데올로기다. 어떤 성별로 태어나는지, 누구의 자식으로 태어나는지 하는 것부터가 이미 운명이므로 말이다.

하지만 영혼의 동경이라는 형식을 취하는 운명에의 이끌림은 그러한 운명들과는 다르다. 영혼의 동경 속에서의 운명에의 이끌림은 자아의 삶의 직조(織造)에서 빠져나와 영혼의 삶을 살게 하는 것이기 때문이다. 그렇다면 결국 영혼이 동경하는 것은 자아의 삶이 아닌 자신(=영혼)의 삶을 사는 것일 것이다. 영혼은 영혼의 삶을 내적 압력을 통해 밀어붙임으로써, 그것을 마치 운명처럼 부과한다.

하지만 사회과학에서 운명이란 용어가 의미를 가질 수 있을까? 사회과학은 운명을 단호하게 부정해야만 하는 것이 아닐까? 그렇지 않다. 사회과학은 오히려 운명이란 용어를 통해 삶에 진정으로 접근할 수 있을 것이다. 게다가 그 운명이 자아의 삶을 벗어나서 영혼의 삶을 되찾기 위한 것이라면 말이다. 삶은 여태껏 사회과학이 생각해온 것과는 전혀 다른 것일 수 있다. 융은 40세 전후로 시작되는 삶의 두 번째 단계를 중시한다.[175] 어쩌면 그때부터 인간동물의 자연적 삶을 벗어나 진정한 영혼의 삶이 시작하기 때문이다. 그리고 그것은 모든 인간의 삶에 필연적으로 기입되어 있는 운명, 여태까지의 사회과학적 사고가 거의 예기(豫期)치 못했던 운명일 수 있는 것이다.

영혼의 속성으로서 수동성, 악에의 불가능성, 동일성, 소통은 우리가 서로 간에 관계를 맺는 방식이 우리 눈에 직접적으로 보이는 것과는 전혀 다를 수 있음을 함축한다. 즉 자아의 행위와는 전혀 다른 일종의 내밀한 감응과 교류가 관계 속에서 이루어진다는 것이다. 그렇다면 우리가 사는 이 세계는 눈에 드러나지 않는 내밀한 영혼의 교류로 직조된 세계일 수 있다. 영혼의 동경은 바로 이러한 사실에 눈뜨고 살라고 우리를 밀어붙이는 것이 아닐까? 그리하여 우리가 삶의 진리를 구현하는 영혼의 삶을 살라고 말이다.

이제 영혼의 개념을 규정해보자. 영혼의 속성으로서 수동성, 악에

---

175. C. G. 융, 「생의 전환기」, 『인간과 문화』, 기본저작집 제9권, 솔, 2004.

의 불가능성, 동일성은 우리가 예기치 못한 내밀한 감수성을 형성하는 것이다. 영혼들 사이의 소통은 그리하여 타자들에 대한 감수성을 체현(體現)한다. 타자들에 대한 감수성이란 타자들의 자아의 욕망을 거슬러 올라가 그들의 영혼에까지 가닿는 능력이다. 영혼의 동경은 과학적 진리가 아닌 삶의 진리로서의 영혼의 삶에 가닿으려는 것이다.

그렇다면 우리는 영혼을 '타자와 진리에 대한 감수성'으로 규정할 수 있을 것이다. 물론 '타자에의 감수성과 운명에의 이끌림'이라고 규정할 수도 있겠지만, 그럴 경우 많은 오해를 초래할 것이 확실하다. 또 '자아와의 대립'을 앞에 덧붙일 수도 있겠지만, 그럴 경우 너무 복잡해질 것이다.

타자와 진리에 대한 감수성. 이것이 영혼의 현상 형태들에만 입각한 영혼의 조작적 개념이다. 이 개념이 어딘가 불편하다면, 보다 명쾌한 정의를 위한 개념적 노동은 이제 독자들의 몫이다.

결론을 대신해서

이제 결론을 대신해서 이 연구의 몇 가지 함의를 정리해보자.

이 연구의 결론은 1) 자아의 욕망과 2) 영혼의 노동 사이의 단호한 이원론일까? 그렇다. 하지만 그것은 이 연구가 영혼의 내재적 용법의 관점을 취했기 때문이다. 이 말은 이 연구가 실재 자체를 다룬 것이 아니라, 단지 하나의 관점에 따라 대상을 구성했음을 뜻한다.

만약에 영혼의 초월적 용법의 관점을 취했다면 어떻게 되었을까? 그렇다면 결론은 틀림없이 영혼 일원론이었을 것이다. 그 관점에선, 영혼이 깃든 육체들 사이에서 벌어지는 일종의 꿈일 뿐인 자아의 삶은 결코 실재하는 것일 수 없기 때문이다.

이미 보았듯이 자아의 욕망과 영혼의 노동은 무의식적 관념, 즉 마음을 각인하고, 그처럼 각인된 마음은 현실의 지각을 지배한다. 이 명제가 단순한 가설이 아니라 최면 현상들을 통해 입증된 사실이라고 한다면, 그 사실은 나로 하여금 객관적 실재론보다는 주관적 구성주의의 입장을 취하게 한다. 아래의 도식을 생각해보자.

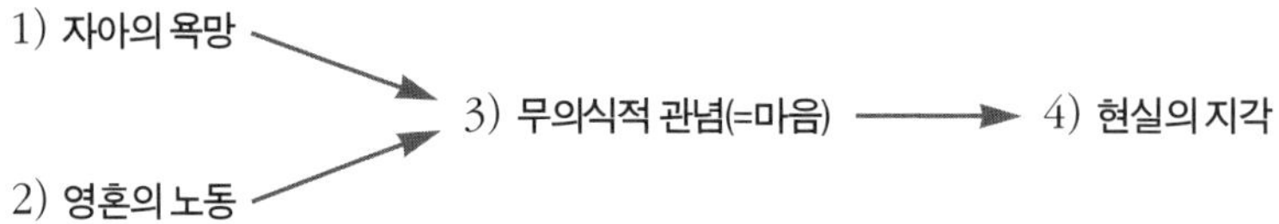

이 도식에서 4) 현실의 지각이 3) 무의식적 관념에 달려 있다고 여기는 것이 주관적 구성주의다. 그리고 1) 자아의 욕망과 2) 영혼의 노동이 진정한 실재인 3) 무의식적 관념을 공히 각인한다고 여기는 것이 자아와 영혼의 이원론이다. 반면 1) 자아의 욕망은 꿈에 불과하고 2) 영혼의 노동만이 진정한 실재라고 여기는 것이 영혼 일원론이다. 이 세계를 영혼이 육체 속에 잠시 깃든 곳으로 파악하는 모든 입장은 필연적으로 영혼 일원론일 수밖에 없다.

최면 현상 가운데 하나인 최면 환각은 '본다고 생각하는 대로 보는 것'이다. 피최면자는 눈을 뜨고서도 환각을 본다. 즉 그는 육체의 눈으로 보지 않는다. 그는 오히려 무의식적 관념의 눈, 마음의 눈을 통해서 본다. 문제는 관념의 눈으로 본 환각이 육체의 눈으로 본 현실보다 더 생생할 수 있다는 것이다. 이미 앞서 보았지만, 다음 두 가지를 다시 제시해보자.

1) 자아에 따른 지각

2) 관념에 따른 환각

중요한 것은 1)과 2)가 대립관계가 아니라는 것이다. 1)은 2)에 포섭된다. 1)에서 자아는 관념들의 한 체계이기 때문이다. 자아는 외적 현실로부터 자신을 보호하려는 노력들이 쌓여 직조(織造)된 관념들의 덩어리다. 따라서 자아의 지각은 자아에 내포된 관념들에 따른 '환각'이다. 자아의 지각은, 관념에 따른 지각일 수밖에 없는 한에서, 객관적 실재와 어긋나기 때문이다.

'자아에 따른 지각 = 관념에 따른 환각'이라는 설정은 필연적으로 주관적 구성주의로 이른다. 주관적 구성주의는 외적 세계 자체를 부정하는 것이 아니라, 객관적 현실에 대한 주관적 구성의 우위를 말하는 것일 뿐이다. 즉 자아의 욕망에 따라 세계를 보는데, 그처럼 본 세계는 실재와 다르다는 것이다. 특히 대상이 타자일 경우, 자아의 욕망에 따라 그 타자가 전혀 다른 존재로 보임은 두말할 것도 없다.

하지만 외적 세계 자체가 환각이지는 않을까? 최면 현상들은 그러한 가능성을 함축한다. 즉 과거가 사라지지 않고 그대로 존재하며 우리가 그 속으로 다시 들어갈 수 있다는 사실, 의식 바깥에 존재한다고 여겨졌던 객관적 시간이 오히려 자아의 의식에만 상관적이라는 사실은 외적 현실 자체를 상대화해서 바라볼 수 있게 한다. 다만 우리는 외적 현실의 비(非)절대성을 설명할 수 있는 새로운 인식틀을 찾지 못하고 있는 것이 아닐까? 만약 외적 세계 자체가 환각이라면, 자아와 영혼의 이원론보다도 영혼 일원론이 설득력을 갖게 된다.

어쨌거나 우리가 이 연구의 결론에 따라 자아와 영혼의 단호한 이원론의 입장을 취한다면, 우리는 다음과 같은 상응 체계를 제시할 수 있다.

1) 자아의 욕망 → 사랑받는 것 → 지배 → 권력의 향유
2) 영혼의 노동 → 사랑하는 것 → 소통 → 연대의 향유

자아의 욕망은 사랑받으려는 것이고 영혼의 노동은 사랑을 주는 것이다. 자아의 욕망은 사랑을 받는 한에서만 그 대가로 사랑을 되돌려준다. 사랑의 이 형태는 실제로는 지배의 성격을 갖는다. 상대의 복종을 사랑받는 증거로 여기고, 상대의 자유를 자신의 지배를 벗어나려는 위협으로 여기기 때문이다. 그래서 사랑의 이 형태는 상대의 자유를 증오한다. 바로 이러한 사랑으로부터 폭력을 통해 타자의 사랑을 받으려는 권력에의 욕망이 성립한다.[176]

반면, 영혼의 노동이 행하는 사랑은 사랑을 받는 것과 관계없이 사랑을 주는 것이다. 물론 여기서도 자아가 편승해서, 사랑을 주는 행위를 통해 스스로를 장식하려 할 수 있지만 말이다. 어쨌거나 영혼의 노동이 행하는 사랑은 상대를 있는 그대로 받아들인다. 자신의 잣대를 부과하거나 타자들과 비교한다는 것은 앞서 언급했듯이 사랑을 불가능하게 하기 때문이다. 있는 그대로 상대를 받아들이는 것은 상대를 귀담아듣는 것이고, 그래서 사랑의 이 형태로부터 소통이 시작한다.

결국 자아의 욕망과 영혼의 노동에는 각각 권력의 향유와 연대의 향유가 상응한다.[177] 사랑을 받으려는 자아의 욕망에서 비롯되는 지배행위는 권력의 향유로 이어진다. 반면 영혼의 노동이 가져다주는 향유는 타자들과의 내적 교류에 따른 연대성의 향유다. 하지만 이때의 연대성은 내적 교류에 따른 것이어서, 오늘날 유행하는 경제적–

---

176. 권력에의 욕망에 대한 이러한 규정에 대해서는 이종영, 『사랑에서 악으로』(새물결, 2004)를 참조할 것.
177. 나는 『정치와 반정치』(새물결, 2005)에서 이를 각각 'x의 향유'와 'y의 향유'로 명명했었다.

도구주의적 연대성과는 전혀 다른 것이다. 경제적 연대성은 자아의 욕망에 입각하는 것이고, 어떠한 보편주의적 이상도 내포하지 못해서 이익단체적 연대성으로 전락할 수밖에 없다.

우리가 이처럼 자아와 영혼 사이의 단호한 이원론을 선택한다면, 인간을 이원론적 총체성으로 여길 수밖에 없다. 그러나 자아와 영혼은 짐멜이 생각했던 것처럼 서로 마주쳐서 대립하지 않는다. 물론 자아의 욕망이 무의식적 관념(＝마음)을 완전히 장악하면 영혼은 숨을 쉬지 못한다. 하지만 영혼은 매우 수동적으로 오랜 시간에 걸쳐 노동한다. 이때 영혼의 노동이란 영혼이 무의식적 관념, 즉 마음에 보내는 신호 또는 압력이다.

육체들의 분리로 인해 생겨난 자아는 타자들의 자아를 정죄한다. 타자들의 자아가 나의 육체의 보존을 위협한다고 여기기 때문이다. 하지만 영혼의 관점에서 볼 때, 자아들 사이의 관계는 '자아의 법칙의 동일성'에 따른 것일 뿐이다. 따라서 자아들의 행위는 결코 죄일 수 없다. 이것은 존재가 의식을 결정한다는 맑스의 기본적인 생각이기도 하다.

자아들의 행위는 다만 '실수'일 뿐이다. 그것들이 '실수'인 것은 자신이 영혼임을 깨닫지 못하고서 행위한 것들이기 때문이다. 바로 그래서 자아들의 욕망은 '꿈'일 뿐이고, 이원론적 총체성으로서의 인간은 '자아의 꿈을 꾸는 영혼'이다.[178] 결국 타자들에 대한 용서가 가능한 것은, 누구든지 '자아의 법칙의 동일성'에 따라 똑같은 실수를 저지를 수밖에 없기 때문이다. 즉 타자의 실수는 바로 자신의 실수인 것이다.

---

178. 인간들 사이의 지배–착취관계에 의해 각인된 사회적 제도로서의 기독교는 자아의 그러한 '실수'를 '착취'하여 죄의식을 부여함으로써 잔혹한 신에 대한 복종을 끌어낸다. 자아들의 행위가 단지 '실수'일 뿐이라는 것은 『기적수업』(A Course in Miracles)의 입장이다.

　주관적 구성주의는 새로운 사회질서로의 이행이라는 관건에서 계급투쟁보다는 새로운 교류양식과 생활양식의 실천에 더 무게를 두게 한다. 주관적 구성주의의 관점에서 세계를 구성하는 것은 기본적으로 태도이자 태도의 교류이기 때문이다. 그리고 태도의 문제는 궁극적으로 상대를 영혼으로 보느냐 살덩어리로 보느냐에 귀착된다.

　지배계급의 정체성을 해체해서 그들의 영혼이 질식 상태를 벗어나 새롭게 숨 쉬도록 해주기 위해서라도 계급투쟁은 필요하다. 하지만 계급투쟁이 새로운 교류양식과 생활양식을 전제하지 않는 외적(外的)인 것이라면, 즉 순전히 물질적 소유관계와 권력관계를 뒤바꾸기만 위한 것이라면, 만약 그것이 성공해서 새로운 체제를 성립시킨다 하더라도 그것은 단지 희생자를 새롭게 가해자로 만들어줄 뿐이다. 유대인들이 희생자에서 가해자가 되었듯이. 마오쩌뚱이 민중의 대변인에서 민중의 억압자가 되었듯이. 약자일 때 '정의'를 외치던 자들이 권력을 잡으면 자신의 '힘'을 신봉하듯이 말이다.

　단지 외적이기만 한 계급투쟁은 내부에 지배에의 욕망을 필연적으로 감추고 있고, 따라서 새로운 형태의 계급지배를 다시 만들어낸다. 기존의 교류양식과 생활양식을 그대로 실천하는 사람들이 사회를 바꿀 수 없음은 물론이다. 새로운 사회질서는 새로운 생활양식을 전제하는 것이고, 그 새로운 생활양식을 이미 여기에서 실천하고 있는 사람들에 의해서만 실현될 수 있다.

후기

　사람들 사이엔 언어를 통한 교류 이전에 이미 영혼의 교류가 존재합니다. 어떤 만남들을 차분히 들여다보면 그것을 알 수 있을 것입니다. 오늘날 많은 사회들에서 영혼의 교류가 체계적으로 억압을 받고 있더라도, 그것은 변하지 않습니다. 아마도 몇 백 년 후엔, 인간을 마치 내면이 없는 존재처럼 취급하는 지금의 사회과학이 무척이나 빈곤하게 여겨지지 않을까요? 내면의 짜임새를 다루다가 영혼의 개념에까지 이른 이 책이 사회과학의 새로운 짜임새에 조금이라도 도움이 되었으면 좋겠습니다. 물론 저만의 희망입니다.

　한국연구재단의 지원을 받을 수 있도록 제도적 도움을 주신 조희연 선생님께 감사드립니다. 라깡의 미발표 세미나들을 구해주신 이유섭 선생님과 김택 씨께도 고마움의 인사를 드립니다.

　또 특별한 감사를 드리고 싶은 분들은 저의 최면유도 연습의 상대가 되어주신 성공회대 대학원과 사회과학 아카데미의 몇몇 학생들입니다. 특히 제가 준비가 덜 된 상태에서 기꺼이 자원을 하셔서 시간낭비를 하셨던 세 분께는 무척이나 미안한 마음을 가지고 있습니다. 그분들께 저의 각별한 우정을 전하고 싶습니다.

　이번 책을 쓰면서 체력이 많이 딸리는 것을 느꼈습니다. 그리고 책을 마친 지금 새로운 연구 의욕이 생겨나지 않습니다. 앞날은 알 수 없는 것이지만, 이제 은퇴를 할 때가 되지 않았나 하는 생각이 듭니다.

그동안 저는 나르시시즘으로 인해 스스로를 '훌륭한' 학자로 착각했습니다. 그래서 후배들 또는 학생들 앞에서 저 자신을 과시하고 다른 학자들을 부적절하게 비판하는 매우 우스꽝스런 일들을 저지르기도 했습니다. 지금 생각하면 부끄럽기 짝이 없습니다. 저의 잘못된 가르침에 대해 용서를 빕니다.

제가 『성적 지배와 그 양식들』을 썼다는 이유로 어떤 분들은 저를 좋은 여성주의자로 생각하고 계십니다. 하지만 저는 전통적인 가족에서 성장해서 남성지배가 몸 깊숙이 스며들어 있을 뿐만 아니라 개인적인 성격 자체도 매우 폭력적인 사람입니다. 살아오면서 반성하고 또 반성했지만 아직도 반성이 충분하지 못함을 느낍니다.

얼마 전 은사이신 트린 반 타오(Trinh van Thao) 선생님과 전화 통화를 할 기회가 있었는데, 오랜만에 하는 불어가 제대로 되질 않아 무척 부끄러웠습니다. 프랑스에서 공부했었다고 어디서 말하기가 창피할 정도입니다. 트린 반 타오 선생님은 저의 은인이십니다. 그분께 감사의 인사를 남깁니다.

여태껏 제 책들을 출판해주신 새물결 출판사의 조형준 씨와 홍미옥 사장님께 감사의 인사를 전합니다. 그리고 울력 출판사의 강동호 사장님께 고마움과 우정의 인사를 드립니다.

2012년 7월 16일
홍은동에서
이종영